柳田国男文集

王 京 主编

桃太郎的诞生

［日］柳田国男 著

［日］西村真志叶 译

ももたろうの
たんじょう

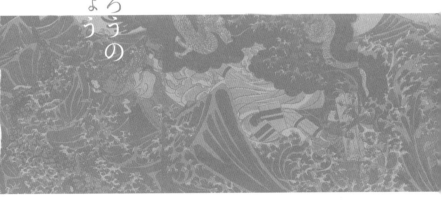

北京师范大学出版集团
BEIJING NORMAL UNIVERSITY PUBLISHING GROUP
北京师范大学出版社

体例

1. 本丛书中，原文民俗词汇以日文假名书写时全部以日语罗马字表示。

2. 为尽量接近日语原来的发音，用日语罗马字表示时采用"黑本式"注音方式，与键盘输入时使用的"训令式"相比，以下假名较为特殊：しshi、ちchi、つtsu、ふfu、じji、しゃsha、しゅshu、しょsho、ちゃcha、ちゅchu、ちょcho、じゃja、じゅju、じょjo。

3. 拨音んn、促音为子音双写（如にっきnikki），长音不加u（如とうきょうtokyo）。

4. 作助词时はwa、へe、をwo。

5. 原文中的旧假名写法，改为新假名写法后注音，如なほらひnaorai。

6. 单词中分节较为明确时，适当采取空格的形式分段，避免日语罗马字表音过长，如"yaki meshi（烧饭）"。

7. 本丛书中，原文民俗词汇使用汉字时全部以简体字表示。

8. 本丛书中，原文中有特殊意义的词语、民俗词汇、引用内容，均以引号标注。

9. 本丛书中，所有的脚注均为译者注，不再另外标明。另为柳田国男原注的，在正文中用"1""2""3"等标明。

10. 本丛书中出现的日本历史时代及分期（如江户、中世等）与公历纪年的对应关系，请参照书后的附录一。

11. 本丛书中出现的日本古国名及其略称（如萨摩、信州等）与现代都道府县的对应关系，请参照书后的附录二。

王　京

中文版序

柳田国男在日本可谓家喻户晓，不仅作为历史人物被记录，出现在历史书上，而且也是鲜活的存在，向我们提示着思考现代社会的视点、框架与方法。他关注日本社会与文化的历史，开拓了民俗学这门崭新的学问，在长达半个世纪的学术活动中，留下了数目浩繁的论著。这些研究将从未被思考、也从未被知晓的普通人生活文化的历史呈现在我们眼前，人们对日本社会及文化的认识也为之一新。如今，在思考日本的社会与文化时，从柳田的著作中学习已是必不可少的一个步骤。不仅在日本国内如此，对于世界各地的日本研究者而言，这也已成为基本的方法。

世界各地凡是懂得日语、可以阅读日语书籍的日本研究者，毫无疑问，都是柳田国男著作的读者。而无法阅读日语的人们，则缺少接触和了解柳田国男的机会。柳田的文章文体甚为独特，被翻译成他国语言的难度很大，所以，尝试翻译者众多，但实际出版者寥寥。包括英语在内，译为各国语言公开发行的柳田著作，数量并不多，且翻译对象又往往限定于极少的几本著作；中文世界的情况也同样如此。至今，除了日语以外，尚没有以其他语言刊行，并能够帮助理解柳田学问整体面貌的著作集问世。本次出版的"柳田国男文集"（以下简称"文集"）在此方面是一次有益的尝试，可谓意义深远。

1875 年，柳田国男出生于西日本中心城市大坂（今大阪）以西约 70 千米的农村地区。旧时的交通要道由此通过，略有一些"町场"（城镇）的气氛。柳田的父亲并非农民，而是居住于农村的知识分子，靠在私塾教授汉学为生。家中贫苦，生活也不稳定。柳田国男排行第六，有好几个哥哥，大都勤奋读书，之后赴东京继续求学。大哥成为医生后没有回乡，而是在东京东北 40 多千米的农村地区开业行医。柳田小学毕业之后就来到大哥身边，受其照顾。柳田从小生长的故乡与后来移居的地方虽然都是农村，但无论景观还是人们的生活，都迥然不同。这一体验，对他日后的学问形成产生了巨大的影响。

随后柳田来到东京，进入社会精英的摇篮——东京帝国大学，在相当于今天法学部的地方学习，专业是农政学。1900 年，柳田和当时东京帝国大学的大多数毕业生一样，成了明治政府的一名官员，最初供职于农商务省农务局。1908 年，柳田因公前往九州地区，进行了为期 2 个月的巡视。在此期间，他探访了深山之中的地区，接触到还在进行刀耕火种和狩猎的村落，感到惊讶，也深为感动。当时日本农业政策的主要对象是在平原地区种植稻米的农民，柳田得知在此之外，还有立足不同的生产劳动，有着不同文化背景的人们时，产生了浓厚的兴趣。这是他迈向民俗学的第一步。之后，柳田白天作为官员任职于政府部门，晚上及休假时间则研究深山之中的"山人"的生活文化，发表了一系列文章。1919 年，柳田辞去了官职。

1929 年 10 月开始的世界经济危机首先在美国爆发，不久就挟着巨大的破坏力席卷了日本。城市中工厂的工人大量失业，纷纷回到家乡农村。而承受着沉重经济打击的农村，还要接收这些归乡者，状况更为悲惨。面对农村的惨状，柳田以回答"农民因何而贫"作为最重要的课题，开始了新的研究，确立了之后被称为"经世济民之学"的民俗学。其研究对象不再是居于深山的人们，而是生活在日本列岛的占人口大多数的农民。他将作为民俗承担者的、以稻米种植为生活基础的农民称为"常民"。为了调查常民的生活文化，弄清常民的历史，柳田对包括家庭与生产劳动、衣食住行、婚丧嫁娶、节日与信仰等在内的常民生活的各个方面展开了研究，并探索和树立了与之相应的研究方法。

　　1945 年，日本战败，开始建设新社会。柳田认识到第二次世界大战后日本人自我认识的重要性，大力推动这方面的研究。柳田提出了"海上之路"这一假说，主张日本人的祖先是从冲绳出发，乘着"黑潮"（日本暖流）沿岛北上，最后扩散到日本列岛各处的。柳田逝于1962 年 8 月 8 日。在民俗学领域的长期开拓，以及从历史维度理解日本社会及文化的不懈努力，凝结成其身后庞大的著述。伴随着上述使命感的变化，其民俗学著作的涉及面也甚广。本"文集"是从柳田国男卷帙浩繁的著述中精选了有助理解日本社会及文化的不可或缺的篇目而成。相信读者若能将本"文集"置于左右，必要时阅读或参照，一定能对柳田有深入的理解。

　　在阅读柳田著作时需要注意以下几个问题。

　　柳田民俗学，是收集与比较日本各地现行或尚有传承的民俗现象，通过它们之间的差异来阐明历史变迁过程的比较研究。比较研究虽然是所有学问均会采用的方法，但柳田的比较研究在将变迁过程作为其结果这一点上较为特殊。柳田将这种具有限定性的比较研究法称为"重出立证法"。比较的标准是地区差异，其假说是离中央较近处的民俗较新，离中央越远处的民俗越古老，即新文化产生于中央，并向四面八方扩散，因为到离中央较远处需要花费较长时间，抵达较迟，所以古老的状态被保留在了远方，这便是"周圈论"。在柳田的著作中，常常会列举大量日本列岛各地的类似事例，甚至令人颇感倦烦。但各地事例之间的相同及不同之处，正是他导出答案的线索，也是其研究不可或缺的步骤。

在提示各地的民俗之时，柳田十分重视指示这一现象或事物的词语。日语虽然是与中文完全不同的语言，但一直以来，有着使用学自中国的汉字来表记现象或事物的传统。一般而言，人们也习惯从汉字入手来理解词语的含义。但柳田重视的并非汉字。他认为，通过外来的汉字及其意思是无法理解日本普通民众生活背后的文化的，因此非常重视这些词语的日语发音。他将各地表现民俗现象及事物的日语称为"民俗词汇"，以记录和比较日本各地的民俗词汇为基本方法。以语言为切入点进行比较研究是柳田民俗学的一大特色。但正因为柳田运用了这种方法，从而使将他的著作介绍到世界的工作变得十分困难。本次中文版"文集"的出版，翻译工作中最大的难关正在于此。承担翻译任务的译者们想方设法地使日本的民俗词汇在中文语境中能够得以体现。读者阅读时或许觉得文章记述颇有烦冗之处，其原因也在于此。

中文版"文集"得以刊行的首要意义在于可以通过这些著作增进读者对日本社会及文化的理解；能够凭借遍布日本列岛的日常生活

文化的种种内容，帮助读者理解日本人的生活文化。作为知识分子的思想家或文学家笔下的日本，往往容易偏于表面，而柳田民俗学则试图从内部把握日本人的生活，是一种内在理解。这种理解并不停留于表面，而是潜入日本人的内心，关注他们的意识、观念，以及作为其外在表现的行为、态度，并将这些与作为其结果的秩序与制度综合起来，从而诠释日本社会、日本文化的内涵。读者通过阅读柳田的著作，一定能够了解日本社会及文化的特色，同时也注意到与中国社会、文化的不同。

第二个意义在于读者可以通过对柳田民俗学方法的理解和批判性讨论，获得重新思考中国同类学问的方法论的契机。民俗学形成于19世纪的欧洲，之后传播到世界各地，在各自国家和地区都经历了一条充满个性的发展道路。中国也形成了具有中国特色的民俗学，与同样受到欧洲影响的柳田民俗学可谓大相径庭。在加强各自特色、谋求学问的深化与发展之际，参照或批判性地思考其他国家和地区的民俗学，充分吸收其成果，借以充实自身的学问内容，是不可欠缺的工作。中文版"文集"的出版，为之奠定了基础。可以说，中文版"文集"的出版，使得对柳田民俗学乃至日本民俗学理论及方法论的批判性讨论成为可能。本"文集"必将对中国民俗学的进一步发展做出重要贡献。

最后，请允许我作为日本的一名民俗学者，衷心地感谢勇敢挑战这一困难重重的翻译工作并出色完成任务的译者们；同时，向积极策划、出版本"文集"的北京师范大学出版社致以崇高的敬意。真切希望本"文集"能够拥有广大受众，得到大家的喜爱！

福田亚细男

2018 年 2 月

目 录

自　序

　　十年前的一个下午，春光明媚。在佛罗伦萨的一家画廊里，我久久伫立在波提切利所绘的女神维纳斯面前，独自沉醉于白日梦之中，期待着有朝一日，在称为日出之国的我国，"桃太郎的诞生"能重新成为一个受人重视的问题。

　　连我自己也没有想到，短短十年，那时的白日梦就能通过这种形式得以实现。今天我要出版本书，主要出自两个理由。首先，搜集资料的地方工作者们尽职尽责，从全国各地发来报告，使众多宝贵的故事得到发掘。其中，先驱者佐佐木喜善君①及其他几位同志的贡献最为显著，值得我们铭记。其次，虽然人们已经发掘和积累

---

　　①　佐佐木喜善（1886—1933），岩手县的民间故事研究家。他早年在东京游学时认识了柳田国男。柳田根据佐佐木提供的岩手县远野地区的故事资料，编写了《远野物语》。后来佐佐木回到老家，致力于收集当地的民间故事。

了众多资料，但没有人进行更深层次的比较研究，这些资料面临着被再次埋没的危险。即使汇编成集，这些故事集的发行量也十分有限，如果没有人号召和引导，说不定会统统归入收藏家手中，无法应用于学术研究领域了。其实，无论从个人经历还是年龄来说，我都不适合担任这项任务。只是为了学术的未来，我不能再坐视不理了。

假如有另一位学者来负责这项工作，他应该不会像我这样急于求成，企图一举两得。换言之，他应该不会在考察民间叙事长达两千年的成长变迁的同时，还要去批评当代文化学家们现学现卖式的浅薄态度。虽然这些都是被现代人遗忘和忽略的问题，但无须将二者相提并论，分别讨论效果会更好。然而我还要着手进行下一项工作，无法在故事研究方面投入更多的时间和精力了。尽管有些遗憾，但也只好如此。

我的另一个遗憾是，本书的各章发表于不同时期，分别反映了我当时的思想，但后来我的想法发生了一些变化，汇编成书时未能将这些文章全部统一在我目前的观点之下。例如，关于古人将树木献给水神的理由，我最初说实属偶然，后来则认为大有深意。又如，关于山路的故事①能流传后世的理由，我当初说是因为舞蹈动

---

① 据《舞本·乌帽子折》记载，从前用明天皇渴望娶丰后国富翁之女玉世姬为妻，但富翁却不肯。用明天皇坠入情网，最后化名为"山路"，在富翁家当了个放牛娃。

作别具风趣，后来又将其归功于笛曲的魅力。我现在支持的当然是后一种观点，但前一种观点或许也可以作为一种假说保留下来。我从未用轻率的判断误导读者，相信也很少会有读者盲信这么点研究成果。这是一门前景广阔的学问，总有一天，人们会抛弃这样一本小书。我倒盼望这一天早日到来。

望有朝一日流至大海，山下清水不尽流。

昭和七年十一月

桃太郎的诞生

一 不为人知的日本

当初着手这项研究完全是出于个人兴趣，可事到如今，我却认为有必要找人倾诉一下。说起桃太郎征讨鬼岛的故事，大家都会觉得内容太过天真乏味，恐怕连孩子也不愿意去主动传承了。尽管如此，我们必须知道，《桃太郎》反映了日本现代问题的同时，记录了开天辟地以来的历史事件，必须从这两方面加以考察。更何况我国还保存着大量的相关资料，即使是年富力强的学者全力以赴，花费五年甚至十年时间，恐怕都整理不完。直到最近学界才逐渐发现这些事实。目前我只做了一半，需要同志们再接再厉，继续研究。现在勉为其难地发表这一尚未完成的研究，初衷便在于此。

在所有的故事中，英国人创作的《辛德瑞拉》和德国《格林童话》所收录的《灰姑娘》以及日本人所说的《糠福米福》[①]，这种故事类型尤其令外国同行感动。这类故事传入我国已经有上千年了，但情节内容并没有发生太大的变化，连"姐姐从远处向妹妹扔橘子皮"这样的细节都被保留下来。今天，北自青森县的寂寥农村，南至长崎县壹岐岛的海边，此类故事仍然挂在人们嘴边，其不同版本的数量也非常丰富。如果研究辛德瑞拉的英国学者柯克斯女士[②]了解以上情况，恐怕就不得不对她那部里程碑似的著作做些修正了。已故的厨川白村君[③]曾发现，日本还存在一些柯克斯女士当时漏掉的版本，并在《大阪朝日新闻》上敦促我去从事这方面的研究。那时我还没有意识到这是一个大问题，而且国内资料的搜集工作也毫无进展。如今也不能说是资料充分，但这些新资料让我们认识到了几个新的事实。文学，即由文字

---

① 《糠福米福》，又称《米福糠福》《粟福米福》等，是日本具有代表性的继子继女型故事。其主要内容是：后妈偏爱自己的女儿米福，两个人还联手欺负继女糠福，但糠福获得山中女妖的帮助，最后嫁给富翁，过上了幸福美满的生活。

② 柯克斯（Marian Roalfe Cox，1860—1916），英国民俗学家。她从欧洲各国的故事资料集中选择了345篇辛德瑞拉的故事，经过比较研究，归纳出了五个类型，并探究了其历史渊源。她在1897年发表的《辛德瑞拉》，便是对辛德瑞拉的故事进行国际比较研究的首部著作。

③ 厨川白村（1880—1923），日本的英国文学研究家、文艺评论家。其著作《近代文学十讲》（1912）和《近代的恋爱观》（1922）对大正时期的年轻人影响颇深。1923年9月2日关东大地震时，厨川在镰仓因海啸遇难，享年44岁。

记录的文艺中，这一类故事在日本以《红皿缺皿》之名广为人知。马琴①的《皿皿乡谈》完全取材于此，文中引用的关于美作国久米（现冈山县东北部）皿山的诗歌②，也并非作者的独创。日本《住吉物语》③和《落洼物语》④等继母虐待前妻孩子的古典小说，其创作基础大概都与此类民间故事有关。研究格林童话的德国学者只选择了"御伽草子"⑤

---

① 泷泽马琴（1767—1848），又称曲亭马琴，江户时代后期的作家。早年师从山东京传（1761—1816），出版过几部连环画，后来转向小说，与山东京传平分秋色，代表作有《椿说弓张月》《南总里见八犬传》等。《皿皿乡谈》是刊行于文化十二年（1815）的中篇小说，书中描述了一对同父异母的姐妹红皿和缺皿的故事，最后偏爱亲生女儿红皿并虐待缺皿的继母受到惩罚，缺皿也过上了幸福生活，并且被人们称为"孝女"。

② 指"作州美作国，久米地兮佐良山，一猶佐良字，还愿浮名更莫立，常永远兮迄万世"（收录于《古今和歌集》20 卷《神游歌》篇）。

③ 《住吉物语》，镰仓时代前期的小说，作者不详，共 2 卷。书中讲述了一位公主受到富贵少将的求爱，在遭到继母的阻挠后逃到住吉，受到亡母的乳母照料并获得如来佛祖的帮助，终于与少将幸福地生活在一起的故事。

④ 《落洼物语》，平安时代中期的小说，作者不详，共 4 卷。书中讲述了一位公主受到继母的虐待，后来获得丫鬟的帮助，嫁给富贵少将，过上了幸福生活，虐待公主的继母也受到了惩罚。《落洼物语》被视为日本最古老的"继女型"小说。

⑤ 广义的"御伽草子"是盛行于室町时代至江户时代前期（1336—1680）的短篇散文的通称，内容多取材于民间故事。到了江户时代中期享保时代（1716—1736），大阪的书店"柏原屋"的店主涩川清右卫门（生卒年不详）从上述"御伽草子"中选择 23 篇并编成《御伽文库》一书。这本《御伽文库》所收录的 23 篇作品，便是狭义的"御伽草子"。

中的《钵盂姬》①作为日本的例子，但同类故事同样广泛流传于我国民间，包括《姥皮》《癞蛤蟆皮》等。这些民间故事就相当于德国的《千张皮》、法国的《驴皮》、英国的《猫皮》。正如柯克斯女士所言，这些都是由灰姑娘型故事派生而成的一种故事。只不过德国学者们从来没有机会了解御伽草子以外的我国文艺罢了。

在日本的口承文艺中，辛德瑞拉换上了日本名字，如在奥州南部（现福岛县一带）她叫"糠子米子"，在津轻（现青森县津轻市）则叫作"栗袋米袋"。同样广泛流传于世的"欺负继女"型故事中，姊妹二人的名字往往都来源于某种成对的事物名字，如"阿银小银""阿月阿星""苇子萱子"等。这种现象表明，此类故事在整体上也袭用了《红皿缺皿》的故事传统，只是在名字上努力有点新意罢了。

---

① 《钵盂姬》的基本内容情节如下：从前河内国（现大阪府）有一个富翁，多年无子。有一年他向长谷观音求子，终于求得一个女孩。这位女孩越长越美，而她的母亲却在临死前按照长谷观音的指点将一个钵盂扣在了她的头上，钵盂再也摘不下来了，女孩因此被叫作"钵盂姬"。母亲去世后，钵盂姬被继母赶出门外，走投无路便要投河自尽，但她头上的钵盂浮了起来，救了她一命。一位中将在路上看到钵盂姬，雇佣她为女仆。钵盂姬在中将家烧洗澡水。不久，中将家的小儿子看上了钵盂姬，而中将夫人觉得女仆配不上儿子，因此召集其他 3 位儿子和他们的媳妇，举办"评妻会"，企图让钵盂姬当众出丑，让小儿子断了这个念头。而评妻会前夕，钵盂姬头上的钵盂忽然掉了下来，里面还有一套美丽的衣服。第二天，小儿子带着美丽无双的钵盂姬参加评妻会，钵盂姬不仅花容月貌，而且文采非凡、学识丰富，没有人能比得上她。会后，中将家的小儿子娶钵盂姬为妻，二人过上了幸福的日子。

另外，这些日本辛德瑞拉失去母亲后都被逼下厨干活，由于整天看火，满身沾灰。外国的辛德瑞拉到了气候温暖的我国，也依然要穿着那身又脏又破的厚衣服。一般来说，研究此类故事的学者最看重的一个分类标准是这位幸运且善良的美丽继女由谁守护。有的守护者是一种动物，有的是亡母的灵魂，有的则是她本人的守护神，学者们据此阐释各民族传承的同类故事之间的亲疏关系、传播路径等。然而，这种研究方法已经行不通了，因为以上三种守护者在日本可以并存。按照传统的分类标准来看，那些受不同守护者庇护的日本辛德瑞拉们，应该是在不同时期从三个国家传入的，而这种说法显然难以让人信服。我们应该知道，那些值得我们尊敬的外国学者，就算他们学识深厚，也会有出错的时候，因为他们涉猎再广，也不可能读遍一个民族的所有资料，于是只能以目前所能搜集到的若干资料作为论据。这种研究方式早已注定，他们每次发现新资料，都需要改变之前的看法。由此看来，没有比套用国外学者的观点更愚笨的事了。今后也许还会不断地出现各种各样的版本，但就我国已经搜集到的资料而言，目前可以确定的一点是，一个国际上有名的民间故事，在我国保存得相对完整，它促使一些内容更加残酷的继女型故事产生，但除此之外。其他更多的民间故事并没有受到太多影响。

二 两种故事

在欧洲还有另一种颇为流行的古老故事类型，即"死尸感激"型，又称"会唱歌的骷髅"型，故事内容多为人死后变成骷髅唱歌或讲述过去。在我国，此类故事最早见于《日本灵异记》①，并以较稳定的形式流传至今。这也许意味着在神话随着信仰淡化而沦为一种语言艺术之后，此类故事才传到日本。当然，只有积累更多资料并进行讨论后才能下定论，但至少可以说，今人所说的民间故事或民间叙事中确实有一部分显示出一种跨越国境的相似性，而另一部分的情况则完全相反，它们在传入日本后发生了较大的变化，从而展现出了独特的面貌。这应该与艺术发生的一般规律有关。不管怎样，民间叙事都要经历一种可称之为"成熟时期"的特殊阶段。某类叙事由于风土环境和社会生活阶段的不同，或者因叙事本身的特殊性质而在各国有了不同的历史，其传播形式自然也会有些差异。我不能把以上情况简单归结为传播时间的差异，即使这样说更便于大

---

① 《日本灵异记》即《日本国现报善恶灵异记》，药师寺僧人景戒（生卒年不详）编纂的日本最古老的民间故事集，成书于弘仁年间（810—824），共3卷。

家理解。有些叙事虽然传入时间较晚，但它们尚未成为语言艺术，较多地保留了神话色彩；有些叙事虽然传入时间较早，但早已过了"成熟时期"，于是作为成熟的语言艺术被直接吸收了。《灰姑娘》也罢，《会唱歌的骸骨》也罢，都属于第二种情况，因此它们在传入日本后的变化才如此之少。

与之相反的一个例子是异类婚故事，即俊男美女与鸟兽草木等非人类结缘成亲的故事，这在西方十分常见。此类故事在日本经历了巨大的发展变化，我们还能大概描述其传播路径。从孩子们常说的笑话《猴郎》①，到远古的三轮山箸墓传说②，再到世代相沿的世家传承下来的家祖传说，这些反映了十几个不同发展阶段的叙事群竟然同时存在。我坚信，随着此类故事搜集工作的推进，比较研究会变得更加容易，而且能够以一定的标准来讨论成立时代或变迁的

---

① 《猴郎》的主要情节如下：从前久旱不雨，田里的水干了，猴子引水到男人的稻田，男人把女儿许嫁给猴子。但婚后回娘家时，女儿让猴子掉落在河里淹死，自己高高兴兴回家了。

② 据《日本书纪》记载，倭迹迹日百袭姬命与大物主大神结婚成亲，但大物主大神白天都在三轮山上，只有夜里才回来。百袭姬命寂寞不堪，想在白天见她丈夫一眼。大物主大神答应了，叫她明早打开梳子盒看，又吩咐说"你千万不要吓着"。第二天早上，百袭姬命打开梳子盒一看，里面是一条小蛇，不禁大叫一声。大物主大神深感受辱，一气之下就回到了三轮山。百袭姬命后悔不已，用筷子刺通自己的阴部而死。

前后关系，到那时，过去的神话研究都得接受一番改造。现在神话学关注的，是目前搜集到的民间叙事中所渗入的神话因素，因此，虽然神话学者不是有意将民间故事当作研究对象，强词夺理地把民间故事说成神话，但他们往往忽略了神话与民间故事之间的界线，导致了词汇误用，如有人竟把国史说成"神话"，有人甚至要将《桃太郎》《咔嚓咔嚓山》①等民间故事算入神话大系。从语源上看，神话(myth)本来就具有神圣性，是由特定的人在特定的时间里以特定的形式来讲述的古老叙事，听众对神话的内容深信不疑，缺乏信仰者绝对不能旁听。而民间故事则是人们在无聊时或想一饱耳福时，可以随意要求和获得的语言艺术，这与神话完全不同。不过，以基督教为国教的人们对文化只有直线型的理解，认为文化的进步意味着新文化的发展和旧文化的退场，因此很难理解民间故事时代还有神话，更不能想象神话时代也曾有民间故事，他们坚持认为民间故事是神话的子孙。但换个角度来看，虽然民间故事是神话的子孙，但二者毕竟不是同一个人，自然会拥有不同的经历。由此可见，西方学者并没有将神话和民间故事混淆在一起，只不过他们没有别的

---

① 《咔嚓咔嚓山》的主要内容如下：老爷爷逮住淘气的狸猫，把它拴在家里。等老爷爷出门下地，狸猫却把老奶奶煮成肉汤，并装扮成老奶奶让老爷爷喝。兔子同情老爷爷，替他报仇，最后让狸猫沉入水中溺死。

方法，据此寻彼罢了。

再看我国，除了神话和民间故事以外，还有与之紧密联系的传说，三者相互交杂在一起。其中，神话数量最少，被讲述的机会也不多，而且我们所能听到的神话已经丧失了信仰因素，也掺入了太多不纯之物，即便如此，我们还是能窥见神话转变为传说和民间故事的轨迹。要想了解神话的转变过程，异类婚故事，尤其是《蛇郎》，会成为丰富且优质的资料。为了整理此类故事，我将婚俗当作分析工具，但反过来看，此类故事的比较研究也会为婚姻制度的历史研究提供一些启示。

三　童话的起源

《桃太郎》在日本扎根已久，其传承之树已经数次换代生长，最初的母株早已枯萎。因此，与《蛇郎》不同，关于神话时代的《桃太郎》，我们已经找不到其原型了。但它又不同于《糠子米子》，《桃太郎》在近代以后发生了很大的变化，以多种形式与其他相近的民间叙事共存，我们据此可以推测《桃太郎》多年来的变迁过程。在我个人看来，民间叙事在其成长过程中经历了以下三种变化：

（一）民间叙事在上古时代完全被艺术化，以较成熟的形式广泛流传，如"死尸感激"型故事、《红皿缺皿》等；

（二）由于民间叙事的信仰基础相对稳定，不用说那些依附于民间信仰的传说，就连其正式的原始内容都依稀保留了下来，如《蛇郎》等部分异类婚型故事；

（三）民间叙事在近世以惊人的速度成熟起来，已经无人记得最原始的母株在何处，但其果实依然新鲜美味，如《桃太郎》《瓜子姬》等。

在我国，传说和民间故事两种叙事以上述三种形式彼此交叠、同时被人讲述，这对比较研究者来说，再方便不过了。虽然格林兄弟也收集过传说，但他们国家的传说已经失传，而且与他们所关注的家庭童话也没有太多关系。在西方的一些海岛上，人们直到最近还相信民间叙事的内容，但自白人靠近这些海岛时起，民间叙事就逐渐成为一种娱乐。将来人们一定会意识到，除了日本，世界上没有多少国家保留了如此丰富多样的标本。

日本就是这样一个国家。特别是近两百年的近世文明也为塑造这样的状态提供了有利条件。自江户时代至明治时代中期，城乡生活水平差距明显扩大，而且只有一部分城市人识字，农村的识字人口甚少。当时，在众人眼中读书人仿佛属于其他种族，所谓新时代的普通教育，不过是让更多人模仿他们的生活。大多数民众依然作为"被遗漏的人"生活。人们对于文艺的态度也截然不同。例如，在我国，与戏剧史有关的文字资料保留得甚少，且这些资料基本上都出自个别鉴赏能力高的文人笔下，而过去广大民众却没有这样的鉴赏能力。据记载，曾经有一位乡下武士看武戏看得太激动，结果跳上舞台，差点要砍死红脸演员。在城市里演戏，也有观众手持大量纸巾，准备大哭大叫。由于观众过于入戏，井泽蟠龙还在《广益俗说辩》[①]中提到了中古以后的众多剧本和民间叙事，特意提醒人们这些都是虚构文艺，不能相信。也就是说，如果没有这样的训诫，当时很多人是难以辨别虚实的。这种差异也许就是自足利时代起读书人和广大百姓之间形成的鸿沟。不管怎样，在上一个时代，日本人分两种。一种是品味高雅的文化人，另一种是看见什么都会信以为真、认真过头的百姓。这两种人相互对立地生活在一起，但只有前者的观察内容作为古文献流传至今，而农民艺术则取得了截然不同的发展。一个是文献记录，一个是用口头语言代代相传的民间叙事，这两种资料的融合引发了种种混乱，就像冷暖两种潮流汇合的大海上出现浓雾一样。

最近人们多用"童话"一词，但只从词面上看并不知道童话指的

---

① 井泽蟠龙：《广益俗说辩》，国民文库刊行会，1912。

是什么。无论怎么想，日本民间故事的童话化都不可能有太久的历史。至少可以说，日本农村原本没有什么面向孩子的故事或者适合儿童的文学。儿童游戏全靠自己，小孩们要发挥自己的能力，来发明和传承种种娱乐活动，但他们更常做的是模仿。过去的大众教育是旁观旁听主义的，与现在完全相反。小孩观察成年人说什么做什么，依据自己的年龄从中选择他们能够学得来的东西。正因如此，过去的孩子才比现在的孩子更加成熟。当然，过去也会有孩子缠着家人给他讲故事。如果孩子耍脾气，爷爷奶奶就会讲故事来哄他。也许有些读者认为，大人们给孩子讲故事时语言自然要简单易懂，那不就是"童话"吗？但更重要的是，成年人绝不会为孩子随便编故事。对一个普通的讲述人来说，故事就是听说过的几则故事，而他本人并没有特殊技能去编出新的故事。总而言之，童话的起源不外乎是一种选择。讲述人所能做的，不过是从众多民间故事中选择一些适合孩子听的故事，比起教育效果的大小，语言是否简单易懂更是他们的选择标准。这大概就是今人所说的童话的起源。

不过，那些对民间故事加以选择的人们，在心理上还受到了另外三种外部因素的影响。首先，是促使讲述技巧提高的力量之变化，即人们在只有儿童听众的情况下，不仅要用简明易懂的语言，而且需要对故事情节加以概括。当然，这种情况并不限于儿童，讲述人的讲述技巧本就容易受听众脸色影响。一般来说，风流故事都讲得有声有色，军事传奇都得振奋人心，这些都是听众的嗜好和反应对讲述人施加影响的结果。其次，过去的讲述人没有现代作者一般的知识储备，他们始终凭借自然的印象和记忆力来行动。一般而言，在一个家庭中，民间故事的传承人往往都是女性。家里的小孩有了点智慧的萌芽后，他的母亲或者奶奶就会自然想起她们在二十多年前或者五十多年前美好的记忆。对她们来说，那就是唯一的、仅有的故事资料。因此，随着讲述人和听众的更新换代，故事的趣味逐渐从成年人转向儿童，其内容重点也随之发生变化。最后，拿《桃太郎》来说，如今"大桃裂开，从中跳出个婴儿"或者"大桃从河上'一沉一浮'地飘过来"这些细节似乎已经变成了这个故事的重点。也就是说，随着时代发展，成年人或年轻人觉得传统的民间故事无聊、没什么意思，于是民间故事难免染上了儿童色彩，尽管讲述人并没有刻意把民间故事变为童话。这便是有着一定历史的民间故事在孩子们之间流传的原因。

四 童话及其记录

在那个成年人相互讲述民间故事的时代，儿童也在旁边听故事，自然就记住了趣味不同的两种故事。然而，民间故事还受到了第三个外在因素的影响，那就是"夜话"的衰退。过去，人们会在康申日或日待①的晚上聚在一起听老故事，但现代人没有精力通宵了，他们更愿意白天在街道上拉家常，这时他们一般不会选择民间故事这样的长篇叙事。另外，尽管有些勉强，老年人总有一种要把自己拥有的知识和记忆传给下一代的热情，但他们的热情与逐年增多的书籍出版量成反比，最近老年人的热情渐渐衰退了。过去，老人们传授知识的热情更加强烈，正因如此，只要有人愿意听，他们就愿意讲，言语间充满着对民间故事的怀念和爱惜。如今这样笃志好学的听众却一个个地离开他们了，剩下的只有孩子，尤其是年幼的儿童，他们没完没了地缠着老人讲故事。就这样，我们的民间故事被迫走上了急速童话化的道路。如果没有这些外部因素，我们的民间叙事就不会有今天的面貌。假如过去也存在"童话协会"之类的组织，会员们也参与讲述现场的话，一定会有更多完整而朴素的民间故事得以保留，可事实却恰恰相反。有些孩子听腻了每次都一样的故事，有些孩子没完没了地要听故事，面对他们，老人们要讲述的恰恰是"对孩子有害无益"的故事。《咔嚓咔嚓山》《瓜子姬》这些

---

① 日待，日本传统活动，前夜斋戒沐浴以待次日日出参加祈祷的集会，其举行时间因地而异。

今人误以为是孩子们读的民间故事，其实原本的内容都十分简单无趣，不可能是编给孩子听的。而现代的童话作者并不知道这一点，所以才自信地认为他们改编民间故事是一种改良和进步。然而，民间故事和童话是完全不同的两种叙事。今人把这两种叙事都概括为"童话"，这根本就是错误的。

从以上民间故事在近代的经历可以推测，当上古神话转变为后世的民间故事时，讲述人恐怕也受到了类似的外部因素影响，从而对其讲述内容做了一些选择。正因如此，残留在民间故事中的神话碎片，才会显示出一些原始信仰盛行时代的痕迹。如果我的猜想是正确的，这就意味着民间故事保留了艺术与宗教之间的交叉点，对将来的研究颇有意义。在我国原始信仰受儒教、佛教等外来思想的影响而逐渐发生变化的时候，因为某些尚未阐明的原因，有些古老神话尽管受到了相当程度的损坏，还是长期保留了下来；有些神话则踏上了文艺化的道路，作为民间故事深受广大百姓的喜爱，此类民间故事后来又被都市的风雅阶层接受，在他们的笔下受到了特殊的呵护。关于这一点恐怕无人否认，但这里还存在一个令人不解的事实，那就是众多文人始终摆脱不了传统的束缚，从来都不相信文学能够无中生有。他们的想象力似乎系挂着一条无形的脐带，无法在遥远的天空中自由飞翔。在他们笔下，鸟春天啼鸣，雄鸡天明高叫，过去的诗歌、物语都遵循着特定的场景。不仅如此，语言不仅能指示事物，还能通过一些被隐藏的联想，激发出某种愉悦的冲动，而这种联想又恰恰来自朴素的上古生活。有些人认为艺术是天才的独创，甚至是各个时代社会生活的产物，对这些人而言，以上事实永远都是难以揭开的神秘谜团。但我们完全可以将这个难题转化成理所当然的道理。为此，我们还是要请来那位充满孩子气的桃太郎。

一般而言，今人所说的"五大御伽话"①借助于书册逐渐形成了今天的样子，其形成标志便是成书于江户时代中期的《雏迺宇计木》②。当时，商业出版非常繁荣，连汉语小说都不断被改编出版。作者想写什么都不受禁锢，也可以做任何改编，按理说应该是自由的。但《雏迺宇计木》的作者如实地记录了当时都市民间故事的退步状态，其可信度相当于报纸。后人将《雏迺宇计木》所收录的民间故事视为"五大御伽话"的标准形式，甚至相信这些民间故事自古以来就是这种形式，这可以说都是因为文字的魅力。其实，文字记录只

---

① "五大御伽话"包括《桃太郎》《开花翁》《咔嚓咔嚓山》《剪舌麻雀》以及《猴蟹合战》。

② 《雏迺宇计木》，江户时代后期的神道家贺茂规清（1798—1861）编纂的神道教法书，为了教化平民百姓收录了不少民间故事，成书时间不详，共上下2卷。

能表明该作者所在的时间和地点上存在过这样一种讲述样式，即使有新旧两种文献记录，也不能断定旧文献所记录的民间故事是更古老的。我们把《宇治拾遗物语》①和《醒睡笑》②中记录的《摘瘤爷爷》比较来看就可以清楚这一点。这两次搜集工作相差四百年之久。可见，有时民间故事是由文人在不了解前人已有搜集的情况下搜集到的，且保留了比几百年前经过文字化的时候更加古老的形式。"五大御伽话"这样一种名称显然是错误的。《雏游宇计木》所收的"五大御伽话"不过是众多民间故事中，作者偶然注意到的一个版本而已。其中，我们已经在一定程度上掌握了《开花翁》的变迁过程。它与《摘瘤爷爷》一样，都是民间故事最常见的形式，属于我们暂时叫作"邻家爷爷型"的故事。简单地说，此类故事从正反两个极端说明了一个人再怎么努力模仿，也无法胜过那些生来就有福分或因行善而受神佛守护的人。《开花翁》的故事在细节上存在差异。比如，"因精心养狗而获得财宝"这一情节，有的版本只是说狗拉的屎是黄金，如《黄金小狗》，有的版本则讲得更复杂一点，爷爷多次要按

---

① 《宇治拾遗物语》，成书于镰仓时代前期的故事集，编者不详，共收录了197则故事。

② 《醒睡笑》，江户时代前期的笑话集，由作家、僧人安乐庵策传所编，成书于元和九年（1623），收录了战国时代末期以来流传于世的42则笑话，共8卷。

照狗说的话去做。但这些故事都把小狗的出现和成长这一环节视为最重要的奇迹,这一点与《桃太郎》十分相似,而《雏洒宇计术》所收的《开花翁》却恰恰省略了此事。再看越中(现富山县)的《撒灰翁》和奥州(现日本东北地区)的《取雁翁》,虽然故事中没有出现老爷爷用爱狗的骨灰让枯树开花的情节,但其内容与《开花翁》基本一致,因为这种故事关注了小狗的诞生和成长。由此可见,《开花翁》的成文时间应该晚于《撒灰翁》和《取雁翁》。另外,《开花翁》中的邻家爷爷最后被领主砍伤了屁股,这又令人想起另一种"邻家爷爷型"故事《放屁翁》。《放屁翁》在各地还保留着古老的形式,它原本讲述的就是人类与山神之间进行交流的故事,而《开花翁》中却完全没有体现这种古老的信仰。由此可以断言,《开花翁》就是后人把这些以爷爷为主人公的故事剪辑、拼凑而成的。

五　通俗读物引起的灾祸

此外,我们也可以说明《咔嚓咔嚓山》仍是由三种民间故事组合而成的故事。在这个故事中,"富有智谋的兔子欺骗愚钝的狸子"是各国动物故事中十分常见的情节,不同的是《咔嚓咔嚓山》中狸子如此受罪是因为兔子要替爷爷报仇。今人讲述《咔嚓咔嚓山》时,往往会简述狸子被爷爷抓到的经过，但之前这段小情节本身就是一个独立的故事，其主要内容是：一只狸子天天在石头上嘲笑老爷爷老奶奶，有一天他们给石头抹上了年糕，于是狸子就被粘住动不了了。如此愚笨的狸子怎么可能在被逮住后谋害奶奶，再装扮成她等待爷爷回家呢？稍微一想就知道这样描述狸子是不合理的。但是这个不合理的后半部分却是日本版《小红帽》《瓜子姬》的主要情节。只不过在故事《瓜子姬》中，是家里养的鸡提醒老夫妇"看看糠屋的屋角"，告诉他们瓜子姬已被熬成肉汤，而在《咔嚓咔嚓山》中则是狸子自己坦白的。以上三种故事在日本各地以独立的形式流传至今。《咔嚓咔嚓山》将原始的动物故事和《瓜子姬》进行了简化和组合，但除此之外并没有太多加工。

再看《舌切雀》和《猴蟹合战》，过去我们相信"五大御伽话"中只有这两个故事保留着古老面貌，如今这样的说法却越来越说不通了。麻雀报恩的情节显然来自《瓜米》，据说在朝鲜半岛也有版本流传。此外，有关柿种的情节来源于《猴子和癞蛤蟆争夺年糕的故事》。然而，如果只有这些原典，故事的整个情节也不会如此发展。这里应该还有一种属于另一种系统的民间故事起到了作用。关于这一点，我们不需要太多的辩证推理，只要搜集到更多的资料自然会得以阐明。直到现在还无人注意到《舌切雀》和《猴蟹合战》不仅彼此相关，而且在很多方面与《桃太郎》相似。至少我个人相信，只要阐明《桃太郎》的变迁过程，就能说明另两则故事发展成现在这种形式的原因。或许不管从哪个角度开始探讨，最终都会得到同一个结论。既然起点对结论没有影响，那么我将从目前资料相对丰富的部分，也就是从我在某种程度上可以做假定而无须空手等待别人报告的部分，开始一步步地走向问题的核心。我首先要理解的是一个事实，即民间故事广泛地流传于世，而且那些保留至今的民间故事与定说相反，后人未做太多的修改和增补。

在今人刊行的童话《桃太郎》中，哪些部分自古以来就被人重视？对此，不同的人自然有着不同的看法。但我们至少可以说，现在流传的民间故事《桃太郎》中所包含的诸因素，在其出现频率和分布范围上都有大有小。比如，"桃子裂开，从中蹦出个孩子"，这一母题好像只见于日本的《桃太郎》，而"借助狗或其他动物完成事业"则在世界不少国家的民间故事中都有同样的描写。我国也有一个"狗吓唬猫，猫指使老鼠找出失散宝物"的故事。连《西游记》里的三藏法师都要领着一群半人型的狗①、猴、猪去远征，作者把他们在路上遇到的种种挫折和磨难或伙伴间的矛盾等当作笑话来描

---

① 实则为马。

述。更遥远的一些民族也有许多类似的故事，尤其是罗马博物馆等地陈列的密特拉神屠牛像，雕刻的是一位和桃太郎一样的少年神，他的助手也是狗和蝎子。我们无法否认，这个神像证明了"忠诚的动物型"故事自古以来就在世界上普遍流传。总之，英雄根据一个隐藏的命运或是依靠知恩图报的动物帮手，成功完成某项艰难的事业，这种叙事并不仅仅在日本流传。

日本的特殊性只体现在英雄的名字及其出场方式上。从河的上游漂下来一颗桃子，从桃中出现一个婴儿，于是取名为桃太郎。仅就这一点而言，我们还没有在邻近的民族那里找到类似的例子。由此看来，这是此类国际性的故事在我国发生的变化，应该在日本的国民文化中寻找其渊源。我们不应忽略一个事实，即这段日本特有的情节反映了我国古老信仰中相当重要的一个信条。《玄同放言》①引用了大量的日汉古籍，努力说明从桃中生出桃太郎的某种原理，这确实说服了一些人，但在我看来，就算作者的推测是正确的，其实也没什么大不了，因为神秘的婴儿未必总是从桃子里出现，《瓜子姬》便是一个例子。《瓜子姬》与《桃太郎》是同一个时代的故事，其中有一小

---

① 《玄同放言》，由江户时代的作家曲亭马琴（1767—1848）纂写的随笔，成书于文政元年至文政三年之间（1818—1820），共 3 卷。

部分流传于九州、中国地方，到了日本东部地区则到处都有。因为这些众多版本没有被文人记录下来，所以《瓜子姬》长期以来都没有受重视。但是，被忽略、遗漏也有一点好处，正因为没有被文人记录下来，《瓜子姬》与所谓"五大御伽话"不同，避免了刻意的润色。

六　桃子和瓜子

就流传于奥州的《瓜子姬》来说，其开头部分与《竹取物语》极为相似，而结尾部分又连接了另一个重要的故事。比如，紫波郡（现岩手县紫波郡）的版本这样说道：某日姥爷上街为瓜子姬置办嫁妆，山中女妖发现瓜子姬独自在家织布，于是就模仿姥姥的声音，让瓜子姬开门。这又与《格林童话》中的《狼和七只小羊》或佩罗①记录的《小红帽》十分相似。也有版本说这位女妖是天邪鬼②。据说，女妖或天邪鬼杀死了瓜子姬，把她的血肉和红豆一起煮成了红豆馅，又装扮成瓜子姬，在老夫妇回家后做红豆饼给他们吃，还咒骂了老

---

①　夏尔·佩罗（1628—1703），法国诗人，于1695年出版了被誉为世界上首部儿童文学的《用韵文写的故事》（俗称《佩罗童话集》）。

②　天邪鬼，从日本神话中的邪神"天探女"转讹而来，是看透人心并故意和别人唱反调的恶鬼。

夫妇，最后逃走。这一段情节基本与《咔嚓咔嚓山》相一致，不过在其他众多版本中，麻雀、乌鸦、公鸡等鸟类将真相告诉了瓜子姬的父母，于是天邪鬼便被杀死了，他死后瓜子姬立刻获得了重生。这大概就是该故事原始的讲述方式。事实上，有不少版本讲述，原来瓜子姬被绑在树上，她的父母在惩罚了天邪鬼后，将她救了出来。

一个是大瓜，一个是大桃，两种果子都从上游漂来，这种描述无疑是非常吸引儿童的，但这个情节的关键却不在于"大"。我认为，此类故事最原始的核心内容就是我们所谓的"小人儿故事"，即曾经有一个全身都可以装在果实里面、身体非常小的女孩或男孩，他们都不是从人类的肚子里出来的，而且成长速度惊人，最后长成人类。后人所说的《一寸法师》或古老的《竹取物语》中也存在类似的描述。除此之外，《诸神根元记》①记录了《倭姬传说》的零碎片段，我们从中可以知道，倭姬最初是以一只吉丁虫的形态出现在圆盒之中的。另外，这一段情节还有两个重点：一是他们漂浮在水面上，随水而流；二是他们漂到了岸边老妇人的手中。过去，日本人逐渐远离大海移居深山之中，古人认为他们祭祀的神灵是从天上降

① 《诸神根元记》，室町时代的神道流派吉田神道的门徒编纂的神道研究著作，成书于16世纪前半期。

临到山峰，再降临到山脚下的。正因如此，古人才会对顺着溪水漂来的精灵十分虔诚。《濑见小河》①中的"加茂的丹涂矢"②也罢，《出云国风土记》③中的"加贺窟的黄金箭"④也罢，那些顺水而来的神箭也是如此，在这些神话中弓箭与处女怀胎有着直接的因果关系，就像"天光感生神话"⑤一样。可以肯定的是，《桃太郎》的桃子比《瓜子姬》的瓜子出现得更晚一些。瓜的内部是空心的，所以能漂浮于水面，这种特征难免唤起了我们日本人对瓜类内部的好奇。"虚船"传说⑥的古老异文就讲述，新罗国的始祖朴氏曾坐着一个匏瓜从日本移居到了朝鲜半岛。这就类似于我国的"小男神"故事。小男神乘坐的船由白敛的皮制作，他身穿鹪鹩羽毛编织的羽衣，漂洋过海而来。

---

① 《濑见小河》，江户时代后期的国学家伴信友（1773—1846）对贺茂神社及其神话所做的考证书，成书于文政四年（1821），共6卷。

② 玉依姬在濑见小河河畔游玩时看到从上游漂来一支箭，于是把这支箭带回家插在地板上，不久她就未婚先孕，生下了一名男孩。这个男婴便是加茂别雷命。

③ 《出云国风土记》，成书于天平五年（733），是元明天皇于和铜六年（713）下令编纂的风土记。

④ 根半岛北部的岛根县松江市岛根町加贺有个海蚀洞窟，称为"加贺潜户"。据《出云国风土记》记载，佐太大神诞生时，母亲支佐加比卖命因遗失宝箭而祈祷，曰："如果我生下的孩子是个强壮而伟大的神，宝箭就会回来。"不久黄金箭果然被海浪冲上岸了。支佐加比卖命便拿起弓箭朝洞窟射去，霎时一片光明，从此这个洞穴就有了三个入口。

⑤ 天光感生神话，指处女并未与男性交合，而是有感于天光而怀孕生子的神话。

⑥ 虚船是传说中的船，某日突然漂到海岸，船上往往有美女、母子、神灵等。

由此可见，这些神的伟大灵性正蕴藏在他们异常矮小的身躯里。

在我看来，这便是《桃太郎》与打退恶鬼的故事产生联系的主要原因之一。我国民间叙事中的上古英雄就像德国人的"人文神"①一样，也有一定的命运前提。一个看似不如常人的人却能轻而易举地完成常人根本无法做到的艰难事业，这不是奇迹、天意，还能是什么？按照古人的逻辑思维，这些英雄必然有领导同胞走向幸福的力量。正因如此，他们的功绩才值得代代相传，而且必须要传下去。因此，无论在亚洲还是欧洲，在现存的英雄叙事中，英雄们往往矮小、虚弱，而且常常是穷困潦倒、好吃懒做，或者在表面上显得放浪不羁、愚笨无知。具有这几个前提条件的人向来被人看不起，可他们最终却取得了伟大的成就。而到了日本，这些前提条件就集中在了"主人公从桃子、瓜类等物中出生"这样的异常出身上，这可能是我们日本人对英雄叙事进行简化的结果。无论如何，我国民间叙事中存在众多身体极小的主人公，他们有的诞生自瓜类，有的诞生自黄莺蛋，有的诞生自竹子，而《玄同放言》②及

---

① 人文神，指赐予人类以某种文化或生活手段的神。
② 《玄同放言》是成书于文正三年（1820）的随笔，曲亭马琴著，琴峰、渡边华山画，共3卷6册。根据国内外298部著作，对历史、地理、人物、语言等47个项目做了详细的考证研究。

其崇拜者却完全忽略这些事实，像孩子一样执着于桃子，偏偏要寻找桃生孩子的故事。实际上，他们的比较工作有害无益，当时什么都不做的话，现在的结果也许会更好。

七 求妻

要想比较事物就不能只偏重共同点，还应该分析差异。比如，关于桃太郎远征的目的，日本民间故事还是有简化之嫌。而西方"桃太郎"们的大冒险也未必都是为了取宝归家。他们不仅要获取金银财宝，还要用金银财宝迎娶美丽贤惠的妻子、修建富丽堂皇的宫殿，再生个好孩子，以求永世繁荣。我国所有以小人儿为主人公的民间故事中，只有《瓜子姬》的部分版本有幸福美满的结局。而在西方，男性冒险家往往借助珍宝的神秘力量，最终成为国王的女婿。与其说近代的《桃太郎》是以孩子为主人公的故事，倒不如说它就是专门讲给孩子听的故事，所以作者才有意省略了求妻得妻的情节。但流传于奥州的《桃之子桃太郎》就有点不同了：来自地狱的传信鸟让桃太郎踏上了远征之旅，桃太郎黄米面团子拉拢看守地狱之门的恶鬼，还带走了地狱的公主，大鬼发现后，便乘坐燃有巨火的车子追赶他们。这一段情节与御伽草子《御曹子岛渡》①颇为相似。另外,《桃之子桃太郎》中写到一对夫妇去赏樱花时滚来了一个桃子,恰好滚到了妻子身边,而桃太郎就是从这个桃子中出现的。这一情节又令人想起《胫子唾子》。据说,胫子唾子是一位女人向神求子后从她的胫部蹦出来的小人儿,个头只有小拇指那么大,长大后娶了富翁之女为妻,我们可以看出这种讲述方式与御伽草子《一寸法师》相同。再看信州木曾(现长野县木曾郡)的《小人儿冢传说》,虽然目前只留有一些零星的片段,已经难以把握其原型,但我们依稀能够知道它的大概内容:因为这位"小人儿"个子太小,父母只好把他放在石臼里养大,或者他被草帽盖着看不见人等。这些恰恰就是我国"神赐之子型"故事的古老形态。因此,无论在九州还是在东北,都流传着如下一则民间故事。从前,有一对夫妻向神求子,并如愿得到一个孩子,这个天赐的孩子是一条在草帽里盘成一团的小蛇。后来,这条小蛇就如《蛇郎》中描写的一样到富翁家求亲,故事结尾小蛇借助新娘变成了人形。虽然

---

① 《御曹子岛渡》是成书于室町时代(约1336—1573)的御伽草子,作者不详。据说,源义经年轻时听说有个大王住在虾夷岛的喜见城,拥有一部叫《大日之法》的兵书。于是,源义经从四国坐船到虾夷岛会见了大王。源义经拜大王为师,但没有得到兵书。于是,他向大王之女求婚,并让她偷来兵书。等源义经抄完后,妻子劝他一个人回家。源义经运用兵法击退了追击的魔鬼,终于回到了家,而留在虾夷岛的妻子却被大王杀死了。源义经安葬好妻子后,用兵书击败了平家一族。

古籍中的相关记录失散已久，但这个故事在我们祖先那个时期相当流行。比如，小子部连氏①历来主张他们氏族与大和国三诸岳（位于奈良县樱井市）的雷神有关，在《日本灵异记》的最初几项上，写过一段有关头上盘着蛇的灵童的诞生故事②，这位灵童就是雷神赐予的，长大后成为元兴寺的道场法师。尽管小子部连氏并不认为他们氏族名称中的"小子"与"小人儿"有关③，但他们在上古时代就是负责"小人儿"叙事的世家之一。关于这个问题，我曾经做过详细检讨并指出，有的时候古老的传说不可信(参见《民族》第2卷，第4号所收《若宫部与雷神》)。或许我的见解论据还不够充足，但可以肯定的一点是，以"小人儿"的诞生为内容的民间故事，应该很早就出现了。

另外，我在前面提到了一种民间故事，其中懒汉和穷人娶了身

---

① 小子部连是日本古代氏族，负责祭祀雷神、祈祷丰收，同时还率领小子部（处理皇宫杂务的人们）保卫天皇，兼具宗教性和军事性。天武年间（673—686）小子部连的后裔改姓为宿祢。

② 据《日本灵异记》第三条记载，敏达天皇时期，尾张国郡（现爱知县）的农夫抓住了雷神，看着像小孩的雷神向农夫求饶，答应赐给农夫一个孩子。不久农夫的妻子果真生下了一个头上盘着蛇的神奇孩子。柳田国男认为《日本灵异记》的作者景戒就是小子部的后裔。

③ 据《日本书纪》第14卷记载，雄略天皇曾命小子部连的始祖螺蠃搜集蚕，而螺蠃却把"蚕"听错为"婴儿"，于是将许多婴儿献给天皇。天皇大笑起来，把婴儿赐给螺蠃，吩咐他好好养育孩子。于是螺蠃在宫廷附近抚养孩子，随后天皇赐予他"小子部连"这个姓氏。

份高贵的女人为妻。在日本，这类故事的主人公与桃太郎一样，名字里都有"太郎"。比如，较古老的御伽草子《物草太郎》中，主人公好吃懒做，连枕头边的团子都不愿动手吃，后来却娶了一位好妻子，甚至还被封了神。还有我们从小就知道的"要和邻家寝太郎成亲"型故事，周防国（现山口县东南地区）的人们认为这是寝太郎荒神的起源神话。再看冲绳，类似的故事收录于《遗老说传》①。还有成书时间更早的《宇治拾遗物语》中所收录的《天下第一美男》②，主人公是一个不堪入目的丑陋无赖。上述民间故事的主人公最后都轻而易举地当了富翁家的女婿。这些人所抱有的奢望和他们美梦成真过程，从古时候起就激发了人们的兴趣。国外也存在此类故事的不

---

① 《遗老说传》，成书于18世纪初，作者不详，记录了琉球（现冲绳县）自古以来流传的民间故事、地名起源、自然变异、百姓善行等口头传统。

② 《天下第一美男》的主要内容如下：从前有个赌徒生了一名很丑的男孩，儿子越长越丑，赌徒家老两口不禁为儿子婚事感到发愁。某日，赌徒听说富翁家要为女儿找一个漂亮女婿，于是他对富翁撒谎说他家儿子是天下第一美男子，替儿子向富翁家女儿求婚。结婚后，赌徒的儿子一直隐藏长相，终于有一天，他不得不在白天露面了。赌徒的儿子心生一计，请朋友帮他一起耍花招骗人。某天晚上他的朋友爬到富翁家屋顶上，模仿鬼的声音对小两口喊道："天下第一美男子，这家的闺女在三年前就是我的女人了，你为什么要来？我要你的命或者要你的脸，你更舍不得哪一个？"公婆为了救女婿的命就让他回答"我可以牺牲脸"。说完，屋顶上的鬼就把他的美貌带走了。大家点上灯火一看，他果然变成了一个极丑的男人。赌徒的儿子哭得很伤心，富翁心疼女婿，送他财宝还为他建了豪华的房子。就这样，赌徒的儿子过上了好日子。

同版本。当然，这些民间故事后来几乎都转变成了笑话，人们的讲述动机也随之发生了变化。不管怎样，朴实的人们一般不会随便创造如此复杂的故事，就算忘记了故事原本的主旨也依然坚持讲述，这意味着这则民间故事在上古时代是另一种形式。据说，有些西方学者历经千辛万苦也要追问这个起源问题，很可惜他们那里已经没有太多资料。而我国却有幸保留着一些可供比较的活态故事。"活态"似乎有点不适合民间故事，我的意思是，我国有一大批群众继承了古老的讲述方式，他们并没有受到那些出自纯粹的文学目的改编故事的文学家的影响。虽然桥早塌了，但留下了几个踏脚石。今天，我们踏着这些踏脚石，能够到达神话的彼岸。简而言之，此类民间故事的起源很早。在某种最高的意志之下，或者在某种计划安排之下，贫穷的工匠妻子也能生下基督。同理，众人相信，即使是出身低贱的夫妻，他们捡来的瓜子或桃子中也会出现一个能打退魔鬼的"现人神"①，《桃太郎》正是诞生于这些人生活的世界。后来发生的种种变化不过是发展或衰退而已，我们并没有能力为一个有生命的《桃太郎》赋予新的生命力。

---

① 现人神，指以人类的姿态降临人间的神。日本天皇是天神的后裔，在日本民众眼里始终是现人神。正因如此，"二战"结束后美国特意让昭和天皇发布《人间宣言》，否定天皇的神圣地位，宣布自己与平民百姓一样都是人类，并不是神。

八　民间故事的本来面貌

也许，大家会谴责我的推断过于大胆武断，但我手里有一些资料能作为旁证，那便是前面提到的《蛇郎》。按照前面的说法，《蛇郎》属于民间故事变异和流传的第二种形式，即以相对稳定的原始信仰为背景，故事隐约地蕴含了神话时代的原始内容。在原始信仰的不同时段里，这个故事与其他民间叙事同时并存，留存至今的版本可以拿来做详细比较。幸运的是，《桃太郎》与《蛇郎》之间是存在一些联系的。说到神化作小蛇向人类女性求婚的叙事，古文献就记载了一则有关"百袭止止媛"的神话①。传说有一条身上有锦纹的小蛇，它答应妻子的恳求，在梳子盒里现身。这条蛇其实是三诸岳的大物主大神，而三诸岳前面的三轮山就是小子部连氏的祖先曾经抓住雷神的地方。在这则神话中，是神明化作小蛇，而不是蛇被人敬为神明，虽然在人类少女眼中蛇就是蛇，而不是神。可是到了后来，人们的理解又发生了变化，上述神话情节变成了一条灵蛇向美

---

① 百袭止止媛，应指倭迹迹日百袭姬命（《古事记》称她为"夜麻登登母母曾毗卖命"），是侍奉崇神天皇的巫女，大物主大神（三轮明神）之妻。

丽的人类少女求爱的民间故事。古人原来寄托在神话中的忌讳也随之变为畏惧，人们开始厌恶灵蛇的求婚，并将其视作灾祸，由此产生了人类通过祈祷或自己的英勇来击退蛇、对蛇复仇的传说。这时民间甚至出现了《猴郎》这种民间故事。故事中，向人类女子求婚的猴子背负着石臼掉进水里，留下一首催人泪下的绝命诗，溺水丧命。这些民间故事无疑体现了我国信仰变化的痕迹。

关于那条有锦纹的美丽小蛇，我们似乎可以找到其想象的来源。今天我们习惯叫作"稻妻（inazuma）"的闪电，在古人眼中就成了太阳神降临人间时的样子。尽管有时古人会将其比喻为一把弓箭，如黄金箭、丹涂矢等，但从天上射到地上的火焰线确实宛如一条火蛇在滚动。另外，关于那条美丽小蛇求妻的目的，我们在日本还能窥视到一些古人的思维。蛇向人类求婚，是为了赐予人间一个超绝非凡的孩子，这位神之子以大天神为父，以人间最纯净的女性为母。长期以来，民间故事《蛇郎》在变成地方传说的过程中，当地人对《蛇郎》中的一件事深信不疑，即怀孕的女人或她的家人、丫鬟等人偷听过打退蛇郎的方法。最后中了毒针的蛇郎在极度的痛苦中呻吟道："我已经在人间留下了子孙，虽死无悔！"这种结局反映出了古老信仰日趋颓废的悲怆之影。值得一提的是，《蛇郎》以传说的形式流传时，承担管理和保存任务的一般是那位美女出身的世家或是侍奉水神的神职。显然，正因为《蛇郎》里有一段关于他们祖先偷听杀蛇方法的描写，蛇郎求亲的理由才为后人所知，并且流传至今。如今，传说一般被人们当成异乡人的谣言，但从我们的经验来看，那些保管《蛇郎》传说的世家一般都不会否认那是他们的家史，也未必为此感到耻辱、尴尬。这种在现代社会不太可能发生的神秘事件，却以谣言的形式一直纠缠着某些特定的世家。但无论是世家的后裔，还是传播谣言的异乡人，都认为这意味着这个世家历史悠久且与当地社会关系密切。在当地，《蛇郎》的传说不可能在一朝一夕消失，因为那是一种根深蒂固的、普普通通的民间信仰。

日本"小人儿"故事的主人公最早是小动物样子的英雄，故事围绕"求妻"展开。这一点对我们来说极其重要，我们由此可以说明"小人儿"故事诞生在一个人们对上述神人通婚传说深信不疑的时代。然而，被称为标准童话的《桃太郎》却偏偏轻率地省去了这一情节。类似的情况还出现在《一寸法师》和《物草太郎》里。在日本某些地方，人们将这些故事的主人公奉为神灵，长久祭祀，我们尚且能了解其中的原因。但在国外，此类故事已经不再将主人公的所作所为视为奇迹，仅仅以幸运孩子的安家立业为告终，这样一来，国外学者就很难看出这类故事的起源了。也就是说，在国外，此类故事在很早的时候就脱离了神话。如今几乎没有一个民间叙事暗示出民间故事与神话之间的原始关联，因此国外学者只能推测存在这种联系，却无法进行证明。从这种意义上来说，我们生活在有依有据的国家也是一种幸福。如果我们能不再盲目地追随西方人，那么即便《桃太郎》的变化再大，我们也能够从中窥视到一些最初讲述这则故事的古人的心思。古人相信，虽然这个救星最初受人鄙视，但终究会发生奇迹，露出他的真容。日本还有一个例子是名为《山路放牛》的古老谣曲，这部谣曲曾被收录于《舞本·乌帽子折》①之中。后世的净琉璃作家曾多次取材于此，看来演员在舞台上的举止动作十分讨人喜欢。虽然成书时间相差很远，但重点始终没有变化，即骑牛吹笛子的放牛娃其实是个皇太子，为了追求一位富家女才隐瞒身份，从首都不远万里来到九州，而在宇佐八幡神社的放生会上，这位叫作山路的放牛娃当众展现了惊人的骑射技术，神社神殿顿时震动了起来，八幡神从中现身，并将放牛娃的真面目告诉了众人。后来这段故事被称为《用明天皇职人鉴》②，因为此书的作者推测，山路和富家女生下的孩子，就是日本史上最贤明最神奇的太子——

---

① 《舞本》是流行于室町时代的歌舞剧剧本，现存 50 种，其中以源义经为主人公的剧本占多数。《乌帽子折》则取材于室町时代前期的军事小说《义经记》，描述了源义经不得志的少年时代和晚年的悲剧。

② 《用明天皇职人鉴》是江户时代前期的剧作家近松门左卫门（1653—1725）于宝永二年（1705）创造的净琉璃剧本，共 5 段。

圣德太子，但这种推测明显不符合历史事实。随着历史学的发展，人们对此做了些改编，尽可能地增加其可信性。于是《山路放牛》逐渐转化为传说，尤其是在奥州刈田宫（现宫城县刈田郡）、越前羽后（现秋田县的大部分和岩手县北部）、萨摩（现鹿儿岛县西部）或土佐（现高知县）等地，分别演化为日本武尊、继体天皇以及天智天皇的轶事，而且这些地方的民众至今都愿意相信这是真实的。关于神最初现身时的样子，有人说是有锦纹的小蛇，有人说是人形，这种形态差异又在民间叙事的情节发展上形成了巨大的差异。不管是民间故事《蛇郎》还是用明天皇的传说，其重点都在于神是以一种意料不到的形态降临人间的。这原本是一个神圣且严肃的神秘事件，过去的凡夫俗子平时是绝不能轻易说出口的，只会在一年一度的重大节日上表演此事，借此唤起人们对这一神秘事件的记忆。然而，这种舞台表演赢得了众人的喜爱，神圣的叙事随着原始信仰的衰退而逐渐沦落为娱乐。我相信，这就是艺术独立于信仰而取得独自发展的过程。就像喝酒和美女化妆从仪式行为转变为日常行为一样，曾经只有在节日才能听到的神圣叙事，今人却在聚会上用之取乐，原始的歌舞剧发展成演剧，民间故事也沦落为孩子的睡前故事。我们将其视为"零落"（即沦落）或许有点崇古贬今之嫌，但至少可以说，从古至今民间叙事在用途上发生了巨大变化，今日的群体与古时候完全不同，将其当作娱乐工具。这就好比是远古时代伟大的笔头菜，在漫长的岁月中逐渐形成了今天的煤炭。对于研究煤炭的物理学家而言，这不过是一个事实，不会成为问题，但对于想了解笔头菜的植物学家或自然史家而言，事情就不一样了。在我这种人看来，一个微不足道的《桃太郎》实在令人感慨万千。

（昭和五年一月　在"听桃太郎故事的集会"上的讲稿）

小狗故事

在日本，《撒灰翁》的童话化由来已久，但比较最近搜集到的资料来看，我们还是有望再现其古老形态。只看目前已经了解到的七八个版本，且不论谁先谁后的问题，我们就可以找到《撒灰翁》与《桃太郎》之间的联系。比如，在松村武雄氏的《日本童话集》①中，关于善良爷爷养的小狗的描写只有一句：

"他膝下无子，于是养了一只白狗，把小狗当作自己的孩子一样疼爱。"

---

① 松村武雄：《日本童话集》，世界童话大系刊行会，1928。

而其他童话书却连狗的毛色都没有提到。但开花翁最后能过上好日子离不开这只神秘的聪明小狗。在森口多里①收集的胆泽郡（现岩手县胆泽郡）的民间故事《黄金马》中，住在上游的爷爷和住在下游的爷爷都在河渠上筑了鱼梁，拦水捕鱼。住在上游的爷爷看见是一只小狗落到自己的鱼梁上，一气之下又把小狗扔进了水中。小狗又漂到了住在下游的爷爷那里，这位爷爷收养了它，还给它取名为"太郎"，疼爱有加。爷爷用小碟喂太郎，太郎就长成小碟那么大；用碗喂，就长成碗那么大。后来爷爷用石臼来喂太郎，太郎果然变成了石臼那么大，背着爷爷进山狩猎，打到了好多只野鹿。此外，石井研堂②的《日本全国国民童话》中收录了青森县上北郡浦野馆（现青森县上北郡东北町）的《撒灰翁》。这个故事里，住在下游的也是善良的爷爷。有一天，下游爷爷在捕鱼的竹笼里看到了一只小白狗，就给它起名为"白妙"，对它呵护备至。该书还收录了岩手县江刺郡（现岩手县江刺市）的一则故事：

---

① 森口多里（1892—1984），艺术评论家，终身致力于西方艺术思潮的介绍、日本近代美术史和民俗艺能的研究。同时，他热衷写作，除了美术史或美术评论，在戏曲、建筑、民俗等多个领域留下了50多部著作。

② 石井研堂（1865—1943），少年杂志编辑，儿童文学作家，明治文化史研究者。从明治二十二年（1889）起担任《少国民》的编辑，该杂志是最受欢迎的少年杂志，被誉为"杂志界之大王"。

两个人分别把鱼梁架于两个水门处，上游爷爷拦捕到的是小狗，而下游爷爷的鱼梁里则有好多游鱼。上游爷爷趁着下游爷爷还没有来，把小狗扔进了下游的鱼梁中，还拿走了鱼梁里面的鱼。

《紫波郡昔话》①也收录了岩手县的另一个异文，内容基本相同，但其讲述方式更接近于《桃太郎》，下面抄录其中一段。

　　住在上游的爷爷和住在下游的爷爷分别把鱼梁架于两个水门处。第二天天还没亮，上游爷爷就到河边查看鱼梁，发现有一大树根落到了自己的鱼梁上，而下游爷爷的鱼梁里却有好几条鱼。于是，上游爷爷把他那块大树根扔进了下游的鱼梁中，还拿走了里面的鱼。天亮后，住在下游的爷爷到河边查看鱼梁，发现里面只有一块大树根，就把它拿回家晒干。不久，大树根晒干了，当爷爷正要用斧头劈开树根时，里面却传来一个声音："爷爷，您劈开的时候要轻一点啊！"

----

　　①　即小笠原谦吉所著的《紫波郡昔话集》(三省堂，1942)，《全国昔话记录》丛书之一，总编辑是柳田国男。

于是爷爷轻轻地劈开了树根，里面蹦出了一只小狗。

爷爷非常疼爱这只狗，而这只狗也很神奇，如果爷爷用小碟来喂它，它就会长成小碟那么大；用饭碗喂，就长成饭碗那么大；用石臼喂，就长成石臼那么大。

《旅与传说》"昔话特集号"（第27页）所收录的岩手县雫石村（现岩手县岩手郡）的版本[①]中也有相似的故事开端。还有《老媪夜谭》[②]（第130页）所收录的上闭伊郡（现岩手县上闭伊郡）的《雁取爷》，尽管在体裁上已经转变为笑话，但以上情节还是得到了保留。一只小狗藏身在大树根里，像《分福茶釜》中的狸子一样说道："爷爷，请轻轻地劈开！"从表面上看，这种描述似乎很新颖，但实际上佐佐木喜善君的《听耳草子》[③]（第205页）中也有相同的场景。可见，这并不是某地特有的附加情节。另外，这只神奇的白狗被杀后，它的坟墓里长出了一棵神树。这一情节又很像流传于九州以南地区的

---

① 指田中喜多美：《岩手郡昔话四篇》，载《旅与传说》"昔话特集"4—4，1931。

② 《老媪夜谭》，佐佐木喜善所著故事集，于1927年由乡土研究社出版。书中收录了佐佐木从故事佬㘰石谷江那里听来的103则民间故事。

③ 《听耳草子》，佐佐木喜善所著故事集，于1931年由三元社出版。书中收录了佐佐木喜善在远野地区收集的183篇民间故事。

《黄金小狗》。再者，这只黄金小狗依次变为石臼、骨灰，一直为原主人善良爷爷带来幸运，这一点又与现在的《开花翁》完全一致。由此看来，《黄金小狗》的讲述人很有可能轻率地省略了某一个重要情节。也就是说，过去这只黄金小狗可能和桃太郎一样，从遥远的上游漂向了有缘的人。这纯粹是一种巧合，还是确有一丝缘分之线把二者联系到一起？在我看来，这并不是难以解答的问题。目前搜集到的地方资料可以在一定程度上证明二者之间的联系。关于这一点，我希望读者自己得出结论，这里只想指出一些值得注意的事实。根据大田荣太郎君[1]于昭和五年(1930)一月在《国语教育》上发表的报告，在越中上新川郡(现富山县东部)流传着一篇《撒灰翁》的异文，其主要内容为：有一天，爷爷上山去砍柴，奶奶到河边洗衣服，忽然看见一个大桃子从上游漂过来。奶奶想给爷爷吃桃子，就把桃子带回了家，放在院子的石臼之中。但爷爷回家后打开石臼的盖子一看，里面却只有一只小狗。老两口非常疼爱这只小狗，小狗也在老两口的照顾下一天天地长大。之后的情节就与奥州的《撒灰翁》基本一致了。

与此形成鲜明对比的是流传于东北地区的《桃太郎》。其中有些

---

① 大田荣太郎，语言学家，对地方方言做了系统研究，代表作有《乡语书志稿》(国书刊行会，1983)等。

版本竟然说从上游漂来的不是桃子。据堀维孝氏①回忆，出羽庄内（现山形县东田川郡）的《桃太郎》写的是，奶奶在河边洗衣服时看到有两个盒子从上游漂过来，就念咒语说：

　　空盒子去那边！有果实的来这边！

　　结果真漂来了一个盒子。奶奶把盒子捞上来，打开后发现里面装了一个桃子。回家后，奶奶就把桃子供在神龛上面，等爷爷回来一起吃。等晚上爷爷砍柴回来，奶奶却忘了桃子的事。突然，神龛那里传来一声婴儿的啼哭。老两口觉得很奇怪，抬头一看，发现那颗桃子已经裂成了两半，中间还有一名男婴。这个故事里说的盒子就是香盒子，正如众多摇篮曲所唱的那样，过去香盒子是孩子们很喜欢的玩具。② 这说明这则异文已经开始向童话转变了。内田邦彦氏③

----

① 堀维孝(1868—1954)，教育学家，国文学家。

② 比如，流传于兵库县肉粟市千种町岩野边的摇篮曲中就有这样一段歌词："宝宝你的保姆去哪了？她翻过那山回老家了；她给宝宝带了什么礼物？一是香盒子，二是砚台，三是花布绳子。"

③ 内田邦彦(1881—1967)，医生，民俗学家，代表作有《南总的俚俗》(樱雪书屋，1929)、《津经口碑集》(乡土研究社，1929)等。他生前收集的疾病题材的民间艺术作品作为"内田邦彦收藏品"，由国立历史民俗博物馆保管。

的《津经口碑集》中收录了与之密切相关的两个民间故事。第一个民间故事便是《桃太郎》。据说，奶奶在河边捡到了顺流漂下的盒子，打开后发现里面装了一个桃子。回家后她把桃子放在衣柜里，打算等爷爷回来后拿给他看。晚上爷爷下山回来时，桃子那里竟传来了婴儿的哭啼声。因为婴儿是从桃子里出来的，老两口就给他取名为桃太郎。桃太郎长大后带着黄米面团子去鬼岛惩治恶鬼。第二个故事是《剪掉尾巴的麻雀》。传说一位老奶奶在河边洗衣服时，顺流漂来了一个鸟笼，老奶奶念咒道："不干净的鸟笼去那边，漂亮的鸟笼来这边！"果然有个鸟笼向她漂过来了。老奶奶很高兴地把鸟笼带回家，告诉爷爷说："老头子啊，我捡回来个漂亮闺女！"爷爷回道："是嘛，如果是闺女，就让她搓点饭粒做糨糊吧。"在这一部分里，讲述人并没有说清楚最初鸟笼里有什么。之后的情节是，一只麻雀啾啾叫着，把糨糊都吃光了，爷爷一气之下剪掉了麻雀的尾巴，并赶走了它。这个故事的后半部分与家喻户晓的御伽草子《剪舌麻雀》基本一致，不同的是，《剪掉尾巴的麻雀》中爷爷和奶奶的角色颠倒了。我们应该思考一下，如此非凡的麻雀为什么会来到老夫妇这里呢？现在广泛流传的御伽草子中似乎遗漏了奇迹发生的原因。据喜田贞吉氏①介绍，阿波地区（现德岛县）流传着一个复杂的民间故事。在这则民间故事中，从上游漂来的不是桃太郎的桃子，而是一颗瓜。而且，从这颗瓜里面出来的不是瓜子姬，而是一只麻雀，后来这只麻雀被剪去了舌头（见《乡土研究》第一卷，第 276 页）。我以为，这则故事之所以令人觉得复杂，不过是因为"五大御伽话"或"五大民间故事"得到了人们的广泛认可。阿波地区本来就没有标准形态的《桃太郎》。在当地的民间故事中，用黄米面团子召集栗子、剪刀、石臼等帮手，一起前往猴岛为民除害的主人公是一只螃蟹小子。还有能登地区（现石川县）渡海打鬼的童话不叫《桃太郎》，而叫《猴岛上的报仇》。据尾佐竹猛君②介绍，当地流传的《桃太郎》中并没有桃太郎征伐恶鬼的情节，其内容只包括"有几颗桃子顺水漂下来，其中一颗桃子里出现了桃太郎"（见《乡土研究》第一卷，第504 页）。就像《咔嚓咔嚓山》的后半部分与《瓜子姬》有联系一样，在《开花翁》的一些版本中，小狗故事也与桃子联系到了一起。古人

---

① 喜田贞吉（1871—1939），历史学家，日本历史地理学会创设人。他的研究活动范围极广，除了历史地理学，还对考古学、民俗学、甚至解放部落同盟问题、民族问题等做了不少考察。

② 尾佐竹猛（1880—1946），法学家，大审院判事。他从历史的角度关注法制、社会以及民众思想。1924 年与吉野作造、宫武外骨、石井研堂等人共同创立明治文化研究会，1927—1932 年陆续出版了《明治文化全集》共 24 卷。

认为神在山顶降临，因此他们自然把河的上游视为奇迹的源头。从这个意义上来说，这种一致性是必然的。不管是《剪舌麻雀》还是《猿蟹合战》，所谓"五大御伽话"，其实就是某种重要的民间故事在其流传的过程中所发生的变异形式。过去的学者硬要把这五种民间故事对立起来，命名为"五大御伽话"，其实这样的做法反而导致了问题的复杂化。

踵太郎

御伽话《猿蟹合战》是螃蟹替父母报仇的故事，但我认为更古老的情节内容应该是被猴子欺负的小螃蟹在众多朋友的帮助下击退对方。如今还流传着类似的民间故事：两种动物耕田捣年糕，或者从别人家偷来年糕，等到分吃年糕时却产生了矛盾，最终不讲理的一方惨败。这种民间故事一般都让猴子或癞蛤蟆做主人公①。后来癞蛤蟆转变为螃蟹，年糕又演变为饭团和柿种，这种变化看起来很自然。而事实上也更方便讲述人附加另一段情节，即螃蟹被生气

---

① 《猴子和癞蛤蟆的年糕赛跑》讲述的是：从前猴子和癞蛤蟆一起下山，合伙从村里偷来一个装着年糕的臼。但猴子不想和癞蛤蟆分吃年糕，便提建议说让臼从山坡上滚下来，谁先赶上谁就可以吃掉所有的年糕。臼滚向谷底，猴子跑得快，也往谷底跳下去，而癞蛤蟆只能匆匆忙忙地跳下山坡。可是年糕早就从臼里掉出来，挂在路边的树上了。最后猴子垂头丧气地回来了，而癞蛤蟆自己独享了年糕。

的猴子威胁很害怕，石臼、牛粪等帮手过来帮它击退猴子。民间故事尽可能地明确了争斗中的善恶关系。一个强大而残暴的角色被击败、毁灭，别说孩子，就连成年人也会觉得这是个大快人心的美满结局。而后人将这种单纯的情节改编为一个孩子在父母被杀死后替父母报仇的宏大叙事。人们能够耐心地听完改编后的故事，一方面是讲述技巧有所提高的结果，另一方面是听众积累经验的结果。或许是曾我兄弟传说①的普及使人们接受了这种冗长的复仇叙事也未可知。举例来说，我国广泛流传的《山中女妖和放牛郎》中讲道，有一位放牛郎饱受山中女妖折磨，某日好不容易逃到了一间房子里，谁想那里却是山中女妖的住处。按理说，放牛郎不太可能在当天晚上就骗杀了山中女妖，但讲述人一直以来就是这样讲述的。随着时间的推移，这则故事逐渐演变为幼小的孤儿为父报仇的故事。后世的民间故事中的复仇，往往都是由下一代完成的。

这里存在一定的原因，如果有人忽略这种时代差异硬做国际比

---

① 曾我兄弟，指曾我十郎祐成（1172—1193）和曾我五郎时致（1174—1193）。建久四年（1193），他们在富士的狩猎场杀死工藤祐经为父亲报仇雪恨。后来曾我兄弟的报仇故事成了歌舞伎、能剧、净琉璃、浮世绘等民间艺术的题材，被誉为日本三大报仇故事之一。

较的话，就只能得出一些莫名其妙的结论。这个道理也完全适用于《桃太郎》。因此，今后我们不应该再把现在流传的御伽草子视为从古至今唯一正确的故事形态。

这里不妨先思考一下各地不同版本是如何产生的。近年来，人们忽略了《桃太郎》中的两个要素。一是英雄来历不凡，即主人公并非是孕妇正常生下来的；二是英雄的成长过程充满奇迹。今人认为民间故事不过是虚构的故事，所以不会刻意把故事的重点放在这两点上。其实，按照上古时代的常识来看，这些可是令人无比激动的奇迹。我们的祖先认为，如果一个小孩完成了普通人想都不敢想的伟大事业，那么他的诞生一定非同一般。反过来说，正因为他的诞生充满了奇迹，所以才能到鬼岛取宝回来。因此，虽然在螃蟹或麻雀赢得胜利的故事中，开头部分很像《桃太郎》，但我们并不觉得奇怪，更不会认为这是讲述人把两种不同的故事混淆在一起的结果。有时故事人物在保持人类思维和表现能力的情况下，转变为异类或者化作鸟兽草木，同样也反映了古时候十分常见的想法。既然有人能从桃子或瓜类中诞生，那么也会有人以小蛇、小狗的形态存在于人世间，古人怎么可能只把后一种情况视为特殊的神奇现象呢？因此，我认为"五大御伽话"之间的相似之处或许暗示着一个历史经过，即这些民间故事均来自同一个源头，后来才逐渐向着不同方向发展。

当然，我必须要找到更多的资料和证据来证明以上观点，现在只能提出些假说。比如，《老妪夜谭》中所收录的《麻雀报仇》（第113页），它的情节发展和结局处理都极其自然，我们几乎难以判断《麻雀报仇》是《猿蟹合战》的挪用，还是《猿蟹合战》的原型。据说，从前有只麻雀在竹林里筑巢孵蛋，某日从深山里来了个山中女妖，要麻雀给她一枚蛋。麻雀害怕了，就给了她一枚蛋，可山中女妖却没完没了地索取，最后把母麻雀都给撕吃掉了。这时，有一枚鸟蛋从鸟窝中滚了下来，并在草丛中孵化成了麻雀。这只麻雀想替母亲报仇，便从周围稻架上一根一根地收集稻穗来做年糕团子，然后把团子背在背上，到处吆喝"糯米团子，正宗团子"。此时，从远处滚来一个七叶树果，又陆续来了缝针、螃蟹、牛粪以及石臼，之后都回答了同一个问题得到了团子，继而成为伙伴。他们共同潜入山中女妖家，替麻雀的母亲报仇。对于他们报仇的具体描述，与《猿蟹合战》基本一致。

这个《麻雀报仇》的故事让我很感兴趣。首先是因为故事中螃蟹被列入袭击仇敌的伙伴名单当中。在常见的《猿蟹合战》中，螃蟹与其他角色各自分担着一个功能，而《麻雀报仇》中的螃蟹却充当了统辖其他战斗人员的重要角色。其次是因为"主人公从唯一幸存的蛋中诞生"这种描述，与《竹取翁》的古老版本极其相似。在我国民间，英雄蛋生叙事是十分常见的，尽管这里的鸟蛋未必都是麻雀蛋。再次是因为文中对于山中女妖的无赖要求和残酷暴行的描写与《放牛娃和山中女妖》中的相关描写完全一致。在故事《放牛娃和山中女妖》中，山中女妖完全没有察觉到敌人已经潜入家中，自言自语地说着"怎么进屋了还是这么冷?"，叉开腿站在地炉上面取暖。这段描写又把《放牛娃和山中女妖》与《猿蟹合战》联系在一起。正如上述所说，《放牛娃和山中女妖》讲的并不是许多年后英雄为父母报仇雪恨，而是放牛娃当天就击退吃牛的山中女妖的故事。但在奥州三户郡(现青森县三户郡)还存在另外一种说法。八户市昭和七年(1932)发行的《奥南新报》[①]"新年号"中刊载了小笠原梅轩氏的《踵太郎童话》。尽管有文饰太过之嫌，下面不妨抄录其核心部分:

　　孕妇独自一人看家守院时，山中女妖过来缠着她要酒菜。不仅如此，女妖一直横行无忌，最终从头吞食孕妇而去。孕妇的丈夫回家发现在地炉边留下了山中女妖吃剩下

---

　　① 《奥南新报》，明治四十一年至昭和十六年(1908—1941)在青森县八户市刊行的报纸。

的妻子的脚后跟，他将妻子的脚后跟好好地放入纸袋中并挂在屋里。数日后，这个纸袋发出沙沙声。男人取下纸袋后，纸袋顿时裂成两半，从中出现了一个男婴。男人给婴儿取名为踵太郎，并精心照顾他长大成人。踵太郎吃一碗饭，身上就长了一碗饭的骨肉，吃两碗饭就长了两碗饭的骨肉，很快就长成了一个神龙马壮、气吞牛斗的青年。他听说母亲被山中女妖吃了，又气愤又难过。于是在寒冷的一天，亲自去山中女妖家杀了她。

《踵太郎童话》与《放牛娃和山中女妖》的其他版本基本相似，但有几点是比较罕见的。首先，踵太郎用地炉烤石头，之后骗山中女妖说是年糕，并拿给她吃。这是广泛流传于各地山村的山中女妖型故事中较常见的一种计谋，《踵太郎》将其用作一段小插曲，由此可以说这个故事是某位无名氏创作出来的。其次，山中女妖因啃不动而剩下了村妇的脚后跟。这样的场面看起来荒唐无稽，但《撒灰翁》的亚类《取雁翁》也采用了同样的描述。据说邻居的啬啬爷爷撒灰时没撒进大雁眼里，反而进了自己眼里，结果他从屋顶滚了下来。而奶奶却误以为掉下来的是大雁，就用木棍打死了爷爷，还把他做成了汤来吃。吃的时候发现其中有一块肉太硬啃不动，就吐出来一看，原来那是爷爷的耳朵，或者是别的什么东西。这一情节大概反映了当时云游各地并传播故事的盲人乐师等人的趣味。不管怎样，我至今为止都没有听说过从这种肉块中诞生神童的故事。

已故的高木敏雄君①早在二十二年前发表的《桃太郎新论》②中指出，"桃太郎"最早可能叫"腿太郎"（见《日本神话传说研究》，第555页）。当时没有确凿的证据证明他的观点，但十多年后，《紫波郡昔话》③得以刊行，其中就记录了《桃子太郎》。传说一位女子赏樱时，有一颗桃子滚到了她的腰部，她便将其带回了家，并用棉布裹起来放于卧室，不久后桃子裂成两半，从中出现了一个婴儿。另外，该书还记录了《胫子唾子》。故事讲述的是，一个女人向神佛求子后，小腿上就长了个疙瘩，从中出现的孩子只有小指头那么小。以上两则民间故事的主人公都娶到了一个本来不可能娶到的好妻子。我们当然不能只根据这两个版本，就说《桃太郎》的"桃"不过

---

① 高木敏雄（1876—1922），神话学家，借助于欧美的研究方法为建设日本神话传说体系做出了贡献。

② 即高木敏雄《英雄传说桃太郎新论》，载《乡土研究》，1922。高木死后，这篇论文被收入《日本神话传说研究》（冈书院，1925）。

③ 小笠原谦吉：《紫波郡昔话集》，三省堂，1942。该书是《全国昔话记录》丛书之一，总编是柳田国男。

是词汇误传的结果①，但至少可以说，讲述某个神童在超越常识的情况下诞生的故事有很多，其中有一些神童确实是从大腿中出现的。过去吉田严氏②记录的阿伊努族民间故事《omu 太郎·shi 太郎》便是很好的例子（参见《乡土研究》第一卷，第七号）。在阿伊努语中，omu 指大腿，因为孩子从老夫妇的大腿中诞生，所以取名为"omu 太郎"。omu 太郎长大后让爷爷奶奶给他造船。之后他坐船出海到鬼岛，击退了岛上的赌鬼，最终把众多财宝带回家。只看这段情节的话，这则故事比起《桃太郎》更接近于《团子净土》③。omu 太郎的邻居家有个少年，他模仿 omu 太郎也去了鬼岛，但最后却一败涂地，带回来满满一船粪便。这位少年叫 shi 太郎，shi 在阿伊努语中就指粪便。从"太郎"一词来看，这则故事应该是阿伊努族从近邻

---

① 日语中，"桃子"音同"大腿"。

② 吉田严（1882—1963），教育家、阿伊努族研究者。他在北海道带广市的小学工作期间，与阿伊努族共同生活，记录了他们的风俗习惯及其传承。代表作有《心碑——阿伊努学校教师体验录》(北海出版社，1935)。

③ 《团子净土》的基本内容如下：从前有一对老夫妇，某年春分做糯米团子时，有一个团子不小心滚下来，滚到了地藏菩萨石像前的小洞里。爷爷跟着团子进入洞穴，捡起团子后，把沾着沙土的部分自己吃，把剩下的干净部分供给地藏菩萨。地藏菩萨让爷爷爬到自己头顶上来，并借给他一把扇子，告诉他不久后会有一群鬼来这里赌博，你就拍一拍扇子模仿鸡叫声。爷爷照地藏菩萨说的那样做，鬼就留下所有金银财宝逃跑了。邻家爷爷听了之后要模仿这位爷爷来取宝，但他不够善良，没能完全模仿那些无私行为，结果被赌鬼们发现，好不容易才逃命。

的日本人那里学来的。但翻阅金田一氏①收集的阿伊努族故事集就会发现，阿伊努族也有一个有关藏身于锅中从上游村庄顺水而来的儿童的故事(参见《日本童话集》下卷)，而且其情节的发展方式十分独特，不同于我们熟知的《桃太郎》。由此看来，高木君所谓"腿太郎"型故事，既可能起源于阿伊努族，又可能在大和民族和阿伊努族那里拥有各自独立的源头。无论如何可以肯定的是，我国民间确实存在一些伟人诞生于小腿或后脚跟的故事。至少可以肯定的是，过去偏重于桃子的《桃太郎》研究是徒劳无功的。

(昭和七年 《旅与传说》)

———————————

① 金田一京助(1882—1971)，因研究阿伊努语言而闻名世界的语言学家、民俗学家。

海神小童

一　鼻涕鬼大人

我在前面指出，家喻户晓的"五大御伽草子"不是各自独立发展的，彼此之间存在着联系。接下来要说明的一点是，在相隔甚远的各地传承下来的民间故事中，有些故事和"五大御伽草子"存在联系，但这种联系却早已被传承人遗忘。与传说不同，民间故事的讲述人并不相信、也不用让听众相信内容的真实性和可靠性。而且人们对民间故事的记忆往往都形成于儿童时期，所以过去很少有人给学者认真讲述民间故事，导致其搜集工作迟迟没有进展。但从另一方面看，正因如此，民间故事才有幸躲过了三流学者的胡编乱改。如今一旦发现新的故事资料，就会给学界带来新的启示。可问题在于，我们应该如何抓住这些民间故事尚能保存完好的机会，尽可能多地将其正确记录下来。幸运的是，近十几年来，陆续在一些令人意料不到的地区发现了几位优秀的传承人。其中，有些人幸运地遇到了热情支持资料搜集事业的工作人员，有些人则亲笔记录了自己传承下来的相关记忆。他们较早的记录工作，都在彼此不了解对方记录内容的情况下完成，没有任何预设，却纯粹偶然地取得了一致，这显然对未来的故事研究颇有意义。尤其是日本列岛南北两端的故事资料，从来都没有人做过比较研究，而最近搜集工作的结果却显示，这两地的民间故事十分相似，或者彼此之间存在着一些意蕴深长的差异。对我们而言，现在这个时代是一个不能错过的好时机，绝不能白白浪费。否则，即使花费时间去搜集更全面的资料或者统一出版规格，也只能重蹈"五大御伽草子"的覆辙。

我们首先引用一个最出乎意料的例子，以此为开端，寻觅《桃太郎》的古老形式。这是流传于九州熊本县西北部的小山村、玉名郡真弓（现熊本县玉名郡）①的一则古老故事，由该郡南关町出身的

---

① 据后人考证，"真弓"不在熊本县，实指福冈县三山市山川町真弓。详见布村一夫：《挖掘熊本民话　第二话　鼻涕鬼大人》，载《女性史研究》，第28辑，1994。

多田隈正巳记录(见《旅与传说》,第2卷,第7号)①。故事的主人公有个不普通的名字,叫"鼻涕鬼大人",情节也未染上童话的色彩。但是,在神童的诞生奇迹、善良爷爷的幸福结局等方面,这则故事仍与那些以天赐的孩子为主人公的民间故事完全相同。此外,我们还能在细节上找到许多相似之处,可见这则民间故事并不像讲述人以为的那样独有千秋。下面,抄录其中的一个情节。

从前村里有个老头,他每天上山拾柴,再拿到南关去卖,靠此勉强度日。

某日,老头一根薪柴都没卖出去。他无奈地坐在横跨小河的桥上,但他似乎又想到了什么,忽然从背上卸下薪柴,边向龙王祈祷,边把薪柴沉入水中。做完后老头的心情顿时好了起来。

这时,忽然从水中出现了一位美丽的贵妇人,怀里还抱着一个极小的孩子。

"爷爷,你善良诚实,每天勤奋工作,龙神非常高兴,

① 岭香生:《鼻涕鬼大人》,载《旅与传说》,第2卷,第7号,1929。岭香生为多田隈正巳的笔名。

想把这位孩子赐给你当作奖赏。他叫鼻涕鬼大人，会实现你所有愿望，但他每天都要吃三顿醋拌生虾，千万不要忘记！"说完，美女又回到水里，消失不见了。

老头万分欣喜，怀里抱着鼻涕鬼大人回家，并请他坐镇在神龛上，每天给他吃醋拌生虾。

从此，无论是大米还是金子，只要老头向鼻涕鬼大人祈祷赐予，鼻涕鬼大人就会捏紧鼻孔用力擤鼻子，之后老头需要的东西就瞬间出现在眼前了。老头再也不用进山辛苦拾柴了。他住的房子富丽堂皇，那也是鼻涕鬼大人擤了一下鼻子赐给他的。庭院里还建有好几个仓库，里面装满了粮食和金银财宝。就这样，老头很快变成了百万富翁。

老头的工作不过就是每天到南关市场买些鲜虾来做醋拌生虾，可时间长了，他连这样简单的工作也懒得做了。有一天，老头从神龛上请下鼻涕鬼大人，说道：

"我没有什么愿望了，请您回到龙宫吧，替我向龙神问好！"

听完，鼻涕鬼大人默默走出了门外。不一会儿就传来了鼻涕鬼大人擤鼻子的声音，就在那时，老头的房子、仓库，转瞬间都消失不见了，剩下的只有一个老头原来住的小破房。老头匆忙跑出去，鼻涕鬼大人已经消失得无影无踪，再也唤不回了。

二　拾柴的老人

下面，我对每个细节做些比较。一般认为，民间故事的重点在中间或者结尾，但为了便于理解，我还是按顺序从头到尾地依次往下考察。第一个段落说明主人公是进山拾柴的老头。主人公的这种属性在现在的童话中，并没有得到太多重视，但在过去这也许是民间故事必不可少的一个叙事规则。说不定在古人看来，主人公不是这样一位老头，就不像一个民间故事。这是我们要讨论的第一个问题。当然，如今包括《桃太郎》在内的"五大御伽草子"以及其他众多民间故事，几乎都把拾柴的老头作为主人公，讲述的也是他的经历，因此我们不能仅就这一点来讨论故事之间的异同。

比如，在民间故事中，有的老头把三个女儿中的一个许配给蛇，有的老头在无意中吞食一只活鸟后放了一个有声音的屁，他们与《咔嚓咔嚓山》中的老头一样，在故事开头时往往都是进山耕地、拾柴、砍竹子。有的故事会像《剪舌麻雀》一样出现一位贪婪的老太太，与善良老头形成对比；或者出现一位《老鼠净土》或《撒灰翁》里那种坏心眼儿的邻居老太太。在后一种情况下，主人公一般有一位善良的好老婆，两对夫妻之间的对比十分明显。最初，这样的讲述方式大概是为了反映主人公的良好品质，或者从善恶两面阐释一个道理，作为有效的叙事技巧为国外很多民族所采用。随着这种叙事方式代代相传，后人可能觉得这是民间故事必不可少的因素，并且给这些故事加上了滑稽的情节，使人物对比更有趣、更吸引人。一个老头因为变心，失去了得之不易的一切，不难想象这种故事在其流传过程中，应该有过不同的表现形式。日本有一个故事讲的是，有个老人得到了一个神奇的米袋，里面的大米永远都舀不尽，有一天他用手拍了米袋底部几下，竟从中跳出一条白色小蛇，从此米袋里就再不出大米了。还有一个故事讲的是，传说用水洗米升变穷，有位老人变富后又厌倦了富贵生活，于是就故意用水洗米升，重新变回穷人。这则民间故事就是伊予地区（现爱媛县）的《升洗池传说》①。另外，主人公因触犯禁忌而陷入不幸的民间故事，也广泛流传于世界各国。《鼻涕鬼大人》中没有复杂的人物对比和滑稽因

---

① 升洗池位于爱媛县松山市。《升洗池传说》讲的是，从前胜山有个穷人，祈求神佛保佑他发财，后来他果真富裕起来，但厌倦富贵生活，又渴望变回穷人，于是他听从谣言在这个池子里洗米升，结果他就变穷了，最后如意如愿地饿死了。

素，由此看来这个故事应该比"邻家爷爷"型故事更古老一些。

《鼻涕鬼大人》是以拾柴翁为中心的，这种叙事方式就是西方故事学家所说的"轮廓"或"画框"（Cadres）。它非常古老，反映了古时候老人们习惯于用第一人称讲故事，仿佛那就是他们亲身经历的事情。中古以前就有文献记录的民间故事中，《竹取翁》及其派生故事《箕作翁》等都采用了这样的叙事方式。这些故事的前半部分更接近于《桃太郎》和《瓜子姬》，至于后半部分内容则类似于现存的《蛇郎》。按理说，《桃太郎》里的老奶奶拾起桃子时，老爷爷未必是去拾柴了，可讲述人却一定要讲"老爷爷进山拾柴"。显然，这是古老的讲述方式偶然得以保存的结果，而不是后人特意添加的背景说明。而薪柴和水神之间的关系，应该是随着情节发展而自然产生的，重点在于老头不惜为神献出自己最重要的东西，但这个东西未必是薪柴。通过更多的版本比较，我们将逐渐了解这一点。

三　穷人为神献身

一位以拾柴为生的老头向龙宫献出薪柴，这样说还是比较自然的。但这种说法本身有一定的历史，已经广泛流传于日本全国。举一个九州的例子。肥前国岛原半岛（现长崎县岛原半岛）有这样一个故事，由于其内容变得十分奇特，连其报告人都感到惊讶(《旅与传说》第二卷，第十号，山本靖民君①)。

很久很久以前，有一对姐妹，姐姐嫁给了有钱人，妹妹则嫁给了守山人。妹妹每天背柴下山到镇上卖，但有一天薪柴怎么也卖不出去，而她又不愿送给姐姐，于是就把薪柴扔进海里回家了。

妹妹就这样连续做了几天，某日她刚要把薪柴扔进海里的时候，从海底出现了一位女人，她邀请妹妹到龙宫去。路上，女人吩咐妹妹说：

"如果你回家时被问到要什么礼物，你就说要一只黑猫吧！"

妹妹在龙宫逗留了几天，回家前果然被问到要什么礼物，于是她就要了一只黑猫。这只黑猫每天必须吃五合②红豆，于是她就要了一只黑猫，回家后每天按要求喂给它五合红豆。原来这只黑猫吃五合红豆就会拉五合黄金，妹

---

① 山本靖民，乡土研究家，深受柳田的"方言周圈论"的影响，对长崎县的方言做了系统研究。

② 合，日本的计量单位，一合为180毫升。

妹很快发财了。平时没有来往的姐姐听说此事后过来借猫，妹妹很难拒绝，就把黑猫借给了姐姐。但姐姐贪得无厌，竟然一下子喂给黑猫一升①红豆，结果黑猫撑死了。

妹妹心生怜悯，把黑猫安葬在自家院子里。不久，从黑猫坟墓里长出一棵酸橙树。因为这棵酸橙树是从生黄金的黑猫的尸体中长出来的，所以能给人带来好运。每逢正月妹妹都会把酸橙装饰在家里。

以上故事中，主人公已经从一个老头演变为穷妹妹和富姐姐两人，但穷妹妹还是照样到镇上卖薪柴，并把卖不出去的薪柴扔进水中。而"把卖不出去的薪柴扔进海里"这一段情节，其实又是一种变化形态。再看日本北部的一个例子：流传于岩手县江刺郡的故事，就在这一段情节上有着完全不同的说法，而且结局更接近于九州肥后国玉名的古老故事。

从前，有一个老头进山打柴，看到深潭里有什么东西在打着旋儿。老头觉得有趣，就随手把一捆薪柴扔进水中，薪柴打

---

① 升，日本的计量单位，一升为 1800 毫升。

了一个漂亮的旋儿后沉入水底。老头很高兴，便一捆又一捆地把薪柴扔进水中，不知不觉间，三个月积攒的薪柴都扔进去了。忽然，从深潭中出现了一位美丽妇人，她向老头道谢，并邀请他到家里做客。于是老头闭上双眼，爬到妇人背上，二人向潭底垂下潜了下去。原来深潭里有一套豪华房屋，老头扔进去的薪柴就在门边堆积成山(《江刺郡昔话》①，第23页)。

紫波郡还流传着类似的故事，但这个版本中说故事发生在岁末，老头扔进深潭漩涡中的也不是薪柴，而是准备新年装饰在门前的松树枝(《紫波郡昔话》②，第1页)。把绿油油的松树枝扔进水中，这种描述能给人一种视觉上的美感，而且这位天真无邪的老头与《笠地藏》《大岁守火》③等民间故事的主人公一样，在除夕当天因

---

① 佐佐木喜善：《江刺郡昔话》，乡土研究社，1922。
② 佐佐木喜善：《紫波郡昔话》，乡土研究社，1926。
③ 从前，有个儿媳妇整天受婆婆欺负。某一年岁末，地炉的火种越来越小，婆婆吩咐儿媳妇看好火种，千万不可让它灭，可自己却把木炭盒拿走了。儿媳妇感到为难，无奈地站在家门口。这时，远处走来一个提着灯笼的老头，儿媳妇就向他求火。老头问清借火的缘由后，同意借火给她，但同时要求她收下一个包裹："里面是尸体，对老人来说实在太重了！"儿媳妇被逼无奈只好收下尸体。第二天早晨，儿媳妇战战兢兢地打开包裹，原来里面装的是一尊很重的黄金佛像。婆婆听了事情经过以后，洗心革面，从此婆媳二人和睦相处。

海神小童　65

行善而得福。可见，过去除夕就是一年中最容易发生奇迹的时刻。

此外，江刺郡还有一则民间故事与其多处相似。这则故事收录于拙著《雪国之春》，可能有人会有印象。这个故事并不像前面两个那样，发生在深潭漩涡之中。

从前，有个老头上山打柴，在峡谷里发现一个大洞穴。他心想：这种洞穴向来都是一些坏家伙的巢穴，干脆堵住算了！于是他把一捆薪柴塞进洞口，谁想薪柴却被吸进洞里去了。试了几次结果都一样，不知不觉间竟把三个月积攒的薪柴都塞进去了。这时，从洞穴中出现了一位美女，感谢老头送她很多薪柴，并邀请他到洞穴里面。因为美女很热情，老头不好推辞，就跟着她往洞里走，原来里面有一套富丽堂皇的豪宅，旁边还堆放着老头花费三个月积攒的薪柴(《江刺郡昔话》，第13页)。

以上两则故事都来自江刺郡，主人公同样是打柴的老人，但关于他们抛入薪柴的动机，人们的意见已经有了分歧，而且无论是哪一种意见，似乎都缺少说服力。我们由此推测，此类故事原来应该有另一种讲述方式。此外，关于老头抛入薪柴的动机，自然有古人自己的说法，只不过随着时间推移，这种说法已经不符合时代要求，因而得到了后人的修改。

四　龙宫的妇人

如上所述，关于主人公把薪柴扔进水里的理由，如今存在着多种说法。但从年轻贵妇人答谢这一情节来看，"扔柴"这个行为本来不是为了安慰自己，也不是为了遗弃无用之物，单纯是穷苦老人的一片好心。或者说，讲述人想表达的，是老人无意的行为，碰巧成了讨水神欢心的礼物。不管怎样我们可以肯定的是，送柴原本意味着"善行"。但在包括肥后国《鼻涕鬼大人》在内的一些民间故事中，送柴行为所蕴含的含义已经变得十分模糊，所以才会有"龙神因欣赏老头的勤奋而显灵"等说法。

另外，"出现一位女人替水中宫殿的主人表达谢意"，这是前面引用的所有民间故事所共有的一个情节。不仅如此，在其他众多民间故事中，同等情况下表示谢意的都是女人。比如，主人公无意掉入水中的斧头，恰好砍断了在水中作恶的螃蟹的钳子，于是水神就化成年轻女子的样子过来答谢。古老的《浦岛子》中主人公是亲自去龙宫见龙女的，而现流传的"龙宫妻子"型故事中，美丽的少女往往是从龙宫过来，与主人公结婚生子，之后又回了龙宫。他们所生的孩子都留在了人间，而且让父亲家变得富裕起来。另外，我国还有不少"水神送信"型故事。其中的水神托主人公捎信给站在桥旁上的某个女子，或捎给住在某一沼泽的姐姐，这些水神还是以年轻女人的样子出现。此类故事有几种版本，如主人公毫无顾虑地完成任务，最终被赐予宝物；又如主人公因毁约弃信而招致灾祸；再如主人公听从别人警告，最终转祸为福等。详细考证细节部分，就可以掌握这些版本的发展过程，由此可以说明这些故事原本不是各自独立存在的。在日本，不少地方都保留了关于"机织池""机织渊"的传说。据说，每年除夕的夜晚或是宁静的雨夜里，这里都会传来织布机的声音。有的故事说，谁在此听到织布机的声音，谁就会变得幸福；有的故事说，有人发现某位失踪的美丽少女在水底织布，而这位少女请求替她保密。我认为这些故事背后都有一种古老的信仰，二者因某种缘分而相互联系在一起。无论如何，可以肯定的一点是，我们一听龙宫就习惯性地想起龙宫仙女。也许有些人硬说国外也有类似的故事，但不管从哪方面看，此类故事在我国都具有较突出的特殊性。且不论历代画家的作品如何，日本人想象中的龙宫不同于其他任何国家。在我国，向人类转告水中的神秘信息的，一般是一位年轻女性。不仅如此，怀抱神秘小童并努力让他在人间结

缘的，也是一位年轻女性。可以说，对我国国民而言，大海永远都
是恩母之邦。

五　海神的礼物

　　龙宫的贵妇人赠送一个矮小的孩童，按理来说，这样的礼物实
在罕见，但我在前面引用过的五个故事中，竟有四个故事都讲到了
这个情节。说不定，有某种仅凭今天的知识无法解释清楚的关系，
存在于大海和孩子之间，我个人十分重视这一点。关于老头得到这
份礼物的经过，唯独《鼻涕鬼大人》才显示出了差异。流传于岩手县
一带的其他四个故事中，从水中出来的女人向老头道谢，并邀请他
到水底或洞里，尤其是江刺郡的两个故事中，女人硬要老头把一个
难看的孩子一起带走。至于紫波郡的故事，女人事先吩咐老头，如
果在龙宫被问希望得到什么礼物，就一定要个孩子。从总体上看，
山本氏在肥前岛原半岛采录的版本最接近于最后一个版本，但二者
存在很大差异。据说，岛原半岛的版本中，老头要的不是孩子，而
是一只黑猫，但到了故事结尾，老头还是违反利用条件而糟蹋
宝物。

　　不管怎样，前面介绍的五个版本中，竟有四则故事都提到了主

人公是从人间去龙宫或地下宫殿得到孩子，只有《鼻涕鬼大人》中是女人抱着孩子出现，并亲手把孩子交给了主人公。类似的民间故事在我国广泛流传，人们称它为"产女型"①故事。关于产女，我曾经做过论述。简单地说，此类故事在很早的时候就已经出现分歧，形成了两种情节发展模式。一种模式是，某个女子请路人帮她抱孩子，孩子顿时在路人怀里变成了树叶或石头佛像，人们认为这是狐狸在作怪。尽管结局不太吸引人，但这种民间故事曾经被收录于《今昔物语集》，应该有一定的历史。而另一种模式的历史更为久远。据说，路人从女子那里接过孩子后，孩子莫名变得很沉，一般人都抱不住，但可能因为这位路人心地正直、信受奉行，也可能因为他是一位勇士、名僧，反正坚持到了女人办完事回来。女子十分感谢，于是给了路人一些报酬。关于其报酬又有两种不同的说法：一种是黄金永远取不尽的钱包，一种是某家代代相传的一把名刀。产女出现的地方往往与水有关，比如，沼泽边、堤坝上、小桥旁等，由此看来她与水神似乎有些关系。过去人们完全没有注意到这一

---

① 产女，日本女妖怪，形如鸟，夜间飞行，如果有人在夜间晾晒婴儿的衣服或尿布，产女就会过来喷涂鲜血，让孩子夜啼。有时产女会化作人类妇女的样子，请路人帮她抱婴儿。产女走后，路人怀里的孩子会越来越重，如果此人坚持住了，产女就会回来给他黄金或宝物作为谢礼。这里柳田说的"产女"指后者。

点，但有了《鼻涕鬼大人》等新资料之后人们逐渐明白，产女怀抱的婴儿和老头领养的孩子，其实指的是同一个孩子。这也是今后我们必须继续搜集民间故事的原因之一。

另外需要指出的一点是，我前面引用的江刺郡的传说中，老头没有把薪柴扔进深潭漩涡中，而是塞进了洞口，这看似与水神没什么关系，但其实不然。在我国，有很多在山洞里祭祀水神的例子，《贷碗传说》就是如此。有些地方的人们看到峡谷深处的岩洞里涌出泉水，便说这个洞穴通向龙宫。在古人眼中，自然涌出的地下水似乎比地表上的河流更加神秘，他们也倾向于将其与水神的所在地联想到一起。同理，由于漩涡吸引周围漂浮物，人们就把深潭漩涡想象为通往水底的入口，即以上两种说法其实是同出一源的。

六　绰号和丑貌

接下来我要关注的是，从水中出现的孩子往往拥有一个非同一般的名字。这一点在关于水神的民间故事中极其重要，而且这些孩子都有一些共同的特定。据说，肥后地区的《鼻涕鬼大人》虽然是"一个极小的孩子"，但却被叫作"鼻涕鬼大人"，这个名字实在太过简陋了。再看紫波郡的传说，砍柴佬从龙宫带回来的，就是一个娃娃头发型的丑男孩。当时老头听从美女向导的建议，临走时向龙宫主人要了"yokenai"，可他并没有想到"yokenai"是这样的孩子。老头有些为难，但既然要了，就只能养好"yokenai"。另外，在江刺郡的故事中，老头并没有要求得到什么礼物，是水中的主人硬把丑孩子硬塞给老头的。这个孩子跟着老头回家后，自称是"untoku"。在江刺郡的另一个版本中，老头勉强把丑孩子带回家了，但讲述人在故事后面附加说明说这个孩子名叫"hyoutoku"。"yokenai"也罢，"untoku"也罢，我们已经不知道这些名字的含义了，但显然它们不会有什么褒义。而"hyoutoku"的情况则稍有不同。据说，丑孩子死后托梦告诉老头，只要把画着自己丑陋样貌的面具挂在炉灶对面的支柱上，他就会继续保佑老头家繁荣昌盛。直到今天，岩手县的农民还把如鬼一般丑陋的面具挂在炉灶前，视其为灶神加以崇拜，这则故事就是用来解释这一风俗习惯的起源的。无论是这个故事的采录者，还是我的朋友，都一致认为"hyoutoku"实际指的是"火男"，亦即用竹筒吹火的丑男面具。

总之，水神赐予的孩子往往都很肮脏、丑陋，看上去没有什么价值。只有心地正直、顺从神意的老头才会慈爱抚养，并蒙其恩惠。正如上述，肥前岛原半岛的民间故事中，这个孩子已经换成了一只黑猫，但从结尾来看，其内容仍然同属一类。《鼻涕鬼大人》的讲述人说他小得惊人，小到都可以在神龛上坐下来，我认为这种表述就像说"yokenai""untoku"长得丑陋一样，为的就是说明人不可貌相。我如此推测有一个依据，那就是《一寸法师》。御伽草子《一寸法师》原名《小人儿》，这也是嘲笑矮子的绰号。这位小人儿因某种机遇得到发展，完成了普通人无法完成的艰难事业，最终为抚养他长大的爷爷奶奶带来幸福。不管是御伽草子《一寸法师》，还是奥州人讲述的《胫子唾子》，这些小人儿一般都是父母求神得到的孩子。过去没有人注意到，桃太郎从桃中诞生，瓜子姬从瓜中诞生，《竹取物语》的赫奕姬从竹子中诞生，其实这些都在说明主人公诞生时个子异常矮小。此类民间故事还有另一种特殊形式，据说，神赐的孩子竟然是小蛇的样子，他的成长速度比人类更快，要是放入花盆中，就会长得挤满花盆；要是放入洗衣盆里，就会挤满洗衣盆，最后把他放进了马房饲料桶里抚养。成书于奈良朝廷时代（710—794）的《常陆风土记》①便记录了以下这则民间故事。故事中，一位名叫"努贺毗咩"的女人生下了蛇体的神之子。

---

① 《常陆风土记》，成书于养老七年（723）左右，是元明天皇（661—721）下令编纂的常陆国地方志，里面收集了大量的昔话传说，有关日本武尊的传说尤其之多。

即放入净杯里，专设神龛，安置于此。一夜间挤满杯中。更换为酒瓶又挤满瓶中。换了三四个容器仍是如此。

这恐怕就是当时古人相信其真实性的民间故事之一。

肥后的鼻涕鬼大人并没有长大，但从最初他被抱过来到最后自己步行而去，其中似乎又有些成长的痕迹。另外他也被安置在神龛上面，这种描述又与前面引用过的常陆国的版本十分相似。我怀疑，神的孩子的成长，正是此类故事在神话时代曾有的一个重要内容。无论在欧洲，还是在其他民族那里，非凡英雄在诞生时都有类似的外貌特点，他们有的化作小动物，有的愚蠢懒惰，有的贫穷且丑陋，除了父母和神灵，无人关心他们。但国外的英雄很少有矮小的身材，虽然欧洲有《大拇指》等童话，但其历史并没那么悠久。而在我国，神话时代就有少彦名神①，关于身材矮小的英雄的叙事广泛流传于世并且由人记录成了文字，只不过今天有些零散破碎而已。我认为，岩手县的"yokenai"或"untoku"本该是更有内涵的名字，但不知从何时起，讲述人凭借想象力对此进行了更改。因为只

---

① 少彦名神，又写成少名毗古那神，是日本神话中的神，《古事记》说他是神产巢日神之子，《日本书纪》说是高皇产灵尊之子。据说，少彦名神身体极小，他与大国主神一起创造日本国土之后，回到了黄泉国，今天被奉为主司医药之神。

要能够表示此人无价值，主人公叫什么名字都是无关紧要的。古人想借主人公的名字表达的是："仅凭名字或外貌是无法对一个人的能力做出正确评估的。"认真想一想，称呼鼻涕鬼时特意加上"大人"这个敬词，这对普通人来说实在别扭，如此敬奉鼻涕鬼仿佛是一个折磨人的苦行，但虔诚的老头却毫不犹豫地用了这样的尊称并好好伺候他，结果获得了特殊的恩惠，这似乎就是神的考验。与《鼻涕鬼大人》一样，在江刺郡的故事中，"hyoutoku"最初总抠肚脐眼，也是个令人看不下去的孩子。这种描述也许反映了远古时代的一种叙事方式，即来自大海的小童不但身材矮小，而且是个满脸流鼻涕的脏孩子，总是受人蔑视。由此看来，《鼻涕鬼大人》中出现鼻涕鬼大人用鼻息存取宝物的情节就有了两种可能性，一种是孩子用来存取宝物的"鼻子"与他的名字没有任何关系，另一种则是后人根据孩子的名字特意加上了这段情节。

七　民间叙事的发展因素

神话区别于经典的特点应该在于这种"变异"。如果古人对代代相传的祖先功绩深信不疑，一字一句都严禁修改，那么众多古老叙事恐怕都会遭后人嫌弃，难以流传到今天。如今我们祖先的伟大功绩之所以能以各种形式流传至今且不失古色，就是因为神话在内容上存在一些允许后人因时代需要进行调整的可变领域。如果有人要探究叙事文学的起源问题，就必须要阐明哪些因素发生了地方"变异"。当然，哪些因素属于自由领域而哪些不属于，这在每个时代、每个社会环境下都有不同的答案，说不定某一天，某些重要的不变因素也不得不发生变化。尽管如此，从古至今，民间叙事中还是存在一些传承人允许更改的部分。比如，我们通过比较可以了解，"yokenai""untoku"等名字是属于自由领域的可变因素，而神童让老头富有起来的经过和方法则属于更大的自由领域。肥后的那位鼻涕鬼大人通过吮吸鼻涕或擤鼻涕来存取金银财宝，我至今都没有听说过其他地方的故事中存在类似的描述，但此类故事在获得宝物的过程方面，都具有各自的地方色彩。如在紫波郡的故事中，"yokenai"要求老头把他安置在一个避人耳目的地方，于是老头便把他安置在离家门口最远的 deko。所谓 deko 应写成"出居子"，指客房。奥州各地的世家至今还流传着一种说法称，自己家有位名叫"座敷童子"①的守护神，而这位童子样的守护神一般都出现在客房中。

---

① 座敷童子是主要流传于岩手县的神灵，外貌像小孩，能为家主带来好运。传说家里有座敷童子就一定会繁荣昌盛，福禄双至。

也就是说，"yokenai"受到了守护神般的待遇，而且他整天干活，勤勤恳恳，不久砍柴佬的钱包就装不下钱了，米缸也合不上盖了。江刺郡的一个故事与之相似，据说老头把孩子藏在离家门口最远的客房里，这孩子不分白天黑夜地拼命干活，转眼间让老头富裕起来。至于孩子究竟干了什么活，讲述人并没有特意说明。而再看江刺郡的另一个版本，情节发展更加合理一些。据说，老头从地下宫殿带回来的丑孩子整天抠肚脐眼，老头觉得不像话，某日就用火钳子捅了"hyoutoku"的肚脐眼一下，顿时从中掉出来一颗黄金。从此老头每天都捅三下孩子的肚脐眼，很快变成了百万富翁。而他的老婆十分贪婪，想要得到更多的黄金，于是就使劲捅了孩子的肚脐眼，"hyoutoku"因此丧命。岛原半岛故事中的黑猫与这十分相似，它每天会拉五合黄金屎，是一只了不起的猫。

总而言之，讲述人的目的是通过简便、奇特的办法让老头变得富有，若能达到这个目的，至于是不是一定要孩子擤鼻涕则无关紧要。在这一方面，后世的讲述人，尤其是搬运民间故事的专业讲述人，发挥了其聪明才智和利口巧辩。正因如此，这个自由领域的叙事方式才会因地而异，并且能将听众的兴趣集中于此，进而增加了民间故事的娱乐性。下面举几个例子。早在宽永年间（1624—1645）

的《醒睡笑》①中，就有某类动物拉黄金屎的故事，书中狡猾的弟弟田九郎利用一匹会拉黄金屎的宝马来欺骗富裕却愚蠢的哥哥旦九郎。尾崎红叶②所著《二人椋助》③原是在国外很受欢迎的笑话，里面也有一只会生黄金蛋的鹭。对于那些只知道《二人椋助》而不了解国内故事情况的人们，这可能意味着文化借用。在我国其实有很多讲述一对兄弟因境遇不同或人品差距而走向两种人生道路的民间故事，其中贫穷且善良的弟弟或哥哥最终会获得幸福，而且在我国更容易把握此类故事演变为笑话的历史经过。更重要的是，目前没有人能证明二者之间存在单方面的继承关系。目前，我们有信心指出的只有以下几点：一对亲兄弟、一对白头偕老的老夫妻、比邻而居的两对老夫妻等，他们的性格形成了非常鲜明的对比，而这种性格的不同又导致了命运的不同。古人再思想淳朴、易信于人，也会明白这是一种令人忍俊不禁的夸张。也就是说，此类故事本来就有一

---

① 《醒睡笑》，日本最古老的笑话集，安乐庵策传著，成书于元和九年(1623)，宽永五年(1628)献给京都所司代仓板仓重宗(1586—1657)。书中收录了作者儿时听说过的约300则民间故事。

② 尾崎红叶(1868—1903)，作家，创立了文学团体"砚友社"，刊行《我乐多文库》，泉镜花(1873—1939)、德田秋声(1872—1943)等众多文人因该杂志声名鹊起。代表作有《多情多狠》《金色夜叉》等。

③ 《二人椋助》是尾崎红叶给安徒生的《大克劳斯和小克劳斯》起的日语名字。

种向笑话转变的余地。进入近代以后，笑话的数量增多，其中有些笑话看起来立足于实际体验，但仔细考察起来，这些笑话大多拥有古老渊源，故事人物的数量又比较有限，彼此之间的差异仅仅在于优秀者取得成功和平庸者遭到失败的形式，笑话的讲述人就是在这一方面玩出新花样的。而且从"会拉黄金屎的黑猫"等说法来看，笑话的讲述人未必每次都要创新，有时笑话的新意实际上意味着袭用或重新组合已有的故事资源。在我国，所谓的"金蛋传说"基本上已经失传，但如果没有"金蛋传说"的基础，可能就不会形成流传至今的某类动物拉黄金屎的故事。由此可以说，即使今天的笑话早已失去了严肃的原貌，即使国外保留了同类笑话，我们也不能断言笑话从一开始就以笑话的形式诞生于世。所谓童话亦是如此。换言之，民间叙事始终都在成长。正因如此，民间叙事才这般滑稽有趣，更准确地说，民间故事是在成长和发展的过程中变得越来越有趣的。

八　兴趣与教训

既然如此，民间故事中长期继承下来的不变因素又有哪些呢？比如，为老头带来好运的角色在一个地方的故事中是有着怪名字的脏孩子，到了另一个地方又变成了一只黑猫或白狗，这些是否都属于我所说的"发展因素"？因为历史太悠久，对此我不能简单地回答"是"或"不是"，但在承认以下两种情况的前提下还是可以说，这些地方差异可能是某一时代的不变因素瓦解后，其残留物被其他发展因素吸收而形成的。在我们必须要承认的情况里，第一种是前面提到的"袭用"和"重新组合"，亦即只有个别的零碎记忆保留了下来，虽然这些记忆总是飘散在原来的民间故事周围，但整个情节已经向不同的方向发展。正因如此，有些民间故事才会在失去原貌之后，又形成了古老原始的氛围，我们应该对此保持警惕。另一种情况是传承人的思想或社会观时时刻刻都在变化，始终深受外部环境的巨大影响。如果忽略这两种情况，就无法解释民间叙事长期保留的主要情节为什么会在转眼间发生变化。神把神童赐予人类，而且神童最初往往是以小动物、桃子、黄莺蛋等样子出现。对于这些情节片段，长期以来讲述人一直没有做出太多修改，因为古人对此深信不疑，传承人对此也难以完全否认，有些人甚至认为在神话时代完全有可能发生这种奇迹。而随着人类智慧的发展，逻辑推理能力也有了提高，支撑神话的古老信仰逐渐衰落，听众的要求也发生了变化。讲述人可以展现叙事技巧的范围逐渐扩大，哪怕是民间故事中的重要情节，只要讲述人觉得没有意思，也有可能被省去，反之，那些讲述人觉得有趣的插曲，即使无助于情节发展，也被保留了下来。而时间长了，就连这样的插曲也会发生变异，整个故事情节的篇幅便增加了。如果一个民间故事几千年来都以一定的速度发展，每个地方的人能力相当，又以同样的兴趣来讲述，那么我们就无需再做比较研究了。幸运的是，民间故事按照一定的规律发展至今，而且每个民族都有自己的特殊情况。日本这个岛国，无意中成了一个有利于民间故事比较研究的试验场。

比如，"神鸟生金蛋"型故事，曾经有一段时间人们对此深信不疑，作为拍球歌的歌词流传至今。如今，此类故事却不再是民间故事的一种体裁，取而代之的是另一种相似的民间故事。但我们的"小人儿"故事情况则完全不同，直到最近仍保留着信仰的痕迹。小人儿瞬间成长为最伟大的人类英雄，这样的描述虽然让人觉得不可思议，但并不可笑。然而，自御伽草子《一寸法师》问世以来，其他众多神赐之子的民间故事开始省略这一段描述了。至少可以说，在京都文雅之风的影响范围内，以《一寸法师》为界限，诸如"用小碟喂就会长得像小碟那么大，用饭碗喂就会长得像饭碗一样大"的表现方式开始显得过时了。这样一来，人们不知道这些英雄来自哪里，只好说他们是从女人肚子里生出来的。于是，神赐之子在越来越多的民间故事中投胎转世，而桃太郎却沦落为童话了。这显然不是神童故事的最早形式，而且这种变异是直到最近才发生的，全国各地流传的各种版本和相关古籍记录便是其证明。比如，在中世的故事集中，这种小人儿被称为"心得童子"或"如意童子"，佛教又称之为"护法天童"，尽管他们的名字有所不同，但故事内容彼此相似，亦即小人儿是神派到那些深受神灵恩惠的人那里的使者。据说，北亚的巫师至今还会从亲近的神灵那里请来几位侍童，让他们在神与人之间跑腿。可见，此类信仰并不是我国仅有的特殊现象。关于心得童子，我曾经在《救神的故事》一文中做过详细讨论，简单地说，神赐之子在北亚听从巫师差遣，而在日本的民间故事中却会敏锐地察觉到主人的意愿，在主人下达命令前满足其愿望。他们令人富起来的手段也不止一两种，对此讲述人会根据实际体验来讲述。于是，"神赐之子"类型的民间故事在叙事技巧上的有趣变异，首先在这种手段上得到了充分的体现，然后又慢慢扩张到了孩子的身世方面。比如，传说俵藤太①从龙宫带回来的两位心得童子一直侍奉他，在他死后又认其后裔野州佐野氏为主，自称龙二、龙三

---

① 俵藤太（生卒年不详），即藤原秀乡，平安时期中期的武将。天庆三年（940），讨伐平将门（903—940）立下大功，被封为下野守、武藏守等。他在平将门之乱中的业绩，为《将门记》《今昔物语集》等古籍提供了极好的素材。尤其到了室町时代，有人根据他勇猛的故事创造了御伽草子《俵藤太物语》。书中讲，从前有个龙宫的侍女化作大蛇，请俵藤太击退近江国（现滋贺县）三上山的蜈蚣，事后把三井寺的名钟赐给了他。

郎。如今在佐野（现栃木县佐野市）的镇上还有这两位心得童子的后裔，他们靠卖家传的干裂膏或者靠卖纸谋生。据说，他们家的人都不怕水凉，甚至能够在冬天里把手脚泡在水中抄取纸浆，就是因为他们的祖先是来自龙宫的孩子。这种说法当然是后人所加，说明这则民间故事在当地重新扎下了根。不管怎样，可以肯定的一点是，我国神赐之子的民间故事历史悠久，不但讲述了一个人的发迹，同时还关系到一个家族家史的传承问题，正是这种叙事特征，导致了诸如"后裔不怕水凉"等各种说法的派生。也就是说，虽然神赐之子的古老故事在其流传过程中发生了一些变异，但在致富的情节上，依然保留了古代原貌。

此外，神赐之子的故事还隐约保留了另一个古老因素，那便是深受神明喜爱的人所做的承诺。为什么只有某一家或某个朴实的老头获得了非同一般的孩子或罕见的宝物并富有起来，而其他人却都遭到了失败呢？古时候，这一部分应该是此类故事最重要的情节，包含了传承人所认为的最有必要牢记且平时要遵守的教训，但在今人眼中，这一部分反而使故事变得不合情理了。而在《桃太郎》及其他著名童话中，这个重要情节已经全部脱落了。如今，我们民间故事研究者正处于紧要关头。如果传承人完全忘记这个情节，说不定学界就会出现更多更武断的解释，还要强迫别人听从错误的见解。

幸运的是，此类故事的主要情节全都传承了下来，正因为这些情节不符合现代人的常识，反而引起了学者们的注意。神赐之子的故事与前面引用过的五则故事一样，讲述的是一个过于老实的老头严格遵守普通人轻视的规则，最后获得了幸福，而有私心妄念的人一律遭到了失败。然而在现实生活中，一个社会的发展恰恰需要聪明人的思虑恂达。随着时代的变化，越来越多的人难以理解如上所述的教训，甚至有人认为这不过是滑稽的意外结局，要么将其省去，要么向笑话的方向改进。拿《鼻涕鬼大人》来说，老人只要每天购买醋拌生虾来喂养孩子即可得福；再拿黑猫的故事来说，也是每天喂它五合小豆即可。但那些拒绝顺从神意的人们对此提出质疑，不理解为什么要这样做，这纯粹是社会发展的自然结果。浦岛太郎仅仅因为不听告诫打开了玉盒，就变成了白胡子老头；龙宫的公主只因丈夫偷看产房而离家远去。不管哪个民族，凡是早期的人类都会把不如意的人生，理解为此人因违背某种隐形规则而被神惩罚的结果，他们还会询问神明人类究竟要遵守哪些规则。关于这个问题的答案，有的成为《失乐园》，有的则成为老头购买醋拌生虾的《鼻涕鬼大人》。当初，民间叙事可不是为了逗笑而存在的。

九　好人与坏人

为了了解以上问题，下面对各地"砍柴佬遭到失败"的情节做一些比较。熊本县的故事说老头变心了，即他连买醋拌生虾都懒得去做，还把神的孩子赶出门外。丹波国比治山（现京都府京后市峰山）的天真名并少女的故事情节与这基本相同，但为了保持故事的简朴性，或者为了突出因果关系，讲述人又把善行和恶行分别体现在两个人物身上。《剪舌麻雀》的好老头和坏老婆，还有《开花翁》的好老头和邻居家的坏老头，讲述人通过这两对极端的人物形象，说明甲有奖赏，乙有惩罚，而这种叙述方式好像也有一定的历史。在这一点上，奥州紫波郡的"yokenai"十分类似于鼻涕鬼大人。故事中，心地正直的老头每天都去一次客厅，看看丑孩子是否平安无事，再笑着摸摸他的头。而老婆子却觉得老头行动可疑，于是她趁老头没在家偷偷进入客厅，发现屋里有个怪孩子，就用扫把使劲打了孩子，并将其赶出门外。"yokenai"大哭起来，哭着向山里走去。从此老头家米缸里的大米越来越少，钱包里的钱也很快用完了，这时老夫妇才终于明白那个孩子其实是个福神。

再看江刺郡的"untoku"，故事中老婆子还是杞人忧天偷看客厅里，这时有个孩子从背阴处走了出来。老婆子觉得孩子太丑，就用扫把使劲打孩子，不仅把孩子打哭还把他赶出了门外，从此老头家变得一天比一天穷。只有"hyottoku"的情况稍有不同。据说老婆子很贪婪，嫌孩子每天只能变出三粒黄金，便趁着爷爷不在家，用火钳子不停地捅孩子的肚脐眼，结果把孩子害死了。这个故事情节已经十分接近于肥前黑猫的版本了，只是在黑猫的版本中，因犯错受到惩罚的不是老婆子，而是平时对穷妹妹不厚道的富裕姐姐。这个故事中，姐姐就像《开花翁》的邻家爷爷一样，强行从妹妹那里借来了黑猫，为了让黑猫多拉点黄金屎，每天都喂给黑猫一升红豆，结果把黑猫害死了。妹妹很难过，就把黑猫的尸体埋在院子里，不久黑猫坟墓里就长出了一棵美丽的酸橙树，这便是当地人元旦用酸橙来装饰的原因。我认为这个版本与《开花翁》有关，众所周知，《开花翁》讲的是白狗坟墓中长出了一棵大树，把它造成木臼，用这个木臼便能捣出来金子银子。

在《开花翁》的故事里，连这个宝臼都被邻家老头借走了。但邻家老头使用后却没有金银出现，于是他把宝臼扔进灶里烧毁了，而善良老头又用宝臼的灰烬再次获得了幸福。这也许是讲述人即兴改编的结果，但我们如果把死后被奉为灶神的"hyottoku"放在肥前的黑猫和开花翁之间，还是可以感觉到二者的起源相距不远。只不过我的比较研究未必专心注力于此，我更关心的一点是，"砍柴佬遭到失败"的情节，还出现在遥远的南海诸岛的民间故事之中，这是过去学者们没有预料到的。如已故的佐喜真与英君①在生前为我们搜集的《南岛说话》②中写道：

从前冲绳岛上有一对兄弟，哥哥不孝顺，敷衍地对待父母的忌日，而弟弟很孝顺，有空就去扫墓，好好祭拜父母。某日，弟弟跟往常一样在父母的墓前供上祭品、焚香祭酒，坟墓中突然跳出了一只狗，弟弟便带狗回了家。每天喂它吃一合米饭，它就会拉黄金屎，弟弟由此富裕起来。哥哥妒富愧贫，就找弟弟借来了狗，却不按要求，每天喂它一升米饭以求得到更多财富，于是狗就被撑死了。弟弟很难过，为狗修坟立碑，不久坟墓里就长出一棵树并结下了黄金果。这棵树便是今人称为"黄金(kugani)"的酸橙树。因为这个故事，冲绳人正月初七祭祖时一定会供奉

---

① 佐喜真与英(1893—1925)，法官、民俗学家，深受进化主义人类学的影响，在短时间内陆续发表了有关冲绳的民俗学论著，其中考察女性权利问题的《女人政治考》尤为受到柳田的击赏。

② 即佐喜真与英：《南岛说话》，乡土研究社，1922。

酸橙（第52章）。

　　尽管以上故事中没有主人公把薪柴献给水神这一情节，但其主要内容与肥前黑猫的故事基本相同。关于黄金果的来历，同书还记载了另一则故事，虽然二者说法不一，但这仍然是值得我们参考的资料。传说从前有一个家境贫寒的孩子，某年岁末他在回老家的路上遇见一个抱着婴儿尸体的女人。女人说她要去借锄头来埋葬宝宝，请他帮忙抱一会儿。穷人家的儿子不顾明天是元旦，应该避免任何污秽，就痛快地答应下来，可抱着孩子等了半天也不见女人回来，他只好回到老家，先把尸体放在门口跟父亲说明情况，再把尸体抱进去。没想到尸体突然变得异常沉重，怎么也抱不动，父子俩惊奇地打开小棉被包一看，原来里面包着的不是婴儿，而是一大块黄金。故此当地人每逢元旦，都会用黄金果来装饰家中。在我看来，最后的"故此"之说不够详尽，原来可能有另外一种结局，如这位穷人家的儿子因孝顺得到宝物，或者从婴儿尸体中长出一棵酸橙树等。大年除夕帮别人保管一具婴儿尸体，这实在是令人烦恼，但主人公却不嫌污秽帮助别人，尸体最后变成了黄金，好人终得好报。同样的民间故事，如除夕通宵烧炉火的由来与传说、"儿媳妇灭炉火的故事"①等也广泛流传于日本。我在论述"yokenai"的故事时已经说过，大年除夕是有福之人必蒙神恩的特殊时刻，也可谓是神灵做出评判的日子。女人在这个时候抱着孩子考验人心，这种故事是我国民间故事里十分常见的一种类型。到了肥后北部，此类故事的主人公就变成了龙宫派来的鼻涕鬼大人。

过去人们认为这些民间故事各自有不同的起源，但仔细考察起来，这些民间故事背后都存在一种共通的心态。我当然不能断言这些都出自同一个版本，但至少可以说，讲述某一种故事的人都事先了解了另一种故事，这些版本就好比讲述人用来从共用的井里取水的不同容器。今后，随着搜集工作的推进，越来越多的版本将会积累下来，总有一天我们能够对来自全国各地的二三十个版本进行考察，那时我们可以更安全地把握这些同版本之间的传播过程，从这

---

① 某年除夕，婆婆吩咐儿媳妇不要让炉火熄灭，但深夜里儿媳妇发现炉火已经熄灭了。附近人家都睡了，从哪里要来火种？儿媳妇一个人在黑夜里毫无目的地走。走了一会儿，忽然看见有几个戴面具的男人在烧篝火，他们身上披着蓑衣，正围着篝火跳舞。听了儿媳妇的话后，男人们表示："火种可以分给你，但你必须满足我们的要求。我们有一个伙伴死了，能否帮我们保管尸体三天?"儿媳妇同意了，把尸体藏在了牛舍的饲料堆里面。到了元旦的早晨，一家人一起庆祝新年，这时丈夫发现牛舍不太对劲，就过去看看，原来牛舍的饲料堆里有一个像人一样大的大金块。儿媳妇向婆婆坦白了事情经过，婆婆便说："那几位男人一定是七福神，他们欣赏你的孝顺，就把福气分给你了!"从此以后，他们家便富起来了。

个意义上来说，这些版本就像踏脚石一样。比如，前面介绍的民间故事中，一对兄弟祭拜父母时的态度有好有坏，而同样的故事早见于《今昔物语集》。《今昔物语集·茅草与紫苑》，哥哥种植"遗忘草"①，以求拂去心中的悲伤；弟弟则种植紫苑，以求永久保留关于父母的记忆。某日从祖坟地下传来一个声音，对弟弟说道："我是守护你父母的鬼魂，欣赏你孝顺，今晚托梦给你！"按理来说，从祖坟里面发出声音的应该是祖灵，但这个故事中却不是，这里应该还藏有一些值得探究的问题。我个人以为，这一段情节暗示着古代日本人的埋葬方式及其他有关死亡的礼仪与水神信仰有关。具体来说，古时候有将尸体安置于洞穴的习俗，这是因为古人相信神及神的眷属都居住在洞穴最深处，想要把死者的灵魂托付给他们，而古人相信初临人世的伟大灵魂来自水底，说不定也是源于这种信仰。我国有一种古老的说法，认为"大海是母之国"，据我所知，至今为止还没有人对此给出明确解释。这可是宗教史上的大问题，我们也应该从自己的立场出发找出答案。因此，我不能再袖手旁观，不能眼睁睁地看着我国的故事研究在今人的影响下，沦落为翻译工作。

---

① 遗忘草，萱草的日语名字。

一〇 　未来的神话学

我们应该树立远大目标，但首先还是要阐明事实。显然，仅靠我们已有的资料，还无法给出更多的判断。如今，能让大家完全信服且毫无顾虑地讲给别人听的观点还不是很多，这也是难免的。尽管如此，大家应该从本文中看到了希望，只要我们每个人都关注各地的民间叙事，就能推动我国的民间叙事研究继续向前发展。这个工作永远都不会有令人满意的终点，但这仍然是一门有干头、有盼头的学问。

现在我们有了几个新的发现。首先，民间故事的不同版本，可以证实中世的大众文艺生活非常活跃，非文人拟古之风所能比。比如，所谓的"五大御伽草子"中只有一个"原始题材"，但各自在细节上显示出较大差异，令人觉得这五个故事各自独立、互不相干，这意味着"五大御伽草子"中，至少有四种经过了后人改造。我们绝不能按照约定俗成的理解，把民间故事想象为古代遗产，那不过是毫无依据的推断而已。其次，任何一种民间叙事都会受到听众要求的影响，不同的时代背景下叙事的重点会发生变动，因此过去的"原始题材"未必能一直受到后人的重视，但这并不意味着古老因素由此完全失传，或者为新的因素所替代。近世既是一个笑话和除恶故事等不同版本数量显著增多的时代，也是若干外国故事深受欢迎的时代，前者的内容和发展始终立足于"原始题材"，而后者则与传统的民间故事融为一体，二者逐渐奠定了今天我国民间叙事的基础。按理来说，去掉这些新加的部分后，剩下的部分应该包含了我们的祖先曾听过的"原始题材"。然而，研究民间叙事的日本学者往往盲从外国学者，在没有充分思考的情况下，盲信民间故事的全球一致性，甚至有人没掌握多少资料，却主张我国民间故事都来自国外。我们必须慎重对待民间故事的传播问题，即使今后发现有些民族的民间叙事与日本截然不同，也不应该妄下结论，然而现实中，却有那么多人盲目地追寻我国民间故事的国外源头。其实，谁都知道各国的民间故事在相当程度上存在一致性，根本用不着学者来指出。国外的故事集不断传入日本，而且这些故事集还附着索引，只要翻看几页，谁都会明白。我们应该做的是有效利用这些外来的故事集和索引，从我国的民间故事中去掉明显的共同点，思考剩下的部分在日本国内得以生成和发展的轨迹。那些"进口主义"的学者们对国外的思想不做任何改良，也不会适应时代变化，只是把借来的思想视如珍宝，什袭而藏，但我们祖先当中从来都没有这样的懒汉。也就是说，日本的民间故事从几千年前起就一直在成长。

我们对民间故事的学术兴趣，主要在于其分布状态的意义。如果所有民间故事都是从佛教经典中翻译过来的，或者是从中印两国直接学来的，那么大家就不必费心例证什么，我倒希望大家对套用"进口""舶来"等词汇来一概而论的人们保持警惕。的确，日本有些留有古老水神信仰印记的民间故事，在其他国家也有流传，但日本的版本在形式上十分独特，至少某些个别的部分是异常发达的。举一个例子，且不论是纯粹巧合，还是传播的结果，"将孩子的诞生归功于水神的威灵"这种信仰，在众多民族中应该是普遍存在的。而日本既是海上岛国，又是山河瀑布不断流淌的国家，因此海边出现了"虚舟传说"，河边则有了《瓜子姬》和《桃太郎》，而且这些故事传说都取得了惊人的发展。这些神赐之子长大后，给世代相沿的家族带来了影响，这也是我在前面指出的国民性特征之所在。经过这种实例分析，我们必须对神话的相关定论做一番修正，即民间叙事的信仰背景往往因民族而异。如今，在很少受到外部影响的日本乡村固有的信仰，仍留着自己的痕迹，很多外国学者并不了解这一点。从叙事地点、时间、讲述人属性等方面来看，乡下人保留至今的叙事大多不能算作是神话。但可以肯定的一点是，民间叙事借助于某种宗教力量得以留存和传承的时代，并不是遥远的过去。在我看来，这也是我国传说和民间故事之间界限不清的原因之一。

从另一个方面来说，在我国，民间故事作为宗教史资料所具有的价值大于其他国家。例如，龙王龙神深受我国人民崇拜，关于其原因，除了佛学家或汉学家，还有《鼻涕鬼大人》可以做出更明确的解释，即"龙宫送来的小人儿让人变得富贵"的民间故事，在我国流传相当广泛，而且历史相当悠久。另外，神话时代的正史记载我国有两代地神①与海神结过婚，宇佐八幡神社也有一段应神天皇与龙女成亲的记录。此外，中国地方的广阔山区流传着一首插秧歌，歌词中写道："日天子和龙女结婚，每年生一个田神，每个田神都从山顶降临人间"。我们通过《鼻涕鬼大人》这则民间故事来审视以上资料，从中可以领悟到不同时代的日本人对水神的敬意。至少可以说，如今人们向水神祈求降雨或守护水坝，而古人仰慕的水神除了降雨护坝以外，还具有更多的职能。这便是生活在岛国并靠耕田生活的日本人的自然祈求。只可惜，我至今没能找到民间故事这种用具体的方式让读者理解这一事实的资料。正因如此，在童年时代结束之后，我们还是要继续面对御伽草子。

（昭和五年四月 《旅与传说》）

---

① 两代地神，指日本神话中第四代地神彦火火出见尊和第五代地神鸬鹚草葺不合尊(神武天皇之父)，前者与海神之女丰玉姬结婚，后者则与丰玉姬妹妹玉依姬结婚。

延命小槌

　　曾经有一段时间，古人认为将木头奉献给水神，是件功德无量的事情。而在现代人的眼中，这不过是传统的行为模式，即使违背了也只是心里觉得不对劲而已。尽管如此，全国仍有不少例子可以说明，这种已被形式化的行为模式，依然隐藏着古老信仰的痕迹。比如，在插秧前耙水田时，或者在秧田播种时，或者在正月十一田神祭日，人们都要在水田的出水口插上三根栗树枝，有些地方的人们插的是柳树枝。另外柳树在我国秧田习俗中还是吉祥的象征，这大概与柳树扦插后自然生根的性质不无关系。和歌诗人常用的"稻妻"（即闪电）一词也曾与现实的信仰有关。据说，一片青苗地的上空打雷后，古人就把青竹插在被雷劈过的地方，以庆祝太阳神和水神成婚。如今还有不少地方称泉神为"osuzusama"，其祭日在盛夏，人们通常会把小杨桐树枝插在水边。后人开始给小杨桐树枝缠以白纸，其节日意蕴可能由此发生了变化。而在此之前的漫长岁月里，农民是不用白纸的。过去，每个涌出清水的地方都有一棵神树，有的是人为种植，有的是天然繁茂。如果是后一种情况，人们就会从树丛里选出一根树木好好保养起来，将其当作神灵附身之树加以崇拜。过去井口周围种着特定种类的树木，这恐怕也是一种基于"宗教性起源"的景观。

　　或者说，最初人们在美丽树木繁密茂盛的地方偶然发现了天然泉水，这种原始经验成为如上情况的起点。不管怎样，古人深信水神爱树，如果不存在这种信仰基础，民间故事中打柴佬的送柴行为不会如此受到水神喜爱。但随着时代发展，这种核心的信仰基础逐渐失传，随之各地的神童故事也沦为童话，讲述人只是在故事开头简单谈及打柴佬。就在这一点上，熊本县八代郡（现熊本县八代市、八代郡）的版本情况有点不同，可以对北方《鼻涕鬼大人》起到拾遗补阙的作用。据滨田隆一君①的报告（见《旅与传说》"昔话特集号"，第77页），八代的版本以如下一段为开头：

　　　　从前某地有个老头子。某年年底，他去城里卖门松②，不知为什么一个都卖不出去。老头子无奈回家，但路过桥时忽想应该把门松奉献给河神，于是他从桥上把门松投进河里。不久，从水中出现了一位龙宫使者，带老头

─────────────

　　①　滨田隆一（生卒年不详），熊本县八代出身的乡土史家，代表作有《天草岛民俗志》。这里柳田提到的是滨田隆一所著的《八代郡昔话四篇》，《旅与传说》昔话专号4卷4号，77～79页。
　　②　门松，指元旦至正月初七之间在门上悬挂或摆放在门口的装饰品。

子去龙宫，以盛宴招待他。老头走时，还收下了一把万宝槌。

接下来，故事情节向《米仓与小盲》①的方向发展，关于此类故事我在后面详谈，现在暂且不提。无论是小槌，还是小孩子，就帮老头实现愿望这一点而言，都是一样的。这把小槌在《甲斐昔话集》②中叫"延命小槌"，奥州三户郡的版本又将其分为小宝袋和小宝槌两个宝物。《丰前民话集》也谈到，有个穷男人从一群孩子手中救下了一只海龟，后来海龟化作美女，带着小槌找上门来。这则故事接近于童话《浦岛太郎》或《今昔物语集》所收录的救小蛇的故事。而正如下一节所讲，在流传于壹歧岛的故事中，小龟直接充当了小人儿的角色。一个是小人儿，一个是黑猫，一个又是万宝槌，仅从这一点来看，这些不同版本之间存在巨大差异，但不知为什么，这些版本的主要情节却都基本相同。

---

① 《米仓与小盲》的主要情节如下：一个访问异界的老头获得了一把小槌。后来他发现这把小槌原来是个万宝槌，向它要什么就有什么，于是老头就要了大米和米仓。邻家坏老头过来借用小槌，一连说了好多声"米"（kome）、"仓库"（kura），可出来的却是一群"小瞎子"（komekura），最后还将坏老头杀死了。

② 土桥里木：《甲斐昔话集》，乡土研究社，1930。

嘉手志川

壹歧岛的民间故事中，"把树木献给水神"这一情节已经完全失传了，但却保留了与《开花翁》十分接近的内容。山口麻太郎君[1]的故事集就收录了壹歧岛田川村的一则故事：

从前某个地方有一对贫苦的老夫妇，他们的邻居却是一对有钱的老夫妇。某年岁末，富裕的邻居开始捣年糕准备过年，而穷苦的老夫妻却没有钱买糯米，便无奈唱道：

"邻家捣年糕，捣得越来越响，声音再大，咱们都吃不上。"

唱完，老两口就去城里卖年木[2]，卖完便坐在海边岩石上抽支烟。忽然从海中出现一位龙宫神女，招待他们去龙宫，老两口很高兴地跟着神女走了。他们在金碧辉煌的宫殿里吃喝玩乐，住了几天。临走时，龙宫神女送给他们

---

[1]　山口麻太郎(1891—1987)，民俗学家，于昭和八年(1933)在长崎县壹歧建立了壹歧相遇研究所，对壹歧的历史和民俗做了调查研究。这里柳田所提的故事集，便是山口麻太郎编：《壹歧岛昔话集》，载《全国昔话记录》，三省堂，1943。

[2]　年木，又称岁木，是过年时放置于家门口或门松旁边献给年神的薪柴。

一只乌龟当作礼物。回家后，老两口按照神女吩咐，把乌龟放入橱柜里并每天喂它五合红豆，这样小龟每晚都会拉一堆金子。邻家老夫妇听说此事后硬把小龟借走了，可是在把乌龟放入橱柜前竟然喂了它一升红豆。第二天早上打开橱柜一看，里面没有金子，满地都是粪便。邻家老两口一气之下就把乌龟杀死了。贫穷的老两口很难过，便把小龟埋在了自家院子里。不久小坟上长出一棵橘子树来，而且还结了许多果实。老两口摘下果子剥皮一看，原来橘皮里面装满了金子。他们很高兴地摘下了所有果子，变成了百万富翁(见《旅与传说》"昔话特集号"，第81页)。

这则故事广泛流传于壹歧全域，各村都保留着其版本，但内容稍有不同。比如，渡良地区的版本说主人公是老奶奶和懒惰的儿子，立石村的版本则说主人公是穷苦的哥哥和富裕的弟弟。后一个版本讲，年末哥哥找弟弟借钱，但吝啬的弟弟却不肯借。这种情节流传广泛，远者见于新罗国旁□的故事①，近者则见于奥州人爱讲的《黄金小臼》。另外，在渡良和立石村的版本中，年木都没能卖出

————————————

① 详见《酉阳杂俎》续集《卷一·支诺皋上》。

去。于是，主人公便将其扔进海里，而龙宫恰好需要薪柴，所以神女才会出来给他回礼。在立石村的传说中，拉金子的不是乌龟而是一只猫，这一点与肥前岛原的传说相同。据说龙宫神女的使者在路上悄悄地和哥哥说道，龙宫的神女会给你想要的东西，到时候你就向她要一只"mikankou 的猫"①。这只猫吃红豆拉金子，后来被弟弟借走，但因为拉出的是屎而不是金子被弟弟杀死了。哥哥安葬好了这只猫，后来埋葬猫的地方长出了一棵橘子树，哥哥在树根处挖出了大量黄金。

有趣的是，立石村和肥前的版本在兄弟的性格上采用了完全相反的说法。再看冲绳的民间故事"黄金果（kugani）"，在伊波氏的民间故事集②和牛岛氏的笔录（《民俗学》第 2 卷，第 2 号）③中都收录了该故事，但这两个版本，因孝顺而获得小狗的仍是弟弟，而不是哥哥。二者的差异只有一点，即后一个版本讲弟弟在小狗坟墓上种了一棵树，但这棵树并不是酸橙，而是蜜橘。与全国广泛流传的同类故事相比，这两个版本最大的特色体现在"小狗从坟墓中或者从坟墓旁边跳出来"这一情节上，我认为这是此类故事出现得较晚的变化。由

---

① "mikankou 的猫"，mikan 应指橘子，但 kou 可能是方言，不知其意。
② 指伊波普猷编《日本昔话集·琉球篇》，ARS 社，1929。
③ 指牛岛军平：《冲绳》，载《民俗学》，第 2 卷，第 2 号，1930。

岩崎卓尔先生①搜集的石垣岛民间故事(《旅与传说》第4卷，第2号)比冲绳本岛的故事更接近于九州以北的本州岛的民间故事，而且在某种程度上也丰富了龙宫神女的简单形象。下面简单地转载一下。

从前，有个穷人在海边钓了一条美丽的小鱼，便把它养在水缸里。从此以后，每当他从外面回来，屋里都被打扫得干干净净，新的草席上还有摆好的酒菜。穷人觉得很神奇，某日便在门外偷看，发现屋里竟有个美丽的姑娘在忙着做家务。穷人进屋一问究竟，原来这位姑娘是化作小鱼来到人间的龙宫公主。因为穷人每天都钓鱼，钓针糟蹋了龙王的韭菜地，于是她过来嫁给穷人，要让穷人过上不用再钓鱼的日子。然后两个人一起到龙宫求亲，在路上公主吩咐穷人，如果被她父亲问到想要什么礼物，就一定说要一匹山羊。穷人按照公主说的方法获得了山羊，回家后很快变成了百万富翁。某日男人和妻子吵架，妻子一气之下用包袱皮把"火神的灰尘"全部包起来，

---

① 岩崎卓尔(1869—1937)，气象观测师，民俗研究家，1898年被派到冲绳县八重山中央气象台附属石垣测候所，此后长达40年的时间里都在从事气象观测工作。与此同时，他对八重山的风土习惯、当地古文献做了调查研究，致力于提高岛民的生活水平，包括开设幼儿园和盲人学校、创办报纸等。他一生清贫，受到了岛民敬爱。

带着包袱皮回娘家了。从此以后，男人又变回了穷人。

这个民间故事的后续发展是，穷人划船出海寻找妻子却迷失了方向，这时被一只叫"koina"的候鸟救了起来。因此，每到"koina"飞来的季节岛民都会在夜里烧火，告诉"koina"陆地的方向。这样的讲述方式令人想起中古时代的"本地物"①，最后会附加几句来解释一些看似与故事没有太多关系的古神的来历。此外，民间故事也经常会在结尾解释事物来历，如《蛇郎》的有些版本最后突然解释，端午节为什么要把菖蒲放在浴池里等。这的确是一个十分有趣的问题，但我们暂且先放下这个问题，继续关注水神赠送的礼物。关于水神的礼物，有的地方说是个孩子，有的地方说是一只黑猫，这无疑是令人惊讶的地方差异，但在别的地方甚至又成了乌龟、山羊等。由此看来，古代日本人认为非凡的灵魂能够自由变换外形，并且对此深信不疑。直到后来，人们又说神秘女人是像信太森的葛叶②那样的

① 本地物是受"本地垂迹说"（认为神道中的神都由佛教的佛化作而成的学说）的影响而成立的故事体小说。

② 据说，摄津国东生郡安倍野（现大阪府大阪市阿倍野区）的安倍保名访问信太森时，放走了一只被猎人追赶的白狐，安倍保名自己却受了伤。这时，一位名叫葛叶的女人过来照顾他，并把他送回了家。不久两个人便相爱了，成婚后生下一个名叫童子丸的男孩。童子丸五岁时葛叶现了原形，她坦白说这一切都是稻荷大明神的安排，之后就变回白狐去往信太森。这位童子丸便是后来的安倍晴明。

狐狸变过来的，这与其说是叙事本身的变化，不如说是信仰的变化。正因如此，有些人甚至会说狐狸比人类更伟大，但其实那可不是一般狐狸，而是能够化作人类或狐狸的灵魂。我国还有鱼幻化成女人与人类结婚的民间故事，本州某些地方的世家半信半疑地传说那是他们家家祖的故事。如今，文艺化较明显的《白鹅处女》已经家喻户晓，其实过去日本人更熟悉的还是《鹤妻》《鹳妻》等民间故事。古文献记载的《蛇郎》或《蛇女》，只有在"非凡的灵魂能够自由变换外形"这个意义上，古人才相信它是真的。但不知从什么时候起，越来越多的人不顾故事真假，只想听不常听到的有趣故事，从此民间故事多了无数细节表现。结果，有些人在讲述贤妻或美满婚姻的故事时就有点幽默过头了，如《裸鹤》讲鹤妻拔光身上的羽毛，用它织成漂亮的锦缎；又如《蛤蜊妻》讲蛤蜊妻把屁股泡在锅里，煮出蛤蜊鲜美的汤头。

另外，那只聪明过人的白色小狗也不能一直是《撒灰翁》《取雁翁》《开花翁》等民间故事中所描述的形象。如今，每当民间故事中出现不雅的场面，听众都会觉得故事快要结束了。事实上，一种民间故事发展到最后阶段，讲述人通常都会讲述一些不雅的情节片段来取悦听众。我们不得忽略的一点是，关于狗的不雅表现尤为突出，传播范围也极其广泛。尽管不像冲绳的民间故事那样完整，但类似的故事片段却散落在全国各地，我们由此可以知道，日本本州岛也曾流传过同样的故事。比如，备前犬岛（现冈山县冈山市）附近的居民认为，这里的犬石是由菅原天神①的爱犬所变。当地人传说，菅原天神遇难在海上漂流时，传来的狗叫声为菅原天神引路，助他去到犬岛，也有人说是他的爱犬因想念主人而不停地吠叫。而犬岛上确实有一座祭祀菅原天神的天满宫，因此岛上存在这种说法是可以理解的。但岛民却又传说，菅原天神走在熊野古道上时已身无分文，就在坐摆渡船时把这只小狗给了船夫当作船费。这只小狗吃一碗沙子就可以拉一两金子，但船夫却贪心地喂了它两碗沙子，于是小狗被撑死了。后来小狗的尸体漂到犬岛，化作了犬石。也有岛民讲，狗的主人不是菅公，只是一个流浪汉而已。据说他在纪州日高川（位于和歌山县中部）的渡口，把小狗送给了一个老头和他九岁的孙子竹市，小狗戴的项圈上写着每天喂一盒沙子就会生下两个金币。但不知为什么，爷爷把小狗和竹市一起放在了木桶里，而这个木桶又漂到了犬岛。这种说法十分接近《桃太郎》或奥州的《撒灰翁》。三州宝饭郡八幡村（现爱知县丰川市北部）的千两大明神社，因为这里被视为一只神犬的古迹，所以又称犬头宫。传说这只

---

① 菅原天神即菅原道真（845—903），平安时代前期的公卿、学者。他学识丰富，又在书法、作诗、写文等方面拥有杰出的才能。菅原道真生前被称为菅公，死后被封为天满天神，作为学问之神，深受人们爱戴。

神犬曾为一个品行正直的女人，从鼻子里吐出了许多丝线。但100年前有位学者曾来到此地，向长老请教此事，长老讲的却是另一则传说。据说有个流浪汉开拓了这个村子，他养的几只狗里面有一只会拉黄金屎，居然每年都能拉1000两金子，"千两村"之名就由此而来（《神祇全书》第4卷①）。此外，信州上高井郡（现长野县信州上高井郡）的传说，也包含了关于黄金小狗的情节片段。从前八幡富翁家的狗每天拉1升金币。他的妻子山吹御前爱钱如命，硬要狗拉3升金币，一天喂它3升米饭。但狗却没拉出金币，山吹御前一气之下狠狠揍了狗一顿，狗便跳进池中溺水而死。相传这一池塘的古迹就在盐川中游（位于长野县下伊那郡）。

以上就是我目前掌握的所有资料。如果再稍微细心一点，还可以找到更多资料。掌握的资料越多，其中联系就会越明确。但仅凭以上三种资料，我们还是能够给出一些假定。在古老的说唱文艺作品中，八幡富翁及其妻子山吹御前都是常见的名字，甚至还出现在孩子们爱唱的拍球歌里面。对备前犬岛的岛民来说，这里的传说所提到的熊野古道上的船夫大概也是如此。既然在岛民的记忆中，小狗和熊野古道上的船夫紧密联系在一起，那么我们就可以把备前犬

---

① 佐伯有义等人编：《神祇全书》，第4辑，皇典讲究所，1908。

岛的传说，视为中世以后创作的民间故事。而如今犬岛上确实有一座小狗坟墓的遗址，岛民对此信以为真，从这个意义上来说，这里流传的说法不能说是民间故事而是传说。这样的现状究竟意味着什么呢？我认为，虽然民间故事可以传播到任何地方，但到了与之有某些因缘的地方，往往都会长期停留下来。这应该就是黄金狗的传说在不知不觉间演变成了三河犬头宫传说的原因之一。也就是说，最初当地人都知道某一种神犬的叙事，但他们的记忆随着时光的流逝而越来越模糊，开始把更多的注意力放在后来传到此地的民间故事上。至于原有的古老叙事和新来的民间故事之间存在何等程度的异同，仅凭现在掌握的资料是难以得出答案的。但我还是希望目前流传的地方故事中、尤其是与新文化的中心保持距离的民间故事中，有一些古老时代的残留物保留了下来，能为我们提供线索。比如，冲绳的黄金小狗是从一对善恶对立的兄弟埋葬父母的地方跳出来的，这只小狗为善良的弟弟带来了很多幸福，我觉得这个情节不像是后人创造的。说起冲绳岛的坟墓，最近都是由灰泥涂抹而成，但过去都设于天然岩洞中。除了冲绳岛的部分地区，本州岛保留了这一古老习俗（参见《人类学杂志》第 500 号所收的拙文①）。说不定

① 柳田国男：《关于葬礼制度的沿革》，载《人类学杂志》，第 44 卷，第 6 号，1929。

曾经有一段时间，古人相信从各家祖先灵魂安眠的地方，会重新出现年轻的、优异的生命，并降临于爱慕祖先的子孙身边，而这种思想偶然遗留在冲绳的民间故事中。

"一只狗从岩洞里跳出来"的说法广泛流传于全国。其中，有不少地方的人都说这只狗引导当地人发现了泉水。这种说法的起源究竟是什么？这仍是我最难以阐释的问题。在冲绳南山王国城山北岭（现冲绳县岛尻郡南部）有一条著名的清水河，名叫嘉手志川。传说从前当地严重缺水，就在人们下定决心迁移时，忽然从山丘上的树丛里跳出一只小狗。人们在小狗跳出的地方发现了泉水，之后一直居住在这里。为了纪念此事，当地人至今还崇拜井口边的一颗岩石，因为其中有这只狗的灵魂。据古籍记载，嘉手志川在当地方言中意为"世代传说的井口"①。在中世以后的冲绳人让黄金小狗拉出金子之前，或者在御伽草子的《桃太郎》和《瓜子姬》的果实漂过来之前，这个"世代传说的井口"就已经涌出清水了。我们就是想追溯它的源头，才努力到达远古时代的水面。可惜，如今这股泉水已经变得浑浊不清，越来越多的人

---

① 传说冲绳有几处天然泉水是狗让当地人发现的，因此当地人把狗视为水神的使者，为了纪念此事，把这些泉水称为"世代传说的井口"。

开始徒步涉水了。"世代传说的井口"的现状，仿佛就是民俗学的现状。

龙宫小僧

全国有不少峡谷被命名为"小僧渊"，有些地方还传说，此地会出现袭击人类的河童妖怪，但至于这些说法的起源，已经很少有人知晓。我真切希望在不表明我个人见解的情况下，重新打听各地的古老观点，收集他们残留的记忆碎片。根据最近出版的《引佐郡志》①，引佐郡镇玉村（现琦玉县滨松市）有个叫作"久留女木大渊"的深潭，传说从前有个小和尚从龙宫来到此地，挨家上门拜访，农忙时间还下地帮人家插秧，夏日有骤雨时，也赶来把晾晒的粮食收进去。由于小和尚为当地人带来了很多幸福，他走到哪家都会受到款待。小和尚一直以来的要求是不要让他喝辣蓼汤，但某一天有户人家不小心让他喝了一碗，龙宫小僧因此丧命。当地人传说，村里有个叫"茂字"的地方长了一棵大朴树，龙宫小僧就埋葬在这里。后来从这棵朴树附近涌出一股泉水，如今茂字的所有田地都是这股泉水灌溉的。我们有必要将这则传说与"hyoutoku"死后被奉为灶神的

---

① 引佐郡教育会编：《静冈县引佐郡志》，引佐郡，1922。

民间故事做一番比较。

　　一碗辣蓼汤害了龙宫小僧的命，这听起来非常古怪，但其实类似的传说也广泛流传于民间。比如，天龙川右岸的三州市原（现爱知县刈谷市）与引佐郡镇玉村隔山相望，这里有个世家姓田原，田原氏的房屋下方就是一个绿色深潭。传说过去经常从水中出来一只河童，帮助田原家的人们耕种，每次接待客人时还会放两条江鲑在门口。这只河童长着人的模样，平时住在田原家的土灶上或釜锅木盖上，人们请它坐在圆草垫上用钵吃饭。虽然钵上有个缺口，但田原家一直珍藏至今，只可惜那个圆草垫在 30 年前丢失了。据说有一天，家里的仆人误给河童喝了一碗辣蓼汤，河童痛不欲生，滚落到天龙川里，从此再也没有现身。那时，田原家前面的广阔田地上吹起一股狂风，吹倒了所有庄稼，田原家自此逐渐家道衰落。又如，三州北设乐郡振草村小林（现爱知县北设乐郡）有另一个世家大谷地，位于其房屋脚下的振草川有个深潭叫作"sumidon 渊"。传说这个深潭里的河童也会每年过来帮忙插秧，还向大谷地家出租饭碗。大谷地家的人看不见这只河童，但每逢传统插秧节"gongenobou"的时候，他们都要在餐桌上为河童摆好饭菜，甚至把上座留给它。但后来有人厌烦了这个古老习俗，于是某年过节的时候就把辣蓼汤摆在了上座的位置。河童喝完喊了声"太辣!"就滚落到振草川里。从此

sumidon 渊变浅了，大谷地家也连续遭遇不幸，很快家业便凋零了。此外，位于天龙川上流的信州下伊那郡大下条村（现长野县下伊那郡）也流传着类似的传说。该村川田地区有一个姓"大家"的世家，其房屋后面有个一坪①大的池塘，形似井口。传说只要这家的人把借据放进池塘，并令其浮于水面，他们要借的饭碗第二天就会出现在池塘边。这个池塘里住着一只河童，不但帮人插秧，还借农具给人们，甚至还会在农忙时帮人烧灶火。可是，有一年河童帮忙插秧时，家主请他吃了辣蓼，之后河童就再也没来过，家人到池塘借碗也毫无回应。再如，这条天龙川对岸有个部落叫奥山草木（现静冈县滨松市北区引佐町奥山），那里也有个名叫"otobou 渊"的深潭。传说从前奥山草木的富翁与深潭的精灵结下了友谊，这个精灵不是借给他饭碗，而是直接给他金钱。为此，精灵经常派使者到富翁家做客，某日富翁家的人违禁给使者喝了辣蓼汤。使者喊了声"糟了！"就滚落到深潭里，人们匆忙过去一看，那位使者已经变回一条红肚子的大鱼慢慢游去，嘴里还不停地叫着："otobou 呀！ otobou 呀！"，因此这个深潭被称为 otobou 渊。从此以后，富翁家和精灵没有了来往，家道也衰落了。根据当地的说法，"otobou"意思是父亲，

---

① 坪，日本度量单位，一坪等于 3.31 平方米。

或许那位使者临死前在呼唤父亲（以上四则资料都由早川孝太郎君①采录，见《民族》第2卷，第5号及同书第3卷，第5号）。

城里人也许会认为，龙宫小僧帮忙插秧有什么大不了的？其实，农忙期如何确保劳动力，可是农民最伤脑筋的事情，而且农活进展顺利意味着能储存粮食。站在农民的角度上看，金银珠宝绫罗绸缎之类，反倒是没有现实意义的无聊空想。而奥州民间故事中的"yokenai""untoku"等都在拼命干活，使家主富裕起来，相比之下，这样的说法更加自然、具体一些。同理，如果不是在院子里晾晒粮食、在外面种田耕地的农民，就很难理解故事中的人物有多么感激在夏天骤雨来临时，帮大家把晒干的粮食收进去的河童。有些地方的农民深信奥州人所说的"座敷童子"或"奥内大人"等家神，正是通过这样的方式给家里带来幸福的。此外，直到今天，全国各地的农民仍在传诵着"鼻取地藏""田种仁王"等神佛会赤足沾泥，来帮大家干农活的故事，这是目前搜集到的数量最多的民间叙事之一。

---

① 早川孝太郎（1889—1956），民俗学家。早川早年立志成为画家，师从松冈映求（1881—1938），但又受到映求的长兄柳田国男的影响，转入民俗学。早川与柳田合写的文章，除了《阿虎狐狸的故事》外，还有《三州横山话》（1921）、《猪、鹿、狸》（1926）。

关于引佐郡的"久留女木大渊"，内山氏①在宽政元年（1789）作序的《远江国风土记传》②中，记录了另一则传说：

> 长老日，昔行基菩萨③行化诸国，归古乡问老婆日，
> 汝应洗衣乎。答日，今将殖田苗，故无衣急暇。菩萨日，
> 我将代汝殖田苗，造槁偶人，每田置之。偶人忽殖田去，
> 自水口流川，反转而止，此处故日久留米木。

当地人并没有发现，其实这则传说也与河童有关。据《北肥战志》④记载，橘诸兄⑤之孙、兵部大辅岛田丸⑥受命兴建春日神宫

① 内山真龙（1740—1821），江户时代中后期的国学者。他走遍各地，通过实地考察批判文献主义，在历史地理学方面做出了贡献。
② 《远江国风土记传》，内山真龙59岁时完成的远江国地方志，共13卷。
③ 行基菩萨（668—749），奈良时代的僧人。行基云游全国，努力地自化并化他，为了改善老百姓的生活，在各地开展公益慈善事业，包括修桥建坝、开垦荒地、开免费旅馆等。行基深受民众的尊崇和信奉，被尊为行基菩萨。由于行基长期在民间传教，至今留下了众多传说。
④ 《北肥战志》，佐贺藩士马渡俊继撰写的九州通史，记载了自神功皇后三韩征伐到天正十八年（1590）丰臣太阁统一全国约1400年的历史，共30卷。《北肥战志》是通称，由于本书没有正式名称，也有人称之为《九州治乱记》《肥阳治乱记》《觉书》等。
⑤ 橘诸兄（684—757），奈良时代的皇族、公卿。官位是正一位、左大臣。
⑥ 兵部大辅岛田丸（生卒年不详），即橘岛田麻吕，平安时代初期的贵族。

时，有一个任内匠头①的人做了99个人偶，并用秘法赋予它们生命。99个人偶忽然之间变成了99个孩童，他们施展三头六臂的本领，使春日神宫提前修建完成。但当内匠头把人偶丢进河里时，它仍然充满活力，还化作河童把人马家禽一律杀尽，给人间带来了无穷的灾祸。此事传到宫廷，天皇立刻下诏，命兵部大辅岛田丸镇压祸乱。而岛田丸调兵镇压一事却被河童听到，河童从此再不作怪。后来河童被命名为"兵主部"，意为奉兵部大辅岛田丸为主人。也有人说，兵主部由此成为橘氏的家眷。《北肥战志》中的如上记录看似很荒谬，但阿伊努族生活的地区却流传类似的古老传说，只不过阿伊努族把这个怪物称为"mizuchi"②。在本州岛，也有不少地方的人们说河童原来是人偶，所以河童的双臂就像一根棍子，由一根骨头连接。由此看来，《北肥战志》的作者并没有凭空捏造，至少他在编写肥前潮见城主涩江家的家史时，这则传说就已经同涩江家有关。涩江氏族人也曾迁居肥后、筑后等地，涩江家与河童之间的关系向来十分密切。比如，近世时期九州有人专门制作可除水难的护身符或帮人祈祷驱除河童，调查后发现他们大多姓涩江。

---

① 内匠头，即内匠寮的长官。内匠寮是专门制造宫廷日常用品的政府机关。

② mizuchi，指阿伊努族传说中的半人半兽的精灵，类似于河童，又称 minto-chi、tochikamui 等。

在前面引用过的传说中河童侍奉兵部大辅岛田丸，而岛田丸就是涩江家的祖先。这也是能证实涩江家族与河童之间存在密切关系的有力证据。如今在肥前潮见（现佐贺县武雄市）人们视河童为木匠的徒弟，相信只要从木匠那里要来一根墨线，系在孩子的脚脖上，孩子就可以免遭水难（见《乡土研究》第2卷，第7号）。以前我在《山岛民谭集》中指出，河童可能是水神信仰凋落的产物。后来有人对这个问题做了详细研究。此外，远州湖北的行基菩萨传说也给我们一个暗示：每次新宗教兴起，都会贬低传统信仰，但也无法彻底予以否定。日本的妖魔鬼怪种类特别丰富，而且往往都难以追溯渊源，这无疑说明，我国一直以来都未把特定的宗教确立为国教。

最后再跟大家分享一点心得。据说行基菩萨亲手制作的人偶翻身向下游漂去，"久留米木"这一村名就由此而来。虽然这种说法有些牵强附会，但可以确定的是"久留米木"原指深潭，后来才逐渐转化为村名。今天"久留米木"也不是罕见的地名，相信很多人都听说过。据我所知，这些叫作"久留米木"的地方，毫无例外地都位于水边，久留米木（kurumeki）本来是从形容河水漩涡的拟态词（这里是 kuru kuru）讹化而来的，就像百美木（doumeki）、泽目木（sawameki）、柄目木（garameki）等地名一样。与紫波江刺两郡的老头从龙宫要来的"hyoutoku"和"yokenai"之间，应该存在起源关系。只不过，地形易变，又没有凝聚不变的水脉，因此有些地方只保留了谐音的地名，而漩涡本身早已消失了。比如，我国有几个地方声称自己是和泉式部①的故乡，其中位于最北边的是陆中国和贺郡横川目村（现岩手县北上市），按照当地方言"横川目"读成"gurumeki"，但今天从车窗眺望此地，只看见一棵著名的"笠松"，却没看到起漩涡的深潭。关于这个村名的来历，当地人用了另外一则传说来解释。据《和歌稗贯村志》②记载，笠松根上曾有一座古碑，这座古碑会随着太阳的方向转动，因此起名为 gurumeki。究竟是否存在这样一座向日葵般的古碑并不重要，更加值得我们注意的是，我国有几个地方都主张和泉式部出生在他们那里，其中一地的名字是漩涡的谐音，我们是否可以据此推断，古老传说中的和泉式部也可能是一位龙宫小僧，或者是与之形成对立的龙宫少女？当然，我们很难下定结论，但已经看到了有助于我们向着结论前进的踏脚石。目前我们对龙神饲养的黑猫和从树根下跳出来的白狗

---

① 和泉式部(978—?)，平安时代中期的女诗人，三十六歌仙之一。

② 《和歌稗贯村志》，江户时代的画家、医师松井道丹（生卒年不详）撰写的关于岩手县花卷市的地方志。

都有所理解，接下来有必要对处于其之间的各种版本进行比较研究，在此基础上重新探讨白鹿送到肥前福泉寺的少女①所具有的意义。

---

① 白鹿送到肥前福泉寺的少女，指和泉式部。佐贺县杵岛郡的传说称，从前福泉寺的僧人在境内发现，有一头白鹿在给女婴喂奶，这时盐田（现佐贺县嬉野市）的富翁夫妇过来说："我们多年膝下无子，经常向药师如来求子，昨晚终于梦见药师如来启示，现在赶来这里接孩子了！"富翁夫妇抚养女婴，她越长越漂亮聪明，就是后来的和泉式部。

瓜子姬

一 民间故事的分布

也许是因为很早就被文字化，也许是因为成立时间较晚，《桃太郎》的不同版本至今也没有发现几篇。因此，为了考据其历史变迁，首先必须整理出一些看上去与《桃太郎》有关的其他故事类型，并进行一番比较。其中，《瓜子姬》比其他任何故事类型都更接近于《桃太郎》。此外很幸运的是，各地也保存了若干版本的故事，根据这些故事，我们有望更详细地阐释《桃太郎》的起源问题。当然，目前的搜集工作只涉及日本部分地区，随着调查的推进，我的观点也完全有可能被推翻。正因如此，我在讨论问题的同时也会指出问题要点，以推动地方工作者的搜集工作。

据不完全统计，目前我们掌握的《瓜子姬》的故事版本共有以下十一种，其中七种来自岩手县。此外，信州松本（现长野县松本市）一带和阿波地区（现德岛县）的一个童话也提到了漂来的瓜，但这两个童话很少有当地人知晓，因此没有计算在内：

一　陆中国和贺郡；

二　同国某地；

三　同国某地；

四　同国上闭伊郡远野乡（以上四个资料均见于佐佐木喜善君《乡土研究》第四卷，第一号）；

五　同国胆泽郡（森口氏《黄金马》）；

六　同国郡（《胆泽郡昔话集》①）；

七　同国紫波郡（《紫波郡昔话集》②）；

八　信浓国下水内郡（《下水内郡志》③）；

九　日向国某地（《日本全国国民童话》④）；

十　出云国松江市（高木氏《日本传说集》⑤）；

---

①　织田秀雄：《胆泽郡昔话集》，载《岩手日报》，1929。
②　佐佐木喜善：《紫波郡昔话》，乡土研究社，1926。
③　下水内郡教育会编：《下水内郡志》，长野县下水内郡教育会，1913。
④　石井研堂：《日本全国国民童话》，同文馆，1911。
⑤　高木敏雄：《日本传说集》，乡土研究社，1913。

十一　石见邑智郡井原村(久长兴仁君《旅与传说》第

1卷，第12号①)。

其中，石见的版本发现时间最晚，但故事形态也相对完整，不

妨以此为标准，继续下面的讨论。

二　从瓜中诞生的公主

首先，石见版本的主要情节为：

> 很久很久以前，有一对老夫妇。老爷爷进山砍树，老
> 奶奶到河边洗衣。一个瓜从河上游一沉一浮地漂了过来。
> 老奶奶从水中捞起瓜吃了一口，觉得很好吃就念叨着：
> "再来一个，给爷爷尝一尝!"结果真有一个瓜向她慢慢地
> 漂了过来。
> 　　老奶奶把瓜捡起来拿回家，放在了饭桶里。

---

① 久长兴仁：《从故乡的传说说起》，载《旅与传说》，第1卷，第11号，
1928。

等老爷爷回家后，老奶奶便从饭桶里拿出瓜来，正要用菜刀切开时，瓜却自己裂成两半，从中出来了一个美丽公主。

老两口欢天喜地。

这位公主每天织布，边织布边唱道："爷爷呀，梭子没有了。奶奶呀，管子没有了。呵哩，巴噗，苏嘟嘟。"

有一天老两口没在家，天邪鬼过来敲门。"求你开门，开一个缝就好，我只是把手伸进来。"公主说："不行，我怕挨爷爷奶奶的骂!"但最后还是没坚持住，给他开了一点门缝。

天邪鬼一次又一次地说："我只是把头伸进去""我只伸进去上半身"，但最终还是进屋来了。

天邪鬼带着公主到柿木谷摘柿子。最初他从树上向公主扔涩柿子，然后又和公主换衣服，并把她绑在了很高的柿子树上。之后天邪鬼冒充公主在她家织布。

老两口回家后，要送公主出嫁，让她上轿后问道："走梨木谷，还是走柿木谷?"假公主回答说："我要走过梨木谷。"于是，花轿便去往梨木谷。

真公主从柿木谷的柿子树上看到花轿，不禁掉下了眼泪，她向花轿喊道："应该是我上轿的，但上轿的却是天邪鬼，噼噜噜噜噜！"

轿夫听后才明白真相，于是把天邪鬼从花轿上拽下来，并从树上救下了公主。

天邪鬼被切成三块，一块埋在栗树根下，一块埋在荞麦根下，一块埋在黍谷根下。这三种植物的根之所以是红色的，就是因为被天邪鬼的血染红了。

三　瓜与桃

前面列举的十一个版本基本上都讲到了"老婆子在河边洗衣服"，例外的是胆泽郡的版本（六）和上闭伊郡远野乡的版本（四）。但前者也说老两口把瓜掰成两半后，里面竟然出现了一个可爱的婴儿，并没有像后者那样，把瓜子姬说成老两口的亲生女儿。由此可以推测，"顺河而来"的情节是《瓜子姬》中不可省略的要点之一。换言之，这位婴儿意味着神赐之子。现在流传的民间故事中，似乎只有《桃太郎》才能体现出河流上游的神秘性。其实日本列岛多为山地丘陵，不用说过去，即使是在今天，河流上游也激发着人们的想象。事实上，后世的作家们反反复复地描述与之相关的情节，如某人因顺河而来的稻草而发现上游深谷中有个不为人所知的村落，或者某人在水中捡到木碗后到溪流上游拜访败逃者的藏身之所。时代再早一点，《古事记》就记录了与《濑见小河》①中的贺茂别雷命感生神话同属一系的古老神话。其中从上游漂过来的是一把美丽的弓箭，少女因触及弓箭而生下了孩子。另外，在《出云风土记》所记载的加贺神崎（现岛根县松江市）的传说中，女人生下孩子后才知道孩子的父亲是神，她之所以发现这一点，也是因为从岩洞深处顺水漂来的一把弓箭。据说这把弓箭会发出金色的光芒，这无疑是贺茂神话所说的"丹涂矢"。这些大概都是达那厄神话②传到我国之后产生的说法。也就是说，我国的古人似乎深信，使人类少女变为母亲的

----

① 《濑见小河》，江户时代后期的国学家伴信友（1773—1846）对贺茂神社及其神话所作的考证书，成书于文政四年（1821），共6卷。

② 从前阿尔戈斯国王阿克里西俄斯为得儿子而求神谕，神谕说："你不会有儿子，但会有外孙，而你必将被男孙杀害！"于是国王立刻把女儿达那厄关在青铜修筑的地下室里，确保任何男人都不能靠近女儿。而宙斯看上了达那厄，他化作一阵金雨与达那厄交配，并有了珀耳修斯。国王不忍亲手杀死女儿和外孙，就把母子俩装在一个箱里扔进海中。母子俩幸运地漂流到了塞里福斯岛上，得到了渔民狄克堤斯的救助。而狄克堤斯的哥哥、塞里福斯岛领主波吕得克忒斯却看上了达那厄，于是命令珀耳修斯去打怪物美杜莎。珀耳修斯领命离开后，达那厄和狄克堤斯便逃到神殿里，但他们很快被波吕得克忒斯包围了。就在这时，珀耳修斯回来了，他用美杜莎的头让波吕得克忒斯变成了一块石头。后来，达那厄和珀耳修斯、安德罗墨达一起回到了阿尔戈斯国。

神秘力量，往往在纯净河流的上游。

瓜或桃子把婴儿送到人间，这两种说法从相当古老的年代起，就流传于我国民间，但桃子送子这种说法似乎更多地受到中国的影响。近世的有些注释家过分看重这一点，异口同声地说《桃太郎》是由中国的民间故事改编而成的，是汉学在我国得以繁荣之后的产物。他们并没有想到，这种观点必然导致一个错误的结论，即民间故事中曾经有过与老百姓毫无关系的文艺作品。这便是他们因忽略民间故事如何得以传播的问题而犯下的大错。不管怎样，近世的学者也从"一个桃子顺河而来"这段情节中，无意发现了某种不合日本的氛围。那么瓜顺河而来的情节又是什么情况呢？是否是我国自古就有的情节呢？其实，这种说法和桃子没什么两样，完全有可能是受到了中国的影响，但比起桃子来说，瓜与我国民间信仰之间的关系似乎更加协调一些。比如，今天因"祇园"而广为人知的瘟神①爱吃黄瓜，所以每年夏季祭祀时，人们都要让黄瓜顺水漂走，或者在节后避免吃黄瓜。又如人们常常害怕过了季的瓜类，因为他们认为可能

① 即牛头大王，被视为祇园的守护神。从平安时代起，人们敬牛头大王为瘟神，后来受到御灵信仰的影响，人们开始祭祀牛头大王以镇压御灵，到了平安时代末期，人们又举办御灵镇祭，用彩饰花伞、花车上街游行，这便是京都祇园节的起源。

有小蛇藏在里面。这些例子都给了我极其重要的启示。此外，如今有关河童的迷信是以"水神怨恨或酷爱某种瓜类"这种思想为基础的，但正如河内的茨田堤①或者备中的县守渊传说②所讲述的那样，这种思想本身有可能是古人用葫芦来占卜神意的古代习俗的残留物。总之，如果说"孩子以神奇的方式诞生"是《桃太郎》和《瓜子姬》的核心内容之一，那么瓜就具有比桃子更厚重的信仰基础。与此同时，瓜本身的特点也更适合故事内容。瓜经过长期存放后，里面就会变为空洞，而且可以长时间漂浮在水面上，而桃子是没有这些特点的。

有人据此认为《瓜子姬》具有更悠久的历史，《桃太郎》由《瓜子姬》衍生而来。尽管还没有确切的依据，但这样的说法也不无道理。已故的高木敏雄君曾经在思考这一问题时，偶然发现了两个重要的版本。首先，有一篇《桃太郎》的故事讲道，善良的老奶奶向神求子，结果竟在大腿上怀了孩子，孩子生下来后便取名为"腿太郎"

---

① 茨田堤是为了防止淀川泛滥、推进河内平野低湿地的开拓工作而建立的古代堤坝，位于大阪府枚方市到寝屋川市的淀川东岸一带。造坝记录见于《古事集》《日本书纪》等古籍中。

② 从前吉备川岛川支流的一个深潭里有只大蛇作怪，有位名叫县守的豪杰把三个大葫芦扔进水中，说道："大蛇呀大蛇，你的毒液害了许多人，我来这里就是为了消除祸害。若你能让这三个葫芦沉入水中，我就放过你；若是不能，我便杀了你！"于是大蛇立刻化作野鹿，拼命把葫芦沉入水中，可是却没能成功。于是，县守就用刀砍死了大蛇，大蛇的血染红了河水，这个深潭因此得名"县守渊"。

（日语大腿音同桃子）。其次，阿伊努族也流传着一篇名为《omu 太郎》的民间故事（《乡土研究》第 1 卷，第 7 号），omu 在阿伊努语里面指"胯下"。《omu 太郎》讲述的是从奶奶胯下诞生的 omu 太郎到鬼岛打退恶鬼的故事。根据故事的整体特征来看，这似乎是从内地传过去的。高木君尤为重视以上两个版本，由此相信桃太郎这个名字是后来才起的。当然，仅仅根据发音相近的单词，《瓜子姬》衍生出的民间故事不可能演变为《桃太郎》。要确认两个以上的故事是同源异派，就必须对内容进行比较。《瓜子姬》和《桃太郎》在很多方面都非常相似，但故事的主人公一个是女孩，一个是男孩，也有很大的差异。由此看来，虽然孩子的名字是后起的，但以孩子不同寻常的诞生为内容的民间故事，说不定自古以来就有男女两种版本。

四　天赐之子显灵

包括《瓜子姬》在内的所有民间故事，其古老信仰都在童话化的过程中逐渐衰退。说得更具体一些，就是在童话中什么事情都可能发生，"怎么可能？"这种出乎意料的非现实性会让人笑逐颜开，而在更古老的时代里，古人对奇迹没有丝毫疑心，民间故事中发生的一切都处在可预料的范围之内。也就是说，古人深信只有采用特定方法的人或者只有具备特定条件的人，才能遇到神秘事件，民间故事的产生正是基于这样一种解释。只不过，随着信仰的衰退，讲述人逐渐把故事的重点移到奇迹之外。然而，无论信仰再怎么衰退，只要它曾经存在过，就一定会留下痕迹。比如，某女被蛇缠身而生子的故事，按理说人类是不希望发生这种事的，后来应该对此类故事感到厌恶。但直到今天，人们对此仍然津津乐道，甚至说某个女人长得很美，出身于世家，而且事先在她周围出现了种种神奇的前兆。《瓜子姬》和《桃太郎》也一样，如今这些童话讲述的是让孩子们睁大眼睛的神奇事件，但"很可能是如此"这种古老思维的碎片依然残留其中。在故事中，老两口一辈子积善行德，多年来承受着无子的痛苦，某日他们捡到一个孩子并接到家中抚养，这些大概都是此类故事最原始的必备因素。

关于以上开头部分，有些版本讲得和石见的版本一样简单，只说老两口得到孩子很高兴，好好抚养她。但和贺郡（一）、日向（九）等地的传说都谈到，老夫妇膝下无子，正好想养个孩子，所以将孩子视若珍宝。同样的片段在童话《桃太郎》中，几乎变成了一个不受重视的插曲。有些人可能会认为，这个开头部分不过是为了增加偶然事件的神秘性，没有什么特别的含义。但这个开头部分写到，老奶奶朝着上游念叨"再漂一个来"后，果真有一个瓜漂了过来，这无疑反映了许愿和应验的关系。石见的老奶奶自己在河边尝了瓜，这和其他版本中把瓜拿回家和老爷爷分着吃的老奶奶比起来，难免显得少点人情味，也不太现实，但讲述人是基于某种不为人知的理由，才让老奶奶念道"再漂一个来"。说不定，过去这个情节被重复讲述了好几次，以至于听众渴望听到下一个情节。后来这种叙事方式逐渐形成相对完整的形式，于是出现了以"三局为定"或"确认两次"为特点的叙事模式，就像出云的佐陀大神神话①一样。

再看中世以后的高僧传说，往往也提到了天赐之子。有的说是神托梦告知神童降生，有的甚至说是神佛显灵赐予一个非凡的神童，在这一点上与《一寸法师》系列的民间故事十分接近。事实上，像桃太郎那样取得伟大成就的人，怎么会恰好出生在没有孩子的老夫妇家里？这在古人眼中是不可能的，正因如此，故事中才有了老奶奶因念咒而得到第二只桃子的说法。这个说法除了出现在石见的版本中，还见于离石见甚远的陆中（二）和日向（九）的版本之中，这绝不是偶然的。更进一步地讲，老奶奶只是为了"洗衣服"才到河

---

① 这里柳田说的是加贺之潜户神话。据《出云国风土记》记载，枳佐加比卖命在加贺神埼生下佐太大神时，不小心丢失一把宝箭，于是许愿让弓箭回来。不久，有一把角制弓箭顺水漂来，但她说："这不是我的宝箭"，将其丢弃。不久，又有一把金箭顺水漂来，她打捞起这把宝箭并说道："这个洞窟太黑"，并拿起弓箭射通了洞壁。此地被称为加贺之潜户，如今里面供奉着枳佐加比卖命。

边，这说不定是民间故事转为童话之后才产生的说法。与《瓜子姬》一样流传范围很广的"不放屁的女人种菜"①型故事中，琉球久高岛（现冲绳县南城市久高岛）的版本称女人种的是"黄金瓜"，据说女人和国王结婚生下的孩子每天早晨都会沐浴净身，并在岛东的海滨祈祷，这只黄金瓜才被海浪冲了上来。尽管故事形态完全不同，但此类故事也与加贺国佐陀大神神话同属一类。

五　惊人的成长

古人崇拜天赐之子，这一迹象还体现在人们把从瓜中出现的婴儿称作"瓜姬"或"瓜子姬"这一点上。夫妻俩是以砍柴谋生的贫苦阶层，但他们给捡到的神秘婴儿起名时，却特意选了"姬"字，这意味着他们相信这个孩子是"贵子"。桃太郎中的"太郎"二字或许也包含了类似的含义，只可惜流传至今的情节已经不会让人察觉到这

---

① 其基本情节如下：从前，有位领主把妻子赶出了门外，仅仅因为她在自己面前放了个屁。当时这位妻子已有身孕，不久生下了一个儿子。儿子长大后在街上卖茄子，吆喝称这是从不放屁的女人种的茄子。领主听了吆喝后，把卖茄子的叫来，对此嗤之以鼻地说："世上哪里有从不放屁的女人！"卖茄子的对领主讲述了他母亲的故事。这下领主恍然大悟，立刻把妻子叫回来，从此一家75口过上了幸福生活。

一点。当然，除了民间故事，这种起名风俗也遗留在现实的历史之中。比如，过去没有王位的武家以及低于这个身份的家庭，往往会给男婴起"某王丸"或"某若"等小名，这种习惯似乎产生于人们对天赐之子的崇拜。亦即对他们家而言，儿子相当于那些神明显灵而赐予的王子或"若子"①。因此，这样起名并不是大逆不道，而是时间长了，这种起名习俗逐渐变为普通人祈求富贵平安的一种常见手段。其实，我国民间的许多风俗都可以从天赐之子信仰的角度，给出合理的解释，如"氏子"②、在神前举办的成年仪式、与御白神③或地藏签下契约让孩子做神佛的养子或佣工等。以前我写过一篇关于武州熊谷（现埼玉县熊谷市）奴稻荷的文章④，里面提到凡是向奴稻荷祈愿孩子健康成长的人，回家后都不得揍骂孩子。至于为什么有这样的禁忌，如今已经无人能解释清楚。在民间故事中，对天赐之子的崇拜已经变得十分淡薄。但是，过去肯定存在这样一种信仰，否则讲述人根本就不会给瓜里蹦出来的女孩起名为"姬"。

----

① 若子，指贵族男孩。

② 氏子，原指祖神的子孙，现指共同祭祀同一氏族神并受其守护的居民。

③ 御白神（oshirasama）是以东北地区为中心，人们信奉的蚕神或农业神。

④ 即《熊谷弥左卫门的故事》。这是柳田于昭和四年（1929）7月20日在朝日新闻社举办的"民众讲座夏季特别讲座会"《不可思议的傍晚》中的讲稿（中文版收录于柳田国男：《独目小僧及其他》，北京师范大学出版社，2018）。

正如上述所说，民间叙事的重点随着时代发展不断发生变化。如果有人误把现在看到的形式视为原始形态，就会立刻陷入错误的判断中。《瓜子姬》的重点在于，从瓜里诞生的婴儿转眼间就长大了，但其演变成童话后，便与《桃太郎》一样，对这段情节只是轻描淡写地一带而过。尽管也有《一寸法师》这种强调主人公身材异常矮小的童话，但人们往往会把主人公最后经历的身材变化归功于万宝槌或如意宝珠的作用，而不会说因为他是神赐之子，所以才发生了这样的奇迹。按理说，即便桃子或瓜类再大，能装在里面的孩子也应该是个小人儿。这些小人儿有的织布，有的甚至打退了恶鬼，他们的成长实在惊人。而且他们并不是借助于某种神奇力量才长大的，这不是灵异又是什么？但最近的听众不会太注意这一点。这或许也是童话的一个特点，儿童和成年人不同，他们自己每天都在成长，因此不会对主人公的成长太感兴趣。另外，更重要的原因是，听众已经失去了对神赐之子的信仰。如今，各地搜集到的童话可能都遭到了编辑者的随意改动。在不久的将来，古老的民间故事所蕴含的信仰碎片恐怕会四处飞散，慢慢消失在半空中。正因如此，我们有必要警惕和敌视的，不是对民间故事不感兴趣的大众，而是富有创作才华的童话作家。

当然，人们从较早的时候起就通过改编来满足听众的要求，民间叙事在不同时代，也经历了无意的大幅度修改。幸好这种修改工作几乎都发生在乡下，而且都是由个人进行的，因此民间叙事的新版本并没有像图画书那样风靡一时，当我们从距离遥远的地方搜集版本并就此进行比较时，还能看出一些残留。为了未来的研究者能开展搜集工作，实际上我们正在和目前还很肤浅的版本统一事业做抗争。我在后面会依次介绍其他实例，这里先举个《瓜子姬》的例子。首先，童话一般都说，老奶奶从溪流中捞起瓜，回家后和老头用刀将瓜切成两半。虽然这只是个微不足道的小细节，但我还是要指出，古人并不会这样讲述。前面列举的十一个故事中，只有岩手县紫波郡（七）和西方日向的版本（九）才会说"用刀切成两半"，此外，版本六和十说是"掰成两半"，而其他六个版本都说孩子是自己从瓜中出现的。其中，石见的版本甚至说"正要用菜刀切开时，瓜却自己裂成了两半儿"。这个细节对我们非常重要，但后人却轻率地做了修改。万一世上出现了画有老头手持菜刀切瓜的绘本，以后就很难推测孩子的神秘来历了。其次，童话《桃太郎》完全忽略了瓜的存放方式，但奥州的五个例子（一、二、三、五、七）都明确地说明，老奶奶把瓜放在了橱柜里，其中四个版本甚至说老奶奶打开橱柜一看，漂亮的孩子已经诞生了。我觉得这个细节也包含了某些重要的意义，但那些性急的讲述人却总是无意省略。幸运的是，石见的版本是把瓜放在饭桶里，而信州下水内郡的倭姬命版本（八）则说从上游漂来时，瓜就已经被装在漆盒里面了，由此我们可以推测，《瓜子姬》的瓜和《桃太郎》的桃原本与《常陆风土记》的蛇体神子或倭姬命的玉虫传说①一样，必须用清洁的容器来安置。今后我想继续探讨这个问题。记得越中的《撒灰翁》中就说，老奶奶去洗衣服时捡到桃子，将其放在家里的石臼中，后来老头发现里面的桃子已经变成了一只小白狗。木曾的小子冢传说也讲，老两口把小人儿放在石臼中好好养育。综合以上几个例子来看，古人在描述瓜子姬的成长时，这个容器应该是一个必不可少的因素。

六 瓜子姬的事业

从表面上看，《桃太郎》和《瓜子姬》的内容只有前半部分是一致的，后半部分则迥然不同。这种异同是一开始就存在，还是在故事经过童话化后逐渐凸显出来？这对我们来说是一个极其重要的问题。我们之所以要探讨这个问题，不仅仅是为了阐释此类故事的历史渊源，同时也是为了了解我国民间故事是如何出现和变化的。如果我

---

① 倭姬命(生卒年不详)，第十一代垂仁天皇第四女，日本武尊东征时，赐予她草薙剑。《诸社根元记》记载，倭姬命以吉丁虫的样子，出现在美丽的盒子里。

的观点没错，那么这两则故事在主人公性别上形成对立，其他几点差异都是由性别差异引申出来的，但二者讲述的却都是一个经过特殊渠道来到人间的孩童，长大后建功立业的故事，整个情节结构是完全一致的。另外，男女主人公在事业上遇到强敌、面临危难、得到某种动物援助等，这些都是值得关注的共同点，对此我将逐个论述。只不过，后世的讲述人在讲述《桃太郎》和《瓜子姬》时，各有不同的侧重，使这两种故事逐渐拉开了距离。与此同时，随着生活习惯的变迁及其背后的思想信仰的发展，讲述人也遗忘这两则故事本来就有的相似性。

瓜子姬长大后成了织布能手（有版本说瓜子姬长大后每天织布），天邪鬼过来时她恰好一个人在家织布。以上情节片段在日向（九）和奥州（四）的版本中已经全部消失了。而我个人认为，织布就是瓜子姬的事业，也是这则故事的关键所在。因为过去人们认为男子要有勇有谋，女子要慧心巧思、有精妙技艺，而且过去织布工艺十分有价值，织布能手相对稀缺，更重要的是古时候织布又关系到宗教上的任务。祭神需要准备干净的食品，与此同时，古人还要把优秀的美女幽闭闺阃，让她们织一身神衣，这似乎是我国特有的重要风俗。这种风俗究竟出自何种信仰，我们还没有弄清楚，但至少可以说，善于织布就意味着具有适合祭神的素质。但后世的讲述人却遗忘了织布的这种意义，现在只有在口传的民间故事中保留了一点痕迹。比如，讲述人说某一河流的碧绿深潭水底是龙宫，或者说某一女神居住在深山岩洞中，而故事中的其他人物往往都是因为听到了织布机梭子发出的声音才发现了他们。这位织布能手一般不会出现在人类面前，只有个别的传说人物到水底寻找自己落水的斧头时，才见到她们的容颜，都是像瓜子姬一样美丽的姑娘。再看《鹤妻》《鹳妻》等民间故事，故事讲述一只要报恩的鸟化作妇女，嫁给主人公后使他富裕起来。而这些鸟类妻子几乎都善于织布，甚至能织出一些过去普通百姓买不起的贵重织物，如羽衣、锦缎等。这也许是因为过去一般家庭做衣服的时候不用或者很少用织布机，古时候所谓"织女"，指的就是侍奉神的少女，或者是死后应被奉为配神的巫女。如果这位少女没有保持贞洁的话，就无法完整进行祭神活动。对我们的祖先而言，织布无疑是比得上打退恶鬼的大事。

从古老的忌机殿神话①起，有关织布的民间叙事中，主人公都会遇到某种障碍。而克服困难坚持织神衣，正是纤弱女性的大胜利。与之相比，桃太郎的胜利更加主动、显赫一些。尽管后人把他的成就讲得过于简单，但他的敌人毕竟是鬼，而且人数众多，中间

———————

① 如日本神话中，稚日女尊(或称若日女命)在忌机殿织布时，素戋鸣尊(须佐之男命)打破其屋顶，向稚日女尊扔下一张斑马皮。稚日女尊大吃一惊，被梭子刺伤阴部而丧命。

当然也经过了艰苦卓绝的斗争。事实上，现有的《一寸法师》故事中，恶鬼把一寸法师吞进了肚子，而《御曹子岛渡》的牛若丸则在缴获宝物、凯旋之前，克服了逃难型故事中规模最大的困难。只不过，人们在讲述男性主人公打退恶鬼的故事时，会努力叙述得更加滑稽、有趣，由此出现了"恶鬼打白旗投降""用黄米面团子召集动物"等情节。相比之下，《瓜子姬》的讲述人更注重于瓜子姬吃苦耐劳的生活，整个故事也难免染上了阴惨抑郁的色彩，结果《瓜子姬》在大团圆结局上的喜剧色彩大为减弱。以上差异不能简单归结于男女气质的差异，民间文学与文人文学一样，可能也存在一种"艺术感动的分化"现象，正是这种现象作用于民间故事，使喜剧不断增加喜剧因素，又使悲剧不断加深悲剧色彩，并拉开了《桃太郎》和《瓜子姬》之间的距离。我认为这个问题可以在今后继续探讨，这里只想指出一点。在我国，《灰姑娘》以《红皿缺皿》之名广为人知，此类故事的早期内容是一对受继母欺负的姐妹克服苦难，最终获得幸福生活，随后又派生出了《阿月阿星》《阿银小银》等继女型故事。这些继女型故事中，一对姐妹被继母凌辱到底，情节从头到尾都朝悲剧方向发展，如父亲回家看到了姐妹的尸体，又如父亲双目失明直到最后才与女儿团聚等。此类故事在我国广泛流传，意味着民间的悲剧趣味在某一社会阶段里取得了一定的发展。虽然《瓜子姬》有着悠久的历史，但可惜在很早的时候就受到了这种趣味的影响。而且，古时候织布与打退恶鬼比起来毫不逊色，是一个具有重要意义的女性事业，但后世的讲述人往往忽略这一点，这样一来《瓜子姬》与《桃太郎》这一大快人心的武功故事就拉开距离了。

七　瓜子姬的敌人

事实上，在我国原始宗教时期，人们普遍认为织出神衣的女子要献身于神，最终成为神的妻子。古老的故事版本对老两口出门不在家的理由加以解释，以此说明瓜子姬快要织完布了。陆中的六个版本中，有四个版本(一、二、三、七)说老两口和平时一样进山干活了，而上闭伊郡的版本(四)则说邻家富翁向瓜子姬求婚，老两口特意进城去买嫁妆。胆泽郡的两个版本(五、六)只说老两口是去城里买东西了，但其中一个版本也谈到了娶亲一事，即老两口从城里买来好看的衣服，把假公主打扮得漂漂亮亮的，送她上轿出嫁了。同样的情节片段也见于石见的版本，讲述人还是没有解释老两口没在家的理由，他们回家后只是说要让公主嫁人，就让她上轿前往柿子谷。邻国出云松江的版本(十)则说，老两口是为了让公主参拜守护神，才到城里叫来抬轿人。从表面上看，这些细节并没有什么意义，但这些细节能如此相似绝不是偶然。尽管我还不知道其中蕴含的意思，但过去《瓜子姬》的讲述人一定会谈到"准备花轿"这一情节，而这个片段似乎就体现了一位织女参加祭神仪式的具体过程。

瓜子姬的敌人就是在这个最重要的时刻出现的，他甚至要从根本上推翻、摧毁瓜子姬的事业。凡是知道"神衣祭"①对社会安定有何等重要意义的人，听完这则故事后都会像听了战争故事一样，为瓜子姬捏一把汗。因此，最初《瓜子姬》完全有可能派生出了与《八岛》②《高馆》③相匹敌的种种细节。然而，从现有资料来看，《瓜子姬》似乎没有发生太复杂的地方变异，前面列举的十一个版本，都提到有人闯入织殿里打扰公主并冒充公主骗人，但最终被人识破，一败涂地。更有趣的是，就像《狼和七只小羊》《小红帽》等著名的西方故事一样，《瓜子姬》的故事也包含了"变声骗人开门"的情节。

---

① 神衣祭，伊势神宫每年举办的重要祭日之一，为皇大神宫和荒祭宫供奉由丝绸、麻布织制的神衣。据《令义解·神祇令》"孟夏神衣祭"项记载，过去伊势神宫有专门为神织衣的织女，称"神服部"。神衣祭原在 4 月和 9 月举行，明治以后改为 5 月 14 日和 10 月 14 日。

② 能剧《八岛》，作者世阿弥（约 1363—约 1443），取材于《平家物语》11 卷，用华丽的文体描述了源义经及其部下在屋岛之战中的战绩和武将进入修罗道之后的苦恼。

③ 幸若舞曲《高馆》，作者不详，始见于天文十四年（1545），描述了源义经及其部下在奥州高馆（现岩手县西盘井郡平泉町）举办最后晚宴，第二天在高馆之战中忠臣陆续战死的故事。

这种跨国一致性，意味着《瓜子姬》在叙述技巧上曾经受到国外故事影响，我们可以以此来证明《瓜子姬》历史悠久。至于此类故事本身是否属于外来故事，则是另一个问题，对此我们必须专做论著，慎重验证，因为没有人会相信，如此古老的《瓜子姬》仅仅是从"骗人开门"这个情节中派生而来的。

对于日本的民间故事《瓜子姬》，我们最关注的就是瓜子姬的敌人名叫天邪鬼这一点。其他众多民间叙事可以说明，天邪鬼从来都是想要妨碍神的计划的角色，而且一般是"注定战败的敌人"。仅凭现有的文字资料，我们难以判断这个天邪鬼是神话中天探女①的原型，还是继承了她名字的鬼怪，但随着搜集工作的推进，应该可以了解我们的祖先对此的看法。关于天邪鬼，有些同行努力从学术的角度给出定义，但他们这样做太危险了，因此我一定要阻止。要想了解天邪鬼，搜集口述资料和进行比较研究是唯一的途径。如今我们开始逐渐明白，天邪鬼似乎就是随处可见的魔鬼。他心眼儿坏，总是违抗神的旨意，却没有能力与神为敌，作为"注定战败的敌人"，具备了可憎又滑稽的属性。天邪鬼并不是产生自善神和恶神的二元

① 天探女，又称天佐具卖，是怀有邪心的女神。当天照大神为了追究天稚彦的责任而派来野鸡时，天探女让天稚彦射死了野鸡。后人认为，天邪鬼（amanojyaku）从天探女（amenosagume）演化而来。

对立之中，而是为了让听众更深刻地理解神的正确性和最后的胜利而设定的对立者，正如《开花翁》的邻家老头一样。在远古时代，巫女扮成神来解释神的光辉，当时就已经存在扮演天邪鬼的配角，时间长了，天邪鬼在古人的感性世界中逐渐形成了实体。在各地神社保管的古老记录中，神的成就往往意味着征服，神的敌人一般被称为鬼，最后都会侍奉此神。也就是说，正如古时候火阑降命①所承诺的那样，古人要以演剧的形式向民众展示，鬼是屈服于神的。正是出于同样的原因，庚申神才会用力踩住天邪鬼。可以说，天邪鬼就是为了详细描述瓜子姬的苦心经营，人们特意创造出来的名字。

我们搜集到的十一个版本中，奥州的三个版本（二、三、四）称天邪鬼为山母，另一个版本（七）又称之为山中女妖。而同属陆中的和贺、胆泽的三个版本（一、五、六）与石见的版本一样，称瓜子姬的敌人为天邪鬼。其中信州下水内的版本讲述了如下情节片段。

瓜子姬渐渐长大，成了织布能手，每天从早到晚都在织布。有一个名叫天邪鬼的女孩住在瓜子姬家的后街上。天邪

---

① 火阑降命，又称火照命，是迩迩艺命和木花之佐久夜毘卖的长子，因其擅长在海里捉鱼，故人们常称他为海幸。

鬼心眼坏，某日趁老两口不在家欺骗瓜子姬开门，又把瓜子姬带到客厅附近的梨树旁。天邪鬼让瓜子姬穿上自己的脏衣服之后，将她绑在梨树上，自己则穿上了瓜子姬的美丽衣裳。

奇怪的是，只有《日本全国国民童话》收录的日向的版本，称瓜子姬的敌人为"村里人人厌恶的、名叫无理助的男人"，而且这位无理助是从梨树上掉下来摔死的。尽管我还没有跟编者石井研堂确认究竟，但我想之所以会出现这样的变化，恐怕是因为石井氏收录时，这则故事已经脱胎换骨了，或者是他自己特意给天邪鬼起了具体的名字。遗憾的是，松村氏把这种没有典型意义的说法当作日本民间故事的代表，收录在《日本童话集》之中。显然，仅凭这个版本，我们还是无法追溯《瓜子姬》的历史渊源。相比之下，有些版本，把天邪鬼说成山中女妖，这种变化就非常自然，具有更多的参考价值。在近世的民间信仰中，天邪鬼与山中女妖一样都是居住在深山中的魔女，与所谓的山神同属一类。我们已经掌握了天邪鬼和山中女妖混淆的原因。对于人们在山中说话产生的回声，孩子们认为是无形的怪物搞的鬼，有的地方称之为山中女妖，有的地方则称为天邪鬼。其中称回声为天邪鬼的说法应该更古老一些，因为天邪鬼爱模仿他人的声音，并故意和别人唱反调。不管怎样，后来越来越多的人认为，在山中生活的魔鬼都有天邪鬼一样的怪癖。妖怪本就是空想的产物，将其分门别类可不是简单的工作，但一般而言，山中女妖通常是强大的侵害者，而妨碍、模仿是天邪鬼最擅长的。《瓜子姬》的十一个版本中，有的说敌人杀死瓜子姬后把她吃掉了，有的说敌人绑住瓜子姬把她藏起来了。但无论是哪一种版本，都会讲到敌人穿上了瓜子姬的衣服，冒充她欺骗老两口，但最终却以失败告终。与此同时，这些版本都特别注重描述一个情节，即敌人接二连三地提出要求，让秉性温顺的瓜子姬备受折磨。以上都是可以证明瓜子姬最初的敌人为天邪鬼的有力证据。但不知道从什么时候起，天邪鬼就变成了山中女妖，这主要是因为新时代的听众更容易接受山中女妖，同时也意味着有关天邪鬼的民间叙事已经变得零散。出于同样的理由，信州下水内郡的版本，也把天邪鬼当成是"一个住在后街上的女孩"的名字。如今在日本东部，天邪鬼不过是用来骂女孩子的脏话而已，除此之外已经无人使用。

八　动物的援助

尽管还有许多值得思考的问题，但我怕读者批评我在小问题上过于斤斤计较，所以最后只指出《瓜子姬》和《桃太郎》之间的另一个相似点。关于天邪鬼，或者说山中女妖原形毕露的原因，十一则故事说法不一。有些说法实在是出人意料，如山中女妖吃了瓜子姬之后，把她的脸皮贴在自己的脸上来冒充她，老两口发现瓜子姬脸上沾了血，就想帮她洗干净，结果贴好的脸皮脱落下来，山中女妖现出原形（三、五、七）。也有更幽默一点的说法，如瓜子姬平时织布的时候，织布机会发出有节奏的声音，而在换人后织布机发出怪声，老两口忍不住从门缝里偷看里面的情况，结果看到假瓜子姬身后拖着天邪鬼的尾巴，于是用斧头砍死了天邪鬼，为瓜子姬报仇（一）。尽管没有统一的说法，但只要细心一点，就能发现它们之间存在一定的联系。比如，出云的版本（十）谈到，老两口让天邪鬼扮成的假瓜子姬上轿去参拜守护神，而被绑在柿子树上的瓜子姬哭喊道："哟哟！只有天邪鬼一个人上轿，哟哟!"人们听了之后才得知事情的真相，于是把天邪鬼的头砍了下来。我们在前面引用了石见的版本，其中，花轿路过柿木谷时，被绑在柿子树上的瓜子姬哭喊道：

　　　　本该是我来上轿，

　　　　但上轿的却是天邪鬼，

　　　　噼噜噜噜噜！

"噼噜噜噜噜"，显然是老鹰的叫声①。瓜子姬突然模仿老鹰的叫声，多少有点令人奇怪。再看陆中上闭伊郡的版本(四)，当老两口让假公主骑上马，正准备送她出嫁时，有一只鸟停在门口的树上，叫道：

> 没让瓜子姬子骑上马，
>
> 却让山中女妖骑上了马，呱，呱！

又有一只乌鸦在院子里，叫道：

> 去看看糠屋②角落，嘎嘎咯！

老两口匆忙跑进糠屋里，原来瓜子姬的骨头就吊挂在那里。《远野物语》中与之最接近的版本中则说，是家里养的鸡告诉父母真相的。

> 没让织子姬子骑上马，
>
> 却让山母骑上了马，嘎嘎咯！

---

① 原文为"pi-rororo"，是表现老鹰叫声时最常用的日语拟声词。
② 糠屋，指储存米糠的仓库。

父母听了之后，立刻把山中女妖从马鞍上拽下来杀死了。因为人类不了解神秘力量，很难察觉到生命危机迫在眉睫，所以平时要细心留意伟大灵魂通过种种形式，传达的宝贵教导，这便是古人早在动物报恩型故事尚未形成之前就已总结出来的教训。由于鸡、狗等动物与人类日常生活关系密切，因此古人相信它们会给人亲切的暗示。但随着时代的变化，越来越多的人无法想象一只野鸟的叫声里，竟然蕴含着神与人之间的交流关系，于是石见的版本就只保留了一个毫无意义的老鹰叫声。在陆中胆泽郡的版本（六）中，当父母让假瓜子姬上轿，正要送她嫁到城里的时候，路边的麻雀唱了一首歌：

　　　瓜子姬的花轿，

　　　是天邪鬼坐上了！

　　　是天邪鬼坐上了！

　　但送嫁的队伍中却无人听懂麻雀唱了什么，继续匆匆地赶路。而同郡的另一个版本（五）讲到，现出原形的天邪鬼飞奔到井口架上，亲自唱道：

瓜子姬的花轿，

是天邪鬼坐上了！抢了瓜子姬的位置！

唱完，天邪鬼便飞到天上，不见了踪影。只看现有版本，这些鸟类在重要程度上与《桃太郎》的狗、猴子和雉鸡有着天壤之别。但我认为古时候《瓜子姬》和《桃太郎》在动物的帮助这一情节上更加相似，亦即在《瓜子姬》的原始版本中，人们因鸟叫声而察觉到圣神祭奠中的潜在危机，而《桃太郎》的讲述人在"用黄米面团子结下契约"这个情节形成以前，根据某种需要，特意提到了动物的援助。《紫波郡昔话》所收录的版本这样说道，某日桃太郎收到一封信，信里写着：想把公主救出地狱，就拿黄米面团子过来。这时，一只鸟充当了信使的角色。桃太郎带来的黄米面团子，不是给了动物帮手，就是用来让鬼醉倒。而这只鸟就像是神的使者一样，帮助主人公，却没有要求任何报酬。

九　瓜子姬的复活

我国的民间故事并不像人们所想象的那样，是各自独立发展而来的。我并不是要说，只有《瓜子姬》和《桃太郎》才是一对，其他几个著名故事也始终都有相互联系，并达成了合作关系。如石见的天邪鬼爬到柿子树上，故意摘下绿色的涩柿子扔向瓜子姬，这与现存的《猴蟹合战》的开头部分完全一致。《猴蟹合战》中螃蟹用饭团换取柿种，而猴子和螃蟹之间的交易行为，应该是从"猴子和螃蟹比赛，看谁从山坡上滚下的臼更快"这种民间故事中衍生而来的。而这一情节传到某些地方时，螃蟹变成了癞蛤蟆，以《猴子和癞蛤蟆的年糕赛跑》的故事得以流传。虽然其中的一部分情节片段混入了《瓜子姬》之中，但那也不是最近才刚刚发生的。而梨树、柿树之说，则流传于相隔甚远的四个地方（八、九、十、十一），而且又与奥州的鸟类泄露真相的故事相联系。对此我还无法给出合理的解释，但至少可以说，自古以来，讲述人出于某些原因，必然会谈及此类树木。

另外，东北的山中女妖在砧板上把瓜子姬切成块并混入米粉中，将其蒸成红豆糕后，拿给老两口吃，这显然与《咔嚓咔嚓山》极其相似。但我们却不能说这个情节片段就是直接从《咔嚓咔嚓山》里搬运而来，因为《咔嚓咔嚓山》本身就是拼凑而成的故事，最初不可能存在现有的版本。也就是说，所谓民间叙事的变化，不会仅停留在某一类叙事的发展或改编的层面，有时还会与其他故事类型相结合或混淆在一起，进而彼此之间都保留和积累了可以"相互通融"的情节。事实上，不管在哪个时代，"会讲故事"都意味着能够丰富故事，把故事讲得更加新颖、复杂。再说，过去又没有印刷版本，女性或老人怎么能记住那么多故事，还把不同的故事类型划分清楚？于是，我对相隔甚远的几个地方间偶然保留至今的一致性给予特别关注，并根据这种一致性努力追溯民间叙事的历史渊源。

有必要指出的是，虽然瓜子姬被残忍杀害的故事情节，遵循了《咔嚓咔嚓山》式的童话形式，但这并不能证明《瓜子姬》的这段情节就是近代的产物。古人深信灵魂会轮回转世，对他们而言，生与死的界限不像今人所想象的那样明确。也就是说，有的版本讲到瓜子姬被绑在树上，有的则说她的灵魂失去了寄居的肉体，其实这些故事描述的都是瓜子姬遭遇灾祸的过程，彼此之间的差异并不大。正因为生死界限不明确，国外童话中的七只小羊才能从狼肚子里平安无事地蹦出来，我国也有了蟒蛇吞吃信使的笑话①。身为东方人，日本人直到最近都还保留着一种思想，认为一个人即使死了，只要立刻以更美丽的姿态转世，就没有什么问题。目前学界公认的

_____

① 即指《蛇吞和信使》，从前东国领主写信给西国领主，派了一个信使转送信件。这位信使工作态度极其认真，眼睛不会乱看，只看自己的脚边，一个劲儿地往西国跑。有一条大蛇看到了信使，就躺在路上朝他张开了嘴巴。信使就跑进了大蛇嘴里，一直在它肚子里跑，最终从肛门里出来了。于是大蛇又预先埋伏，张开嘴等待信使过来，结果信使又从肛门里出去了。大蛇心想："下次我可要把兜裆布系得紧一点了！"（"系好兜裆布"是日本俗语，意为"下定决心干"）。

所谓的活供品，也是这一思想的表现。古人深信，那些向神灵献出生命的纯洁的人，死后会被提升到更高的地位，换言之，我国古时候存在一种把人类奉为神的信仰。由此我怀疑，被绑在树上的瓜子姬，仅仅意味着其灵魂暂时被扣留。石见的这种说法与奥州的版本提到的，瓜子姬被山中女妖残杀，并不存在根本的矛盾。奥州的故事中，一只家鸡告诉老两口瓜子姬的尸骨被挂在糠屋角落，这段情节似乎也暗示着这两种版本之间的起源关系。

另外，石见的版本说，最后天邪鬼被切成了三块，一块扔到栗树根上，一块扔到荞麦根上，一块扔到黍谷根上，这三种植物的根之所以是红色的，就是因为被天邪鬼的血染红了。尽管没有描述得如此详细，出云的版本（十）谈到，黍谷根也因此变成红色，直到现在。信州的版本（八）还说，一个名叫天邪鬼的坏姑娘被人斩杀之后，尸体被扔在茅草地上，后来茅草根就变成红色了。类似的解释起源的传说，还经常见于各地打退山中女妖的故事或打退恶鬼的故事之中。这显然意味着，不同的民间故事在彼此之间构造出了"相互通融"的部分。有了智慧的萌芽之后，人类开始探索某种自然现象的发展规律，而无论在什么样的时代里，在到达何等程度的社会阶段里，提出如上问题的从来都是年轻人，而给予回答的人则是年长的人。如今有些人将这种朴素的问答视为童话的起源，或者民间叙事的起点、虚构文学最早的试验作品。在我个人看来，这种观点还是可以自圆其说的，但有些神话学者将其视为一种最简单的神话形式，对此我不得不采取反对立场。如果说神话就是长老把自己坚信不疑的观点传达给后代的手段，那么，这些解释事物起源的说法不过就是无人相信的、各自从眼下的现象出发，依次创造出来的答案而已。因此，这些答案听起来都很奇特，而且讲述人经常努力对问题给出一些让人耳目一新的答案。当然，关于眼前现象的有趣解释，确实可以给听众留下深刻印象，所以古人也给某些重要的叙事添加一些解释起源的说法，并时常加强人们的相关联想和记忆。所谓"why-so stories"一方面可以说是"神话的容器"，另一方面又是把神话发酵成昔话的"酵母"。我们知道，奈良时代的诸国风土记收录了众多地名起源的传说，这些传说与"荞麦茎为什么是红色的"没有什么两样，不能说是当地人自神话时代以来一直坚信不疑的、一字不动地传承下来的古老传说。更进一步来看，可以代表中世叙事的神佛现身故事与宗教信仰有关，但这只是为了反映宗教信仰的思想，根本不需要讲得那么冗长。人们就是为了保留古老叙事，才有意地给故事增添了神佛现身的结尾，这就是我们所说的"纪念碑"。正如历史借助于书籍得以传到后世一样，无文字时代的古人必须依靠某些能够唤起记忆的纪念碑或符号，让古代的重要事情一代代传承下去。如果是传说，还可以依靠石头、树木、渊池等流传下去，而民间故事则与这样的具体事物无关，必须把"荞麦茎为什么是红的"等说法作为记忆的支柱传承下来。

（昭和五年六月 《旅与传说》）

诸国的瓜子姬

写完上一篇文章之后，学界又发现了几个新的版本。由于我在前面做的分析过度拘泥于细节，这里只是列举新的版本，希望其明显的异同能引起大家的注意①。

十二 《津轻昔话集》（川合勇太郎）②

后院的田里结了一个大瓜。老夫妇把瓜摘下来，正要用刀切开时，忽然从瓜中传来一个声音：

"爷爷，奶奶，请等一等！"

话音刚落，瓜便自己裂成两半，中间是一个小女孩。

---

① 下面括号内的文字由柳田所加。
② 川合勇太郎编：《津轻昔话集》，东奥日报社，1930。

老夫妇相信她是神赐的孩子，给她起名为瓜子姬①，带在身边认真抚养。瓜子姬长大后，领主过来求亲。要嫁人就得准备嫁妆，于是老夫妇便到城里去买衣服。他们临走时特意提醒瓜子姬，天邪鬼可能会趁他们不在家过来骚扰她，千万要小心(没有关于织布的描述)。不久，天邪鬼果真过来了，他敲门道：

"瓜子姬，开开门吧，开个门缝儿就好!"

"再开得大一点!"

就这样，天邪鬼最终闯进了屋里。他把瓜子姬关在里间的壁柜里，并化作瓜子姬等家人回来。毫不知情的老夫妇给天邪鬼穿上漂亮衣裳，准备送她上轿出嫁。这时，有一只鸟停在松树上，唱道：

"这是瓜姬子的花轿，

上轿的却是天邪鬼，皋啦-皋啦!"

老夫妇觉得奇怪，就打开轿门查看，原来天邪鬼在花轿上睡得很死。抬轿的人很生气，狠狠教训了天邪鬼一顿。之后，他们从壁柜里救出瓜子姬，送她到领主那里去了。

---

① 原文是"瓜姬子"，这里统一翻译为"瓜子姬"。

十三　秋田县鹿角郡的版本(内田武志①)

　　老奶奶在河边洗衣服时，从上游漂来一个美丽盒子。老奶奶打开盒子一看，发现里面装了一个瓜。老奶奶用棉花把瓜裹起来并存放在橱柜里，等老爷爷回来后，两人用刀切开瓜，从中竟出来了一个美丽的小女孩。老夫妇给她起名为瓜子姬，认真抚养她长大。瓜子姬长大后爱织布，她每天边织边唱道：

　　"凯嗼-呵噔-喏-吭呵呖呖呀，

　　梭子没有了，咔嘟-呵咙。"

　　某日，老夫妇一起出门了，只有瓜子姬自己一个人在家。这时，天邪鬼过来说道：

　　"你织得真好啊，给我看看吧!"

　　天邪鬼硬闯入屋里，叫瓜子姬拿来菜刀和砧板，在砧板上把瓜子姬切成肉块吃掉了。之后，天邪鬼披上瓜子姬的皮，冒充她在家里织布。老夫妇回来后，邻居过来求亲。老夫妇

---

① 内田武志(1909—1980)，民俗学家，秋田县鹿角市人。由于患有血友病，终生都离不开病床，但在妹妹的帮助之下，成为日本常民文化研究所研究员，对菅江真澄做了系统研究。

很高兴，便一口答应下来，立刻让天邪鬼冒充的瓜子姬上轿出嫁。而这时，有一只黄莺停在路边树上，不停地鸣叫：

"这明明是瓜子姬的花轿，

可上轿的却是天邪鬼，

咧咧啾啾！"

这只黄莺就是瓜子姬的灵魂幻化而成的。于是，天邪鬼的谎言就被戳穿了。

（以上是毛马内町的一位妇女传承下来的故事。再看鹿角郡南部的宫川村流传的版本，内容稍有不同。首先，在树上说出真相的不是黄莺，而是乌鸦。其次，天邪鬼原形毕露，不完全归功于鸟。老夫妇嫌假瓜子姬的脸很脏，就给她擦脸，这时脸皮滑动了。老夫妇又让她上厕所，在帮她掀起和服的下摆时，天邪鬼的尾巴耷拉了下来，这下他们知道事情真相了。另外，这则故事中，"从瓜中诞生"这一情节已经消失了）。

十四　盛冈市附近（《旅与传说》3 卷 7 号，橘正一）①

有一天，老爷爷上山去砍柴，老奶奶到河边洗衣服。

---

① 　橘正一：《瓜子姬子的一例》，《旅与传说》，第 3 卷，第 7 号，1930。

老奶奶看到从上游漂来一个瓜，于是在嘴里念叨着：

"瓜呀，来这边！瓜呀，来这边！"

结果，瓜真的向老奶奶这边漂过来了。老奶奶想和老爷爷一起吃，于是她用棉花把瓜裹起来，先存放在橱柜里。老头回家后，打开橱柜一看，发现瓜早已裂成两半，中间还坐着一个女孩。因为女孩是从瓜里出来的，所以老夫妇给她起名为瓜子姬①，并好好抚养她。到了春天，老夫妇要下地干活，临走时吩咐瓜子姬说："如果鬼来了，你可千万不要给它开门。"之后家里只剩下瓜子姬自己一个人，这时，鬼果然过来敲门了。瓜子姬没有开门，说怕挨爷爷奶奶的骂。

"那你就开一点点门缝儿，让我能伸进去指甲就好！"

听到鬼这么说，瓜子姬开了一点门缝。而鬼又接着说：

"再开一点点吧，让我能伸进手指头就好！"

听完，瓜子姬又把门开大了一点。于是鬼闯进屋里，一下子把瓜子姬吃掉了。等老夫妇从田里回来，在门口叫瓜子姬却无人应答。他们打开家门后，也没有看到瓜子姬，只看到一只鬼沉睡在天棚上。于是他们从外面把房门

---

① 原文是"瓜子姬子"，这里统一翻译为"瓜子姬"。

封死，之后点火，连房子一起把鬼给烧掉了。

（这则故事是从紫波郡饭冈村嫁到盛冈市的老妇女讲述的。除此之外，盛冈市还有另外一种版本。据说领主要娶瓜子姬为妾，老夫妇就让她上轿出嫁，但这位瓜子姬是天邪鬼冒充的。故事中还出现一只鸟，并像鹿角的版本那样唱道："这是瓜子姬的花轿，上轿的却是天邪鬼！"这一台词以童谣的形式传承了下来。）

十五　岩手县雫石村（《听耳草纸》①第 371 页）

老奶奶把漂来的瓜捞起来，吃了一口觉得很香甜，于是她喊道："再来一个！"结果真的从上游又漂来一个瓜。然后老奶奶在嘴里念叨着：

"有用的瓜来这边！没用的瓜滚到那边！"

不久，一个瓜漂到她脚边，老奶奶打算把这个瓜留给老头吃。可是这个瓜后来在橱柜里裂成了两半，还从中出来一个小女孩。瓜子姬一天天长大，某日她自己一个人在家织布时，天邪鬼过来借用菜刀和砧板。之后又骗瓜子姬说要互相

---

① 佐佐木喜善：《听耳草纸》，三元社，1930。

帮忙捉虱子，让她躺在砧板上，结果却把她切成肉块吃掉了。天邪鬼冒充瓜子姬在家织布。老夫妇买衣服回来后，发现织布机的声音没有平时那样好听，二人便起了疑心。后来假瓜子姬上轿出嫁，当她正要跨出家门时，天邪鬼吃剩下的瓜子姬的左手化作一只黄莺，唱道：

"冒充瓜子姬，

天邪鬼要出嫁了！

真奇怪呀！唧唧啾啾！！"

这下天邪鬼显露原形，被杀死了。

（雫石村还流传了另一个版本。这个版本对开头部分做了详细描述，包括"从上游漂来一个看上去好吃的瓜""瓜在橱柜里裂成两半，从中出现了个小女孩"等。整个故事以"山中女妖让瓜子姬躺在砧板上后把她切成肉块吃掉"为结尾，但还是保留了"山中女妖骗她说相互捉虱子"这一细节。另外，这个版本中，最初山中女妖是冒充邻家姑娘找上门来的，就在这一点上又接近于下水内郡的版本（八）。）

十六　秋田县角馆（《听耳草纸》第 373 页）

老夫妇有一个女儿，名叫瓜子姬①。某日，他们有事要

_____

① 原文是"织姬子"，这里统一翻译为"瓜子姬"。

出门，临走时吩咐瓜子姬千万不要让天邪鬼进屋。瓜子姬自己在家织布的时候，天邪鬼过来敲门了。而瓜子姬却没有开门，说担心自己挨骂。但天邪鬼却不死心，几次三番地求瓜子姬开门。最后瓜子姬无可奈何，只好开门让他进屋。

"瓜子姬呀瓜子姬，我们去山里捡板栗吧！快穿好木屐过来呀！"天邪鬼说。

"木屐会呱嗒呱嗒响，不行。"

"那就穿草鞋吧！"

"家里没有草鞋，不行。"

"那我来背你！"

"你身上有刺，不行。"

"那我垫上木板再背你！"

一番对话之后，天邪鬼背着瓜子姬进山了。在深山里，天邪鬼爬到树上摘板栗。于是瓜子姬开始爬树，这时天邪鬼用力晃动栗子树，害得瓜子姬摔死了。然后他披上瓜子姬的外皮，冒充她回家了。转眼间，到了瓜子姬出嫁的日子。早上瓜子姬起来洗脸时轻轻地擦拭，公婆见此情景便说，既然已经嫁过来了就用力擦吧，但瓜子姬拒绝了。于是公婆就帮她擦脸，这一擦，瓜子姬的脸皮就脱落下来了。

天邪鬼见自己暴露了，便立刻跑进山里去了。当这位天邪鬼冒充的瓜子姬上轿出嫁时，也有一只黄莺停在花轿上唱道：

"这是瓜子姬的花轿，

可上轿的却是天邪鬼，啁啁啾啾！"

唱完，这只黄莺就飞走了。

（这个版本谈到了栗子树，这与出云石见的版本所说的柿树，或者信州、日向的传说所说的梨树一样，似乎暗示着当初两位真假瓜子姬是围绕某种果树发生了纠葛。但在奥州，至今没有找到类似的故事。我在前面指出，这些果树可能与《猿蟹合战》的柿树之间存在某些联系，说不定《桃太郎》的桃子也与之有关。假瓜子姬因洗脸而露出真面目，同样的故事多见于东北地区，这应该是比"鸟叫声透露真相"的故事更晚出现的一种说法。而在角馆的版本中，这两种说法竟然混淆在一起，似乎反映了《瓜子姬》在过渡期的混乱局面。下面，我再引用一个岩手县北部的有趣版本。）

十七　下闭伊郡岩泉町（《听耳草纸》第376页）

有一对老夫妇，多年膝下无子，于是向神求子。某日早晨，他们在瓜田中间看到了一个美丽的小女孩。"这一定就是上天赐予的孩子!"老夫妇欢喜若狂,把女孩带回家并给她起名瓜子姬①,用心抚养她。有一天,老夫妇要进山拾柴,临走时吩咐瓜子姬说,这里野狼很多,谁来了都不要开门。瓜子姬一个人在家织布,这时山里的野狼过来,劝诱她一起出门玩。(一番对话之后)瓜子姬躺在了砧板上,野狼便用刀把她切成肉块,边吃边说:"太好吃了!"然后,野狼把骨头藏在外廊底下,又把剩下的肉熬成肉汤。到了傍晚,老夫妇回来了,把背上的薪柴卸下来后就叫瓜子姬。野狼化作瓜子姬骗他们说:"饿了吧,快来吃饭!"等老夫妇喝了用瓜子姬做的肉汤之后,这位假瓜子姬才说道:

"快去看看厨房下面吧!

我放了骨头,去看看吧!"

话刚说完,野狼就露出原形,往山上跑了。于是,老爷爷和老奶奶又回到两个人的寂寞生活了。

(这个版本已经十分接近《咔嚓咔嚓山》。在流传于奥州的《咔嚓咔嚓山》中,老头活捉的未必是狸子,也有不少版本说是野

---

① 原文是"瓜子姬子",这里统一翻译为"瓜子姬"。

狼。佐佐木君的《听耳草纸》共收录了七个《瓜子姬》的故事。我在此抄录了其中四个版本，其余三个，一个是对上闭伊郡版本(四)的翻版，一个是和贺郡版本(一)的翻版，只有最后一个版本才是新采录的。只可惜这个新资料的搜集地点，佐佐木君并没有注明，我不能据此考察故事的分布状态。从内容上看，这个版本把瓜子姬的敌人叫作天邪鬼，又增加了"鸟叫声揭露真相"这个细节，但其整个情节结构与陆中的版本(三)基本相同。结局部分假瓜子姬还是因为洗脸的时候脸皮脱落而原形毕露了。另外值得注意的是，这位瓜子姬织布时唱道：

梭子没了，奶奶呀！

在这一点上，上闭伊郡的版本是接近于鹿角郡乃至石见的版本的。在离上闭伊郡甚远的石见，讲述人就说到，这位瓜子姬每天织布时唱道：

爷爷呀，梭子没有了。奶奶呀，管子没有了。
呵哩-巴喽-苏嘀嘀。

我认为这个唱词原来是古时候织女们常说的话，而这样的古语在无意中被保留得如此长久，真是耐人寻味。另外，故事还讲到，这位瓜子姬爱吃野生山药，而天邪鬼却不知道怎么吃，差一点露出马脚。这段细节在以下两个版本中都有，可能也是偶然被保存下来的古老说法之一。）

十八　会津若松市（堀君①夫人）

瓜子姬②爱吃野生山药，老爷爷和老奶奶总是挖来给她吃。某日，他们出门去找野生山药，只剩瓜子姬一个人在家织布，这时天邪鬼找上门来，骗她开门后闯进屋里，还把她吃掉了。天邪鬼化作瓜子姬在家织布，老夫妇回来后，跟平时一样给她吃野生山药，但假瓜子姬不知道怎么吃野生山药，连根带皮一起吃，老夫妇不禁起了疑心。不久，瓜子姬的美貌传到了领主的耳朵里，领主过来接亲。假瓜子姬上轿出嫁了，但路上遇到孩子们正在说笑，称这是瓜子姬的花轿，而上轿的却是天邪鬼。抬轿子的人听了

---

① 堀维孝（1868—1954），国学家，教育家，以国语汉文教育的权威而闻名。
② 原文是"瓜子姬子"，这里统一翻译为"瓜子姬"。

之后，一气之下就把天邪鬼拽出来杀死了。（再加一段关于茅草根的小插曲）后人传说，这时天邪鬼的血染红了茅草根，所以今天茅草根才是红色的。

（堀维孝先生在信中告诉我，出羽庄内还有一个与之类似的版本。据说，瓜子姬爱吃野生山药，而天邪鬼冒充的假瓜子姬却不懂得怎么吃，还向老夫妇请教吃法。假瓜子姬嫁给领主时，说天邪鬼坐在花轿上的不是孩子，而是树上的鸟。真相大白后，天邪鬼被拉到茅草原砍死了，因此今天茅草根还是红的。与之相近的版本流传于岩手县（三）。据说老夫妇进山找野芋头时，山中女妖趁家人不在家把瓜子姬吃掉了，并冒充她在家织布。老夫妇下山回来，叫假瓜子姬到河边把野芋头洗一洗。假瓜子姬却把大的芋头都吃掉了，只把小的芋头带回家，还骗老夫妇说她不小心摔倒，河水把大芋头冲走了。老夫妇疼爱瓜子姬，听后并没有责怪她，看到她脸上沾了点血，还帮她擦干净。但脸上是简单贴上去的脸皮，一擦马上就脱落下来，山中女妖原形毕露，于是逃走了。"天邪鬼被砍死后流下的血染红了茅草根"，这个说法至今还流传于信州下水内郡（八）。而到了出云，这个说法又变成解释黍茎为什么红的故事（十）。另外，石见的人们也借此解释了栗子树根、荞麦根以及黍子根发红的原因，对此我不再赘言了。）

十九　新潟县南浦原郡(《加无波良夜谭》①第202页)

从前有对老夫妇，他们有一个美丽的女儿，名叫瓜子姬②。瓜子姬快要出嫁了，老夫妇进山为她找她爱吃的芋头，临走时吩咐她无论谁来了都不要开门。但天邪鬼却闯进了屋里，骗她躺在菜板上，把她切成了肉块。老夫妇回来后，并没有发现那是天邪鬼冒充的假女儿，还把芋头磨成泥给她吃。假女儿吃起来很别扭，老夫妇心想"女儿有点奇怪"却也没有识破。终于到了大喜之日，老夫妇让女儿上了轿，自己也跟着结亲队伍一起走。有一只鸟停在花轿上面，不停地唱道：

"是瓜子姬的花轿，

上轿的却是天邪鬼！"

老夫妇终于得知真相，把假女儿从花轿上拽下来一看，发现她果真长了一条尾巴。于是大家一拥而上，杀死了天邪鬼。

---

① 文野白驹：《加无波良夜谭》，玄久社，1932。
② 原文是"瓜子姬子"，这里统一翻译为"瓜子姬"。orikawa 姬，似乎可以写成"织皮姬"，由于目前还不确定，暂且用日语假名发音来表记。

（关于尾巴的描述，除了鹿角郡的版本，还见于和贺郡的版本之中。据说老夫妇从门缝悄悄往里看，竟看到假瓜子姬耷拉着尾巴，这还是很能引发年幼听众想象力的叙述方式。而胆泽郡的版本（五）又讲，天邪鬼飞落在井口棚的横梁上。由此看来，关于天邪鬼的形象，民间已经没有固定的说法了。这大概是《瓜子姬》中的天邪鬼逐渐向山中女妖、野狼等其他形象转变的原因。）

二十　富山县下新川郡(《旅与传说》第3卷，第6号，竹内正①)

　　这个版本，只有部分内容留存下来。据说瓜子姬②织布时，天邪鬼过来把她撕成肉丝并挂在柿树上。然后天邪鬼冒充瓜子姬织布，唱道：

　　"瓜子姬在树上；

　　天邪鬼在织布；

　　嗵嗵－咔啦咿，嗵－咔啦咿！"

至于其他情节，尚未被搜集到。

———————

① 竹内正：《富山县下新川的瓜子姬》，载《旅与传说》，第3卷，第6号。
② 原文是"织女姬"，这里统一翻译为"瓜子姬"。

二十一　长野县小县郡(《郡史余篇》)①

　　老爷爷进山砍柴，老奶奶到河边洗衣服，忽然看见从上游漂来两个瓜，便说道：

　　"大瓜来这边，

　　小瓜去那边！"

　　老奶奶把向她漂来的大瓜带回家，当她正要用刀切开时，瓜自然裂成两半，从中蹦出了一个漂亮女孩。由于女孩是从瓜里诞生的，起名为瓜子姬②。老夫妇视她为掌上明珠，好好抚养长大。转眼瓜子姬十六岁了，老夫妇准备进城给她买些嫁妆，临走时特意吩咐她不要给任何人开门。瓜子姬自己在家织布时，有一个全身长毛的男人过来了，那人名叫天邪鬼。天邪鬼一次又一次地说："让我把手伸进去吧！""让我把头伸进去吧！""让我的上半身进去吧！"最后成功闯进屋里。之后，他引诱瓜姬到后院田里摘梨子。然后瓜子姬和天邪鬼交换了工作，但瓜子姬爬上树

_____

① 即小县郡编：《小县郡史 余篇》，小县时报局，1923。
② 原文是"瓜姬"，这里统一翻译为"瓜子姬"。

之后，天邪鬼却把薪柴绑在树根周围，让瓜姬不能下来，自己化作瓜子姬回了她的家。毫不知情的老夫妇让假瓜子姬骑上马准备出嫁。树上的瓜子姬哭着喊道：

"本该是瓜子姬骑的马，

马背上却是天邪鬼！"

听了之后，老夫妇立刻把天邪鬼从马鞍上拉下来杀死，还把尸体扔在茅草原上。因为天邪鬼的血染红了茅草根，所以如今的茅草根才是红的。

（与这个版本不同，该县下水内郡的版本中老夫妇回家后就立刻发现了真相。但这两个版本在"爬梨树""茅草原上弃尸"等情节上是一致的。当然，我不能据此轻率地下结论，把这两个版本概括为"信州型"。据我所知，《瓜子姬》始见于《嬉游笑览》①第九卷。据说这是作者从信州人那里听来的。下面不妨抄录一下：

---

① 《嬉游笑览》，江户时代后期的随笔，国学家喜多村信节（1783—1856）著，刊行于天保元年（1830），共12卷，附录1卷。各卷由上下2章构成，记录和考证了江户的民间风俗习惯、艺能、文学等。

瓜子姬①生来善于织布，从不走出织房。某天，庭院的树上传来几声鸟叫，说："天邪鬼正坐在瓜子姬的织布机架子上！"老夫妇觉得奇怪，进入织房一看，天邪鬼正用绳子绑住瓜子姬。夫妻俩赶忙救出瓜子姬并捆绑住天邪鬼，最后用芒草叶子割死了天邪鬼。乡下人至今还传说，芒草叶子根部的红色，是天邪鬼留下来的血痕。

从《嬉游笑览》的记录看，作者采访的信州人来自上田附近。由此看来，当时这一地区流传的《瓜子姬》，已经不提瓜子姬出嫁一事，讲述人往往把"轿子"理解为织布机的"架子"。据胡桃泽氏②讲，距今30年前，在松本市周围，《瓜子姬》比《桃太郎》更加流行。讲的人多了，故事自然就有了很多变化，每个村落、乃至每个家庭可能都有自己的版本。尽管如此，我们从已有资料中还是可以看出两个趋向，那就是奥州的瓜子姬基本都被敌人吃掉，而信州以南的瓜子姬最终都得救了。这两种结局截然不同，似乎反映了《瓜子姬》的两个

---

① 原文是"瓜姬"，这里统一翻译为"瓜子姬"。
② 胡桃泽勘内（1885—1940），诗人、民俗学家。他身为银行员工、市议会议员，平时忙于日常事务，但在短短的一生中，又为民俗学的发展做了极大贡献。

不同发展阶段，只可惜学界积累的资料还不够充分，现在我还不敢如此断言。《嬉游笑览》写道，当时江户的孩子们不知道《瓜子姬》是什么故事。即便如此，我们也不应该武断地认为《瓜子姬》的流传范围甚小。的确，目前学界还没有在四国或濑户内海的诸岛上，或者在畿内、纪州的山村找到《瓜子姬》的不同版本，但这仅仅意味着我们还没有在这些地方遇到故事的传承人罢了。换言之，"没有找到故事"，仅仅意味着我们的注意力不够集中、搜集工作不够全面。然而《小县郡史》的编者引用芳贺博士①的假说写道，《瓜姬》只在信浓、越后两地得以保留。芳贺先生是我的恩师，已经与世长辞。先生究竟是根据什么才提出了这种假说呢？现在想问也无从问起了。至于他的学生是因为什么才盲目相信先生的假说，似乎值得我们重新检讨一下了。）

---

① 芳贺矢一（1867—1927），国文学家，历任东京大学教授、帝国学士院会员、国学院大学校长、皇典讲究所调查委员长。代表作有《国文学史十讲》（富山房，1899）、《国民性十论》（富山房，1907）等。由帝国文学会推进的"明治后期国民文学运动"深受德国文献学的影响，关注传说，芳贺便是其核心人物之一。1912年日本民俗学会成立时，芳贺还担任了评议员。但芳贺的传说研究以文献学为基础，他与柳田在思想上存在较大差异。

天探女

据《秋田方言》①记载，平鹿郡（现秋田县横手市一带）的人把山彦②称为 amanosyagu（音通天邪鬼）。再看关东地区，在常陆稻敷郡（现茨城县稻敷郡）、上野邑乐郡（现群马县邑乐郡）等地，amanjyaku 意味着山中的回声，伊豆田方郡（现静冈县伊豆半岛北部）的人也称山彦为 amanjyaku。在信州，下水内郡的人们把山中的回声称为 yamanojyaku，《东筑摩郡方言》③则把顶嘴、提反对意见的行为叫作 amanejyaku。在越中，高冈市附近的人把山彦称为 amanjyaku，下新川郡的人则称之为 memenjyaku。而到了邻近加贺的西砺波郡，山彦又被叫作 yamanbabo（音通山中女妖）。除了西砺波郡以外，美浓加茂郡、下野芳贺郡等地也把山中回声或山彦分别称作 yamanbo、yamanba。暂且不管谁先谁后，但天邪鬼和山中女妖这两个名字是相

---

① 秋田县学务部学务课：《秋田方言》，秋田县学务部学务课，1929。

② 山彦，日本山神或山中精灵。过去，山中的回声被视为是山彦发出的，故此回声被称为山彦（yamabiko）。山中回声也被叫作木魂或木灵（kodama），这也是因为古人相信回声由树木的精灵发出的缘故。

③ 《东筑摩郡方言》，成书于 1898 年，是长野县东筑摩郡的方言集，该书将词汇分门别类，按照平假名音序加以列举，每个词汇都注明了方言、解释、用例及其使用者。编者不详，凡例中只见"本书对各小学校按照郡政府要求而写出的报告内容加以取舍选择而成"一句。

互交叉在一起的，可见这并不是只见于《瓜子姬》中的特殊现象。

在出云，山彦指山神的神兽所发出的声音（见《乡土研究》第2卷，第240页）。据说某个猎人在雪山中过夜时，折下树枝准备点火，他咔嚓一声折断枯枝后，从远处的森林里传来"咔嚓咔嚓"的折断枯枝的声音。猎人不禁喊了一声"啊！"，结果真有声音回答"啊！"猎人吓得赶忙逃跑回家。半路上他想在树桩上坐下来抽支烟，不料在钻木取火时发出了异常的高音，他不禁说道"真是出乎意料！"，这时又有怪物模仿他说"真是出乎意料！"。此后，猎人没有遇到怪事，平安无事地回到了家。《续续鸠翁道话》①卷二下记载，在飞驒（现岐阜县北部）的山中，有一个工匠制作丝柏木纸，忽然在他面前出现了一位高大的修行者，能看透工匠心中所想。正当工匠心惊胆战的时候，一个薄木片突然跳起来，恰好打到了修行者的鼻梁。"你的心可真看不透！"说完，修行者就跑走了。此类故事被佛教徒用于讲授道理，难免经过了寓言化，从各地的口述资料来看，此类故事有一定的历史。

在阿波地区，人们也认为山中的回声是由山中男妖模仿而成

① 柴田鸠翁著，柴田武修笔录，刊行于天保九年（1838），共3卷，收录了江户时代后期的心学家柴田鸠翁讲述的教化故事。江户时代后期的心学家柴田鸠翁（1783—1839）以京都为中心，走遍十几个诸侯国，讲授有趣的故事，使世人入迷。其养子柴田武修记录柴田鸠翁口述的故事，于天保六年（1835）刊行《鸠翁道话》，风靡一时。后来《鸠翁道话》在明治时代再度成为畅销书。

的，也保留了与前面引用的故事十分接近的版本。《阿州奇事杂话》①中卷写道，在三好郡(现德岛县三好郡)的深山里，有一个樵夫在小屋里烧起篝火取暖。晚上有一个独眼山中男妖过来取暖。樵夫心想："太恐怖了。"山中男妖就说："你在想'太恐怖了'，对吧?"樵夫又想："干脆把他杀了算了。"山中男妖就说："你在想'干脆把我杀了算了，是吧?'，可惜你根本不是我的对手!"樵夫无可奈何，只好头脑放空，不思考任何事情，但连这样的想法山中男妖都看透了。这时，烤弯的木板忽然跳起来，刚好打到山中男妖。山中男妖惊讶地说："人心不可预测!"说完便匆匆逃走了。最近的版本则说，有位木桶工匠正在干活时，来了一个独眼独脚的山中男妖。无论工匠心里想什么，山中男妖都能说中。后来正在烤火定型的箍忽然跳动起来，正好打到山中男妖。山中男妖说："你的行动真是不可预测，不知道留在这里会遇到什么事。"话刚说完，山中男妖就逃走了(见《乡土研究》第 2 卷，第 378 页)。以上几个民间故事都采用了拉家常的讲述方式，这是日本人自古以来就爱用的讲述技巧。另外，木桶工匠居无定所，在近代民间故事的传播过程中充当了相当重要的角色。

---

① 《阿州奇事杂话》，成书于宽政年间(1789—1801)，由横井希纯收集阿波国的 107 则奇谈掌故汇编而成。

过去，打退怪物的民间故事深受农民的喜爱，而上述山中怪物的故事正是从此类故事中派生出来的。事实上，"夜里有山中怪物来访，坐在了地炉对面"这个情节片段，普遍见于《石饼》①或者其他众多资料之中。这些资料都采用了"看透人心"这个说法，而且其分布范围恰好与那些称敌人为天邪鬼的《瓜子姬》故事完全相同，虽然这可能完全是个巧合。岩手郡的资料中写道，御明神村小赤坂（现岩手县岩手郡南西部）有个男人名叫彦太郎，他曾经在葛根田（现岩手县岩手郡雫石町）的深山里烤弯竹子来做簸箕，忽然有个山中女妖过来取暖。彦太郎心想："给她撒炉灰吧。"而山中女妖说："你在想给我撒炉灰吧？"彦太郎又想："用这把新柴刀砍死她吧。"山中女妖又说："你在想用那把新柴刀砍死我吧？"这下彦太郎没办法了，只好默默地用火弄弯竹子。这时，竹子突然着火裂开，把炉灰撒在了山中女妖身上。"我真是瞎了眼！"山中女妖说着跑出门外，躺在小竹林里哼哼唧唧地叫个不停。显然这个故事采用了与《石饼》相同的结局。关于主人公和他进山的理由，有的版本说木桶工匠进

---

① 《石饼》的基本情节如下：从前有个猎人在山中小屋里烤年糕吃，忽然进来一个山中怪物。最初妖怪只是好奇地看着年糕，不久它又伸出手抓住了年糕。猎人怕了，就请它吃年糕。从此，山中怪物每天都过来要年糕吃，于是猎人拿用火烤过的白色石头给它吃。山中怪物以为是年糕便吃下去了，结果嘴里被烫得焦烂，一溜烟地逃走了。过些天，有人在峡谷里发现了山中怪物的尸体。

山是去砍竹子，有的则说烧炭佬用火烤弯竹子来做木炭草包的竹箍（见《旅与传说》昔话专号，第 35 页①），但与之相比，"小赤坂的彦太郎"这个说法更让我们感兴趣。带"彦"字的名字，往往被用在这种荒唐故事的主人公身上。我国可能曾经有一批被戏称为"彦太郎"的故事佬，他们与精通世故的木桶工匠一样，把虚构的民间故事说成自己亲身经历的真实故事。

流传于羽后角馆（现秋田县仙北市）的故事说，过去有一个名叫五右卫门的雪鞋②工匠，当他用手折薪柴时，不小心撒开了手，恰好把貉子打死了（见《听耳草纸》，第 105 页）。信州北安县郡（现长野县北安县郡）的山村里也流传着类似于飞驒地区的两个故事。其中一个故事讲述的是砍竹佬和山中男妖之间的对话（见《小谷口碑集》③，第 147 页），另一个故事则讲狸子化作美女来到烧炭的小屋，烧炭佬正在地炉上烘烤乌樟准备做雪鞋，结果他不小心撒开了手，乌樟跳起来，恰好将火星溅到狸子那里（见《乡土志稿》④第 1

---

① 田中喜多美：《岩手郡昔话四篇》，载《旅与传说》昔话专号，第 4 卷，第 4 号。
② 雪鞋原文是"檋"，指日本传统套鞋式鞋托，用竹子和秸秆编织而成，用来在雪上行走。
③ 小池直太郎：《小谷口碑集》，乡土研究社，1922。
④ 信浓教育会北安县部会：《北安县郡乡土志稿》，乡土研究社，1930—1933。

卷，第89页）。无论是狸子，还是山中男妖，讲的都是一个能看破人心的怪物因偶然事件而被吓跑的故事。此类故事包含了引人深思的地方，难怪后人用之讲授人生道理。再看其版本的分布状态，此类故事之所以得到了如此广泛的普及，不仅是因为让城里人心醉的阳明心学对此施加了影响，还因为人们心中存在一种要传播此类故事的动机，我个人以为，这种动机来自山彦或天邪鬼等怪物模仿他人声音即山中回声的经验之中。直到如今，此类故事仍在山区得以采录。比如，《甲斐昔话集》称这种山中妖怪为 omohi。据说，某位樵夫在劈木头时，一块木头扎进了 omohi 的眼睛。"可怕的不是人在想什么，而是什么都不想"，omohi 说着往另一座山里逃走了。由此看来，omohi 这个名字应该是从"想"（omou）这个动词引申而来的。又如从三河北设乐到信州伊那（现在从爱知县北设乐郡至长野县伊那市一带）的峡谷中，人们把这种山中妖怪叫作"觉男"（satori otoko，意即能够领悟的男人），并将其归于山中男妖一类。觉男与 omohi 一样，可以主动走近人类并看透人们的内心，还经常因人类无意中的行为而受惊，说一句"你的行为不可预测"后逃跑。再如信州远山程野地区（现长野县饭田市）流传着一个名叫助作的猎人的逸闻。据传，某一天助作踏入本谷山，躺在草地上睡午觉，忽然传来一声尖叫，把他惊醒了。原来有一个红眼巨人坐在岩石上，死死盯着助作。

红眼巨人先把一个俗称"satori 竹圈"的东西扔向助作，之后不管助作心里想什么他都能说中。助作被逼到绝境，就把藏着的黄金炮弹拿了出来。红眼巨人看到助作的决心后，吩咐他千万不要把此事说出去，然后就逃走了。红眼巨人走了之后，地面竟留下了直径一尺大的脚印。据说助作直到临死时，才第一次跟他人谈及了此事（见《民族》第 3 卷，第 142 页）。有趣的是，这里的"satori 竹圈"似乎就指那块跳起来打中山中妖怪鼻梁的薄木片。也就是说，民间故事在传遍全国山村的过程中，样式逐渐发生改变，但其关键要素还是保留了下来。这些山中妖怪来自深山并且嘲弄人类，由于它实在难以对付，人类只能等待，根本无法请他们出去。此类故事与其他众多民间故事一样，似乎来源于人类在还很幼稚的阶段留下的印象，后来这种朴素的印象受到儿童欢迎，得以长期保留下来。

在古代日语中，木灵（读音为 kodama）和山彦（读音为 yamabiko）应该与树精和山魈相对应，与此同时，这两个词汇也作为"山中回声（kodama 或 yamabiko）"的能指保留至今。木灵和山彦平时不会轻易现身，只是在远方通过模仿人类的声音来作怪。我们把山中回声理解为自然现象，而我们的祖先还不能如此理解的时候，应该会有另外一种感觉，如今这种感觉只有儿童才能共享。也许有些人认为，人类曾经在傍晚对山彦产生的不安情绪，不能与 satori 男故事或者山中女妖故事并为一谈。但只要注意到以下两点，就会明白这种观点是错误的。首先，对古人而言，内外之间的差距不像现在这么明显，他们说出来的话和心里想的事往往是一致的；其次，人与人之间的舌战，"模仿对方说话"往往是其导火线。一般来说，当一个人辱骂或嘲笑对方时，对方反而会模仿此人的声音来嘲笑；或者，当一个人说自己准备让步时，对方学自己说话，连成年人听了都会生气，小孩子当然会忍不住哭起来。翻阅中世的军事小说，模仿对方说话还是十分常见的攻击手段。至少可以说，模仿人说话意味着一方仗着力量轻敌，向敌方表示他们要争斗到底。于是，胆小的人听了之后，往往会像听到敌方飞机的声音一样胆颤心惊。由此看来，此类故事开头讲到山中怪物的学人说话，然后讲某人被怪物看破内心的弱点，最终以此人因无意中发生的外部事件摆脱危机而告终，这样的叙述顺序，体现了古人想象力的自然展开。与此同时，这种叙事顺序也符合其他打退妖怪类型的故事的发展顺序。最初民间故事的世界观，以恐惧为基调，在它升华为大快人心、结局圆满的民间文学作品之前，有一段时间是作为令人毛骨悚然的逃难故事而存在的。其主人公之所以能顺利逃脱并打退敌人，有的是因为巧合，有的是因为幸运，有的是因为神佛保佑，有的则是因为个人智慧。随着时代发展，这些主人公具备更多逃难的条件，人们从中逐渐发现和选择更合乎情理的说法，过于天真的说法则被推到笑话领域。但另一方面，我们日本人往往把纯粹虚构的民间故事当作娱乐来享受，于是如上的逃难故事便脱离于整个打退妖怪型故事的发展过程，作为记忆的痕迹被保留了下来。

　　山中男妖或山中女妖的信仰，因时、因地而异。一些文献记录证实，这种信仰本身有着相当悠久的历史。既然如此，以这种信仰为诱因而产生的 satori 男故事，应该也有一定的历史。但是，天邪鬼的情况稍有不同。在日本中部地区，人们把山中回音说成 yamanojyaku（音通天邪鬼）或天邪鬼，而且在该地区的《瓜子姬》中，山中女妖和天邪鬼往往被混淆在一起，如果我们据此把天邪鬼视为典型的古老山神，那就操之过急了。在我们看来，天邪鬼是否也具有悠久的历史，这是另一个问题，需要寻找可靠的证据。如今，九州地区的人们普遍称天邪鬼为 amansyagume，虽然词义因时代而异，但这个名称显然继承了天探女（读音为 amanosagume）①之名。关于天探女，我国自古没有统一的说法。如《日本书纪》②把天探女写作

---

　　①　天探女，日本神话中的邪神。一般认为天探女从"试探人心的女人"（saguruonna）讹变而来，后来又衍生出"逆反"（sakarau）之意，在民间叙事中转变为天邪鬼。

　　②　《日本书纪》，成书于养老四年（720），舍人亲王等人著，共 30 卷（另有系谱 1 卷，如今已失传）。这是日本最早的敕撰正史，记录了神代至持统天皇时代的历史。

国神①，而《倭名钞》②则将其列入鬼魅名单。在后人所加的注释中，天探女又被视为侍奉诸神的小神或天稚彦③的侍女。假如她是《万叶集》④中的诗歌里所说的，乘坐石船从天上降临的神⑤，那么她就不可能是一位国神⑥。也就是说，仅从保留至今的资料来看，我们无法把握天探女的真面目。在这种情况下，最可靠的资料就是民间叙事。在民间故事的世界里，天邪鬼不仅闯进瓜子姬的忌织殿，搅乱了她的幸福生活，还充当了特定角色。如果我们搜集到相关资料并细心观察，那么问题自然就会解决了。首先值得关注的是，天邪

---

① 在日本神话中，国神指日本土著神，国神与从高天原降临的天神、天神之子形成对立。国神，又称国津神、地祇，是相对于天神而言的。

② 《倭名钞》，即《倭名类聚钞》，是源顺（911—983）于承平年间（931—938）编纂的中日词典，现有10卷版和20卷版。

③ 天稚彦，天津国玉神之子，又称高皇产灵尊。他曾经奉命来到苇原中国，与大国主神之女下照姬结婚，一直没有回去复命。8年后，天津国派来一只雄鸡责问天稚彦，天探女对天稚彦说："这只鸟唱得太难听了，最好把它杀了！"天稚彦听从天探女的话，射死了雄鸡。

④ 《万叶集》，编者、成书年代均不详，一般认为8世纪末全卷脱稿，诗人大伴家持参与了编纂工作。这是日本最早的诗歌集，共收录了从舒明朝（629—641）到天平宝字三年（759）的4536首诗歌，共20卷。

⑤ 即《万叶集》所收《角麻吕歌四首》："久方乃，天探女之，石船乃，泊师高津者，浅尔家留香裳"（原文）。意思是，传说古时候探女乘坐石船从天上来到凡间，而高津就是石船停泊的地方，但今天已变成一片浅滩。

⑥ 柳田的意思是，国神是相对于天神而言的。如果天探女是国神，她就不可能从天上降临；如果天探女是从天上降临的天神，她就不可能是国神。

鬼总是做一些违背人类意愿或神意的坏事。比如，庄稼本来发芽了，可天邪鬼却把茎上发出的芽都弄掉了，因此如今的庄稼只有穗尖才会结出粮食。又如天邪鬼在田里种了杂草种子，又在野山里种了荆棘种子。也有故事讲，因为天邪鬼没能种完所有荆棘种子，他把剩下的种子都撒在某地，于是那里长了许多荆棘。此外，天邪鬼怕被大豆割伤手指，于是没有捋大豆的茎，所以今天大豆茎上能结出粮食。可以说，天邪鬼是农民的仇人，正因如此，至今还有许多人相信，九州的毘沙门天和东国的青面金刚用力踩住的丑陋石像，就是天邪鬼。上述的传承内容当然不能全面反映古老的说法，但如果没有任何依据，有关天邪鬼的民间故事也不会朝着这样一个方向发展。

民间叙事中的天邪鬼有三个特点：首先，天邪鬼的所作所为在任何时候都意味着"糟蹋"或"捣乱"，他从来都是配角，如果没有主角，他自己任何事都做不了；其次，天邪鬼只能存在于有趣的民间叙事之中；最后，天邪鬼的行为虽然令人厌烦，但也带上了一点滑稽色彩。近世出现的穷神与之十分相似，但天邪鬼已经超出了所谓的神的范畴，可他又不算是纯粹的妖魔鬼怪。或许有人认为，最初人们听说天邪鬼之名的时候，他恐怕是更严肃、更可怕、人类必须慎重对待的神灵。但是，至少在现存的文献中，天邪鬼不过是古人叙事中一个虚构的敌人而已。古人特意创造一个这样的角色，以加深人们对叙事内容的印象，在这个意义上，天邪鬼是另一个"邻家爷爷"。流传范围甚广的传说《一夜竣工》，给了我一些启示。有些故事称神灵模仿鸡叫声来阻止恶鬼的计划，但有的则完全相反，说神灵或伟人努力为世间带来幸福，而天邪鬼却妨碍了这些美好计划。比如，佐渡人口口相传的一则故事说，天邪鬼在役行者①和飞驒匠②比试本领时模仿鸡叫声。结果前者没有挖完国府川，剩下了三个镐形锄头把儿那么大的距离；后者则没有建完药师堂，剩下了一扇门。又如越后石地地区(现新潟县柏崎市西山町)的人们说，罗石明神曾经要向佐渡岛架桥，却有一个叫作天邪鬼(或山彦)的懒汉模仿鸡叫声，妨碍竣工。再如纪州南志野松尾池(现和歌山县川市南志野)的故事说，行基菩萨想在一夜间架好一座桥，可是中途天邪鬼模仿了石臼声，行基菩萨听后误以为天亮了，于是中断工作撤退，此地便留下了"志野拍粉"的传说，意即将谷物碾磨成粉就会有灾祸降临在村民身上。我们不得不认为，这些传说是为了说明某些事物才提到了众人厌恶的天邪鬼。如果事实确实如此，那么《万叶集》中"天探女乘坐石船降临"等诗句背后，就可能存在着另外一种

---

① 役行者，生卒年不详，奈良时代的山岳修行者，修验道的鼻祖。
② 飞驒匠，指古时候飞驒国献给中央政府的木匠。

有趣的传说。更进一步地说,《日本书纪》和《古事记》所记录的有关天稚彦的神话,完全有可能取材于民间。按理来说,天邪鬼是妨碍人们得到幸福、实现人生理想的,但我们又把不如意的现实当作娱乐来欣赏,于是天邪鬼在民间叙事中成了必不可少的配角。

《瓜子姬》中出现的天邪鬼,有的跑到井口棚的横梁上鸣叫,有的在织布下面奔拉着尾巴,甚至在有些地方变成了山中女妖、野狼或者坏心眼的邻家姑娘。虽然各地的故事保持着相对一致的基本情节,但在敌人形象上却有如此巨大的变化,这应该是有原因的。远古时代的民间叙事具有神圣性,听众对其内容不能有丝毫怀疑。但即使是在那样一个时代里,敌人的属性也给听众留下想象的余地。尤其是天邪鬼粗暴、无法无天,听众能够接受讲述人在这一点上发挥创造性来刷新印象。《撒灰翁》《开花翁》《放屁翁》等民间故事中模仿主角而失败的配角与其十分相似。另外,我国还流传着另一种天邪鬼的故事。据说有一个不孝子,父母说什么,他偏要反着做。于是他父亲临死时,故意说要把尸体埋在河滩上。但这位不孝的儿子却想,父亲都死了,就按照他说的做吧。于是他听从父亲的遗言把尸体埋在了河滩上。后来这个儿子化作了一只鸟,每次下大雨时,都会因担心父母坟墓被河流冲走而不停鸣叫。这个故事家喻户晓,但这只鸟的品种却因地而异。比如,能登(现石川县北部)人说是鸽

瓜子姬 181

子，在我的故乡①则说是老鹰或猫头鹰(见《南方随笔》②，第339页)。加贺、上总、九州以南村落的人们甚至把此类故事看作雨蛙的起源传说。如今越后西蒲原(现新泻县西蒲原郡)地区的人们称雨蛙为 amangyaku，他们认为 gyaku 只是雨蛙的摹声词，但起源传说已经失传了。而在九州，人们较普遍地把雨蛙称为 amagaku，上总夷隅郡(现千叶县夷隅郡)的人们则称之为 amanjya，这些地方都流传着"不孝子在水边造坟墓"的传说。由此看来，人们从较早的时代起，就把和人对着干的天邪鬼与雨蛙联系在一起了，逐渐形成如上传说。既然天邪鬼与雨蛙因读音相近而走到了一起，那么，那些把不孝子说成老鹰、鸽子、猫头鹰的传说是否出现得比较晚呢？其实不然。民间叙事作为我国最古老的平民文学，往往会努力关注常见动物的特征，并对此加以说明，尤其是鸟类的民间叙事在我国十分流行。不孝子化作鸟的传说，就是人们忽略主人公的姓名，使得故事可以朝着另一种解释传说而发展的结果，此类传说与雨蛙的起源传说一样，可以说明天探女神话本来就具有容易发展的特点。事实上，《丰后传说集》③所收录的一个传说提醒我们，九州人所说的

---

① 柳田出生在饰磨县神东郡田原村(现兵库县神崎郡福崎町)。

② 南方熊楠：《南方随笔》，刚书院，1926。

③ 市场直次郎：《丰后传说集》，乡土史迹传说研究会，1931。

amagaku 最初可能指的不是雨蛙。据说，在高田有个不孝女，她总是和父母说的反着做，但最后偏偏听了父母的遗嘱，在河里建了座坟墓。但这座坟墓被洪水冲走了。某日这位不孝女去参拜八幡神，不幸被一块从天而降的石头砸死了，她死后变成了一块石头。在八幡神社门口的石灯笼下面，至今仍有一块扁石头，形如被压扁的孩子。显然，这个传说与毘沙门天或青面金刚踩住天邪鬼的传说同属一类。从上古时代到今天，天探女经过了如此巨大的变化，但她却保留着女性形象，这实在令人惊讶。

金 瓜

（一）从前，某位领主的妻子不小心放了一个屁，领主一气之下把妻子关在空船里，让大海冲走她。空船一路漂流，最后漂到了一个岛上。岛上的渔民发现了空船，他打开船舱往里一看，里面竟然是一位美丽的公主，于是渔民把她带回家好好照顾。不久，这位公主生下了一个男孩，男孩长大后到领主的宫殿去卖茄子苗。领主问："这个茄子有什么特别的？"男孩则回答说："这是一个从不放屁的女人种出来的茄子苗。"领主听后笑道："世上怎么会有不放屁的女人！"于是男孩反问道："既然如此，为什么我的母亲还要被关在空船里流放呢？"领主恍然大悟，对自己的过错深感懊悔，决定把母子俩接回身边(见《壹歧岛昔话九篇》,第83页[1])。

　　(二)从前,领主的妻子不小心在客人面前放了一个屁。领主一气之下让她坐上独木舟漂往大海。妻子哭哭啼啼地漂在茫茫大海之中,终于漂到了某岛。有个尼姑恰好路过海边,她把女人救上来,并将她安置在尼姑庵里好好照顾她。不久,女人生下了一个漂亮的男孩。转眼间男孩十岁了,他从母亲那里得知了事情经过,就自己乘坐独木舟到父亲统治的国家去了。男孩先从山里挖出一棵山茶树来,然后在领主家附近边走边吆喝:"卖结金果的宝树啦!"领主听到吆喝声就买了一棵,然后问道:"看起来这跟普通的山茶树没什么两样,怎么养才会结下金子?"男孩回答说,让一个从不放屁的人来种植,这棵宝树必定会结金果。领主骂道:"你这个混账,世上怎么会有不放屁的人!"这时,男孩掉下眼泪,问道:"那么我母亲为什么要被流放呢?"领主一听,大吃一惊,细看眼前的男孩,才发现他长得很像妻子。领主马上派人在海上架起一座桥,从岛上接妻儿回家。儿子当了公子,终身孝敬父母(《丰后南海部郡童话》,见《日本神话传说研究》,第406页[2])。

---

　　[1]　山口麻太郎:《壹歧岛昔话九篇》,载《旅与传说》,第4卷,第4号,1931。
　　[2]　高木敏雄:《日本神话传说研究》,冈书院,1925。

(三)类似的故事还流传于朝鲜。从前,有位新娘在新婚之夜放了一个屁,于是新郎便要休了她。可当时新娘已经怀孕了,不久便生下一个漂亮男孩,起名为"无心出"。转眼无心出长大上学了,因为同学们都嘲笑他,所以他就去问母亲原因,从母亲那里得知了他们被抛弃的经过。于是无心出买了一升西瓜种子,到父亲家去卖,宣称早晨播下种子,当天傍晚就可以收获。父亲出来询问真假,男孩则回答说:"是真的,只要让从不放屁的人播下种子,就会长出神奇的西瓜。"父亲听了就说:"世上哪里有从不放屁的人!"男孩则回答说:"那您为什么在结婚当天把我亲生母亲赶走?"这时父亲才想起往事,跟男孩询问事情原委,确认男孩就是亲生儿子后,便把妻子接回来了(清水兵三君译,见《日本神话传说研究》,第408页,没有标明具体出处)。

(四)丰后国还流传着以吉吾为主人公的系列笑话,其中有一则笑话讲,吉吾把普通的山茶树说成是"结金果的神树"来卖。吉吾和主人之间的对话与(二)完全一致,最终吉吾让主人幡然醒悟,把因放屁而被休的新娘接回家。而且这位新娘和(二)一样,是因为在客人面前放屁而惹丈夫生气的。这则笑话显然挪用了前面的民间故事。只不过,正因为是十岁的儿童提出交易,这则故事才有了艺术感染力,而吉吾却只是运用了聪明才智而已。笑话就是这样,纯粹追求趣味(中田千亩君，见《旅与传说》第 1 卷，第 4 号①)。

（五）然而，在偏远的奥州岩手地区的山脚下，这种聪明才智则被编入传说之中，以具有说服力的形式得以传承。从前，这里有一位名叫野菊的美女，两次嫁给雫石的领主。在雫石村有个井口叫作"野菊井"，传说这里便是野菊为了调香粉而取水的地方，因此人们相信在这里洗脸就会变美。据老人回忆，这位野菊可是国色天香的美女，曾经嫁给雫石的领主。某日她因在领主面前放了一个屁，便被送回娘家，从此她就在这个井口旁边定居下来。过了几年后，领主驯鹰猎鸟，踏上归途，路过雫石城镇时，看到一个男孩竟然在卖金葫芦种子。于是领主去询问真假，男孩回答说："是真的，但必须由不放屁的人来种。"领主说："世上哪里有什么不放屁的人！"男孩便反问道："那您为什么偏偏责难我母亲？"这下领主才知道眼前的男孩就是自己的儿子，立刻把母子俩接了回来。这里至今还流传着一首名叫《庆祝》的宴饮歌，里面有如下歌词：

　　　雫石名胜甚多，

　　　野菊曾开两次花。

---

① 中田千亩：《吉卫门噺》，载《旅与传说》，第 1 卷，第 4 号，1929。

这大概是从野菊复婚的时候起开始流传的

（田中喜多美君，见《民族》第1卷，第1号）。

（六）有证据显示，以上传说的主要情节来自此地流行一时的民间故事。现存的故事内容已经发生了一些变化，如在邻郡紫波，人们说儿子卖的是"能结金果的纸花"。从前领主的妻子因不小心放了一个屁而被赶出门外，回娘家后生了一个男孩。男孩知道母亲被抛弃的真相后，买来各色彩纸，叠出美丽的鲜花，并到领主那里说，这朵纸花能结金果。领主很好奇地向他询问真假，男孩便回答说："只要不放屁的人手持此花，就一定能结下金果。"领主笑道："世上怎么会有不放屁的人！"男孩则反问道："那么您为什么毫无道理地责备我母亲？"孩子说得颇有道理，领主由此得知男孩就是自己的儿子。因为他还没有儿子，所以把母子俩接了回来，并宣布这位儿子为家族继承人（见《紫波郡昔话》，第175页）。

（七）最后介绍的这个例子，冲绳人相信它就是史实。久高岛（现冲绳县南城市）的外间家有两个女儿，二女儿思樽长大后成为巫女，在王宫里工作。因为她长得明艳动人，所以被送进了后宫，之后又成为王后。后宫诸妾妒火中烧，从不和她说话。某日，她们偶然得知思樽不小心在国王面前放了一个屁，从此便时常肆无忌惮地调戏捉弄思樽。尽管思樽已经怀孕在身，但风言醋语实在难以承受，于是就回娘家去了。临近预产期，思樽心想，这孩子是圣王之子，不能沾染污秽，于是命人另建了一个产房，在那里产下一个男婴，起名为思金松兼。转眼思金松兼七岁了，时常问母亲自己的父亲是什么人。于是思樽如实地说出了事情经过，并告诉他："你生在海岛上，从穿衣打扮到言行举止都不同于首府贵人，可别指望能拜见国王了。"思金松兼听后，便到一个名叫伊敷泊的海滨祈祷七天。到了第七天早晨，海浪冲来了一个闪闪发光的东西。思金松兼用衣服下摆把它捞起来一看，发现是一颗金瓜。他欢呼雀跃起来，把金瓜包好揣在怀里，然后告别母亲进京了。他在皇宫门前要求拜见国王，官吏见他头发发红、衣衫褴褛，便当即将他拦下。但思金松兼却威风凛凛地往前走，最终得到国王召见，献上了金瓜。他说此瓜为国宝，是世上罕见的宝物，只要在天降甘露、滋润沃土的时候，让一个从不放屁的女人播下种子，日后定会青翠茂盛，结下金果。国王听了之后仰天大笑道："世上怎么会有从不放屁的女人！"思金松兼就捉住话柄，反问道："那一个人放屁有什么好被责怪的？"国王恍然大悟，又仔细问了事情的经过，终于知道了妻儿的不幸遭遇。尽管如此，他一个来自东海小岛上的异国孩子，现在还不能留在皇宫里，于是国王吩咐他先回家等待时机。于是思金松兼回到久高岛，后来国王因为没有儿子，又重新把思金松兼立为继承人。从此以后，历代圣王每隔两年都会来到久高岛，外间家的主人和巫女则每年都要拜访皇宫，献出几种海鲜，巫女还会被邀请到后宫里做客，甚至被赐予茶叶烟草，外间家主人也被赏赐了一对贯玉。据说这种交易风俗一直延续到康熙庚子年，亦即18世纪以前，这则传说就已经传播开来了（见《遗老传说》①二。）。

谁也不能否认，以上七种故事是从同一个民间故事中派生出来的。其中，哪个故事最先发生变化？哪个故事又相对保留了原貌？要解答这些问题，我们用不着太多的考证，而且由此还可以追溯其传播途径。然而，大正十年（1921）我在《朝日新闻》上发表《久高的屁》一文时，根本不知道此类故事还流传于本州岛。当然，比起本州岛的版本来看，冲绳的版本还是具有一定的独特性：首先，这恐怕是文献记载的最早记录；其次，记录者对故事内容没有丝毫怀疑，努力给出合理的解释并据此弥补正史的不足；最后，对于久高岛民而言，这完全是真实的传说，而不是虚构的民间故事。过去外间家的主人以此传说为依据，主张自己和王廷之间的姻亲关系，至今为止，这

---

① 《遗老传说》是自1743年至1745年首里政府下令编撰而成的琉球王国正史《球阳》的外卷。收录了流传于冲绳的各种口头传统。

个外间家依然是久高岛上有名的世家。据说他们家还保留了思金松兼王子诞生的产房，甚至把思樽的白丝绸裤裙当作家宝传承至今。

　　写到这里，有一个问题浮现在我们面前，即此类民间故事流传广泛，而且过程中经过了中世文人的润色，为什么久高岛的人们还会信以为真呢？对此，我只能给出一个答案。即使是神话，其末端还会继续发展，有时"人人都会放屁"这种道理也会在国内风靡一时，成为一种促使神话发展的外部力量。从另一个角度来说，在有关放屁的情节传入久高岛之前，这里已经存在一种容易与此类情节相结合的古老叙事，久高岛的人们只是为了说明某位神童的聪明睿智，而采用了这个外来情节而已。后来，世上出现了靠讲故事谋生的专业艺人，他们随意编造和挪用了民间故事。可是，从各地的例子来看，朴素的听众们往往会信以为真，把民间故事当成真实的历史。我个人认为，这样的情况背后存在着一个根源性的诱因。就久高岛而言，这种诱因甚至没有被隐藏在背后。关于久高岛的版本，我已经列举了三个特点，这里再举第四个特点，那就是贵人之子由于因缘际会与父王重逢，并继承了王位，而这种因缘恰恰产生自孩子祈祷七日后被海浪冲来的金瓜。尽管这个孩子不是从金瓜里诞生的，但依然通过金瓜证明了他天赋异禀。我们重视的小人儿故事与瓜之间的关系极其密切，但这种关系在有些地方已经变得很淡，就像民间故事因时因地而变化一样。在有些故事中，瓜变成了茄子，甚至变为一棵山茶树。如今，只有南海珊瑚礁上的几户人家，才会依然重视海上的漂流物。而多亏他们，我们才能从现有的故事中，看出小人儿与瓜之间的联系。目前，此类故事按主人公的性别分为《桃太郎》和《瓜子姬》，但其实这并不是自古以来就有的固定形式。说不定我国还有一些地方偶然保存了一个名叫"瓜彦"或"瓜王丸"的男孩，从远方坐瓜船渡海而来的民间故事，也未可知。

田螺富翁

一 《剪舌麻雀》和《折腰麻雀》

今人所谓御伽草子，究竟在何等程度上保留了原貌？对于这个问题，在物质文明高度发达的国家已经无从考察，因此人们总是提出不同的假说，互相争论不休。假如他们的国家像日本一样有足够的活态资料做比较的话，如今故事学就会发展成另外一种形态了。正如《瓜子姬》告诉我们的那样，在我国，同一种民间故事广泛流传于全国各地，而且每个地方的版本都会显示出一些细微的变化。只要我们继续悉心搜集，手中的故事资料就会增加好几倍。目前我们难以判断哪些情节更为古老，但可以看出哪些因素是后人所加的。至少可以说，城市人记录或出版刊行的民间故事，未必就是最原初的形式。既然如此，我们首先要做的就是寻找国内的古老资料，据此探讨哪些内容属于上古时代，并在此基础上，对外国学者的不同观点进行讨论与选择。说不定外国学者在了解我国的众多资料后，还会对自己的假说做出修正。至少可以肯定，他们愿意聆听日本人这种善于保存口述传统的民族所表达出来的想法与感觉。因此，现在我们所做的努力，不仅是为了推进学问的本土化，更是为了推广我们将来的学术成就。

在众多日本民间故事中，《剪舌麻雀》最受外国人重视。国外之所以很少保留《剪舌麻雀》的，是因为这则故事在近世以前基本上依靠口耳相传，在过程中产生了巨大的变化。不幸的是，有不少学者过于重视民间故事的传播性特征，反而忽略了其他故事中残留下来的古老痕迹。比如，许多人主张《宇治拾遗物语》所收录的《葫芦之米》①是从朝鲜半岛传到我国的，我个人以为这种观点本身是可

---

① 即收录于《宇治拾遗物语》第 3 卷的《麻雀报恩之事》。春日里的一天，老奶奶正在院子里清理衣服上的衣蛾，有一个顽童看到一只麻雀在院子里蹦蹦跳跳，就向麻雀扔石头，结果石头狠狠砸中了麻雀的腰部。老奶奶见后赶忙救下这只骨折的麻雀，从早到晚用心看护。过了几个月，麻雀痊愈了，老奶奶便让它回到野外生活。可是差不多过了 20 天，这只麻雀又飞回来了，送给老奶奶一颗种子。老奶奶种下种子，到了秋天，地里结了很多葫芦，多到吃不下，送人也送不完。老奶奶把剩下的七八葫芦挂在屋里，打算晒干后做些水壶。几个月后摘下葫芦一看，发现里面竟装满了大米，还是永远都吃不完的大米，老太婆把大米倒进其他容器里，葫芦里面又装满了大米。就这样，老奶奶变得富裕起来。老奶奶的隔壁住着一个贪心的老太婆，听了事情经过之后自己也想要模仿一下。邻家老太婆看见一（转下页注）

以肯定的，但我不同意他们把这则故事与我国的《剪舌麻雀》混淆在一起。二者只是都把麻雀当成主人公而已，除此之外并没有太多共同点。至于善良的老奶奶变得富裕，而邻家贪心的老奶奶受到惩罚，我们在多数民间故事里都能看到这样的故事结构。更准确地说，老奶奶因拯救被折断腰骨的麻雀而获得神奇葫芦，这纯属"动物报恩"型故事，而《剪舌麻雀》的主旨在于老人偶然捡回家并用心养育的生命体为老人带来了幸福，就这个意义而言，这则故事更接近于《桃太郎》或《瓜子姬》。正如瓜和桃子可以互换、yokenai 童子到了肥前岛原就变成黑猫①一样，又或者像越中地区的《撒灰翁》里小狗从桃中蹦出来一样，《剪舌麻雀》的主人公以麻雀的身份出现，这可能是较晚才有的说法。如果是这样的话，我们就更不能说《剪舌麻雀》是从《折腰麻雀》派生而成的。曲亭马琴以后的注释家把

（接上页注）只麻雀飞落在后院里啄食，于是她向麻雀扔石头，打伤其腰部。为了慎重起见，邻家老太婆还特意折断了麻雀的腰椎，然后再从早到晚地照顾它。她还想：只救了一只麻雀都可以发财，说不定救得越多，回报就越多！于是邻家老太婆又用石头砸伤两只麻雀，并折断了它们的腰椎。过了几个月，麻雀们又重新可以飞翔了，邻家老太婆很高兴地让它们回到野外生活。过了 10 天左右，那 3 只麻雀果真飞回来了，还送给她 3 颗种子。邻家老太婆种下种子，却没结出几个果，而且味道很苦，难以下咽。她把剩下的葫芦挂在屋里晒干，等过几个月后再看里面，竟从中飞出无数只毒虫，把邻家老太婆和她的孩子都给毒死了。

① 原文是"黑狗"，但柳田在前面引用的资料上说是"黑猫"，这里基于译者个人判断做了修改。

桃子或麻雀等词汇视为古今不变的部分，这种观点究竟有没有道理？我们有必要重新检讨一下。

现存赤本①中的《剪舌麻雀》已经偏离原型，其讲述重点在于麻雀因吃糨糊被剪掉舌头，或者是贪婪的邻家老人因选择了大竹箱而吃亏。一般而言，后人可以自由改编童话，因此极其重要的原始内部往往会被推到一旁，但他们并不会彻底删除这些古老的记载，否则他们的童话就不能说是由传统民间故事改编而来，而是有名无实的再创作了。这些故事一定在某些地方保留着传统部分，至少保留了属于古今之间状态的部分。仅从目前搜集到的资料来看，《剪舌麻雀》与《折腰麻雀》之间并没有太多的联系，前者反而比后者更接近《桃太郎》。在以前由喜田博士②报告的德岛县那贺郡的例子（见《乡土研究》第 1 卷，第 5 号）中，从河流上游漂来的不是桃子，而是瓜，而且从中蹦出来的是麻雀，后来这只麻雀竟变成了"剪舌麻雀"。最初很多人认为这个故事不过是某位喜欢近世读物的人，有意把几种民间传说拼接在一起的产物，但后来积累下来的几个证据

---

① 赤本，是从宽文到宽延年间（1661—1751）以江户为中心的地区刊行的儿童画本。因为封面是红色的，所以被称为赤本。最初的赤本于正月刊行，蕴含着通俗的训诫，都以大团圆故事为结局。

② 喜田博士，即喜田贞吉。

却都否认了这种观点。这些证据不仅包括从桃子中蹦出小狗的版本，还包括最近刊行的《津轻口碑集》①所收录的东津轻郡野内村（现青森县青森市）的《剪尾麻雀》：

从前，老奶奶到河边洗衣服时，有个鸟笼顺河水漂下来。老奶奶嘴里念叨：

"脏鸟笼去那边，漂亮的鸟笼来这边！"漂亮的鸟笼果真向她漂过来了。

老奶奶高兴地把鸟笼带回家，并告诉老爷爷说：

"老伴儿啊，我捡回来一个漂亮闺女！"

老爷爷回答说：

"是嘛，如果是闺女的话，就让她揉搓点饭粒做糨糊吧！"

而这只麻雀肚子饿了，一边啾啾叫，一边吃糨糊，结果把糨糊全都吃完了，老爷爷一气之下用擂槌打了麻雀的头，还把鸟尾剪掉，最后把它赶出了门外。老奶奶到处找麻雀，半路上还问了遇见的木臼工匠和割苫草人有没有见过自己的麻雀。老奶奶最终找到了麻雀的栖身之处，看到

---

① 内田邦彦：《津轻口碑集》，乡土研究社，1929。

麻雀正在用金臼和金杵捣年糕。老奶奶向它喊道：

"姑娘呀姑娘，我来接你了！"

"奶奶！您来得正好！"

见到奶奶麻雀很高兴，为她准备了黄金的餐具，好好招待了一番。而老爷爷在老奶奶后面赶来了，麻雀就让他用喂猫的碗来吃饭。

故事接下来的内容跟《剪舌麻雀》一样，麻雀让老奶奶从轻重两个竹箱之间选择一个。这个《剪尾麻雀》的故事告诉我们，最初的版本讲的也是一只麻雀备受冷遇的故事，虽然童话是大人用来哄孩子的，但"剪掉麻雀的舌头"这种幻想还是太古怪，除非有某种底本，否则讲述人恐怕很难想到如此反常的情节。也许，后来越来越多的人开始强调麻雀偷吃糨糊这一点，并以此为理由，把"剪掉尾巴"说成"剪掉舌头"。假如我的想象是正确的，那么这段情节就像《桃太郎》的黄米面团子一样，原本是依附于以男性为主人公的"神奇诞生"型故事的一个古老插曲，直到后来，才从有关食物的插曲逐渐发展成为一个独立的故事。

此外，麻雀还出现在《猴蟹合战》的一个版本中，这个版本似乎经过了后人的改编，见于由佐佐木喜善君搜集的陆中故事集《老媪夜谭》，至今为止仍未发现同类版本。

有一只麻雀在竹林中筑巢下蛋，这时山中女妖过来向它索要鸟蛋。麻雀妈妈害怕了，就给了她一个蛋。而山中女妖吃完一个就再要一个，吃光了所有蛋之后，连麻雀妈妈都给吃掉了。有一个蛋幸免于难，从中出来的麻雀儿子下定决心替母亲报仇。麻雀儿子从远近各地的稻架上偷来稻穗，做成团子，到处吆喝道："卖米团子啦！卖正宗团子啦！"这时，有一颗枥树的果实滚来问道："麻雀儿子，你要去哪？"麻雀儿子回答道："我去替母亲报仇！""那么你就给我个米团子吧，我来帮你一把！"枥树的果实吃了团子后跟着麻雀儿子走。然后缝针、螃蟹、牛粪、石臼也陆续过来，经过同样的对话后，成为麻雀的帮手。他们来到山中女妖家，恰好屋里没人，于是他们和《猴蟹合战》中所说的一样，分别藏于地炉、纱管、水缸等处。到了傍晚，山中女妖终于回来了。当山中女妖跨过地炉时，炽热的枥树果实冲着她的屁股绷开。山中女妖摔了个屁股蹲儿，而那里刚好有一个纱管，藏在里面的缝针又刺伤了她。山中女妖跑进水缸里，螃蟹又用钳子夹住她。山中女妖想跑出去，却踩到牛粪摔倒了，这时大大的臼从屋顶上落了下来，把山中女妖压得扁扁的。就这样，麻雀儿子顺利完成了报仇。

在近世，"打退山中女妖"故事的最常见形式，是放牛郎或赶马人趁山中女妖出门时闯进屋里，等山中女妖回来后把她耍得团团转，最终成功替牛马报仇①。此类故事追求人类战胜山中女妖的痛快，因此对山中女妖作恶的开头部分难免有所省略。我个人以为，在过去某一段时间里，放牛郎或赶马人在民间故事的传承中发挥了极其重要的作用，于是人们将其和故事的主人公混淆在一起，最终把故事最初的可怜的被害者抛到一边。但此类故事比上述麻雀报仇的故事更能显示出《瓜子姬》和《剪舌麻雀》之间的过渡形态，今后随着调查的推进，我们早晚会找到兼具这两种故事内容的版本。不管怎样，可以肯定的一点是，只要人们相信人类和麻雀在灵魂的层面没有任何差异，那么也就会相信"一只麻雀具备人类般的智慧和情

---

① 如《放牛郎和山中女妖》讲，从前有个放牛郎名叫勘助，某日勘助翻越山岭，去城镇卖咸鲐鱼，没想到在路上遇见了山中女妖，缠着他索要咸鲐鱼。勘助给了她一条，但她吃完一条就再要一条，没完没了，吃光了所有咸鲐鱼，甚至勘助的牛都给她吃掉了。山中女妖还想吃勘助，勘助拼命逃跑，最后跑进一间房子。而这间房子正是山中女妖的居处，勘助看见山中女妖回来，赶忙爬到顶棚上藏起来。山中女妖开始在地炉上烤年糕，勘助趁她打盹儿把年糕都吃光了。山中女妖醒来后喊道："是谁吃了我的年糕?"勘助便模仿老鼠的声音道："是火神!"山中女妖也没有办法了，就在地炉上煮甜米酒，勘助又趁她打盹儿时把甜米酒都喝光了。山中女妖醒来后喊道："是谁喝了我的甜米酒?"勘助又模仿老鼠声音道："是火神!"山中女妖无可奈何，就在木桶里睡觉了。勘助从顶棚上爬下来，把石臼压在木桶盖上，然后在木桶盖上穿了个孔，把滚烫的热水倒进木桶中，将里面的山中女妖烫死了。

感，并且实现目标"。后来，人们完全不相信叙事内容的真实性，但只要有趣，民间故事就可以成立，于是人们运用夸张手法，给故事增添了一些趣味。也就是说，如今民间故事中的螃蟹、猴子、麻雀，分别承担着固定的角色，但在此之前，此类故事与古老叙事混淆在一起，反映出古人的思维模式，即天赐之子未必以特定的动物形态出现。

就某种动物而言，这一点还是无可置疑的。只不过，就麻雀而言，目前积累的资料还不够，仅凭一个过于罕见的版本，还是难以令人相信《桃太郎》和《剪舌麻雀》之间存在同源关系。尽管如此，只要再一点眼界可以发现，从鸟蛋里出现英雄的民间叙事，广泛流传于世界各地，日本也不例外，如美浓养老山（位于岐阜县和三重县之间）、出羽鸟海山（位于山形县和秋田县之间）等山岭的始祖神，就是由鸟送来的①。被视为《竹取物语》底本的故事也讲到，一只黄莺化作少女，被当时的天皇收养了（谣曲《富士山》②）。在古代日语中，"suzume"不专指麻雀，而是小鸟的总称，而且我国的"蛋

---

① 如鸟海山就流传着如下传说：从前，有三只大鸟飞过来，在鸟海山山顶筑巢下蛋，不久就从中出现了鸟海大菩萨、月山大菩萨以及丸子亲王。这三只大鸟成为当地的祖神，让人们开垦荒野、种植稻谷。后来大鸟消失在北岭池塘里，因此此地被称为"鸟海"。鸟海人忌讳吃鸟肉，丸子亲王的后裔也把鸟当作自己家族的象征。

② 今人演唱的《富士山》中没有这一情节。类似的情节见于成书于13世纪前半期的游记《海道记》所收录的《采竹翁》。

生"型故事，往往都会谈及小人儿神的惊人成长。也许，最初《剪舌麻雀》的核心内容是：从竹林中的鸟蛋中出来了一个能对抗山中女妖的英雄。就像桃太郎与瓜子姬形成了对比一样，这位英雄与"富士山的黄莺姬"①形成对比，关于他们的民间故事，在同一个时代里广泛流传。当然，即使听了我的这一观点，有人仍然会主张我国的《剪舌麻雀》深受《葫芦之米》等国外"动物报恩"型故事的影响，对此我并不否认，但如果有人要用《燕石杂志》②的观点把二者归于一类，我就要指出这种观点其实是毫无根据的。

二　青蛙王子和蛇王子

首先要确认的一点是，我国《剪舌麻雀》的主人公最初未必是麻雀。在全国各地的民间故事中，年轻美貌的主人公也会以各种动物

---

①　过去，日本人较普遍地认为《竹取物语》的女主人公赫奕姬其实就是从黄莺蛋里诞生的黄莺公主。黄莺公主的故事广泛流传于民间，而且形成了黄莺公主系列故事。前面柳田提到的谣曲《富士山》便包含了这个系列故事里的内容。

②　《燕石杂志》，曲亭马琴于文化八年（1811）刊行的考证随笔，共6册。书中作者对日本古老的风俗和民间叙事提出了细致而独到的见解。马琴在第4卷中写道，我国始见于《宇治拾遗物语》的《剪舌麻雀》是模仿《搜神记》第20卷所收的"黄雀报恩"故事写成的。柳田对这个观点提出了异议。

的形态出现。假如我们把这些版本视为互不相干的独立形式，那么将来的分类工作，反而会糟蹋比较研究为我们带来的种种益处。比如，我们好不容易搜集到了各地的版本，如果根据天邪鬼和山中女妖的差异把《瓜子姬》分为两种的话，就等于我们在着手研究之前就放弃了解释的线索。我原来希望少写个人见解，多列举现实例子，但有时又禁不住诱惑，还是要说一些令人厌烦的小道理，心里很是内疚。幸而下面要讲的内容通俗易懂，我举几个例子，问题就解决了。首先要引用的是茂野幽考君①在《旅与传说》（第1卷，第7号）上发表的鹿儿岛县大岛（现鹿儿岛县大岛郡）的例子②，其中天赐之子以青蛙的样子出现。

从前有对老夫妇，年过四旬却膝下无子，于是他们向山神许愿求子。不久，老奶奶的膝盖鼓了起来，老爷爷用手拍了一下，就从里面蹦出一只青蛙。这只青蛙声称自己是老天派来的，但老夫妇并不在意这些，因为这只青蛙是

① 茂野幽考（1896—1987），乡土史家，他花3年时间调查奄美大岛的风俗习惯、方言、迷信等，撰写了《奄美大岛民族志》。1927年3月到东京拜见柳田，经柳田介绍，从图书院出版了《奄美大岛民族志》。

② 茂野幽考：《南西诸岛的传说》，载《旅与传说》，第1卷，第4号，1928。

他们向神许愿后得到的孩子，所以将它好好养育起来。有一天，青蛙儿子突然对父母说他想娶个媳妇，要他们捣点年糕。然后青蛙儿子背着年糕，从这个村跳到那个村，又从那个村跳到这个村，到了一个村就去拜访村里最富裕的人家，还坐到人家书院里的佛坛上面。有一个富翁过来烧香时，他宣称自己是天赐之子，在知道富翁有三个女儿之后，他把装着年糕的袋子交给富翁，在富翁家住了一晚。睡前青蛙儿子特意跟富翁说："这个袋子里面装了老天爷的宝贵东西，如果你丢了一个，就得把你最重要的东西给我。"夜深人静，青蛙儿子偷偷从袋子里面拿出一块年糕，塞进小女儿的嘴里。天亮后，青蛙儿子便喊道："袋子里少了一块年糕！"大家很快在小女儿的嘴里发现了年糕，于是青蛙儿子按照约定把小女儿带走了。老家的老夫妇很高兴地迎接新娘，还要邀请村里的人过来，举办一场盛大婚礼。为此，老夫妇烧好热水，让新娘和青蛙儿子依次洗澡。青蛙儿子往浴池里一跳，立刻就变成了一个英俊的男人。参加婚礼的村民们都以为青蛙儿子会出现，而婚礼上出现的却是一个穿着礼服、庄重而英俊的年轻人，大家都惊讶得说不出话。

青蛙变身与新娘先泡澡之间存在某种因果关系，我们从下面引用的故事中也可以看出这一点。不过，这个流传于日本北端奥州的故事中，作为主人公的小人儿不是青蛙，而是小蛇。《紫波郡昔话》第七十五篇写道：

两口子在田里干活，傍晚回家前去取草帽时，发现草帽里有一条卷成一团的小蛇。两口子一再赶小蛇走，小蛇都会很快地回到草帽里。两口子这么多年一直没有孩子，于是他们把小蛇带回了家，养在花盆里。小蛇很快长大了，两口子又把它养在水盆里。转眼间小蛇又长大不少，两口子只好把它养在喂马的饲料桶里。某日，这条蛇跟父母说，他要到富翁家把他家闺女娶过来，说完便往富翁家走去。这时富翁家正在吃晚饭，忽然听见门外有人喊富翁名字，三个女儿分别去看了一眼，却都不见人影。从门外又传来人叫声，于是家主过去开门，这回在家门口看到了一条大蛇。大蛇威胁家主说，必须送他一个女儿，否则就会破坏房子。家主跟三个女儿商量此事，只有小女儿答应下来。然后家主去城里买了几件衣服回来，让小女儿带着新衣服跟大蛇走。大蛇让小女儿骑在自己背上，高高兴兴地回家了。父母下地干活时，大蛇吩咐妻子说："一会儿我爬到打稻石上躺着，你就用打稻棍戳我的肝脏。"妻子照大蛇所说的去做，结果蛇胆从大蛇身上蹦了出来，大蛇变成了一个美男子，小两口开心极了。后来他们一起在地炉边取暖，这时父母回来问道："请问您是哪位？"知道事情真相后，父母马上转告了富翁，还举办了一场盛大的婚礼。新娘的两个姐姐都觉得羞愧难当，便离开了家，谁也不知道她们去哪了。

与最初的故事相比，这个故事似乎脱落了一些内容，而紫波郡还流传着另一则故事，似乎弥补了它的不足。故事的主人公既不是青蛙又不是蛇，但他照样是一个天赐的小人儿。

有一对夫妻膝下无子，向药师如来求子。夜里药师如来托梦给夫妇说：

"我问过芦苇根和芒草根，它们都回答说你们命中无子，但我同情你们，所以特意赐给你们一个孩子，夫人将在小腿处怀上孩子，你们一定要好好抚养他。"

不久，妻子的小腿果真鼓了起来。到了生产当天，从中蹦出来一个小拇指那么大的孩子。夫妻俩欢天喜地，给他起名为"胚子唾子"，并好好抚养起来。转眼胚子唾子十五六岁了，但他的个子却一点都没有长高。有一天，胚子唾子对母亲说：

"我要娶富翁家的小女儿，给我准备一碗大米吧！"

母亲心想，富翁家怎么会把掌上明珠许给你？但她还是心疼胚子唾子，按照他说的准备了一碗大米装入布袋内。胚子唾子便手持布袋，在富翁家门口叫人。富翁家人出来开门，却不见人影，把门一关又传来声音。仆人仔细看了下脚边，发现胚子唾子从木屐底下跳了出来。胚子唾子要求在他们家借住一天，富翁最初让他在院子的角落里睡觉，而胚子唾子却哭着要和小女儿一起睡。富翁拿他没办法，就让他在小女儿睡衣袖口里睡觉。胚子唾子等小女儿睡后咀嚼大米，再吐出来抹在小女儿嘴上。然后他哭喊道：

"这些大米可是他辛苦讨来的施舍物，却被小女儿吃掉了！"

小女儿说自己是清白的，但大家都不相信，富翁甚至说：

"趁人家熟睡偷吃大米，我们家可没有这样的女儿，送给胚子唾子算了！"

于是，胫子唾子便带着富翁家的小女儿回家了，小女儿由此成了胫子唾子的妻子。

至于小人儿忽然变大或变富的结局，已经在以上版本中消失了，但我们还是要承认，胫子唾子娶媳妇的故事和奄美大岛的青蛙娶媳妇的故事，在基本情节上完全一致。据报告，奄美大岛自古以来就以装满年糕的布袋为彩礼。这份报告值得信赖，因为在我国的婚礼习俗中，一对男女结为夫妇时要一起吃特定的食品，其中从古到今最常见的食品就是年糕。由此可以推测，在奥州的版本中，小人儿带着一个装有大米的布袋，这段情节或许反映了婚礼当天，新郎新娘一起吃大米的古老习俗。至于父亲批评偷吃大米的女儿没有礼貌甚至把她赶出家门，这恐怕是后世才出现的情节了。

另外，我还要指出一点。胫子唾子的故事说，富翁家门口传来声音，但家仆出门查看时却不见人影，同样的描述见于前面引用过的大蛇娶媳妇的故事，这种相似性并不是偶然。这条大蛇从花盆挪到水盆，又挪到喂马的饲料桶，按理说如此巨大的蛇是不会被人看漏的，但这样不合情理的描述，反而证明紫波郡的这两个版本原来十分相似。在最初的故事中，说不定大蛇像奄美大岛的青蛙一样小，而且长不大。至于"胫子唾子因太小而被木屐齿遮住"，这种有趣的描述是御伽草子《一寸法师》中最著名的插曲之一。一寸法师以针为刀、用碗代替船、筷子代替船桨，在淀川逆流而上，最终到达鸟羽津。当他拜访三条宰相时，宰相也是好不容易才在木屐齿之间看到他的。另一个相似点是，宰相的女儿正值豆蔻年华，楚楚动人，一寸法师非要娶她不可，于是绞尽脑汁地想办法。他咀嚼装在茶叶袋里的大米，再吐出抹在女儿嘴上。难道胫子唾子娶媳妇的故事，就是御伽草子的读者把《一寸法师》传到东北的产物？但东北的胫子唾子又不同于一寸法师，他既没有跟恶鬼擎锋一战，也没有获得万宝槌。另一方面，一寸法师也不是从小腿中诞生的，从诞生方式来说，胫子唾子更接近于南方小岛故事中的青蛙。我认为，御伽草子《一寸法师》未必是作者记录下奥州的民间故事并进行修改的产物。但可以肯定的一点是，当时此类民间故事已经广泛流传，其中某个版本偶然被作者记录下来，成为御伽草子《一寸法师》。如今，童话《桃太郎》的作者有意省略有关求婚的内容，而要专门描述桃太郎在鬼岛上的战功，因此桃太郎和其他天赐神子之间的关系已经非常淡了。幸运的是，我们还能见到一个介于二者之间的故事形态，那就是御伽草子《一寸法师》。我们可以把这些版本综合起来，考察其起源。在"小人儿"型故事中，神赐之子不同凡响，他们长大后立刻踏上求妻之旅，最终把美丽少女娶回家。有时，主人公的婚姻比他的赫赫之功更受人重视，这并不意味着人们对爱情故事兴趣浓厚，只是因为古时候人们尊奉小人儿为某家的始祖或某一血统的源头，热衷于讲述小人儿的故事，并且虔诚地记录下来。前面引用的故事中，有的说男主角背着年糕过来放进女生嘴里，有的则说男主角把装着大米的袋子带过来咀嚼后抹在女主脸上，这些情节大概都反映了其婚姻的合法性和确定性。因此，不管是《桃太郎》中的黄米面团子还是《剪舌麻雀》中的糯糊，这些食品都经过童话化有了别的用途，但依然可以反映出这两则民间故事中曾经都有一段关于结婚的情节。

三　小泉小太郎和泉小次郎

与天赐青蛙的故事相比，神佛赐给人类小蛇的故事流传得更广泛。最近我听说了一个流传于佐贺县藤津郡五町田（现佐贺县鹿岛市和嬉野市）的故事，这个故事以传说的形式长期保留了下来。

村里有个地方叫喜左卫门谷，曾经有一个名叫喜左卫门的穷苦农民居住在这里。喜左卫门多年膝下无子，便和妻子一起向靭岳大神求子。他们的许愿整整进行了二十天，结束后得到了启示。靭岳大神说道："你们命中无子，今天回家时，就把第一个碰到腿脚的东西当作孩子来抚养吧!"夫妻俩很高兴，在回家的路上果真有一条小蛇过来碰到了腿脚，尽管受了不少惊吓，他们还是遵守神谕，把这条小蛇带回家并好好抚养起来。由于喜左卫门和妻子喂给小蛇饭菜，小蛇很快长大了，才四五年就变成了一丈四五尺长的大蛇。父母去哪里，大蛇就跟到哪里，村民看见后都很害怕，不和喜左卫门来往了。喜左卫门和妻子无可奈何，就对大蛇说：

"我们一直把你当作亲生儿子，但这个村的人都怕你，你爱去哪里就去哪里，自力更生吧!"

大蛇很懂事，虽然舍不得父母，但还是离家而去了。几十年过去了，喜左卫门和妻子都变老了，什么活都干不了，过着饥寒交迫的生活。这时，通向盐田川的水渠决口，修了几次都没有用，附近村庄因缺水而无法插秧。各村村长心急如焚，就请来一位算命先生占卜问卦。算命先生告诉村民说："这是以前被人养育的大蛇所为，大蛇要报答父母的养育之恩，要求村民替它养活父母。"这一带只有喜左卫门家养过大蛇，于是大家商量每年从各村征集大米给他们家送去。从此，水渠再也没有决口，各村连年丰收，喜左卫门家也富起来了。今天这条大蛇被奉为井手的守护神，每逢秋分，各村都会参拜井手大蛇并举办钲浮立①(据藤井利作君报告)。

一般而言，传说会从民间故事中选出最重要的部分内容加以保存，因此我们无法根据传说来了解民间故事的整体面貌。但我们从以上传说中还是可以推测出，此类故事的核心内容原本是人类向管辖高山的神灵求子，天赐之子掌管山川河流、行云布雨。我曾经在关于石见国插秧歌的文章中指出(见《民族》第 2 卷，第 876 页及其他)②，日本民间叙事中，田神往往以太阳神为父，以龙女为母，出生在神圣山岭的山顶。亦即日本农民为了种粮食而崇拜水神，尤其崇拜位于河流上游的摩天岭，正因如此，民间叙事中从上游顺河漂到人间的东西才受人重视。我据此认为，《桃太郎》的桃子和《瓜子姬》的瓜都从河流上游漂到了善良的老奶奶面前，这种说法也同样源自古老的水神信仰。至于佐贺的大蛇儿子，因为人们从大蛇的形状上可以联想到水神，所以讲述人就省略了大蛇儿子顺河而来的情节。此类故事还流传于甲州上九一色村(现山梨县甲府市、南都

① 钲浮立，是在以佐贺县为中心的地区流传的民俗技艺，人们敲锣打鼓以感谢土地神让农作物丰收，并祈望土地神来年继续保佑风调雨顺、五谷丰收。
② 柳田国男：《日置部考》，载《民族》，第 2 卷，1927。

留郡），该村位于富士山北岭，而翻过山顶，山的南岭就是《竹取翁》古老传说的发源地了①。

从前有一对老夫妇，多年膝下无子，某年向神求子后不久，老奶奶果真怀孕并生下了一个男婴。老夫妇给他起名叫龙吉，好好养育起来。而龙吉的身躯越来越长，很难继续住在家里，于是老夫妇就给他造了一个鸟笼般的大箱子。可龙吉的身躯还在不停地变长，最终连手脚都不见了，竟变成了一条大蛇。这下老夫妇不能让他继续留下了，只好把大箱子搬到山顶上，把龙吉放生。之前，他们还把事情经过说给龙吉听，约好以后有事一定过来叫他。龙吉听后高兴地走了。几年之后，这里发生了严重的旱灾，领主通知国民，如果谁能求雨成功，就给谁奖赏。于是老夫妇爬到山顶去叫龙吉，这时草木随风而倒，已完全变成巨蛇的龙吉飞过来了。老夫妇向龙吉求雨，龙吉便答应下来，为他们下了七天七夜的雨，老夫妇由此获得奖

---

① 位于富士山南岭（富士宫市、富士市）的几个神社寺庙保留了有关赫夜姬和富士山的种种传说。

赏。尽管龙吉并不是人类，但他还是让父母安享晚年了（土桥里木君《甲斐昔话集》）。

类似的故事流传甚广，如《老媪夜谭》所收的《蜘蛛儿子》，虽然是风俗世态剧的形式，但有一部分内容与这个甲州的故事十分相似。

  有个穷人养了一个女儿。某年春天女儿进山摘野菜时，结识了一个英俊的小伙子。不久女儿怀孕了，而小伙子却说自己并不是人类，把生育孩子之事委托给她，之后变成一只大蜘蛛消失在深山里。女儿非常害怕，立刻回家跟父亲坦白交代。父亲安慰女儿说："没办法了，既然孩子他爸要你生下来，你就好好生下来吧，不用担心。"于是女儿把孩子生下来了，孩子上半身是人类，下半身则是蜘蛛，父女俩接受命运，好好抚养孩子。转眼男孩十四五岁了，他对穷人说：

  "爷爷，我不愿让人看到我的长相，反正也不能在外面打工，就帮我在地板上挖个洞吧！我想在洞里做些手工活。"

  穷人很同情孙子，就照他所说的去做了。男孩把上半身伸出洞外，做了很多极其精巧的木偶。最初穷人把木偶送给附近的孩子们，孩子们的父母也会送他一点米、钱作为回礼。后来蜘蛛男孩又制出一些木佛像，向众人传教。

我们难以想象一个下半身是蜘蛛的人会是什么样子，而人类少女和大蛇结婚的民间故事，也往往会提及不仅是他们的孩子，就连他们的后裔都代代继承了蛇的某种特征。这些后裔一般不会为血统感到自卑，反而因此类传说获得了众人的尊重，过着富裕的生活。以丰后国的绪方氏为首，全国各地有数十个例子，这些例子都很有名，无须我一一列举。这里只想指出，这些"蛇身的小人儿"曾经都被人敬为水神。如甲州上九一色村的龙吉到了信州就成了"小太郎"，尽管《小县郡史·余篇》（第 46 页）所收的故事已经十分接近于传说，但依然值得我们关注。

从前，该郡西盐田村前山区的铁城山上有一座寺庙。不知从什么时候起，每到夜晚都有一个美女过来找和尚。和尚想知道美女的真面目，于是把穿有长丝的针插在美女的衣服上。第二天早上，只见长丝从门上的结孔中穿出，一直伸到产川鞍渊的洞窟里。原来那位美女是一条大蛇，她在洞窟里生下了孩子，把孩子安置在鞍石上之后不久就断了气。因此这里的河流被称为产川，附近还保留了一个名叫"蛇骨石"的遗址。大蛇生下的孩子被一个老太婆捡起来了，由于老太婆住在户川下游的泉田村大字小泉，就给这个孩子起名为小泉小太郎，精心抚养。小太郎个头很矮，整天贪吃贪睡，但到了十六岁却突然有了怪力。他爬到小泉山上，砍掉山中所有胡枝子，把它们捆成两大捆背回了家。小太郎嘱咐老太婆要从柴捆里一根根地拔出来用，千万不要解开柴捆。但这个柴捆看起来很小，老太婆没有多想便随手解开了绳子。结果胡枝子瞬间变多，迅速地堆满房间，最终压死了老奶奶。如今小泉山上不见胡枝子，就是因为山上的胡枝子都被小太郎砍光了。据说这位小太郎的后裔，侧腹上都有蛇纹。

如果仔细分析以上内容，文章就会变得拖沓冗长，因此在这里只指出三点。首先，小太郎原来是个懒汉，整天贪吃贪睡。信州是物草太郎①的故乡，所以"小太郎贪婪"恐怕不是偶然出现的插曲。民间叙事中的英雄最初往往都很矮小、贫穷，或者很愚钝、贪婪。

---

① 《物草太郎》，成书于室町时代的御伽草子，作者不详。据说，从前信州有个懒汉，他到京都展示作诗的才能，和侍奉天皇的女官结了婚。懒汉因诗才非凡被召唤到皇宫，人家细看家谱后才发现，他原来是被流放到信州的皇子之子。天皇把甲斐、信浓两国赐给这位皇孙。死后被封为穗高大明神。

但这等反常的人物最终却能创造出无法预测的奇迹，在这一点上，这些英雄叙事与以蛇、田螺等为主人公的民间故事没有什么两样。其次，由于小太郎把山里的胡枝子都砍完了，从此小泉山便再也不长胡枝子了。在关东地区，同样的说法以巨人传说的形式得以流传。比如，从前大太法师①要把富士山搬运到别处，于是用藤蔓将其绑在背上，但他站起来的时候，藤蔓却断掉了，从此以后相模野一带便再也不长紫藤了。此类传说无疑是以造山或踢破山壁、开辟河川的古老神话为蓝本润色而成的。小泉小太郎也是如此，虽然他个子矮小，却也完成了惊人的大工程。再次，小泉小太郎与犀川盆地②的泉小次郎似乎同源。据说，泉小次郎出生在东筑摩郡中山村大字和泉（现长野县松本市），父亲是山神"钵伏"，也有其他版本说他本人便是山神"钵伏"的投胎转世。从很早的时候起，泉小次郎的传说就被编入到不同寺庙神社的起源传说中，后又经历了多次改编，现存多种版本。根据《信府统记》③（第 17 卷）的记载，泉小次

---

① 大太法师，日本传说中的巨人。大太法师创造自然的传说集中流传于日本东部。

② 即松本盆地，是由长野县松本市市区及其周围地区组成的盆地，以梓川、犀川为界限，被分为松本平和安昙平。

③ 《信府统记》，松本藩主水野家命家臣铃木重武、三井弘笃编纂的信浓国地方志，成书于享保九年（1724），共 32 本。

郎的父亲是东高梨池的白龙王，母亲是犀龙，因对外貌自卑而藏身于池水里。最初泉小次郎诞生于钵伏山，后来在放光寺山长大，自称是"日光泉小太郎"。之所以自称日光泉小太郎，大概是因为他与父亲白龙王重遇时，白龙王说自己是"日轮精灵"。而泉小太郎取得的伟大成就是，骑在母亲犀龙的背上，冲破三清地的巨岩和水内桥的岩山，开辟了通往日本海的水路。在东国利根富士川、九州筑后矢部川、奥州猿个石川等众多水域流传着同样的传说，当地人把这份功绩归于当地的守护神。凡是了解当地地形的人，都觉得这是必须相信且崇拜的神话。还有些地方的人说，深山里曾经突然出现了一个外国人，他一边踢着石头，一边挖凿水路，就这样下山了。如今，在一个名叫泉的山村里，人们很自豪地认为泉小太郎生长在此地，以上说法都与古老信仰有关。但后来信州的有些学者撰写乡土人物志，把泉小太郎与《吾妻镜》①所记载的"和田合战"②中，因为支持和田一族而下落不明的勇

---

① 《吾妻镜》，又名《东鉴》，成书于13世纪末14世纪初，是用日记体记录镰仓幕府前半部分历史的史书。作者不详，卷数不明，现存有51卷和47卷两种版本，里面也缺漏了一些年月。德川家康十分珍视此书，此书在江户时代得到了广泛普及。

② "和田合战"，指建历三年（1213）五月在镰仓幕府内部发生的叛乱。创立镰仓幕府的功臣和田义盛（1147—1213）受到北条义时（1163—1224）挑拨，与三浦义村（？—1239）等人共谋举兵，要打倒北条氏。但在最后关头三浦突然倒戈，而和田的总兵力远不及幕府军，这次叛乱在两天后彻底平息。

士泉小二郎亲卫混淆在一起了。他们分不清传说和历史的界限，对于泉小二郎亲卫打退怪物之类的功勋赞赏不已。如果这些学者知道同样的传说还流传在隔山相邻的村落里，就肯定不会产生这样的想象，但事实上，流传至今的民间叙事几乎都含有类似的误传。如今大和、尾张、赞岐的小岛等地都主张桃太郎出生于当地，在我看来这不足为奇。我唯一奇怪的就是，民间故事经历了如此巨大的变化，我们今天所能听到的民间故事正处于这种极端的变化中，而有些人偏偏要把现在流传的我国故事和外国故事进行比较研究，这是为什么？

四　田螺女婿和田螺富翁

桃太郎无疑是日本人心中理想的青年武士。而这样一个理想的武士，有时会以大蛇、青蛙的形象出现，有时又会以麻雀的形象出现。听我这样一说，有些人一定会责怪我过于武断。对此，我不打算进行反驳，只想引用一个更出人意料的故事给他们看看。在我国的民间故事中，天赐之子甚至会以田螺的形态出现。与一寸法师、物草太郎等其他天赐之子一样，田螺儿子风光地娶了富翁的女儿为妻，二人成了一对令人艳羡的夫妻。目前在我国南北两地都发现了此类故事的不同版本，下面先引用肥前岛原半岛小滨村的版本。

一对老夫妇向神求子，说只要给他们一个孩子，什么样的孩子都接受。走在回家的田间小路上，夫妻俩忽然听到一个声音在说："爷爷，奶奶，我在这里!"老夫妇觉得奇怪，仔细一看，发现原来是一个田螺(日语读音为 tamina)在说话。他们心想养田螺能有什么用呢? 但这毕竟是天赐的孩子呀! 于是老夫妇把田螺带回家，好好抚养。转眼这个孩子到了结婚年龄，老夫妇犯了愁："我们的儿子要是能娶上媳妇该多好，但他的身体那么小，谁能看上他呢?"田螺听后对父母说："别担心，我会娶到新娘，你们就给我做两个撒满面粉的饭团吧!"老夫妇便按照他所说的去做了。某村的富翁有两个女儿，小女儿长得特别漂亮。田螺到富翁家门口叫富翁的名字，富翁出来看的时候却没有一个人影，再仔细一看，才发现木屐的齿缝里插着一个田螺。一番问答过后，田螺请求在富翁家借住一晚上，睡前田螺把饭团交给主人，说谁要是吃了饭团，他就会娶谁。深夜里，田螺偷偷地把面粉抹在小女儿嘴边，然后把两个饭团都吃光了。到了第二天，美丽的小女儿无可奈何，只能嫁给田螺。田螺坐在新娘的袖口指路，他们一起回老家过日子。后来田螺要去鬼个岛攻打恶鬼，它以针为刀、用麦茎代替刀鞘，把一只竹叶做的小船挂上帆，坐船出海。到了鬼个岛后，田螺趁恶鬼正在睡午觉，便从鼻孔爬进恶鬼的体内，不停地用刀乱刺，终于杀死恶鬼，又拿走了岛上的财宝，凯旋而归。这些财宝里有个万宝槌，只要敲几下，什么愿望都能实现。妻子首先拿起万宝槌，嘴里念叨着"变成男子汉大丈夫！"，又向田螺敲了几下，结果田螺真的变成了英俊非凡的男子汉，富翁家的美丽女儿都开始担心自己会配不上他(榊木敏君①报告)。

另一则民间故事收录于陆中国中部，当地方言称田螺为"tubu"。东北地区的故事搜集工作已经有了一定的进展，在相关资料中，这则资料还是最先送到我手中的，我相信这里应该保留着更多的版本。

从前，某个地方有个穷苦的佃户，整天帮地主种地，自己家里却一贫如洗，但让他更难过的是自己年过四旬还没有孩子。他妻子心疼丈夫，于是向御水神求子，不久便怀孕生下了一个小田螺。夫妻俩目瞪口呆，可这毕竟是御水神赐予的孩子，就为他准备了一个装有清水和沙子的破

---

① 榊木敏，民俗学家关敬吾(1899—1990)的笔名。

碗，将其好好放在神龛上。一转眼二十年过去了，田螺儿子丝毫没有长大，整天在碗里玩耍。而两口子都变老了。某年秋天，老父亲要用三匹马把租米驮到富翁家去，临走时不禁自言自语道："御水神难得赐给我们一个孩子，不知怎么搞的，却是那样小的田螺，如果他是一个普普通通的儿子，肯定会帮我把米袋驮在马背上。"妻子听了之后也说道："我生下了那样一个孩子，真是对不起你。"夫妻俩为自己的命运感到悲伤，这时碗里的田螺忽然说道："爹，娘，别难过了。我已经在碗里呆腻了，今后要从这里出来努力干活，这次让我去给老爷送租米吧，请爹娘把我放在马背上。"老夫妇很吃惊，但这是第一次听到儿子说话，二人心里还是美滋滋的。他们还想，这毕竟是御水神赐予的孩子，可能真的能做大事，百谈不如一试！于是老夫妇从碗里捞起田螺，将其放在头一匹马的马背上。田螺在马背上喊道"驾！驾！""咿！"，到了水沟、小桥边便喊"吁！"，就像人一样命令马。等走到路边栽着松树的街道时，田螺又高唱赶马歌，马也精神抖擞，身上的马铃叮当作响。田里的农民、路上的行人看见后都心想，怪了！那匹马应该是叫田尻的老头养的马，但那歌声又是谁的？一个人影都没有，到底怎么回事？众人齐齐地看向这边，若有所思，可田螺儿子却满不在乎，它把马赶到富翁家门口，喊人来开门。富翁家的家丁出来收租米，发现门口只有三四背上驮着米袋的马。这应该是田尻那位老人养的马，可人又去哪里了？刚才确实听见有人叫门了！家丁们七嘴八舌地说着，这时从马背上传来一个声音说，我是田尻老人的儿子，把马赶到这里来了，但很遗憾我自己无法卸下米袋，麻烦你们帮我一把！家丁们循着声音的方向一看，原来是个小田螺在摆架子。这真是怪事，于是家丁们叫人过来看。富翁及妻子、女儿听后都出来看田螺。这时田螺指挥家丁卸下米袋，并堆放起来。富翁看了之后觉得很新奇，就请他在厨房里吃午饭。富翁给田螺摆好饭菜，明明没看到他吃，但碗里的食物却不知怎么都消失了。富翁又给他盛了一碗，结果还是一样，最后田螺还要别人倒热水给他喝。大家觉得有趣，有的将其放在手掌上，有的用手把他夹起来，拿他取乐。富翁在旁边看着田螺，感叹不已，问道："小田螺，你今年多大了？"田螺回答说："十八岁了。"之后富翁说："太令人奇怪了，我早就听说你是御水神赐予的孩子，今天终于亲眼见到你命令马、说人话，又看到你如此聪明伶俐，像你这样的能人今后一定能干大事!"富翁想把这个珍贵的田螺据为己有,于是继续说道:"我们家和你们家从你祖父那辈起就一直有来往,彼此之间很熟悉,我家有两个女儿,你就娶一个吧!"田螺很高兴地答应下来,然后赶回家告诉父母:"爹娘你们高兴一点吧,老爷把他女儿许配给我了!"老夫妇不敢相信是真的,但又觉得田螺儿子毕竟是御水神赐予的孩子,说不定会发生这样的奇迹。他们请邻家老奶奶去富翁家打听情况,最终证实这是真的。晚上,富翁把两个女儿叫过来说:"我已经答应小田螺把一个女儿嫁给它,你们两个谁都可以,就嫁给小田螺吧!"姐姐听了很生气,撅起嘴说:"我才不会嫁给那样的蝼蚁之辈!"而妹妹却说:"爹爹,请放心,那位小田螺像稀世的珍宝一样,我愿意嫁给他。"富翁既开心又欣慰,他立刻定下日子,让漂亮的小女儿穿上红色的嫁衣,嫁到田螺家去了。新娘的嫁妆有七个衣柜、七匹大马驮来的手提箱以及小马驮来的半筐小玩意儿,由于家里放不下,只好都堆在院子里,家里也没有地方饲养那七匹大马,只好借用邻家老奶奶的马棚,把它们拴在里面。新娘子勤劳能干,和蔼可亲,一大早便和公婆一起下地干活。转眼到了樱花盛开的季节,四月初八是这个村子的守护神——御药师佛的祭日,妻子从衣柜里拿出红衣服穿上之后，把田螺丈夫夹在带子的结扣上，就去赶庙会了。他们一路上说说笑笑，旁人见了就小声议论说，那个姑娘好像疯了，一直自言自语，还笑得那么开心。小两口走到御药师佛的牌坊前，夹在带子结扣上的田螺丈夫忽然叫住妻子说："我有些苦衷，不能再往前走了。你就把我放在田埂上，自己去参拜吧。""好的，你在这里等我一下，我去去就回来。"妻子说着把田螺丈夫轻轻地放在田埂上，一个人去参拜御药师佛了。在那里她祈祷道："药师大人，请您把我丈夫变成人形吧！"妻子放心不下田螺丈夫，她马上回到牌坊前，但却没找到丈夫的身影。妻子担心田螺丈夫不小心掉入田里，便沿着田埂边走边找。田里有许多田螺，她一个个地捡起来细看，但都不是她的丈夫。她悲叹不已，唱道：

小田螺呀小田螺，我亲爱的丈夫，

春天又来了，

难道蠢乌鸦飞来，

把你叼走了吗？

妻子边唱边在田里走，她美丽的衣裳很快溅满了泥点，她美丽又悲伤的面庞也被泥水遮住了，赶庙会的香客看到后都笑话她。妻子心想，没有了丈夫，无论如何心里都过意不去，干脆跳进田洼坑里淹死算了。于是，她一步步地走向田洼坑，这时，后面有人叫住她说："喂，娘子呀娘子，你在干什么?"她回头一看，发现是一个小伙子，他头戴草笠，腰佩笛箫，面如冠玉。妻子哭着说，我不知道您是哪位，我失去了挚爱的丈夫，要追随他一同死去。而这位小伙子则说："我就是你的田螺丈夫。来，快来好好看看我的脸吧!"说完，他就从田埂上抱起妻子，说道："我是御水神赐予的孩子，迄今为止一直都是田螺的样子，多亏你参拜御药师佛，现在我终于变成人类了，为我高兴吧!"之后两个人便手拉着手，高高兴兴地回家了。回家后父母问："哟，儿媳妇你这是带来了哪家的贵公子?"妻子则回答说："他不是别人家的贵公子，而是咱们家的小田螺，今天变成这个样子了。"听完事情经过，父母惊喜万分，立刻通知了富翁。富翁和妻子马上赶到小田螺家，亲眼见到面如冠玉的女婿之后，说道："这可不得了了，我一直相信总有一天会发生这样的奇迹，不能让这么出色的女婿再继续住在破房子里了。"于是富翁在城里买一块地，为小两口盖了套豪华的房子。从此以后，夫妻俩靠做生意谋生。为了看一眼由田螺变过来的男人，不仅是城里人，连近邻县乡的人也都过来买东西，商店生意兴旺，他们很快便富裕起来，被人们称为田螺富翁，后来成为某一著名世家的祖先(佐佐木喜善君报告)。

虽然我尽量做了省略，但故事还是略显冗长，这也是难免的，因为这则故事是以相对完整的形式流传于当地的。但从各方面看，这则故事并不是一字不动地保留了原貌。虽然在山中池沼的附近保留了视田螺为水神使者的古老信仰，但过去是否真的有那么多人在讲述"田螺像龙、蛇一样娶人类美女为妻"的故事？对此，我们还不敢肯定。只不过，故事后半部分提到的"小田螺"之歌，在相当广泛的地区，已经成为孩子们不懂含义却经常吟诵的儿歌。如果这首儿歌源自这则故事，那么我们便可以推测，田螺娶妻的民间故事有一定的历史。另外，在东北地区，"灰姑娘"型故事的结尾一般都会讲到继母的亲生女儿妒忌同父异母的姐姐，最终掉到田里变成田螺。说不定这也是"田螺娶妻"故事逐渐失传之后的形态。

　　很多人相信《桃太郎》自古以来就流传于日本，其实这不过是一种推测而已。要是想勉强找到一些相关的文字记录的话，可以从《本朝神社考》①中第5卷中看到一段相对较早的描述。据说，大和国曾发生了一次水灾，当时水位上涨的初濑川上漂来一个大水缸，一直漂到三轮神社才停了下来。当地人打开水缸一看，里面竟然有一个漂亮的男孩。后来这个男孩坐小船来到播磨（现兵库县姬路市），

---

　　① 《本朝神社考》是由儒学家林罗山（1583—1657）撰写的神社研究书，共3卷，成书于正保二年（1645）至宽永十五年（1638）之间。

被封为大荒明神。至于在此之前的古文献，不管是一寸法师、物草太郎，还是竹取翁抚养的辉夜姬，无论从他们留下的功绩来看，还是从他们的出现方式来看，都与现流传的民间故事相差甚远。除非各地保存了一些处于中间状态的版本，否则我们无法确定二者之间有何联系。也就是说，在还没有发现反证的时候，我们可以说这则故事自古以来就是如此，但最近发现的资料显示，中古时期以来，人们对民间故事进行了种种改造，我们据此开始了解，什么是民间故事中固定不变的核心部分。其中一个就是神佛满足虔诚信徒的要求，赐予他们珍贵的神童。也许，最初信徒们是根据他们的信仰，尽可能地讲述他们能想象到的、最神奇的出现方式，其中，桃太郎顺河而来的诞生方式显得尤为自然。暂且不论漂过来的是桃子还是别的东西，"某些东西顺河而来"这种说法，本身就有相当悠久的历史。另一个不变的部分，是神赐之子都留下了神奇的成就。信徒们努力强调神赐之子做到了普通人无法取得的成就，因此，此类故事的篇幅逐渐增加，几乎接近于长篇叙事，后来这种讲述方式又发展为孩子喜欢的叙述类型，使民间故事有了更自由活泼的变化。就从这一点而言，现存的《桃太郎》并没有那么古老，反倒是轻而易举地打破了传统的讲述方式，跟《一寸法师》等一起向童话演变。第三个不变的部分，便是神赐之子长大后拥有美满的婚姻，成为世家的祖先。由于童话不需要谈及这一点，因此故意对此进行了省略，结果《桃太郎》

与其他同类故事之间的联系由此显得淡薄起来，但我们还是可以在各地找到许多痕迹。目前我认为，凡是具备以上三个核心内容的故事，都属于一个类型，哪怕这个故事流传于国外。这种相似性是传播导致的，还是偶然发生的？这仍是值得我们思考的一个问题。我国学者可以基于丰富的不同版本做出研究，我坚信，我国这样的研究对阐释各国民族相对独立的部分民间叙事，有着若干启发意义。

（昭和五年六日 《旅与传说》）

活着的小太郎

令人意外的是，有关大力士小太郎的民间故事流传得相当广泛。从狐狸生的安倍童子①的例子来看，甚至连信太小太郎发迹的故事②

---

① 安倍童子，即阴阳师安倍清明（921—1005），从镰仓时代至明治时代初统管阴阳寮，是安倍氏的祖先。传说安倍晴明的母亲是一只名叫葛叶狐的狐狸，由于葛叶狐居住在信太森，故此又称信太妻。

② 平安时代的武将平将门战死后，其子平将国逃到常陆国信太郡（现茨城县稻敷市），民间传说这位平将国就是后来的安倍晴明。小太郎便是平将国的孙子，由于生在信太，俗称为信太小太郎。民间流传着有关信太小太郎的种种传说，其中最著名的传说是，小太郎和母亲被姐夫赶出家门，在各地流浪，他在陆奥国做盐工时，领主发现他是平将门的后人，就收他做养子。几年后小太郎衣锦还乡，打败姐夫，重新在信太生活。据说这位信太便是下总国相马氏的始祖。

可能都与之有关。不管怎样，可以肯定的一点是，各地的人们曾讲过有关大力士小太郎的故事，那些故事并不是通过结婚、交友等方式，从某地传播到边缘地区。据《飞驒风物记》①记载，益田川流域流传着大力士小阪小太郎的故事，河边还有一个叫作"小太郎岩"的遗址。当地人传说，现在安置于小阪观音堂的哼哈二将木像，原来是从萩原方向逆流漂来，正是由这位小太郎打捞起来的。高根乡日和田村（现岐阜县高山市）有关"ochin 池"的传说讲，ochin 的丈夫小三郎因吃鱼变成了大蛇②，这似乎也与小太郎有关。而甲州九一色村有关龙吉的故事，可能已经发展为其他类型的故事了。但有关水神之子的传说，并不是偶然集中传播到小县郡的。在犀川流域，小太郎之名也广泛为人所知，但不知从何时起，人们将小太郎改称为小次郎了。比如，《信府统记》第 17 卷就记录了两种不同的说法，一个说法认为，东高梨

---

① 上岛善一：《飞驒风物记》，飞驒每日新闻，1929。

② 从前日和田村有个名叫小三郎的樵夫，他和富翁家漂亮能干的丫鬟 ochin 相爱。某日小三郎带着 ochin 做的盒饭进山干活，中午他吃完饭后，便将饭盒沉入谷水之中。下午再去看时，发现里面竟有两条大红点鲑。小三郎心想，自己吃一条，把另一条留给伙伴，但谁知这条大红点鲑的味道特别香，小三郎吃了一口还想吃一口，怎么也忍不住，最后把两条都吃光了。不久，小三郎渴了，但喝再多池水也不能解渴，反而越喝越渴，最终小三郎变成了一条大蛇，消失在池塘之中。小三郎消失后，ochin 也神秘失踪了。原来 ochin 是隔壁池塘中的一条大蛇，她看中了小三郎，便让他成为这个池塘的精灵。从此小三郎居住的池塘被叫作小三郎池，ochin 居住的池塘则叫 ochin 池，两个池塘相隔很近。

的池塘里有位白龙王，他和犀龙结婚后，在八峰濑山诞下一子，孩子名叫日光泉小太郎。另一个说法则认为，钵伏山（音同八峰濑山）的化身在丸山上降临，从他居住的地方涌出一股神秘的泉水，味道如酒，人喝了之后可以解饿驱疲，故此称为不老不死之泉，当地人皆大欢喜，称钵伏山化身之子为泉小次郎，据说他生来就非同一般。从以上记录看，当地人似乎不在乎水神的孩子究竟是小太郎还是小次郎。

我想了解的是，在人们的心目中，民间故事中的小太郎如何和镰仓时代的勇士泉小次郎亲衡①发生了联系。产生这样的误会肯定是有原因的。只要阐明误会发生的原因，我们就能据此推测出民间叙事流传的实际情况。距今200多年的随笔《榊巷谈苑》②中有如下一段文字：

《东鉴》③写道，信浓国犀川有一只犀，赖朝命泉小二

---

① 泉亲衡，生卒年不详，镰仓时代的武士，又称小次郎，以怪力而出名。他为了拥立镰仓幕府第2代将军源赖家的遗腹子而举兵，但健保元年（1213）阴谋败露，摆脱追兵逃跑，后不知所终。

② 《榊巷谈苑》是江户时代中期的儒学者榊原篁洲（1656—1706）撰写的考证随笔。榊原死后，文人大田南亩（1749—1823）于宽政元年（1789）将其遗稿编入《南亩丛书》前集出版。

③ 《东鉴》，即《吾妻镜》。

郎捕捉。难道过去信浓国还有犀牛存在？或许人们把某些事物错认成犀牛了。

　　而我在《吾妻镜》中没能找到相同的记载。《吾妻镜》提到的泉小二郎亲衡很可能是信州人，但他只出现在和田合战的开头部分，之后再也没有露面。其实，不用说曾我兄弟，就连朝比奈三郎①、五十岚小丰治②等同时代的历史人物，其成就也长期留在人们的记忆之中，在后世得到了进一步的渲染和夸张。如果历史上的泉小二郎确实是信州的地方英雄的话，那么他十分接近于越后的五十岚小丰治。在越后，传说五十岚川上游的某村是小丰治母亲的出生地，附近还有和他母亲结婚的大蛇所居住的池塘，同丰后绪方氏一样的传说，至今仍讲述着五十岚小丰治的神秘生平。把非凡的伟人与信仰奇迹联系在一起，这可以说是人类的习惯性思维，古今中外概莫

---

　　①　朝比奈三郎，即朝比奈义秀，生卒年不详，镰仓时代前期的武士，是和田义盛(1147—1213)的第三个儿子，俗称三郎。建历三年(1213)，他在和田合战中浴血奋战，最终战败，败走安房(千叶县南部)，从此下落不明。义秀生前以勇猛、怪力闻名，传说他曾在镰仓幕府将军源赖家面前，空手捉住了三只鲨鱼。基于义秀英勇善战的传说，后人创造了古典戏剧《朝比奈》。

　　②　五十岚小丰治(？—1213)，镰仓时代的武将，在和田合战中支持北条义时，于建历三年(1213)战死。民间传说小丰治的父亲是条大蛇，小丰治生来腋下就长了三片蛇鳞，一生受到水神保护。

能外。如果说存在差异的话，那就是相信这种联系的人们所构成的群体部落有大有小。就筑摩的泉小次郎亲衡的传说而言，其群体内统一思想的力量尤其薄弱，我认为这是小太郎的传说传到此地时，已经处于"羽翼既成"状态的结果。虽然《东鉴》里没有关于泉小次郎亲衡受幕府之命打退犀牛的记录，但在《盛长私记》①之类的演义小说中也许有所谈及。不过这种新的说法始终没能得到广大群众的认可，因为钵伏山化身之说已经相当普及，或者因为在其周围流传着太多版本。仅凭某一个人的叙述技巧，那位水神赐予的神童还是很难转变成历史上的泉小次郎亲衡的。

更进一步地说，《榊巷谈苑》提到的新说法之所以没能取代小太郎传说，也是因为前者对后者所做的改编令人觉得不太自然。广泛流传于世的小太郎传说中，犀川的犀龙是小太郎的母亲，也有些地方视之为小太郎的守护神或帮手，而《榊巷谈苑》却说泉小次郎亲衡打退了犀龙，要是有人采用这种新的说法来讲述小太郎传说，那么他首先必须打破听众的常识。只要了解当地人寄托在小次郎身上的信仰，就不可能把传说中的小次郎视为历史中的泉小次郎亲衡，因

---

① 《盛长私记》是平安时代末期、镰仓时代初期的武将安达盛长（1135—1200）写下的日记，共51卷。由于日记包括从治承四年到嘉禄元年（1177—1225）的内容，与安达盛长的在世时间不符，被视为伪书。

此那些采用新说法的可能都是外地人。不管怎样，一方面有人把小太郎的故事理解为镰仓时代的勇士外传，另一方面奉小太郎为神的地方信仰遍布各地且根深蒂固。据《北安县郡乡土志稿》(第1卷，第23页)记载，弘化四年(1847)善光寺大地震①时，岩藏山发生坍塌，险些让新町一带沉没于堰塞湖中。当时避难者们目睹了泉小太郎骑着犀牛降临，撞开岩石，抽干河水。从此以后，新町人每月都要参拜佛崎观音。这个佛崎就是另一个小太郎遗址，这里流传着不同于钵伏山的小太郎传说。再看筑摩郡，现在中山村因小次郎或小太郎的故里而闻名。我个人还没有去过那里，据说此地的一个山脚边有个洞窟，旁边还有清水池，曾经有一棵形如鸟居的大树覆盖在洞口。不知道当地是否还有人记得，20多年前，有一个人在这里记录了一则十分罕见的小太郎传说。据说，300多年前有一个看起来超过百岁的老人居住在这个洞窟里，他自称是小太郎。这位小太郎是个仙人，有时化作蜜蜂东奔西走，有时又捉来天河的鱼儿给人看。当时的领主听说此事后，特意传召小太郎问话，在这一点上与

---

① 善光寺大地震，是指弘化四年(1847)3月24日发生于现长野县北部、新潟县一带的震级7.4级的地震，死亡及失踪人数超过12 000人。由于长野市的善光寺自同年1月24日起公开展示主尊，境内集聚了众多香客，地震发生当天，至少有7000名香客因建筑物倒塌和火灾丧命。另外，地震后发生了山崩，岩石堵住犀川，形成堰塞湖。犀川上游的数十个村落被水淹没。

奥州的清悦①完全一致。不同的是，这位仙人走出洞窟后立刻升天，再也没有回来。直到六七十年以后，有人称见过这位仙人，据说此人从仙人洞窟里得到了宝玉。之后小太郎也经常出现在当地人面前，有人说他在洗澡，也有人说他在祈祷，甚至去年秋天还有人说见过小太郎。以上都引自20年前的一篇报告，至于此后的情况，尽管我一直在关注，却未见有什么进展，再加上因为某些特殊情况，我连报告人的姓名都难以提及②。但这一点并不重要，毕竟我不是要把这篇报告当作唯一的资料，来证明其内容属实。重要的是，如此毫无根据的传说却得以传承的这一事实，其所蕴含的意义值得我们关注。我们知道三州矢作（现爱知县冈崎市）的净琉璃御前③，也是与源义经同时代的小说人物，但奥州各地却保留了她的遗址，人们还传说有人在山中亲眼见过她。这是农民的幻觉吗？如果是这样的话，那么其中是否蕴含了日本人深信叙事内容的那个时代的古老情绪？又或者是过去某些特殊人物经常来到村里，他们带

---

① 清悦，传说中的老僧。据流传于东北地区的《清悦物语》记载，他原来侍奉源义经，义经死后他靠吃神鱼活了400年，对伊达政宗讲述了源义经的故事。

② 关于柳田不能提到报告人姓名的理由，译者还没有彻底理解。

③ 净琉璃御前，御伽草子《净琉璃物语》的主人公，父母向三河凤来寺的药师求子而得来的神女。14岁时与源义经结为夫妻，源义经在骏河国病死后使其复活。所谓净琉璃就是由她的名字演变过来的。

来的故事令人产生了误解？还是说，村里曾经有人造谣生事来吓唬人？这样的谣言究竟为什么会得以传承，我还没有搞清楚，但可以肯定的一点是，我们的民间故事，往往与不为人知的事情有关，其联系之紧密实在超乎预想。显然，这种联系不会是在中世突然产生的。既然如此，在上古时代为众人所相信的古老叙事，对我国文明产生了怎样的影响呢？只要大体轮廓还在，就一定会留有痕迹。假如忽略这些痕迹，我们的民间叙事研究也就没有太多意义了。

五分次郎

《因伯昔话》①（第36页）收录了一篇流传于鸟取市的传说，该传说是古老的小人儿故事经过童话化后的产物，其中省略了求妻的情节，在这一点上不同于御伽草子的《一寸法师》，而更接近于童话《桃太郎》。

从前，某个地方有一对老夫妇，多年膝下无子，于是他们向观音求子。参拜观音的第七天起，老奶奶的左手拇指开始逐渐肿了起来。到了第四十九天，从中蹦出了一个讨人喜欢的小男孩。由于男

---

① 因伯史话会编：《因伯昔话》，横山书店，1911。

孩身高只有五分①，老夫妇便给他起名为五分次郎。不久，五分次郎长大了，非常活泼，但他还是只有五分高。他每天用竹叶造船，以牙签为桨，在河里划船玩。某一天，河水突然上涨，把五分次郎乘坐的小竹船冲到海里去了。而五分次郎却满不在乎，边玩边唱：

> 来啊来，五分次郎，
>
> 用竹叶编制小船，
>
> 用牙签桨慢慢划过来。

他唱着唱着，忽然出现一条巨大的大头鱼，把五分次郎连竹船一起吞噬掉了。五分次郎心想："糟了！"，而这时恰好有个渔夫的渔网捞到了这条大头鱼。某人从渔夫那里买下这条鱼后，将其放在菜板上，当家人正要切开时，五分次郎就从鱼腹里面呼叫：

> 五分次郎在里面，剖腹的时候千万要小心啊！

家人觉得奇怪，小心翼翼地剖开鱼腹，拇指那么大的五分次郎从里

---

① 分是日本测量单位，一分为 3.0303 毫米，五分则是 15.1515 毫米。

面跳了出来。五分次郎叙述了事情经过，这家人就把他送回老夫妇那里。后来，五分次郎一天比一天强壮。某天，为了打退恶鬼，他向鬼岛出发了。他身边没有狗、猴子、雉鸡等伙伴，独自去了鬼岛。恶鬼头领看到五分次郎，便一口吞了他。五分次郎拔出腰间的针，在恶鬼的肚子里不停地乱刺。恶鬼疼得没办法，便立刻投降，并答应把鬼岛上的所有宝物都送给他。"那就饶了你。"五分次郎爬向恶鬼的头部，恶鬼鼻子发痒，忍不住打一个喷嚏，五分次郎就从恶鬼的鼻孔里出来了。五分次郎把金银财宝放到马背上，骑马回家了。老夫妇由此享受到了加倍的幸福，过上了安乐生活。

　　不难想象，以上民间故事出现在御伽草子《一寸法师》问世之后。在过去的一段时间里，"一寸法师"还是一个流行语。《嬉游笑览》第4卷列举的几个例子表明，古人爱惜这个名字，甚至用它写过诗，这说明当时很多人认为这个名字充满了新意。正是在这样的情况下，文人根据古老的小人儿故事，写出了御伽草子《一寸法师》。如今我们仍然可以在一些儿歌中，看到"小人儿法师"一词，这种说法似乎早于"一寸法师"。另外，《用舍箱》①及其他著作记录

---

　　① 《用舍箱》，江户时代后期的作家柳亭种彦（1783—1842）撰写的随笔，对近世初期的风俗习惯做了考证，共3卷，刊行于天保十二年（1841）。

了如下一段儿歌：

捉迷藏，不来玩的人就是 chiitya，komotiya，连香
树叶。①

如今已经不太清楚这首儿歌的含义，但有不少地方的孩子们还在唱
（京都、伊势、越前等，《日本民谣大全》②）。其中"chiityakomotiya"
一段，有的地方说是"槌子呀，孕妇呀"，也有的地方说是"槌子
呀，小槌呀"（均音通 chiityakomotiya），由此看来，《足薪翁记》③把
这段歌词解释成"旃檀呀，辛夷呀，连香树叶"，其实也没有什么说
服力。关于木曾的小人儿冢，《足薪翁记》也有所谈及，其实最古老
的记录见于成书于宝历七年（1776）的《吉苏志略》④，后世的各国地
方志都是仿抄此书而成。尽管它记录的内容过于简单，但我国似乎
没有更早的记录，所以还是值得引用一下全文，将其介绍给大家。

---

① 这是古老儿歌的歌词，已经无人了解其含义，译者只能按字面翻译。
② 京都、伊势、越前等，童谣研究会编：《日本民谣大全》，春阳堂，1926。
③ 《足薪翁记》，江户时代后期的戏剧家柳亭种彦（1783—1842）的随笔，出
版年代不详。
④ 《吉苏志略》是儒学家、地理学家松平太郎右卫门（1697—1783）根据村落
调查撰写而成的木曾地方志。

黑川村，陵墓小人儿冢。在野中里人相传木曾殿有尪子，其长仅尺二寸，故名小子，使里民养之。或匿臼中，覆以蒻笠不见其形。其矮亦可知也。卒后葬于此。其旁有长柜冢，相传埋宝物也。至今触之则立病。里人惧不敢犯（《吉苏志略》卷三）。

《吉苏志略》还记载了流传于黑川村的一些故事。比如，黑川村曾经有个富翁叫箕作翁，他与另一个富翁童观翁比谁钱更多。又如山中女妖常来村里抢孩子，村民骗她说是年糕，让她吃了石头。但《吉苏志略》中的记录相当简单、零散，而这些是否与古老的小人儿故事有关，已经无从可知了。

贤　渊

记得北方有一个讲述蜘蛛与人类少女结为夫妻的故事，至今为止我只听说过那一个版本。这则故事说明人们相信蜘蛛与蛇郎一样，是司水神灵的化身。在我国得以流传的民间故事中，有一种故事类型叫"不吃饭的妻子"或"无嘴妻子"。据说，某个水桶匠人或某个工匠说自己要娶个不吃饭的老婆，之后有个女人过来自称可以不吃饭，还硬要上门成亲。结婚后，这位妻子果然不吃饭，但大米黄酱都迅速地减少，工匠觉得不可思议。某日他假装外出，又悄悄回来从门缝偷看，这时妻子露出了原形。仅从我个人搜集的资料来看，妻子现出原形的方式存在地方差异。总的来说，流传于日本东部奥羽、关东等地的版本说，妻子煮了很多米饭，又熬了淘米水，然后开始梳头发。她拨开头顶上的头发，突然张开一个大口子。她不停地往口子里扔入饭团、灌入淘米汤，等吃饱后又扎好头发，假装无事发生。工匠看了之后不禁毛骨悚然，想尽办法与她离婚。故事中，妻子的头顶上张开个大口子，这段情节似乎意味着她就是蛇身女怪。事实上，与日本东部相隔甚远的壹岐岛（现长崎县壹岐市）上流传的版本说的是，妻子变成了有着蛇头的女人，在仓库里胡乱喝酒。但不知为什么，如今人们讲述此类故事的时候，往往都会把这位妻子说成是山中女妖，完全忘记了她原来就是个蛇女。如岛根县的版本就说，山中女妖从来都不会当众吃饭，而是趁人们不注意，用头上的大嘴大吃大喝，一顿便吃好几天的饭（见《高木传说集》①，第 152 页）。至于日本中国地区以西的版本，一般都不会谈到妻子用头上的大嘴吃饭的情节。比如，备前上道郡（现冈山县冈山

---

① 高木敏雄：《日本传说集》，乡土研究社，1913。

市)的故事说，丈夫不在家的时候，好几个人来家里聚会，没一会儿这些客人就都变成了蜘蛛，和他妻子一起煮麦饭吃。丈夫发现之后，感到毛骨悚然。到了傍晚，他假装若无其事地回家，又找个借口让妻子回娘家。妻子临走时烧好热水，让丈夫泡澡，而丈夫一进浴缸，妻子就立刻盖上盖子，又叫了无数只蜘蛛把浴缸扛走。半路上蜘蛛们到古寺里休息时，丈夫向神佛求助，然后绑住浴缸的绳子忽然就松开了，他拼命跑回了家(见《冈山文化资料》第 3 卷，第 1 号①)。肥前有马地区(现长崎县岛原半岛南部)的人们也说，蜘蛛把装着男人的浴缸扛走，路上男人抱住了伸出来的树枝，好不容易逃了出来。不久妻子回家，男人用尽全力打死了她，结果妻子就变成了一只大蜘蛛(见《旅与传说》第 2 卷，第 6 号②)。"男人抱住树枝，从浴缸中逃出来"和"男人藏在菖蒲后面避难"，这些都是国内流传的《不吃饭的妻子》中最常见的表现。如在丹波地区(现京都府中部、兵库县北东部、大阪府北部)人们讲，从前男人泡澡时，有一只坏蜘蛛要把浴缸扛走，却不料踏进了菖蒲和艾蒿丛中，无法继续往前走，这时男人便乘机逃走了。从此每逢五月初五，

---

① 文献研究会编：《冈山文化资料》，第 3 卷，第 1 号，1930。
② 榊木敏：《传说的岛原》，载《旅与传说》，第 2 卷，第 6 号，1929。

人们都要在屋檐上插上菖蒲和艾蒿（见《奈良》第18号）。又如某人在阿波山中洗澡时，山中女妖过来把浴缸放在头顶上扛走。路上男人抓住机会爬到树上，成功脱身。男人偷偷跟在女妖后面，忽闻有人道："你还是无法偷到人类的声音吧?!"山中女妖回答说："行了吧，我今晚再化作蜘蛛过去，一定要把人的声音偷过来!""说起来简单，但人类毕竟是聪明的。如果他打你左侧腋下怎么办?"男人听后暗自记在心里。到了晚上，果真有一只可怕的大蜘蛛闯进屋里，男人就赶紧用手打了蜘蛛的左侧腋下，成功把蜘蛛打死了（见《乡土研究》第2卷，第6号）。在三河国山村的版本中，蜘蛛没有化作妻子，而是化成了男佣。从前，有个来历不明的男人，在一户人家当佣工，他工作勤奋，临走时跟家主说他不要工资，只要家里最大的竹笼。家主便给了他一个大竹笼，结果男人却把家主关进里面，背起竹笼往深山走去。幸好路边伸着一根长树枝，家主便抱住树枝逃到树上。忽闻有人说话："喂！你抓到人了没有?""嗯，我只抓到一个，给你看看吧。"男人说完就卸下竹笼，这才发现家主已经逃之夭夭，他说道："糟糕！让他给逃掉了！好吧，今晚化作蜘蛛再抓他一遍。"家主听了之后赶忙回家，准备了很多火把，当晚成功伏击蜘蛛，把蜘蛛给烧死了。"晚上的蜘蛛，即使长得再像父母也必须杀掉"这句俗话就是由此产生的（见《旅与传说》昔话号，第 56 页①）。随着时代的变迁，人们开始厌恶蛇郎，甚至以蛇郎死去为大团圆结尾。同样，龙宫妻子的故事，原来的叙事重点是水神将非凡的神童留在人间后离去，后来却逐渐异化，变成了如此可怕的鬼故事。有的说她是山中女妖扮的，有的则说是一只大蜘蛛扮的。前者大概是后世改编的结果，这一点我们还是不难理解的。问题是后者，龙宫妻子怎么能演变成蜘蛛呢？我想换个思维，从古代社会寻找其缘由。关于水神的原型，至今没有人能阐释清楚。有的人说是大蛇（orochi），有的说是虬龙（mizuchi），但这些动物与陆栖蛇类究竟是否同属一类？还是无人能够解答。其实，我们日本人之所以想象龙、蛇为水神，不过是受到国外思想影响的结果，说不定蜘蛛恰恰可以反映出日本人更古老的水神信仰。

为了确认这一点，我们要关注的线索是"贤池"型传说。此类传说从南到北，分布范围极广，较常见的说法是：从前有一个人在大深潭边钓鱼，有一只小蜘蛛在水面上来来去去，向这个人的小腿上拼命吐丝。此人觉得可疑，随手把蜘蛛丝移到了旁边的大柳树根上。不久，就像有人在水底使劲拉拽蜘蛛丝一样，那棵大

---

① 佐佐木弘之：《奥设乐昔话三篇》，载《旅与传说》昔话专号，第 4 卷，第 4 号，1931。

柳树眼看着就被连根拔起，拖入水中了。在流传于九州阿苏大谷川（现熊本县阿苏郡）的"畏怖渊"传说中，蜘蛛将蜘蛛丝绑在草屐带上，所以当地至今仍保留着一种说法，即在畏怖渊上钓鱼时不能穿草鞋或光着脚，一定要穿上"角结草鞋"①（见《乡土研究》第1卷，第5号②）。再看四国地区，阿波国名西郡鬼笼野村（现德岛县名西郡神山町）的"女郎渊"传说（见《名西郡志》③，第16页）也属于同一种类型。流传于中国地区伯耆国小鹿村的"弥六渊"传说则谈到，有一只蜘蛛拼命向弥六④的脚趾上吐丝，它并没有发现弥六已经偷偷把蜘蛛丝挪到了大树根上，大喊一声："弥六认命吧！"结果大树被拖入了水中（见《地方丛谈》⑤）。同样的版本还见于古文献之中，包括《摄阳群谈》⑥所收的有马汤山（现兵库县神户市北区）的"蜘蛛泷"传说、《高原旧事》所收的飞驒下之本村（现岐阜县飞驒

_____

① 角结草鞋，日本传统草鞋的一种。角结草鞋和普通草鞋一样前面有丫型绳结，夹住大脚趾，把鞋身固定在脚上，不同的是角结草鞋在大脚趾与第二指头之间的结子露出表面。日本有不少地方的人曾经相信，角结草鞋具有辟邪（或辟毒蛇）的作用。
② 大矢野太郎：《畏怖渊》，载《乡土研究》，第1卷，第5号，1913。
③ 名西郡役所：《德岛县名西郡志》，内部刊行，1916。
④ 弥六，传说中居住在小鹿村的木地师（以辘轳和旋盘制作木碗木盆的工匠）。
⑤ 柳田为自己搜集的一些故事起名为《地方丛谈》，这是一部未刊行的手稿。
⑥ 《摄阳群谈》，成书于元禄十四年（1701），共17卷，是冈田溪志基于古文献和传说编纂的摄津国的地方志。

市)的"木数渊"传说、《里见寒话》①所收的甲州国中(现山梨县中西部)某一深潭的传说等。据说，近江湖北地区(现滋贺县长滨市、米原市)的人们相信，如果有人在池塘的水坝上睡午觉，河童便会化作蜘蛛，向此人腿上吐丝，再将人拖入水中(见《民族与历史》第7卷，第5号②)。在武藏秩父山区(现琦玉县西部)的山村里也流传着类似的传说。从前，下游一带发洪水时，有人坐在上游的河边休息。忽然出现一只蜘蛛向他吐丝。眼看着蜘蛛丝变得像行李绳那样粗，此人便用镰刀割断了蜘蛛丝，好不容易逃走了，据说这也是河童在作怪(见《外秩父槻川村》③)。东三河大荷场川(现爱知县新城市)的"濑户渊"也流传着一只红蜘蛛在人腿上吐丝的传说：据说，某人把蜘蛛丝移到旁边的大树上，不一会儿便从深潭里传来吆喝声，紧接着树根被全部拔出(见《三州横山话》④)。此外，甲州芦川(流经山梨县中南部)有个深潭叫"岩桶渊"，根据这里的传说，过

----

① 《里见寒话》，由甲府藩勤番野田成方所著，记录了野田自享保九年(1724)到宝历二年(1752)在甲府城工作期间的所见所闻，也涉及到了甲斐国的各种传奇怪谈及方言，其子于宝历三年(1753)将它整理成书，共7卷(最后1卷为附录)。

② 近藤谦吉：《民族短信民俗谈片》，载《民族与历史》，第7卷，第5号，1922。

③ 关口儿玉之辅：《外秩父槻川村：乡土志》，日本深胜俱乐部，1928。

④ 早川孝太郎：《三州横山话》，乡土研究社，1927。

去一只蜘蛛在钓鱼人的草屦带上吐丝，钓鱼人趁蜘蛛入水时，赶快把蜘蛛丝挂在旁边的树根上（见《甲斐昔话》第122页）。关于奥州的版本，八角先生在《尘袋》[①]上做了记录。据说，从前有个名叫中村纹右卫门的人，在离花卷（现岩手县花卷市）不远的北上川"尼平渊"上钓鱼，忽然从水中冒出一只小蜘蛛，爬到他草帽上，在发髻上吐丝。纹右卫门觉得可疑，就把头上的蜘蛛丝挂在柳树枝上，结果蜘蛛丝眼看着变得和麻绳一样粗。关于伊达（现福岛县伊达市）"半田沼"的传说见于《见信达民谭集》（第110页）[②]，这个版本在体裁上比起传说更接近于民间故事。据说，蜘蛛在某人脚趾上吐丝，此人就偷偷把蜘蛛丝移到旁边的大树上，不久半田沼里有人叫道："次郎、太郎都来！唉嘿呀！"说完，大树根就一下子给折断了。关于仙台（现宫城县仙台市）的"贤渊"传说见于高木氏的传说集[③]（第24页），这个版本保留得更完整一些。据说，一只小蜘蛛叼着一些东西，不断地从深潭跑到钓鱼人的脚边，并把嘴里的东西贴在他的脚

---

① 《尘袋》，成书于弘安四年（1281）左右，作者不详，是用问答体撰写的百科事典，共24部、620条。原文已散佚，现有一本高野山僧人印融（1435—1519）于永正五年（1508）抄录的手抄本。

② 近藤喜一：《信达民谭集》，载柳田国男编：《炉边丛书》，乡土研究社，1928。

③ 高木敏雄：《日本传说集》，乡土研究社，1913。

上。钓鱼人嫌脏，就把脚上的脏东西擦在旁边的柳树根上，过了一会儿，大柳树便轰地一声倒入水中。男子吓得失魂落魄，这时从深潭里传来一个声音说："贤，可真贤！"贤渊之名就由此而来。妖怪可能有一套不同于人类的语言，但至少从我们的语言习惯来说，如今已经很少有人把"有智慧"说成"贤"（读音为kashikoi）。而且，最初"kashikoi"一词也没有"聪明"这层含义。其实，仙台的贤渊原来就相等于肥后的畏怖渊。最初"贤渊"这个名字，表示这里是人们必须敬畏、谨慎的神奇深潭，但"kashikoi"后来成为多义词，不但可以指"畏怖"，也可以指"有智慧"。因此，不知从何时起，"贤渊"之名激发出人们的想象，最终产生了如此有趣的解释和起源传说。

新井白石①在《折焚柴记》中，记录了一个妇孺皆知的故事。据说，一个叫河村某的富翁想让白石当女婿，还给他提供3000两黄金的学术资金，这时白石就引用如下故事拒绝了。

　　以前听人讲，夏天大伙儿去灵山玩，有个人把脚泡
在池塘里，然后看见一条小蛇过来舔他的脚趾。小蛇舔

---

　　①　新井白石(1657—1725)，江户时代中期的儒学家，侍奉第六代将军德川家宣和第七代将军德川家继。《折焚柴记》是白石的自传，成书于享保年间(1716—1736)，共3卷，被誉为日本自传文学的顶峰。

一下就跑，一会儿又回来舔，来回几趟后，小蛇逐渐变大，等着一下子吞掉那人的脚趾。这时，那人从腰间拔出小刀，刀尖朝上地放在脚趾上，等蛇回来要吞掉他的脚趾时，一下子被刺穿了头。蛇往后飞去，飞进家中并关上了纸拉门。顿时，岩石滚动，树木倾倒，地面震动，大伙儿都不明白发生了何事。过了半个时辰左右，大伙儿打开一条门缝向屋里看，原来里面有一条一丈多长的大蛇，它的嘴唇被切开，已经断气了。我无法分辨出这事究竟是真是假，但这和您刚才的提议有点相像。

我最初以为，这个故事要么是富有才气的白石在年轻时的创作，要么是他把典故托于年轻人在灵山池塘边纳凉时的情景的结果。其实，这则民间叙事在当时已广为人知。尤其是在东京周围，至今还有一些人能讲此类传说。比如，在离我家不远的北泽村，就有一个关于小池塘的传说。从前，有个农夫在村里的小池塘边看到一条蛇，便顺手用镰刀对准蛇，对方一气之下变成了大蛇。农夫抢起镰刀，割掉了蛇的颊骨。在我看来，这个传说的情节顺序似乎颠倒了，因为一条蛇变成大蛇之后，农夫割去其颊骨实在太不容易了。不管怎样，当地人称，直到这时人们才发现北泽村的小池塘通向井之头（现东京都三鹰市)的弁天池。那条被割去颊骨的大蛇,通过这条水路逃到井之头后便一命呜呼。此后的三天三夜,弁天池的清水变成了红色。相同的传说还流传于邻近新宿的柏木村(现东京都新宿区北新宿)。有一条小溪流经柏木和中野的交界处,据说故事就发生在耸立于这条河岸边的立间山上。过去立间还是一个地名,指现在东中野车站那一带。同一个传说流传于北泽村和柏木村,但事件发生地点却不同,时至今日,我们已经无法判断谁对谁错,两者大概都不是真实的。北泽村的人说大蛇的颊骨被奉在中野的宝仙寺里;柏木村的人则说大蛇的颊骨被分割为两半,一块奉在宝仙寺里,另一块被奉在柏木的圆照寺里,直到近年才失传。过去这里遭受严重干旱时,两村人从井之头的弁天池舀来池水,献给这块颊骨,请僧人举办祈雨仪式。据说只要把大蛇的颊骨拿到各家转一圈,不一会儿就会下起雨来(以上是山中共古先生①所谈)。一般来说,自古以来祈雨方式具有许多神秘因素。从我们掌握的资料来看,主持仪式的僧人往往要宣传此类传说,而对于北泽、柏木两村的传说,僧人似乎更积

---

① 山中共古(1850—1928),牧师、民俗学家。于明治十九年(1886)就任甲府教会的牧师之后,在山梨县传道,同时还记录当地的民众生活,在《东京人类学会杂志》上发表文章。明治三十八年(1905)认识柳田,明治四十五年(1912)辞去牧师职务,专心从事民俗学研究。

极地进行了润色。尽管我一失神忘了名称，但附近好像还有几座寺庙，把类似的大蛇颊骨当作宝贝来保管。也就是说，新井白石引用这则传说的时候，它在关东地区已经相当有名，正因如此，白石在《折焚柴记》中才写道：

> 我把此事讲给那位要当我岳父的人，他笑着说此事不是罕见的事，但仍然富有寓意。

如果只是大蛇化作小蛇的故事，那么我们就可以找到更多的版本。比如，大蛇化作小蛇后，只因为身体过小就被人藐视，甚至遇到意料不到的危险。此类故事有《白龙鱼服》等，以多种形式得以流传。但我个人感兴趣的是，小蛇像蜘蛛丝一样"在水中来回几趟就逐渐变大"这一说法。关于贤渊的神奇传说传播到全国各地之后，几乎所有版本都袭用了这种说法，这对我们来说无疑是一个启示。说不定此类传说曾经也有过更古老的讲述形式，在这种古老形式流行的时代里，古人完全有可能相信，水神会化作蜘蛛与人类交流。除了蜘蛛之外，本文也谈及了讲述青蛙、田螺的版本。除此之外，螃蟹也保留着众多神奇的故事版本。一些传说确实说明了这些水栖动物与蛇体神灵曾经展开了对水底世界霸权的争夺。

田螺郎

　　森口多里君的《黄金马》①(第132页)记录了另一类《田螺娶妻》的故事。从前，有个富翁拥有广阔的肥沃土地。某年发生了干旱，水稻田没水了，富翁到深潭边说道："不管是哪个田螺，只要在明天天亮前给我的水稻田灌水，我就把女儿许配给你！"第二天，富翁家的水稻田果然灌满了清水，后来田螺变成英俊的小伙子过来迎亲，与富翁家三个女儿中的小女儿一起回到了水中的豪宅里。可惜现在我手里没有这本书，无法引用下文的内容。蛇郎与田螺一样，为了得到妻子，也要满足岳父的要求。在不同的版本中，岳父会向蛇郎提出不同的要求，其中数量最多、历史最悠久的形式，就是要给水稻田灌水。而经过童话化以后，此类故事在内容上已经十分接近于笑话，如岳父要猴郎帮他挖牛蒡、岳父要蛇放过青蛙，而作为交换条件，他把女儿许配给蛇等。当然，从表面上看，"请田螺给稻田灌水"这种说法简直太荒诞了，但在越后等地，人们至今还在向山上池塘里的白田螺求雨。

　　在肥前岛原的版本中，蛇郎竟变成了河童(见榊木敏君《旅与传

---

　　① 森口多里：《黄金马：农民童话集》，实业之日本社，1926。

说》第2卷，第8号①）。据说北有马（现长崎县南岛原市）的一个庄头要给稻田灌水，但不知为什么就是灌不满。于是，庄头向当地的守护神祈祷。晚上神托梦给他说，这都是有马川的河童在作怪，他要娶你的美丽女儿。只要你把女儿送给河童，你家的稻田就可以灌得满满的。庄头忧心忡忡地把梦的内容告诉女儿，女儿听了之后答应嫁给河童，就拿着一个葫芦去找河童。女儿说对河童说："我会嫁给你的，你快给稻田灌满水吧！这个葫芦是我的灵魂，等葫芦沉入水中之后，你就过来迎亲好了！"说完，女儿把葫芦扔进有马川中回家了。不一会儿，庄头家的稻田蓄水盈满，生机盎然。直到秋季收割稻谷时，在有马川的深潭上，有一个葫芦一会儿浮一会儿沉。在其他地方的《蛇郎》中，美丽的女人往往也手持葫芦出嫁。而在《猴郎》中，葫芦又变成木臼了。《日本书纪》"仁德十一年"（383）②

---

① 榊木敏：《传说的岛原》，载《旅与传说》，第2卷，第8号，1929。

② 这里"仁德十一年"是"仁德六十七年"的笔误。但柳田会误会也是难免的，因为"仁德十一年"也记录了类似的故事。据《日本书纪》记载，仁德天皇建造茨田水坝，但总有两个难以施工的地方。天皇得到神谕，就把武藏强颈和河内茨田连衫子献给河神。强颈投河牺牲自己，水坝由此顺利竣工。而衫子把葫芦扔进河里，喊道："河神大人，您要我的命，就先把葫芦沉入水中吧！如果您能证明自己是个真正的神，那么我会心甘情愿地牺牲自己。若您不能，我不会为假神献身。"葫芦一度沉入水中，但一会儿又漂浮在水面，衫子由此得救了。

部分，也记录了吉备中国的县守让大蛇把葫芦沉入水中的故事①，其内容与肥前的版本极为相似。由此看来，当时民间就已经存在人类考验神以辨别真假的叙事了。

---

① 在吉备中国的川岛河（位于冈山县浅口郡）的分流处，有条大蛇出没害人。以大力勇猛而闻名的县守把三个葫芦扔进河里，喊道："众人因大蛇受苦，我来为民除恶！如果你能把葫芦沉入水中，我就离开放过你，如果你不能，我便立刻斩杀你！"大蛇化作野鹿，拼命把葫芦沉入水中，但不管怎么做葫芦也会漂浮起来。于是县守就拔刀斩杀了大蛇。河流淤水处还有大蛇的伙伴，县守也把它们全部杀掉了。河水顿时变成一片红色，这个淤水处固此取名为"县守渊"。

邻家的寝太郎

一 治水辟地的功绩

记得去年春天《大阪朝日新闻·山口县版》附图，刊登了一篇关于长州厚狭站(位于山口县山阳小野田市)附近寝太郎荒神社的文章。据说寝太郎是个懒汉，不但睡了三年三个月，还把储备的很多粮食都吃光了，但他又下功夫从大河引来水源，开拓千町步的荒地，最终成为大富翁。传说他活到了120岁。关于寝太郎荒神，当地存在不同的说法，有的说他是死后被奉为神的寝太郎本人，也有的说他是寝太郎的守护神。可以肯定的一点是，距今100多年前，川北温山①于文政六年(1823)撰写纪行文的时候，就

---

① 川北温山(1794—1853)，江户时代后期的儒学家，肥前岛原藩士。

已经有了寝太郎荒神社(《地名辞书》①)。寝太郎荒神社之所以在近年突然出了名，一是因为厚狭站成为萩路线的联运站之后，众多旅客在此停留；二是因为当地人大力宣传特产"寝太郎糕"。

寝太郎糕是究竟如何诞生的？寝太郎和年糕又如何联系到了一起？我比任何人都更渴望了解。因为寝太郎的年糕就如桃太郎的黄米面团子、青蛙女婿带来的年糕一样，可能是"故事的原始材料"所留下的痕迹，对此我在稍后再谈。当地也有不少香客视寝太郎荒神为庚申神②，但神社里供奉的木制神像却拥有一副好面相，与其说他是庚申神，不如说更像是大黑天财神。据说，过去当地农民会用稻草编成猴娃娃，给寝太郎荒神上供，以求五谷丰收。其祭日便是庚子日。在我国的民间故事中，庚子日可是一个很重要的日子。在这一天，平时一起游山拜庙的人们聚集在值班人家里或神社寺庙里

---

① 《地名辞书》，即《大日本地名辞书》，成书于明治四十年(1907)，是民间历史学家吉田东伍(1864—1918)花费13年的时间编成的日本首部全国地方志。此书不仅记载了地名的由来及其演变，还提到了地形、历史、诗歌以及风俗等，至今仍然被视为日本历史地理学的基础资料。

② 庚申神，即青面金刚，日本人认为他可以压制病魔，驱散"三尸虫"(传说中的害虫)。其常见形象为现忿怒相，三眼六臂，手拿弓箭。

祭神，通宵讲着有趣的故事，以此为乐，被称为"庚子待"①。直到最近，"庚子待"习俗在农村地区还是十分常见，也就是说，在我国有很多人把民间故事和"庚子待"之夜联系到一起。

另外，也有些人把寝太郎荒神社的所在地称为"寝太郎宅邸"，把神社附近一带的土地称为"寝太郎町"。这样一来，如果说寝太郎不是现实人物，就很难解释这些地名的由来。但在我个人看来，这一切都是理所当然的。我们完全可以把寝太郎宅邸和寝太郎町理解为寝太郎故事的讲述人所居住的地方。只不过，据我以前听过的一份报告称，当地人说寝太郎原来是恶七兵卫景清②的后人，因为他贪睡，所以人送外号"寝太郎"。对于以上报告的内容，我们最好亲自到当地核实一遍，因为这对我们来说，有着极其重要的意义。在日本历史上曾经存在过以景清为始祖的盲人团体，他们长期管理多种民间叙事，并将其传播到全国各地。这些盲人擅于说唱《平家

---

① 庚子日，信徒、村民、亲朋好友等聚集在一起祭祀神佛，通宵念经、进餐、畅谈，被称为庚子待。人们相信，如果有人睡觉了，三尸虫就会离开此人的身体，向天帝汇报他所作的坏事，或者直接缩短此人寿命。

② 恶七兵卫景清，即藤原景清(1196—?)，由于勇猛异常，人送外号"恶七兵卫"。一般认为，他跟随平家参加坛浦之战，被活捉后绝食抗拒，最后饿死于镰仓。但这位历史人物的生平不详，在各地流传着种种传说。

物语》①《三代田村》②等长篇军事物语，与此同时，他们也发挥特长讲述各种新颖故事，还改造故事以取悦听众。每次村里过庚子待时，这些盲人都是必不可少的参加人员。

二　富翁的女婿

寝太郎是个世间少有的懒汉，而有关他的民间故事几乎全国都在流传，而且这些故事在各地扎下了根，已经转变为当地的传说。这个事实可以说明，过去确实有一批人在全国各地讲述寝太郎的故事，尽管这些故事的"搬运者"未必都是恶七兵卫景清的后裔。我小时候就听过寝太郎的故事，细节都忘记了，大致就是寝太郎是个没有任何本事的懒汉，但某一天他却用智谋实现了富贵梦，在这一点上与长州厚狭的例子完全相同。但寝太郎发挥聪明才智的方式却截然不同，而且故事开头的"从前某处"显然也表明，故事的发生地点没有被限定在某县的某地。播州的寝太郎住在富翁家隔壁，富翁家

---

①　《平家物语》，成书于镰仓时代前期的军事物语，作家不详，描述了平氏兴亡的历史。盲人琵琶法师到各地说唱，得众人喜爱，对后世的能剧、狂言、净琉璃等文学产生了极大影响。

②　《三代田村》，即《田村三代记》，从江户时代到昭和时代初期，盲人琵琶法师们在东北一带说唱的净琉璃，讲述了勇士田村丸利仁的英雄事迹。

有个美丽的女儿，寝太郎就趁夜晚来到富翁枕头边小声道："让邻家的寝太郎当女婿吧。"富翁醒来后，误以为是神托梦给他，于是决定把女儿许配给寝太郎。至于富翁为什么相信神谕，我已经不记得了，只有"让邻家的寝太郎当女婿吧"这句话，至今深深印在脑海之中。

正如我在前面分析《桃太郎》时所说的那样，从某一世家的立场上看，治水辟地这样有利于社会的善行和娶个完美的媳妇来振兴家业，无疑是民间故事的英雄的两大成就，但以普通百姓的视角来看，当然是前一个成就更有意义。然而，人们在讲述《寝太郎》时，反倒把重点放在描述他的求婚策略上，唯一的例外就是长州的故事。这大概是因为《寝太郎》已经脱离严肃的信仰生活，踏入了以指笑为目的的笑话领域，我们从中可以窥视到叙事变化的发展过程。古时候，寝太郎也许表达了与《田螺儿子》《一寸法师》等故事一样的道理，即一个他者眼中不可能成才的人物，仅凭天分或神意，又或是某种无形的约定，就能轻而易举地完成极其艰难的伟大事业。但后来，寝太郎所蕴含的令人难以置信的"意外因素"，反而引起了人们的兴趣。人们开始添加更夸张的因素，并自由发挥想象力来取乐。不难想象，如今流传于越后八石山（位于新潟县柏崎市）的豆茎掩盖太阳的故事也罢，名叫捕鸭权兵卫的男人与鸭子一起飞上天的故事也罢，哪个时代的古人都不可能把这些故事当作神话。这些故事之所以能流传到今天，就是因为后世的讲述人和听众积累了许多实际经验，知道现实人生未必会按照神话所说的那样发展。这可谓是觉醒的人所做的新梦。就像寝太郎立身扬名的故事一样，这些故事大概也是从古老信仰的间隙中萌发出来的文艺的新叶。我们要思考的问题是，《寝太郎》在何等程度上保留了原貌，又是以什么为"种子"在后世的社会变迁中取得发展的。

想想便觉得有趣，说假话也要有一定的限度。一个懒汉忽然变成了富翁家的女婿，连这种极为荒唐的空想全国都沿用了通用的结构格式，这说明当初听众的要求比现在更加强烈，讲述人难以完全自由地发挥出他的讲述能力。爱说假话的人尤其要小心翼翼，讲述时尽量让听众明白故事是假的，与听众一起开心，以免假话为后世留下祸根。正因如此，民间故事才保持着一成不变的结构，内容再荒诞、再滑稽，都能令人感觉到严肃的古老面貌。

三　奥州的无赖汉

在近世，盲人乐师较普遍地参与了民间故事的笑话化过程，而他们的改编工作究竟始自何时，我们还无法给出答案。但《寝太郎》

流传于全国，仍是相当古老时候的事情。在奥州，人们把此类故事的主人公叫作"无赖汉"而不是寝太郎，但他和寝太郎一样，也通过欺骗富翁成了女婿，无疑与《寝太郎》同属一类。《老媪夜谭》第64话就记录了如下一则故事：

> 从前有个名叫庄五郎的木匠，是个无赖汉。听说村里的富翁每晚都要去观音堂参拜，求观音赐予女儿好缘分，于是他隐藏在背阴处，用假嗓说道："谁值得成为你们的女婿？肯定是木匠庄五郎。"富翁以为得到了神谕，便立刻找到庄五郎，求他娶自己的女儿为妻。

在这则故事中，二人的婚事顺利进行，那位无赖汉马上富裕起来，但其中还有一个重要的插曲。据说，庄五郎把此事讲给赌友听，赌友们听后给他种种帮忙。比如，婚礼当天他们去码头把沙子装进米袋里，故意闹得天翻地覆，喊道："女婿载满彩礼的船到了！新娘的嫁妆也要搬过去，真是忙死人了！"富翁和新娘看了之后很高兴，新娘的舅父也放下了心。这段朋友支援主人公的情节，始终伴随着《寝太郎》，各地的寝太郎也由此与八户地区的芜烧筱四郎联系到一起，关于后者我稍后再详谈。重要的是，这段情节并不意味着寝太郎不能仅靠自己的智慧达到目的。

这位主人公之所以叫作木匠庄五郎，恐怕是因为最初讲述这个故事的人叫庄五郎。正因为他善于逗笑，讲得精彩，人们才给主人公取了和他一样的名字作为纪念，丰后地区的吉右卫门那样的故事人物，大概也是由此出现的。在《江刺郡昔话》（第50页）收录的版本中，只有富翁才有具体名字，而女婿就被叫作"二流子"，他的朋友们提供了更加热心周到的帮助。

　　从前有两个二流子，在家乡不被理睬，于是二人便一起周游南方。他们来到熊野泽时，听说富翁要左卫门家正准备招女婿。两个二流子商量后，闯进附近的地藏堂里，一个人装成地藏说话，另一个则在外面宣传地藏佛像会说话。这座会说话的地藏佛像很快出名了，香客蜂拥而至。要左卫门也听说了此事，前来祈求神谕，问他家女儿的婚事。假地藏便回答说："有一个年轻人会在某日凌晨从天上降到你家前面的杉树上，他是天神的儿子，你就招他为女婿吧。"富翁信以为真比，每天等待天神的儿子降临。某日，其中一个二流子从门前的杉树上爬了下来，于是他顺利地成为了富翁家的女婿。

世上怎么会有"会说话的地藏"？但东北的农民对此很感兴趣。我在《日本的传说》①中说过，东北地区的年轻人之间曾经流行过一种游戏：一个人坐在中央，其他人围着此人唱歌或念咒语，召唤地藏附体，以祈求神谕。这与我们较熟悉的儿童游戏"里面有小和尚"②一样，最初是信仰仪式，但如今却完全沦落为一种娱乐，年轻人故意向地藏问一些古怪的问题，扮演地藏者则用诙谐的语言来回答。不难想象，一群年轻男女在聚会时玩这个游戏，他们和地藏之间的问答内容，自然会集中在婚事方面。听了"富翁家招二流子为女婿"这样滑稽的情节，东北人就很容易联想到这种地藏游戏了。

四　冲绳的睡虫

前面引用的故事包含了更为罕见的内容，那就是女婿从门前的杉树上爬下来。如果我将其与《日本书纪》所提到的龙宫门前的

---

①　指柳田国男：《日本神话传说集》，阿尔斯社，1929。此书还有题为《日本传说集》的版本。柳田自己在其他论著中，多次称之为《日本的传说》。

②　"里面有小和尚"，儿童游戏，如今以"笼目笼目"之名流传于全国。扮"鬼"的人闭上眼睛坐在中央，其他孩子围着"鬼"边唱边转圈。唱完时，如果"鬼"能猜出他背后的孩子是谁，被猜中的孩子就要接替"鬼"的位置。柳田认为，此类游戏是儿童模仿了严肃的仪式行为而出现的。

桂花树①相比较，那么肯定会有人严厉批评我对天皇太不敬。一个是呈现出笑话化特点的民间故事，一个是神圣的古老神话，二者几乎是天差地别的两极。但各地又流传着一些兼具这两种叙事内容的民间故事，这些故事就像是一把"遗失的钥匙"，能够揭开这两种叙事之间的关系，即"女婿从门前的杉树上爬下来"这个情节，并不是某地的讲述人偶然创造的新插曲。比如，佐喜真与英君的《南岛说话》②第87话就可以说明，琉球也存在与之大部分相同的故事。

从前某个地方有一个穷人。他心地善良，但穷得叮当响。他居住的房子非常狭小，把头伸进去，脚就会露在外面；把脚伸进去，头就会露在外面。某日穷人按照天仙传授的妙计，手持一个爆竹爬到富翁家门前的大树上，大声喊道："我是天仙，你们一定要招某某为女婿，否则我会把房子给烧

①《日本书纪》记载的"海幸山幸"神话中，弟弟山幸（彦火火出见尊）到海里寻找哥哥海幸（火酢芹命）的钩针。走到龙宫时，他爬到龙宫前的桂花树上，忽见一个绝世美女带着丫鬟走了过来。她们在井口打水时，发现树上有一个美丽的男神，便赶忙回家向海神汇报。海神派人来问山幸为何人，山幸则回答说他是天神的孙子，来这里寻找哥哥的钩针。海神便出来迎接山幸，并把美丽的女儿丰玉姬许配给他。柳田之所以说"对天皇太不敬"，是因为山幸是首代天皇神武天皇的祖父，即历代天皇的直系祖先。
② 佐喜真与英：《南岛说话》，乡土研究社，1922。

了!"说完,他就放了爆竹。富翁立刻恭敬地表示接受神谕,之后穷人赶紧回家躺在家里,不一会儿富翁便领着众多家丁过来迎亲了。就这样,穷人顺利地成为了富翁家的女婿。

以上故事中,"躺在家里"这一描述似乎没有起到太多作用,但与《寝太郎》中的描述恰好一致。另外,天仙送给穷人爆竹并传授妙计,这又与奥州的故事中,赌友帮助主人公相似。过去的讲述人似乎总要附加说明,来表示主人公并不是仅靠自己的智慧而取得成功。在冲绳,距今150年前就有了记录当地故事传说的著作《遗老说传》①,其中已经记载了此类故事的不同版本。也许是因为讲述方式发生了变化,或者是因为早期形成了独立的故事体系,《遗老说传》中的故事和佐喜真君最近在冲绳记录的故事,在细节上有着相当大的差距。由于《遗老说传》的文字过于冗长且晦涩,这里只引用一些核心内容:

从前首里有一对贫穷的老夫妇,他们育有一个儿子,

---

① 《遗老说传》,即《球阳外卷·遗老说传》,是琉球本岛及其周围离岛自古流传下来的口头传承集,用汉语记录了141则故事。作者不详,由邓秉哲、梁煌、蔡宏谟、毛如苞等人编,成书于18世纪初,分正卷3卷,附卷1卷。

名叫次良。次良是个少有的懒汉，整天吃了睡，睡了吃，从来不会照顾年迈的父母，众人嘲笑他，并给他取外号为"睡虫"。某日"睡虫"突然要母亲给他买一只白鹭，母亲问他理由，他却不肯回答。老夫妇疼爱儿子，就到处筹钱，最终买了一只白鹭给他。"睡虫"喜笑颜开，他先把这只白鹭藏了起来，第二天就假扮成神仙，带着白鹭爬到富翁家院前的榕树上去了。然后，他大声喊道："天帝有谕，大家快过来听！"富翁和他妻子匆忙来到树下，果然听到一个声音说："你家有个年满十六岁的女儿，立刻招邻家次良为女婿，并把亲家也请到家里，照顾他们一生！今人侮辱次良，但他诚实又聪明，一定会让你家繁荣昌盛。如若你违背神谕，便会招致祸端！"富翁又惊又喜，回答道："我们照您说的做，一定招邻家次良为女婿。""睡虫"听后又说："我这就向天宫汇报此事！"然后放掉了手中的白鹭，白鹭立刻飞上天，于是富翁夫妇就更加敬畏神了。

故事最后，次良果真成了富翁家女婿。与此同时他脱胎换骨，变成了一个能干勤奋的好青年，富翁家由此兴盛起来，这样的结尾与《寝太郎》没什么两样。下面介绍的另一个版本可以证明，次良的故事并不是偶然出现在冲绳的创作。我们将来有必要思考的是，此类故事究竟由谁传播，各地又为什么相互独立地保存了下来。在九州丰前筑上郡城井（现福冈县筑上郡）的深山里，有个名叫寒田的村落，自古就有名气，以寒田人为主人公的笑话流传到到周围的平原地区，被称为寒田故事。寒田故事往往都是讽刺寒田人的内容，当地人对此并不喜欢，这又恰恰说明了寒田故事不是由寒田人自己传播，至少在熟悉寒田村人的平原上，曾经存在过一些统管民间故事的组织。寒田故事里面也有《寝太郎》其他版本，与冲绳《遗老传说》中的版本十分相似（由坂根道治郎氏①报告，载《国学院杂志》第32卷，第4号）。

过去寝太郎从早到晚都在呼呼大睡，甚至三年只醒一次。某一年他醒过来的时候，恰好是除夕，母亲给了他一点钱，叫他到城里买些元旦用的酱油回来。而寝太郎买回来的，却是一只野鸽和一个铃铛。母亲见了之后就发牢骚，而他只是默默地笑了。寝太郎家隔壁住着一个富翁，家里有一个美丽的女儿。到了元旦凌晨，寝太郎把铃铛挂在野鸽的脖子上，把野鸽藏在富翁家的糙叶树上。不久，富翁

_____

① 坂根道治郎：《寒田话》，载《国学院杂志》，第32卷，第4号，1926。

醒来，到糙叶树下洗脸。寝太郎就站在树上用假嗓说道：
"我是这里的守护神，你可一定要招邻家的寝太郎为女婿，
这样我才能保证你家更加繁荣！"寝太郎把手中的野鸽一放，
顿时铃声响起，野鸽飞上天空，一直飞到守护神镇守的森
林，然后消失了。富翁看了之后又惊又喜，马上把大量的
大米年糕送到寝太郎家，而寝太郎却装作若无其事的样子，
听着他父母和富翁谈婚事。这次婚事无人反对，结婚后寝
太郎脱胎换骨，变成了一个能干勤奋的好青年。

传播论者往往认为，传播没什么大不了，但只要面对上述这些
例子，就很难不再改变想法。除非有人带着民间故事到处移动，否
则这些故事不可能在如此广泛的范围内取得一致。那么谁是民间故
事的搬运者呢？在讨论这个问题之前，首先要确认白鹭和野鸽这两
种说法哪个更古老。从古文献来看，古人把野鸽和白鹭都视为神的
使者。寒田故事中的寝太郎特意给野鸽的脖子上系个铃铛，以区别
于其他普通野鸽。相比之下，睡虫放飞的白鹭却可以在没有任何装
饰的情况下，被人认为是神的使者，由此可见白鹭之说应该更古老
一些。一般而言，白鹭不怕人，外表从容淡定，眼神凶狠，而且天
亮时会从树丛中轻轻飞起，大概是这样的举动和姿态，使人感觉到

它的神奇性。事实上，从古到今有不少民间叙事都谈到，突然飞来一群白鹭，人们心惊胆战，立刻举行祈祷仪式，或者占卜吉凶。假如有关白鹭的说法比野鸽更古老的话，就意味着《寝太郎》在很久很久以前就已经流传到冲绳。也许有些人会问，《寝太郎》有没有可能是从冲绳传到本州的呢？但这样的传播路线，我们实在难以想象。因为到目前为止，在冲绳还没有发现其他版本，更因为《寝太郎》在本州岛分布极广，而且历史相当悠久，各地方不同版本十分丰富，这一切都不允许我们把《寝太郎》的发源地限定在偏离本州的海岛上。

五　御伽草子《物草太郎》

要想进一步了解《寝太郎》的发展变化，御伽草子《物草太郎》是一个很好的例子。《遗老传说》所收录的版本，毕竟是当地民众口耳相传的民间故事，而这个著名的御伽草子的情况则完全不同，它与民间故事《寝太郎》之间的关系要更复杂一些。《物草太郎》的作者用心做了各种改动，包括拉长剧情、添加幽默因素、梳理故事结构、把故事的舞台从乡下搬到京都，让故事变得更加文雅等，就仿佛是如今地方精英们费心把民间故事改编为滑稽戏一样。但《物草太郎》并不像几位文学史家所主张的那样，是成立于某个时代的文艺作品，民间故事《寝太郎》更不是这个御伽草子的翻版。如果说御伽草子《物草太郎》有些新颖之处，那就是作者模仿传统"物语绘"①，将口耳相传的故事在看得见的书卷上表现出来。与此同时，作者还把几种不同的版本拼凑在一起，在此基础上进行了润色。但《物草太郎》的情节本身绝不是个人创作，作者所做的润色和夸张，只有那些从小就熟悉《寝太郎》的读者，才能感受到其中的趣味。《物草太郎》的主要情节基本与《寝太郎》相同，就是一个没人看得起的大懒汉在得到良缘之后，突然展现出自己才华的故事。的确，由于作者添加了幽默的细节，《物草太郎》显得比《寝太郎》更加复杂。但它与《一寸法师》或者青蛙、蛇、田螺等动物儿子发迹的故事一样，依然可以反映出古老信仰的逻辑思维，即不平凡的女婿在出现时，往往会假扮成一种众人看不起的人。

御伽草子《物草太郎》究竟成立于何时何地，仅靠对传本的系统研究，难以得出答案。《诹访大明神绘词》②的批注表明，过去有些

---

① 物语绘，指叙事文学作品的插画，或者指描绘叙事文学中令人印象深刻的场面的绘画。

② 《诹访大明神绘词》，室町幕府的奉行（镰仓时代至江户时代中授予武家的官职名称）诹访圆忠（1295—1364）撰写的长野县诹访大社的起源，成书于延文元年（1356），共12卷。此书本来是带文字的画卷，但绘画部分早已失传，只保留了文字部分的抄本。

人把乡下的民间叙事送到京都的艺术家那里，请艺术家笔录、附图之后，再欣赏他们美丽的字迹和画作。此时，这些艺术家们有没有对民间叙事做过改动？他们是否改动始终取决于民间叙事本身的性质。如果是神社寺庙的起源、神佛灵验的奇迹等基于信仰的传说，那么委托人会只把他们心目中的事实告诉艺术家，由于其情节结构、时间顺序、体裁样式都没有固定，艺术家就可以根据自身的文学才能，自由地将其文字化；如果是民谣或者谜语，那么艺术家只需要对委托人的口述内容做文字抄录。而民间故事正处于二者之间，一方面委托人在讲述的时候，可能会发挥个人的创作能力，也可能因误解或记错而对原来的故事做改动；但另一方面，他们在整个情节结构和时间顺序上，往往都会沿袭传统说法。随着时代发展，越来越多的人不愿意再听自己熟知的民间故事。而即便如此，讲述人也不能在民间故事中加入太多自己的创意，否则这就不再是民间故事，而变成另外一种东西。至于讲究叙事技巧的专业说唱艺人，能自如地运用传统的程式化词句式，就是他们技术进步的一个标志。多数平庸的艺人都会自始至终、原封不动地遵守师傅的老一套，听众则只是品评艺人嗓子和腔调的好坏。也就是说，从表面上看，后世的民间故事似乎获得了更自由的发展空间，但那些继承了民间故事的人们，还是会像对待净琉璃等古老的文艺作品一样对待民间故事。讲述人通过反复的练习和表演来提炼叙事技巧，他们讲述的民间故事也因此有了机械呆板的倾向。至于那些靠记忆力谋生并重视传授关系的盲人乐师更是如此，由他们传播的民间故事，没有机会发生太多的发展变化。因此，我们很难确定现存的御伽草子《物草太郎》到底是纯粹的文学创作，还是作者对当时已经流传于世的民间故事所作的抄录。而这最终取决于那些靠民间故事谋生的艺术家、说唱艺人和盲人乐师等职业人士是否参与过它的流传过程。对此，我个人目前持肯定意见。

不过，我还是要表明一点，目前还没有确凿的证据能证实，中世信州的盲人确实依靠讲故事来维持生计。在交通并不发达的时代，诸如筑紫琴、三味线等民间乐器没有得到普及，《平家物语》也没有被东北农村人民所接受，当时盲人的艺术活动还局限在个别地区。不难想象，并不是每个地方都有《平家物语》那样风靡一时的宏大历史叙事。在这些地方，盲人乐师只好依赖附近的神社寺庙生存，他们凭着自己的艺术才华，努力宣传宗教思想，或者利用宗教来谋生。当然，除了盲人乐师，还有一批巫师巫女也从事这方面的工作。目前我们很难在盲人乐师和巫师巫女之间划清职责界限，说不定他们会彼此协调，灵活应付也未为可知。至少可以肯定的是，除非他们在传播过程中发挥作用，否则有些民间叙事根本就不可能流传得如此广泛，更不可能呈现出如此丰富的变化。御伽草子《物草太郎》中写道，物草太郎出生于信浓，在筑摩郡新乡（现长野县松本市）用四根竹子搭了个小棚生活。这样的描述完全有可能是京都的文人所添加。但《物草太郎》接着又写道，物草太郎发迹之后，被封为信浓国中将，一生享受荣华富贵，得以高寿善终，死后还被奉为穗高明神，他妻子也被奉为朝日权现神深受人们爱戴。这样的结尾显然不适合虚构的娱乐文艺，人们难免会想象，《物草太郎》在经过文字化之前，就已经在信浓地区广泛流传。当有人把信浓人口耳相传的《物草太郎》送到京都文人那里的时候，其原始形式也在某种程度上有了改动。御伽草子《物草太郎》最后以程式化的结语而告终：

许下誓愿，每日读一遍，给人讲一遍，即可堆金叠玉，有福同享，真是可喜可贺。①

这大概也继承了古老的叙事形式。② 亦即，当人们还以严肃的

---

① "真是可喜可贺"，这是日本民间故事中常见的收尾套句，表示"事情以好的状态结束了"。

② 23 篇御伽草子都有类似的结语。根据目前较公认的说法，这种写法继承了古人在祭神仪式上朗诵民间叙事时代的传统。

态度对待物草太郎的奇迹时，其结尾处就已经附加了类似的套句，既然御伽草子《物草太郎》也有这样的套句，就说明它显然不是文人创作的文艺作品。

面对这篇偶然用文字抄录的御伽草子，我们应该寻找民间故事逐渐沦为娱乐作品的历史过程。《物草太郎》过于幽默，每个故事人物都喜欢讲道理，这些都让我觉得它在民间流传时，是由盲人乐师管理的。至少可以肯定的是，民间故事可以分为严肃和滑稽两种，这两种故事分别由不同性别的男女讲述人来讲述。男性的盲人乐师和女性的歌比丘尼①之间往往都很熟悉，他们未必都遵守总寺院的正统传说，还会积极搜集各地的民间叙事卖艺谋生，但在二者之间却早已形成明显的差异。一般来说，战争故事、打退妖怪的传说都是由男性讲述的，除此之外，运用夸张手法来贬低传统信仰的滑稽故事，也是男性讲述人的专利。这是因为女性的气质与教养都不适合讲述此类故事，还是因为歌比丘尼比盲人乐师拥有更深厚的信仰基础？对此，我们还不敢轻易下结论。无论如何，民间故事的自由

---

① 歌比丘尼，近世的女性宗教艺人，她们边弹编木（日本传统乐器）边唱故事和流行民谣，进而宣扬神佛的功德。一般认为，歌比丘尼是由中世云游全国劝化俗众的"劝进比丘尼"或说唱熊野权现神的来历并分配牛王守神符的"熊野绘解比丘尼"演变而来的。

发展，最初表现为专业讲述人按照性别分别掌握不同的故事类型。一方面，满嘴狂言狂语的盲人乐师在民间的势力越来越大；另一方面，歌比丘尼长期停留在信仰层面。信州人口耳相传的《物草太郎》与其他《桃太郎》类型的民间故事一样，以大团圆结尾，在这一点上与《瓜子姬》形成了鲜明的对比。另外，故事中物草太郎求婚时，采用了"山田白泷"型故事的赛歌形式①，而且"物草太郎让庄头下马捡起掉在地上的团子"这段情节，还经常出现在后世的笑话之中。这些特点都表明，御伽草子《物草太郎》赖以生成的民间底本《物草太郎》，就像山口县的寝太郎荒神的故事一样，曾经是由一群尊奉恶七卫门景清为师祖的盲人乐师传承下来的。

六　赌徒入赘

问题在于，这些改编民间故事的男性职业人士，也就是忽略民间故事最初的信仰因素而故意夸张其滑稽内容以讨好俗众的盲人乐师，究竟是从何时起出现在我国的呢？且不论乡下的情况如何，京都在较早的时候，就已经具备了接受他们的环境条件，也确实有文

---

①　关于"山田白泷"型故事的赛歌，详见本书下一章《山田之露》。

字记录可以证实这一点，但我个人并没有看到更早的证据。当然，有一些故事类型本身就很容易转化为笑话，即使是不易转变为笑话、内容严肃的故事类型，只要听众的态度发生变化，讲述人就会增加一些滑稽的细节，这仍是流传在江户及其他近代都市的民间叙事共同的发展趋势。简言之，民间故事的笑话化就是社会需求的变化和叙事技巧的进步所带来的自然结果，我们不应该将此问题限定在传承人方面考虑。至少《宇治拾遗物语》（见《国语大系》，第194页）所收的传说可以说明，以"懒汉入赘"为内容的民间故事，既不是后世创作，也不是从国外传入我国的外国故事。我国最早用笔记录下此类故事，至少应在400年前，这比御伽草子《物草太郎》的成立更早。而这个最古老的版本反而比御伽草子更接近于各地口耳相传的《寝太郎》，而且刻意从中排斥神话式的真实色彩，在与长州厚狭的寝太郎治水开拓土地的故事相比时，这种特点尤为突出。据此我认为，在《宇治拾遗物语》成书的时代，就已经有一批靠讲故事谋生的人。至于事实是否果真如此，我们则必须根据今后发现的新资料来判断。假如我的推测是正确的，那么这意味着众多神圣叙事，不管其是否与天赐之子的诞生有关，都在《宇治拾遗物语》成书以前就已经开始向民间故事转变。

下面，我将用现代日语引用《宇治拾遗物语》所收的"赌友入赘之事"。在此之前我要提醒大家，后世在婚姻习俗上所发生的变异，妨碍了今人对这则故事的理解。

　　从前有个年轻的赌徒，长得很丑，父母整天为他的婚事发愁。某日，赌徒听说富翁家正为宝贝女儿招一个英俊的女婿。他到处宣传自己是天下第一美男子，终于和富家女儿订婚了。过了几天，他要去拜见岳父母，但又不愿给人家看到自己的长相，于是跟赌友商量对策。终于到了拜见岳父母的那一天了，一个赌友趁夜晚藏在屋顶上，大声喊三遍："天下美男子!"之后，女婿假装什么都不知道的样子答应了一声。而富翁和家人却吓坏了，屋顶上的赌友继续装神弄鬼地批评富翁道："我从三年前就占有了你女儿，最近为什么又有人过来通婚?"富翁匆忙回答说："我们完全不知道此事，请您原谅!""妖鬼"则说道："这个男人可真讨厌，你要命还是美貌? 我要带走一个!"看到女婿默不作声，岳父母就赶紧劝他说："你快放弃相貌吧，命更珍贵!"于是女婿就回答说他要保命。于是"妖鬼"开始念咒，念完后便刻意放大脚步声，离开了这里。这时女婿突然大喊了一声，然后伏地翻滚。富

妻子的智谋挣到了一大笔钱。这则故事似乎是"最初被人看不起的主人公其实是个英雄"的故事类型进化后的产物。我在后面还将继续谈到，"妻子帮助主人公"这一情节具有一定的历史，这里先对另一位重要帮手做些说明。无论是奥州的讲述人，还是《宇治拾遗物语》的作者，都提到赌友向主人公伸出了援助之手，但其他版本的故事却又告诉我们，这段情节蕴含着更深远的古老意义。我在前面讨论《瓜子姬》时提到了动物帮手，而在流传于九州、冲绳两地的《寝太郎》中，帮助主人公的也是白鹭、野鸽等鸟类，这些动物帮手都代表了无形的神意。由此可见，那位赌友并不仅仅是为了友谊，才向主人公伸出援助之手的。

七　背病太郎兵卫

另外，我们还可以从语言上说明御伽草子《物草太郎》是较晚出现的名称。古日语中最初只有动词"monoushi"（意为懒惰），后来从中衍生出名词"monousa"，之后又衍生出了动词"monoguzashi"（音同"物草"）。至少在京都，这样的讹误并不是自古就有的，直到新出现的动词广泛为人接受之后，才有了"物草太郎"这样的人名，这个新名字听起来很新鲜，于是御伽草子《物草太郎》重新给民间故事

《邻家寝太郎》赋予了生命。御伽草子《一寸法师》的情况也差不多，按照古代日语的习惯叫法，这个故事的主人公最初名叫"小彦"（chisahiko），但改名为"一寸法师"之后大受欢迎，人们就开始纷纷用它造谚语、编诗歌。古时候的"辉夜姬"也罢，后来的"桃太郎"也罢，似乎都经历过类似的"名称复活剧"。事实上，今人就是依靠这些有趣的名字来记忆并保存故事情节。

最近，崛维孝①出于好心告诉我，出羽庄内（现山形县北西部）也有一个名为《背病太郎兵卫》的故事。所谓"背病"，相当于普通话中的"骨惜"（意为不肯吃辛苦），在东北六个县府的方言中意味着"懒汉"。据说，这位背病太郎兵卫与日本西部的寝太郎一样，因奇迹而成了富翁。

从前有个男人叫背病太郎兵卫。他整天躺在床上，从不下地干活，甚至懒得都不愿煮饭做菜。幸好在家前面的耕地里长出一根菜，于是他就一点点、一点点地吃菜叶来维持生命。而菜叶越吃越少，最终都吃光了。背病太郎兵

----

① 堀维孝（1868—1954），明治、昭和时代的国文学家、教育家，在国语汉文教育方面做出了巨大贡献。

卫随手把菜根拔了出来，顿时从地下涌出了酒。背病太郎
兵卫由此变成了大富翁。

　　在庄内，讲述人讲到这里，故事就结束了。其实，这个《背病
太郎兵卫》原来好像还有过更复杂的情节，其流传范围也更广一些。
比如，《老媪夜谭》收录了山神决定婴儿命运的故事，其中就谈到一
个女人在地里拔出萝卜之后，从萝卜坑里涌出了酒，她由此富裕起
来。以前，中道等君①对庄内南部丰川村（现山形县西直赐郡）的故
事《芜烧屉四郎》做过报告②。现在看来，这位屉四郎就是另一位背
病太郎兵卫。据说，屉四郎每天都是从父母留下的地里挖出芜菁烤
着吃，他从不羡慕别人吃米饭，与背病太郎兵卫一样懒到不肯下地
干活。尽管中道君报告的故事中没有谈到"从芜菁坑里涌出酒来"这
一点，但我听说当地确实有人讲过这段情节。另外，这位屉四郎与
背病太郎兵卫一样，靠智谋成为富翁家的女婿。据说丰川村的小伙
子们想给芜烧屉四郎找个好老婆，于是他们每天从山上挖出白土，
再倒入大川之中，使河水变得浑浊。在大川下游的凑町，人们看了

---

　　① 中道等（1892—1968），明治、昭和时代的乡土史家。他自学成材，因得到
柳田等人的认可，在《乡土研究》《旅与传说》等学术杂志上发表了不少文章。
　　② 中道等：《奥羽巡仗记》，载《旅与传说》，第 2 卷，第 10 号，1929。

之后觉得很奇怪。不久，丰川村的小伙子们到凑町最大的富翁家谈婚事，说大川之所以变浑浊，是因为丰川村的屈四郎今年第一次造酒，他家一大批家丁、丫鬟淘米后将淘米水倒入大川之中。富翁听了之后很高兴，立刻把女儿许给屈四郎。这段情节又令人想起闭伊郡的故事，赌友们把沙子装进米袋里并谎称是大米，由此帮助无赖汉和富翁家女儿顺利成婚。

也就是说，屈四郎最初穷得要吃芜菁来充饥，后来却突然又变成了一位酒铺主人，这个故事还是有底本的。但从故事分类上看，《芜烧屈四郎》也罢，《背病太郎兵卫》也罢，都属于"烧炭富翁"型故事，而不能说是《寝太郎》的不同版本。《烧炭富翁》的主要内容是，一个靠烧炭为生的穷人，因听从妻子的建议而发现了黄金。此类故事一般都是由女性专业艺人管理。正如上文所说，《寝太郎》和《物草太郎》充满了稍带讽刺的滑稽色彩，我据此认为，中世的盲人乐师或其他男性艺人对其变化和传播起到了重要作用，但《芜烧屈四郎》和《背病太郎兵卫》又告诉我，女性专业艺人所管理的"烧炭富翁"型故事中，也有些版本与《寝太郎》有所关联。这对我来说，是一个颇有意义的新问题。讲述以上故事的人们难道都具有较高的叙事能力，可以把不同性别的艺人分别讲述的两种故事拼凑在一起吗？或者，盲人乐师和歌比丘尼本来就是共享同一个题材？又或者他们是为了丰富和拉长自己所掌握的民间叙事，而借用了别人所讲述的叙事内容？今后进行详细的比较研究，我们就可以判断哪一种情况占多数。无论如何可以肯定的是，在过去的1000多年间，一种基于天赐之子信仰的民间叙事，在很少受国外故事干扰的情况下，始终存在。这些民间叙事不断地发展和分化，如今彼此之间形成了巨大的差异。而其最大的发展动力，就是积极参与其发展过程的专业艺人所具有的气质、教养及其生活需求。按理来说，任何一个民族的民间叙事，都有类似的情况，尽管其具体的表现形式可能有所不同。如果忽略这一点，只对不同民族的现存故事进行比较研究，那么其结论必然是空中楼阁，从中得出的学说也会反复地被推翻。然而，我国有些学者还是热衷于关注不同的学说在国外学界的争论，想尽办法紧跟着目前占优势的学说。我真不理解这些人的想法，他们不过就是投机主义者而已。

八　信州的信宫

言归正传，我们重新探讨一下御伽草子《物草太郎》的原型问题。我在前面不看重作者个人的创作能力，而把这部御伽草子的创作，归功于那些来自信州的盲人乐师，是因为《物草太郎》在结尾处特意提到，在日本神道教中，物草太郎被奉为古神、穗高大明神①。尽管如此，我并没有据此认为《物草太郎》的原型故事，诞生在信州有明山脚下的一个村落，或者源于神道信仰。我更重视的一点反而是，这位不一般的懒汉原来是信州善光寺的如来菩萨赐予的孩子。主人公的身世很重要，这不仅仅是因为故事最后发生的奇迹由此得到了合理的解释，更是因为这反映了善光寺长期以来庇护云僧，尤其善待盲人乐师的历史事实。我认为，《物草太郎》还在民间流传的时候，那些漂泊于异国他乡的宗教艺人，就把自己故乡著名的神灵和庇护自己的寺庙佛像联系到一起，借用民间故事的形式，宣扬佛法功德无量，他们的熏陶，对这部御伽草子的出现，起到了很大的作用。民间叙事中神道教和佛教之间的关系很复杂，如果我们忽略了这些人起到的作用，而仅从历史和地理的角度去观察，恐怕就很难把握二者之间的关系，就像今人难以解释诹访大社和善光

---

① 祭祀穗高大明神的穗高神社位于信州的中心（位于长野县安昙野市穗高），这座神社自古以来就很有名气，成书于延长五年(927)的《延喜式神名帐》，就把它列入"大社"之列。

寺的关系一样①。诚然，这两种宗教并不是只有在信浓国的民间叙事中才会发生联系，江州大冈寺观音堂（位于滋贺县甲贺市）的诹访明神、甲贺三郎便是一个例子。② 但一般来说，在异国他乡靠讲故

---

① 诹访大社和善光寺，一个是神道的宗教场所，一个是佛教的宗教场所，但二者之间似乎存在着紧密的联系。据《日本书纪》记载，佛教于钦明天皇十三年(552)由百济国传入日本时，保守的神道教信徒就甚为反对，与支持佛教的改革派发生了激烈的冲突。佛教问题很快发展为朝廷内部的权力斗争，改革派举兵讨伐保守派的豪族物部守屋，物部氏也由此灭亡。而在民间传说中，物部氏的眷属逃到信州后，在此地留下了后代。信州一带的"守矢"姓氏和"守矢山"这样的地名、以及建于守矢山上用来祭祀物部守屋的守屋神社，便是其佐证(守矢音同守屋)。守矢山也是诹访大社的主要崇拜对象，诹访大社的历代首席神官都由守矢家的人担任，因此有不少人怀疑，这座神社与物部守屋有关。而位于诹访大社北边的善光寺，寺内有108根柱子，其中107根都是圆柱，只有最里面的柱子才是方柱。人们把这根方柱称为"守屋柱"，传说守屋柱的下面就埋葬着物部守屋的头颅，甚至有传说称，这座善光寺就是为了镇压物部守屋的亡魂而建的。据《日本书纪》记载，佛教传入日本时，适逢天花流行，坚决排佛的物部守屋主张疫病流行是敬佛所致，把百济国的使者献上的佛像丢入难波(现大阪府大阪市)的运河之中。人们传说善光寺里供奉的如来佛像，正是当年物部守屋所丢弃的那尊佛像。诹访大社和善光寺这两种宗教场所之间究竟是什么关系？面对如上种种说法，人们自古以来就争论不休，至今为止，学界仍没有形成统一的定论。

② 甲贺三郎，长野县诹访地区的传说人物。据说，甲贺三郎参拜三笠山明神时，认识了春日权守的孙女春日姬，二人情投意合，一起回到甲贺。某日，三郎的哥哥陷害三郎，让他掉进了地洞中。三郎无奈之下，漫无目的地走过数十个地下国，而最后拜访的国王同情他，告诉他每天吃一个由活鹿的肝做的年糕，吃完1000个便可重新回到地上。到了第1000天，三郎终于回到信浓国并再次见到了春日姬，但他的身体已变成了蛇。后来三郎和春日姬被供奉在诹访大社的上下两宫中。而在滋贺县甲贺市，人们又说甲贺三郎是历史人物，他死后被埋葬于此地的大冈寺。大冈寺的观音堂便是甲贺三郎的儿子小太郎为了安抚父亲的灵魂而创建的。柳田在《甲贺三郎的故事》一文中写道，诹访和近江两地的甲贺三郎的故事，是朝着两种不同方向发展的。

事谋生的盲人乐师，还是更愿意提到自己故乡的神，对于来自信州的盲人乐师来说，自然就是穗高大明神了。

可以肯定的一点是，如果《物草太郎》的底本诞生在信州之外的地方，那么主人公未必是善光寺如来菩萨赐予的孩子，至少讲述人是不会特意提到信州筑摩郡新乡或穗高大明神。

接下来我们要思考的问题就是，这位天赐之子发迹的故事情节，是否发源于信州？御伽草子《物草太郎》的底本本身有没有可能是信州人出自某种需要，对外来的民间故事进行改编之后的产物？事实上，天赐之子的故事在全国广泛流传，人们要么说天赐之子是以非人类的样子出现的，要么说天赐之子的身材异常矮小。还有不少地方的人们说天赐之子最初是一个众人眼中没有任何前途的闲人。如奥州的"田螺求妻"的故事就讲道，田螺儿子在 18 岁以前，整天呆在神龛上的破碗里，什么事都不做。我个人认为，在御伽草子《物草太郎》问世之前，此类故事确实流传于信州，但这则故事本身并一定要与善光寺有关。前面引用过的版本也提到，小县郡的小泉太郎在 16 岁以前，整天吃喝玩乐，他是大蛇留下来的神童，其后裔的侧腹上都印有蛇纹。其他地方一定也流传着类似的说法。事实上，有人已经在穗高大明神的信仰圈内发现了一个版本。最近出版的《北安昙郡乡土志稿·口碑传说篇》第 1 册收录了如下传说：

至今为止，当地人把北安昙郡会染村林中区的南部地区称为"久兵卫分"。据说这里曾经是一个叫作"久兵卫"的富翁所居住的地方。信太郎便是久兵卫的后嗣。这位信太郎还是个"闻名天下"的大懒汉。某日，信太郎到松川村的多罗尾山中去砍小竹子，但还没砍多少就开始睡午觉。忽然他的头上长出两根角，于是他只好藏起来。也有些说法认为信太郎因自己丑陋的相貌而羞于见人，于是藏进大山中或变为天狗了。在此后的三年间，他只有晚上才回家，趁天黑干农活，等天亮了之后又藏回深山之中。但有一天，他回家睡了个午觉，结果被妻子看到了，妻子对他说："咱们家的地你甭管了！看看你这个样子，以后可不要回来了！"从此以后，信太郎便再也不回家了。

邻郡的《南安昙郡志》①也收录了相同的故事，只不过故事的发生地从"久兵卫分"变成了有明山东麓的马罗尾谷。现在那里还有一座祭祀信太郎的神社，神社的前面是山，后面则是他生长的村落。据说，某日南安昙郡的信太郎和朋友一起进山砍小竹子，忽然信太郎变成了

---

① 长野县南安昙郡编：《南安昙郡志》，南安昙郡教育会，1923。

一个巨人，他一脚就跨过了马罗尾谷，然后便消失了。在此后的三年间，他只有晚上才会回家，并趁夜里干完家里的所有农活。和北安县郡的信太郎不同的是，这位信太郎并没有回家睡午觉。我在前面介绍过，小泉的小太郎是个大力士，能把小泉山所有胡枝子砍掉，并将其捆成两大捆。而安县郡的两位信太郎不仅是大力士，还帮助家人做农活，如今甚至被人们奉为神。但信太郎又不太像长门的寝太郎荒神，这也许是因为讲述人看重的故事是因时代、地方和听众而区分。比如，过去有一段时间，信州不仅仅是盲人乐师的生活据点，还有一批靠讲故事谋生的女性宗教艺人"信浓巫"。如果信浓巫有机会讲述信太郎的故事，那么她们完全有可能使其变成秋田的"八郎潟"传说①那样的爱

---

① "八郎潟"，位于秋田县西南部的天然湖。传说龙神八郎太郎曾经住在这里。在东北地区，至今流传着关于八郎太郎的系列传说。下面简单介绍一下部分内容。从前，比内大日堂(位于秋田县仙北市)的和尚和大蛇结婚，生下了孩子，他的后裔迁居到鹿角草木，在此生下了八郎太郎。八郎太郎长大后成为一个身高六尺有余的大力士。某日他和伙伴一起进山砍树，到了中午，他在溪流中抓鱼给大伙儿吃，但河鱼的味道太香，他便自己吃掉了所有河鱼。吃完后，八郎太郎觉得很渴，但喝了许多河水也无法解渴。他一共喝了七天七夜的水，最终变成了一条大蛇。八郎太郎觉得难以见人，于是他堵住这条溪流，等泉水变成湖水之后就住到里面，这个湖便是今天的十和田湖。后来，有一个名叫南祖坊的云僧来到十和田湖，把八郎太郎赶走。八郎太郎又开始寻找新的居住地，他打算堵住河流，让鹿角盆地变成大湖，但这个计划却被守护鹿角盆地的43尊神发现了，于是八郎太郎被赶出了鹿角，他又来到米代川下游，重新造湖安顿下来，这个湖便是后来的"八郎潟"。后来，八郎太郎听说田泽湖(位于秋田县仙北市)有个美丽的女神辰子姬，便千辛万苦地来到田泽湖与她结婚，每年冬季，八郎太郎都会来到田泽湖与辰子姬一起生活。从此以后，天气再冷，田泽湖的湖水也不会冻结，而八郎潟的湖面一到冬天，就被一层厚冰所掩盖。

情叙事。由此，她们口述中的信太郎就有可能接近于寝太郎，不过目前还没有发现这样的版本。我的如上推测是否正确，只能由今后的搜集研究工作来验证。如今有些人选择对自己有利的材料，硬说各种故事都来自一个源头，希望大家不要把我和这些人混在一起。

（昭和五年七月《旅与传说》）

山田之露

昭和五年(1930)春天举办乡土舞蹈大会时，备中白石岛(现冈山县笠冈市)的妇女们在日本青年馆里，表演了一种名叫"山田之露"的盂兰盆舞①。这一盆踊的歌词见于《民俗艺术》第3卷第4号上，其主要情节与五十年前我在老家播州听过的歌词相一致，只是语言表现上稍有不同。

缘分这个东西真是不可思议。

---

① 盂兰盆节是日本的传统节日，即每年阳历的8月13日至16日(部分地区在7月13日至16日进行)。过节时，家都会设魂龛、点燃迎魂火和送魂火，祭奠祖先。各地还举办盂兰盆会，会上众人聚集，一起跳舞，这种舞蹈就叫做盂兰盆舞。

父亲是横荻丰成公①；

姐姐是当麻中将姬②；

妹妹白泷刚满十六岁，

入宫当了皇后的宫女。

在津国山田的峡谷里，

有个聪明小伙叫治左卫门，

在宫廷里当个侍从每天打扫白沙庭；

皇后的宫女白泷，

在屋里睡午觉，

这时一阵春风轻轻掀开竹帘，

治左卫门看见她的容颜，

治左卫门自此一见钟情，

患了相思病，辗转不能寐。

最后，治左卫门通过赛歌展现了自己的聪明才智，主人对他赞

---

① 横荻丰成公，指奈良时代的贵族藤原丰成（704—766），从一位右大臣。

② 中将姬（747—775），日本传说中的尼姑。据说，藤原丰成夫妇没有孩子，二人向观音求子，得到了中将姬。中将姬才貌双全，但却受到继母虐待，年仅16岁就在奈良当麻寺出家当尼姑。当麻寺保存至今的"当麻曼陀罗"，传说是中将姬在一夜间用莲花丝编织出来的。

不绝口，决定把白泷许配给他。治左卫门便迎娶夫人进门，他们家世代兴旺。在距今至少 100 年前，这则故事以《兵库蹈》之名广泛流传，内容与现在的版本似乎没有太大差异。如《摄阳群谈》第 8 卷就收录了《山田白泷赠歌》，即故事中名为山田的小伙子和白泷彼此赠送的诗歌：

> 山峰没有一片云彩覆盖，山田男思恋白泷女。
>
> 六月山田稻叶尖，一心向白泷，就让白泷之水直落山
>
> 田去。

只不过，在备中小岛和我老家一带，人们缺乏诗歌知识，会唱错一些歌词，所以这对赠歌以不同的形式流传下来。写到这里，作为《桃太郎》的研究者我想要提醒三点。首先，这一对赠歌告诉我们，即使是经过了如此漫长的时间并以特定形式流传下来的民间叙事，在中世时代还是遭到了改编。白泷写给山田小伙的诗歌开头第一句是"山峰没有一片云彩覆盖"，这样的表现方式是有趣，但显然不适用于奈良时代的女贵族。而《摄阳群谈》的作者对此却没有产生怀疑，这个事实说明，这一对赠歌是文学普及到下层阶级之后的产物，换言之，这便是"山田白泷"型故事流传到室町时代末期（约从

15 世纪后半期至 16 世纪后半期)时人们添加的文学润色。如果忽略这样的文学润色，只看其主要内容的话，"山田白泷"型故事讲述的便是"某位普通百姓借助于幽默的非日常语言得到优秀的配偶"，它显然继承了《寝太郎》《一寸法师》那样的故事传统。此外，我们甚至可以找到一些与《更级日记》①的作者路过武藏国竹芝寺时所收集的传说②一样的内容特点。而连这样的古老传说，都没能逃脱文人的改造。比如，《今昔物语集·大纳言娘被取内舍人语》(第 30 卷)和《大和物语》(下卷)在收录其版本时，不但增加了悲剧性结尾③，还

---

① 《更级日记》，平安时代中期菅原道真的玄孙女菅原孝标女(1008—?)撰写的回忆录，记录了她 13 岁至 51 岁的情感生活。该书的前半部分还记录了一些民间叙事。

② 从前，武藏国竹芝的小伙子在皇宫里当侍卫，因为生活太艰苦，心里充满了思乡之情。某日他一边打扫庭院，一边自言自语地说他老家如何如何的好。天皇最疼爱的公主偶然听到了他的话，很想亲眼看一看那里，于是命令小伙子带她去武藏国。两个人到了武藏国之后，彼此产生了情愫。不久，天皇派来使者，劝公主回皇宫。但公主没有听父皇的话，反而下嫁给了小伙子。天皇拿她没有办法，就封小伙子为武藏国领主，还免去了他的纳税义务。小伙子为公主盖了房子，这座房子就是后来的竹芝寺。

③ 大致内容如下：一个侍奉大纳言的年轻人偶然看到大纳言的女儿之后对她一见钟情，得了相思病。于是他豁出命去拐走公主，并在陆奥国安积山上盖了间房子，日夜伺候她。公主最初对年轻人恨之入骨，但看着年轻人尽心尽力地对她好，便逐渐产生了感情。于是两个人结了婚，过上了幸福生活。某一年，年轻人出门后几天都没回家，公主心里寂寞，就去深山里找丈夫。走到泉水边时，水面映出了自己衰老的容颜。公主心里难过极了，就留下一首绝命诗跳水自杀了。《万叶集》所收录的《安积山之歌》，便是公主留下的绝命诗。

解释说女主人公是《万叶集·安积山之歌》①的作者。但从《万叶集》第16卷的批注②来看，这种说法不过是托辞而已，而且此类情节不可能由一首古诗酝酿出来。问题在于，现今流传的"山田白泷"型故事中，有些版本受到了这种文学的熏陶，不但以类似的悲剧收场，还往往在具体的泉水古迹周围发展成地方传说，丹生山田（现神户市北区）的栗花落家传说便是一个例子。这些地方传说讲道，白泷和山田结婚后，偶然走到泉水边，看着自己的倒影顾影自怜，有的也说她是无法面对自己姿色衰老的事实，之后跳进了泉水里。也就是说，过去有一段时间，以"男主人公成为富翁的女婿"为内容的民间叙事分为两种，一种是喜剧性的，一种则是悲剧性的，这两种叙事逐渐有所区别，各自发展为独立的类型。而"山田白泷"型故事恰恰把这两种叙事的内容都保留了下来，向我们展示了民间叙事的历史演变过程。一般而言，如果民间故事中的诗歌部分成为最受人关注的亮点，那么这个部分在其流传过程中所发生的小变化，最后可能会导致整个故事情节出现巨大变异。但就"山田白泷"型故事而

---

① 即《万叶集》所收"安积香山，影副所见；山井之浅心乎，吾念莫国"一首。

② 《万叶集》给"安积山之歌"加了批注，介绍了如下传说：据说某年葛城王被派到了陆奥国，但国司并不重视葛城王。葛城王因备受冷落而心里感到不平，在酒席上无法欢畅饮酒。这时，一位才女忽然向他敬酒并吟诵了这首诗，葛城王听了很高兴，度过了愉快的夜晚。

言，其流传范围极广，而且新旧形式并存，因此，即使变化再大，我们依然可以从中看出一些贯穿整体的原始部分。

其次，我要提醒的是，如今，一个幸运儿或一个聪明小伙成为富翁女婿的民间叙事在全国流传，在这个过程中某种社会势力起到了作用，尤其在故事传到一些地方之后，当地人让故事内容和自己居住的某些地方产生联系，将其当作地方传说而保留下来。我们要认真地想一想，这些地方的人们为什么会深信"山田白泷"型故事讲的是当地的史实，难道仅仅因为这则故事很有名气或者讨人喜爱？除非我们追溯考察前一个时代的情况，否则就无法了解人们是出于什么目的，才重视这种民间叙事。解决这个问题的关键，便是自称白泷后裔的世家。在我国，"山田"这个地名处处可见，而在众多叫山田的地方，人们都把"山田白泷"型故事当成史实。我个人认为，这里首先存在人们想赋予祖先高贵血统的欲望，而故事不过就是他们为了满足这种欲望而采用的手段而已。下面举几个例子来说明这一点。在能登凤至郡鹈川（现石川县凤至郡）有个名叫山田的山村，在流经这里的山田川附近还有几座神社遗址，包括藻渊神社、产田神社以及若宫神社。据说，过去村里有一个名叫三田四郎右卫门的小伙子，某年他去京都当了个打扫皇宫庭院的下人。闲暇之余他常常拿着扫把跳舞，有一天偶然被中将公主看到了。公主嘲笑他像一只乡下的乌鸦，四郎右卫门便立刻吟了一首怪诗回应她：

> 一只乌鸦展翅飞走，
>
> 从天空俯视中将公主。

听说此事之后，中将的妻子厌恶女儿太轻率，便把她赶出家门。于是，四郎右卫门带公主回到家乡，两个人结为夫妻。当地人传说，这位公主同情山田人总是吃不饱肚子，便从海里捞出一把海藻，放入山田川。公主放了海带的地方被命名为"藻渊"，至今这里还可以看到茂密丛生的海藻（见《郡志》①，第 1160 页）。在上野国山田郡川内村（现群马县桐生市）也有一个地方叫山田，这里不但保留了类似的地方传说，甚至还有一座白泷神社。听说《山田郡志》②对此做了详细记录，可惜我还没看到。据《上州乡土研究》"桐生市荒土"词条记载，这座白泷神社供奉着白泷姬，她曾经向村民传授了织布技术。当地人传说，桐生有个名叫山田朝臣的人，在宫廷当差时爱慕公主。天皇被他的诗歌才华打动，于是把公主下嫁给他。和铜

---

① 石川县凤至郡编：《石川县凤至郡志》，凤至郡，1923。
② 山田郡教育会编：《群马县山田郡志》，内部刊行，1939。

七年（714），山田朝臣和公主一起回到了桐生。山田朝臣和公主的赠答诗与前述《摄阳群谈》所载的《山田白泷赠歌》以及《京童追迹》①所引的诗句完全一致。在东北，"某位下嫁平民的公主给当地人传授织布技术，死后被人们敬奉为神"可是很受欢迎的题材，如那须的绫姬、信夫的小手御前等，类似的地方传说不胜枚举，而且这些传说还衍生出了种种说法。但这些地方传说都没有谈及《懒太郎》那样的求婚细节，唯一的例外就是白泷姬传说。再如，在上总国山武郡千代田村山田（现千叶县山武郡），有一个池塘叫"清泷姬的御手洗"，这里也流传着类似的地方传说。从前，有个名叫孙三郎的男人到京都服徭役，对一位公主一见钟情，之后得了相思病。天皇听说此事后，将公主下嫁给孙三郎，孙三郎娶回家的这位公主就是清泷姬。后来天皇建立金光寺，里面安置清泷姬的守护佛作为主佛。虽然这个传说中没有赛歌的情节，但既然此地名为山田，那么它应该与其他地方传说都同属一类。值得注意的是，当地人还传说，孙三郎的父亲是被流放到此地的某位皇子，也就是说，连男主人公都被视为拥有非常高贵的血统。说不定前面列举的几个故事中

---

① 《京童追迹》刊行于宽文七年（1667），是江户时代的医师中川喜云（约1636—1705）撰写的旅游指南，书中附图、引用古诗介绍了京都一带的名胜古迹。

也存在过类似的情节。时至如今，"清泷姬的御手洗"已经变成了井口的名字，有些人从中汲取稍带铁红色的井水来喝，说喝了这里的井水，任何口腔疾病都可痊愈（见《山武郡乡土志》①）。另外，陆中上闭伊郡的海边也有个地方叫山田，早在180年前，《远野古事记》②第1卷就记录了关于它的故事。从前，宫廷命诸国派1000个男丁服3年徭役，并献出10位才女，闭伊山田有一个名叫佐内的人被征为役夫。他到京都服役后，爱上了女官清泷，并赠给她一首诗：

久旱不雨，稻苗枯槁，要清泷飞落润山田！

对此，清泷写诗赠答曰：

云上清泷遥不可及，可怜稻苗盼遇水。

佐内又写诗曰：

---

① 千叶县山武郡教育会编：《山武郡乡土志》，内部刊行，1916。

② 《远野古事记》，宇夫方广隆撰写的地方志，成书于宝历十二年（1762），共3卷。

天上日月无可搭桥，地上影子不分清污。

清泷则答曰：

现飞落山田救稻苗，哪怕清泷之名就此消逝！

于是，清泷躲避旁人的眼目，与佐内相会，最终随同他一起来到山田。据说他们在远野东禅寺管辖的深山中定居下来，隐居山间。不久清泷怀孕，但不幸遭遇难产，母子双亡。佐内为她们修了坟墓，还在墓前立了块石头。后来有人从山脚下的村落远远看见这颗石头，还问那是石头还是猴子，这才有了"猿个石川"之名。不难看出，这个版本中的赠答诗经过了文人的加工润色，对于民间叙事来说，这的确不太适用。而且，东北本来就没有流传着备中白石岛的"山田之露"那种叙事歌，东北人跳盂兰盆舞时，采用的是没有情节的歌曲。由此可以说，《远野古事记》所记录的这个地方传说，并不是产于本土，而是从别的地方流传而来。今天，很多人误以为民间叙事会像广播一样飞上天空，传播到各地。但其实，在没有文字的时代，即使虚构故事的内容再吸引人，也很难传播到远方。就算故事传播到了某地，也不是所有人都自然而然地把它看作古老的史实，并对此深信不疑。就上述的地方传说而言，其传播和流传可以说是一批云游各地的讲述人与愿意把这些外来故事当作史实的当地听众相互合作的结果。此外，我认为这里还有一种因素也起到了作用，摄津丹生山田庄的栗花落家传说便是一个证据。栗花落左卫门家是个大有来历的世家，府邸旁边还建了一座辩才天女神社。据说，每到栗花飘落的梅雨季节，这座神社里面都会涌出一股神秘的泉水。当地人用栗花落左卫门的祖先和白泷姬的爱情故事来说明其缘由。过去，白泷姬传说的不同版本在京都很有名气，且有着一定的历史。其实，这股泉水的起源传说，最初却是以另外一种形式存在的，那位下嫁给栗花落家的女贵族不是中将的二女儿，栗花落家祖先的鲁莽求婚也不是因为其诗才出众而成功。也就是说，这股神秘泉水的起源传说在与白泷姬传说相结合之前，经过了几次增加与补充。在我国，类似的神秘泉水不止一个，而且不少地方的人们都在讲述。每到农民最需要水的春季农忙期，某地都会涌出神秘泉水，因此当地人在此供奉神灵，以示谢意，浪华曾根崎（现大阪府大阪市北区）的露天神社便是一个著名的例子。如果说栗花落家传说有什么特殊之处，那就是当地人相信这股神秘泉水的源头是辩才天女神社，传说这座神社原来是白泷姬的墓地。但类似的说法不是完全没有，如远州久留女木的龙宫小僧传说就提到，从埋葬龙宫小僧的树底下涌出泉水，造福当地百姓。至于世家的祖先与水神之间的婚姻，更是十分常见的题材。一般来说，为了提高地方传说的可信性，人们一方面经常省略有关神人婚姻的情节，来淡化老生常谈的印象，另一方面又会添加一些新的文字进行润色。不难想象，栗花落家的后裔一代代地宣称，家族先祖的夫人不是普通农民出身，她死后被埋葬于清水河边。如果这样的说法能够满足后裔们的心理需求，那么再有趣的故事传到此地，栗花落家大概也不会突然将其与自己的家世联系到一起。而事实是，越来越多的后人不满足于长辈们传下来的家族传说，开始推测其中应该还有另一段缘由，这时恰好有人给他们讲述白泷姬传说，于是就有了今天的栗花落家传说。从关东、奥州山田地区的情况来看，白泷姬传说似乎也长期流传于摄津丹生一带。再者，白泷姬传说尚未成立时，我国就已经有了源赖政、梶原源太等人依靠自己的诗才娶得贤妻的传说①。按理来说，对这些传说加以改造，使之脱胎换骨，变成家族祖先传说，即使是没什么文化的平民也可以做到。但我还是坚持认为，既

---

① 比如，据《源平盛衰记》记载，平安时代末期的武士源赖政（1104—1180）对乌羽天皇（1103—1156）的女官菖蒲御前一见钟情。有一天，乌羽天皇发现了赖政写给菖蒲御前的情书，便让三位女官穿上一样的衣服，叫赖政猜哪一个是菖蒲御前。赖政吟了一首诗来巧妙应对，乌羽天皇对他的聪明才智感叹不已，于是将菖蒲御前赐给赖政。

然白泷姬是当麻中将姬的妹妹，那么在白泷姬传说与栗花落家传说融为一体的过程中，歌比丘尼起到了关键作用①。事实上，像歌比丘尼这样的女性宗教艺人在讲述故事的时候，往往都会装作被神附体，她们讲得又神秘又逼真，足以令乡下的农民信以为真。

最后我们需要注意的一点是，民间叙事完全有可能在一个地方发生突变。就拿"山田白泷"型故事来说，它一方面作为"山田之露"这样的盂兰盆舞唱词，长期得以传承，另一方面又不知从何时起开始改容易貌，迎合各种各样的听众。比如，能登山田村的版本中，"白泷直落山田去"一句已经失传，取而代之的是关于乌鸦的诗句，但"从天空俯视"一句，依然可以体现出这个版本与"山田白泷"型故事之间的联系。又如，流传在越后国南浦原郡(现新潟县三条市一带)的两个版本中，只有一个版本称女主人公为白泷姬，文中也保留了"山田稻苗枯槁"这一句；而另一个版本中男主人公名叫"碎藻"，其赠答诗也有了较大变化(见《加无波良夜谭》，第152、160页)。尽管诗句很古怪，我还是照原文引用。故事中富翁家的

---

① 歌比丘尼云游各地、讲述故事的目的是宣扬熊野大神的功德。而当麻寺最古老的祠堂，就是熊野大神降临的地方。传说中将姬(白泷姬的姐姐)在当麻寺出家当了尼姑。这里柳田根据当麻寺和熊野信仰之间的密切关系，认为白泷姬的传说出自歌比丘尼之口。

女儿嘲笑碎藻，作诗曰：

花儿盛开高于天，碎藻何苦迷恋她？

碎藻立刻作诗回答：

花儿盛开高于天，凋落淹于碎藻下。

富翁听了之后连连称赞，决定把女儿嫁给碎藻。《日本童话集》（第168页）也收录了题为《三个男人的愿望》的故事。该文转载自石井氏的《国民童话》①，可惜最关键的地方却抄录错误。从前，丹波国有个地主。有一天，他家的三个家丁聚在一起，各自说有什么愿望。第一个家丁说他想过主人过的那种好日子，哪怕只有三天也好。第二个家丁说他想要满满三箩筐银子。第三个家丁名叫杢藏，他说想和主人的女儿樱花结婚。主人听了之后，马上实现了前两个家丁的愿望，然后又问樱花是否愿意嫁给杢藏。樱花一怒之下赋诗一首，曰：

---

① 石井研堂：《日本全国国民童话》，同文馆，1911。

樱花高于天，杢藏何苦思念她？

　　于是杢藏作诗回答，诗的内容和越后国的版本基本一致。主人欣赏杢藏的聪明才智，便立刻招他为女婿。很显然，杢藏意指"尘芥"（日语读音均为 mokuzo，意为碎藻）。这样的文字游戏尽管有点低级，却是这则故事的趣味所在，可以引发听众的兴趣。然而，《日本童话集》却把家丁的名字改写为"末藏"。这样一来，我们就很难理解主人为什么欣赏这首诗，甚至把女儿许配给家丁了。其实，过去这类民间故事决不是说给儿童听的童话。对于某一时代的农民而言，"本来可望不可及的鲜花（喻为身分高贵的美女）屈服于碎藻（喻为身分低贱的男人）之下"这样的情节，可以满足人们心中的幻想，所以此类故事才会在农村家喻户晓。据说，播州加东郡（现兵库县小野市及加东市）也存在类似的"杢藏求婚"的故事（见《旅与传说》第 4 卷，第 3 号①），但是，除此之外，这一地区还流传着以播州山田村的源右卫门为主人公的故事（见《旅与传说》第 3 卷，第 7 号）。从前，源右卫门在京都一个贵族家做工。某日他在收拾院子时与两个伙伴聊天，随口谈谈自己的愿望。主人听到之

---

①　冢本笃夫：《须磨明石小歌》，载《旅与传说》，第 4 卷，第 3 号。

后，便实现了他们的愿望——给了一个家丁满满一箩筐金币，又给了另一个家丁满满一桶浅色黄酱，而源右卫门的愿望是娶贵族公主为妻，于是主人就让他和女儿赛歌，并答应如果源右卫门赢了，就把女儿许给他。源右卫门和主人的女儿所作的诗歌似乎超乎今人的理解，但其内容与能登国的版本基本相同：

> 唧唧喳喳，臭乌鸦，谁叫你妄想高阔的天际！

这是公主唱诵的诗句，源右卫门则作诗答曰：

> 臭乌鸦翱翔天空，连九重塔也在眼底。

就这样，源右卫门赢得了主人的赞叹，成功把公主带回家乡。虽然这次赛歌中公主输给了源右卫门，但她似乎也是个富有诗才的诗人。后来山田村遇到大旱时，她作诗求雨，果真就下了大雨。从中可以看出，这个故事从"春季农忙期自然涌出神秘泉水"的传说中受到启发，发生了独特的变化。关于民间叙事的系统问题，学界尚未形成统一的说法。面对那些无休无尽的争议，我从来都是保持距离的。但就"山田白泷"型故事而言，尽管人物姓名、诗句表现等方面存在较大差异，但没有人能否定本文列举的不同版本均属于同类，更不会否认"臭鸟""碎藻"等都是直到最近才出现的新说法。无论何时，我们都必须把搜集工作进行到底，直到确认事实为止。与此同时，我们还必须考虑一点，即人们讲述方式的变化程度与民间叙事中原初部分的减少速度并不成正比。比如，在前面引用的例子中，讲述人让三个家丁依次谈谈自己的愿望，并把重点放在最后一个家丁身上，赋予其特别的价值，这显然是程式化的传统讲述方式，而这在兵库的盆踊"山田之露"中已经消失了。的确，从古到今，各地的讲述人反反复复地运用这种传统的讲述方式，如三个儿子中老小完成了最大的事业，又如三姐妹中老大老二拒绝了蛇郎的求婚，只有老小顺从了父亲的意愿而出嫁等。甚至连《米仓法师》这样的笑话，都会用三个愿望来引发听众的兴趣。这种程式化的讲述方式，在漫长的时间里形成了叙事传统，后人完全有可能将其应用到"山田白泷"型的故事之中。但我们也不能断然否定其他的可能性。比如，在那个时代，古人会在仪式上讲述民间叙事，他们常常先让两个配角上场，之后主人公才闪亮登场，这样的人物对比无疑有利于加深听众的印象。又如，当古人讲述人类娶水神为妻的民间叙事时，可能会按照某种老规矩，一定要采用这样程式化的讲述形式。这是因为乡下人闲暇时间较多，人们讲述民间叙事的机会也不少，所以这样的老规矩就偶然在他们那里保留了下来。面对如上种种可能性，我还无法做出任何判断，而解决问题的唯一办法，就是搜集更多全国各地的不同故事。但世上有那么多学者辜负读者的信赖，随口乱说，甚至拒绝回头认错，而我实在干不出这种事情。

由妻子拯救

　　除了白泷传说，丹生山田的栗花落家还保留了关于"天国宝剑"①的故事，故事中宗教艺人的文学润色痕迹更加明显。相比之下，取材于这把宝剑的近代歌舞伎作品，反而蕴含了更多民间信仰的色彩。今天，在骏河、远江两国（现静冈县一带）的山村，偶尔还会有人告诉我们，当地世家的后裔曾经随身携带一把形如长矛的宝剑，名为"天国之剑"。虽然关于这把宝剑的威力和来历，人们只有极其模糊的记忆，但至少可以说，世家的后裔们想要通过一种可见的形式，就像与祖先传说有关的坟冢、神树等一样，来主张自己的家族历史悠久。按照现代鉴定家的说法，"天国"是一位刀匠的俗称，但这些世家未必使用该词的这层含义。不管怎样，在传承白泷传说的栗花落家，后人们称这把宝剑是白泷姬出嫁时，从老家带

---

　　①　天国宝剑，指传说中的刀匠"天国"所铸造的宝剑。

来。至今为止，栗花落家把这一稀世宝剑当作家宝而代代相传。与此同时，他们还声称，白泷姬以天生的福分帮助丈夫经营家业，让家族人丁兴旺，这两种传说共同构成了栗花落家传说的本体。

在我看来，今人只讲桃太郎从鬼岛带回了金银财宝，而不提他也带了妻子回乡，这是《桃太郎》经过童话化后遗漏了后一段情节的结果。同理，我认为可以根据故事是否同时具备"伐鬼"和"求妻"两种情节，或者根据人们如何看待求妻情节，来推测其是否为古老的民间故事。即使是最近刚发现的新的故事类型，只要它兼具这两种情节，也完全可以认为它具有悠久的历史。御伽草子《御曹子岛渡》提到，源义经获得了宝物，还抱得美人归；《一寸法师》则把万能宝槌用在自己身上，让幸福婚姻变得更加完美。只不过，在这些御伽草子中，女性发挥的作用还不够明显。国外《格林童话》的傻瓜汉斯、《五日童话》的佩伦托也是如此，他们并没有像《烧炭富翁》中的烧炭佬一样，在妻子的教导下得到宝物、改变命运。而在奥州和奄美大岛搜集到的异类婚型故事中，蛇郎、田螺、青蛙等主人公，就是在有了妻子之后才过上了幸福生活。我国民间故事往往不以美满婚姻为大团圆的结局，在谈到主人公结婚后还要继续说明"天下最幸福的女婿是由妻子创造的"。当然，我们不能简单地把上述发展阶段视为故事产生分化的先后顺序。至少可以说，几百年前记录下来的故事，未必保留了最初的形式；后人取材于民间叙事的文学作品，反而会反映出更加古老的一面。

下面，我要举一个例子。单口相声《王子的狐狸》取材于民间故事，其内容为：狐狸本想欺骗人类，结果却反而受骗，被人类占了便宜。这可是所有以征服异类为内容的民间叙事中，最会愚弄异类的那种。最初编出这种笑话的人，肯定不相信异类的存在，但他们的自由想象还是没能脱离"懒汉发迹"这样的古老形式。主人公让狸子变成茶釜或大鼓，将其卖了换钱的故事也属于这一类，不过它的情况要稍微复杂一些，这里暂且不论，只集中讨论"交换宝物"型故事。"交换宝物"型故事可分为两种：一种讲述天狗、狐狸等异类被主人公欺骗之后，因吃亏而哭泣或自尽，故事以此为结局；另一种讲述的便是主人公从异类那里骗到宝物之后的故事。后一种故事又可细分为两种，无论是哪一种，最后主人公都会像"邻家爷爷"一样以失败告终，这样的情节可以反映出，此类故事在历史上以逗笑为目的。但是，连这样近似于笑话的故事，都保留了"主人公的幸福婚姻"这种传统内容。比如，有一种"交换宝物"型的故事讲，一个无可救药的懒汉欺骗狐狸或天狗，以攫取羽扇、红色饭勺等宝物。只要用这把宝羽扇给鼻子扇风，鼻子就会变长，用红色饭勺拍下屁股，人就会不停地放出歌声一样的屁，如果把羽扇和红色饭勺倒过来用的话，鼻子就会变矮、屁也会停下来。懒汉借助于宝物，先让富翁家的女儿为难，然后再给她治疗，最后成功当上了富翁家的女婿。另一种"交换宝物"型故事中，懒汉得到的宝物是隐身蓑衣，其故事情节还是由一位女性来推动。尽管有些地方差异，这还是妇孺皆知的故事，似乎用不着我来详细介绍了。简单地说，主人公是个从不劳动的赌鬼，某日他连裤子都输掉了，在回家的路上把他唯一剩下的骰子掷来掷去，随口说些空话。天狗在树上偷听赌鬼说话，结果上了当，于是它飞到赌鬼那里，拿自己的隐身蓑衣换了骰子。赌鬼立刻披上蓑衣藏了起来，之后天狗发现它换来的骰子没什么特别之处，废然而返。从此，赌鬼借助于隐身蓑衣，随心所欲地做任何事。信州北安县郡的版本接着又说，赌鬼自以得到隐身蓑衣的那天起，似乎变了一个人，一大早就出去，直到晚上才回来，他说自己是去外面干活了，但他妻子却不相信。于是妻子细心观察丈夫的行踪，发现他经常打开抽屉开心地笑起来。妻子的疑心更重了，她趁丈夫不在家偷偷打开抽屉，看里面放了什么，这个情节让我想起了奥州的"yokenai"。赌鬼的妻子在抽屉里看到了蓑衣，因为嫌太脏便把它烧掉了。赌鬼回家后呼天抢地，但已经无可奈何了。他只能试着把蓑衣的灰抹在身上，结果发现蓑衣被烧成灰，竟然还有隐身效果。于是赌鬼到酒铺的酒窖里偷喝好酒，他很快就喝醉了，睡得很香。酒滴往下滑落的时候，冲掉了他抹在腿脚上的蓑衣灰，失去了隐身效果。酒铺的人忽然看见一条腿，结果发现了偷喝酒的赌鬼，最后闹得天翻地覆。此类故事的各种版本都是到此为止，其内容没有太多差异。而北安县郡的版本却有点特殊，它接着说，赌鬼的妻子听到此事后便立刻跑了过来，对店家说她会巫术，之后独自进入酒窖，叫醒丈夫，让他巧妙地逃走，最后还从酒铺主人收了一大笔钱作为谢礼（见《北安县郡乡土志稿》第1卷，第186页）。不难想象，世上没有人会把这种民间故事当真，既然听众认为故事讲的是虚构内容，那么讲述人就可以发挥自己的创作能力，自由地添加细节，因此我们不能仅凭"妻子帮助主人公"的结尾，就断定北安县郡的版本保留了更古老的形式。重要的是，且不论是复古还是挪用，除非有某种参照，否则这个版本的讲述人恐怕不会特意插入这样一段情节。应该说，在此类故事中把蓑衣烧成灰的一定是母亲或妻子，而北安县郡的版本在结尾处，再次强调了妻子的存在。我们由此可以明白，其他版本把"女性"和"宝物"联系在一起也属必然。这里存在一种叙事规律，即男主人公得到幸福的过程，必须有女性的参与。说到这里，读者可能已经知道我要说些什么了。《寝太郎》讲述了一个懒汉最终成为富翁家女婿的故事，但这样的情节说起来太离谱。因此，在与《寝太郎》同属一类的民间叙事中，讲述人特意强调那些懒汉是借助于宝物的神秘力量，才得到幸福婚姻，或者是懒汉的妻子靠自己的力量，让夫家变得充满欢乐、更加富裕。最后我要再补充几句：万治二年（1659）刊行的《百物语》①（下卷）记载了一个笑话。从前，法师拿自己的法衣与狐狸交换隐身蓑衣，骗狐狸说只要穿上这身法衣，别人就看不出你是只狐狸。于是狐狸穿上法衣假扮法师，结果它很快就知道自己上当了。而披上隐身蓑衣后偷偷进入别人家的法师也被逮捕了，原来所谓的"隐身蓑衣"也只是普通的蓑衣而已，法师也上了狐狸的当。可见，人们拿那些征服异类的传统故事来逗笑，并不是最近才出现的事，至少比单口相声艺人表演的《王子的狐狸》出现得更早。

---

① 《百物语》，刊行于万治二年（1659）的假名草子集，作者不详，上下 2 卷。

画中妻子

一 黑川能剧的起源与《瓜子姬》

最近有人告诉我，出羽黑川村（现秋田县横手市）流传着较罕见的《瓜子姬》版本。故事中的瓜子姬既不是天赐之子，也没有被老夫妇收养，而是以惊人的速度成长为一位贵妇人。这里有一个我正要思考的问题，下面不妨简单介绍一下故事的内容：

从前，黑川村有个地方叫孙在家，住着一个名叫孙三郎的农民。某日，孙三郎忽然在河边看见一个瓜从上游漂了下来，他捞起瓜后带回了家。到家后他先把瓜放在神龛里，打算过一会儿再吃。没想到很快就从神龛里传来婴儿的哭声，孙三郎匆忙抬头一看，发现从瓜中出来了一个女婴。孙三郎对这个女婴很好，一心一意地照顾她。转眼间女婴长大成人，出落得亭亭玉立，就像是一位美丽的公主。她长得太美了，孙三郎每天在家中欣赏她的美貌，舍不得离开半步。美女担心孙三郎不去干活，便画了一张自画像，让他干活时随身携带。某日，孙三郎把美女的肖像画挂在旱田旁边，一边欣赏美貌一边耕地。忽然刮起一阵大风，把这幅肖像画吹走了。有位领主在庭院里看见松树枝上挂着一个像是风筝的东西，于是让家丁拿过来看看，发现竟是一幅绝世美人的肖像画。领主心想，到哪里才能见到如此美丽的贵妇人呢？他立刻派人到处寻找，有个家臣回来告诉领主说，这位美女是孙在家某个贫农的妻子。领主马上把孙三郎的妻子叫过来，逼迫她嫁给自己。孙三郎四处寻找肖像画未果，无奈回到家，结果却发现妻子也不见了。后来他知道妻子是被领主抢走了，但他不死心，一定要再见妻子一面，于是每天都到城堡门前找人，但每次都被门卫赶走。孙三郎想起妻子爱吃栗子，就装扮成小商贩，绕着城堡转了三圈，大声吆喝："新鲜的梳代山毛栗！"妻子自从被带到城堡就再也没有笑过，而这一天她在窗边看到卖栗子的小贩后，竟然笑了起来。于是领主赶紧把小贩叫进来，买下所有的栗子，还与小贩互换了衣服。之后，领主打扮成小贩模样，并在城堡的窗户下面边走边卖栗子，想看一眼妻子的笑容。天色渐晚，城堡的大门已经关闭，领主想要进去，却被门卫拦下了。同样，扮成领主的孙三郎也回不去家，只好在城堡里住了一晚。但他还是不愿在这里待太久，天一亮便带着许多财宝和妻子一起回到了黑川村。据说，黑川明神社至今都珍藏着能剧面具等各种宝物，无论是金茶釜，还是金银细工的什器，都是二人从城堡带回来的。后来孙三郎成为黑川明神社的祭主，同时又当上了能剧演员。到明治时代初期，他们的后裔一直住在黑川村（国分刚二君于大正三年（1914）采录）。

关于黑川能剧的起源，民间存在着众多说法，以上不过是其中一种说法，但我们依然觉得这个版本的故事十分有价值。首先，这位开拓孙在家的农民名叫孙三郎，他和肥后国的米原富翁同名，米原富翁原来也是一个穷人，后来他从京都娶回公主并幸运地发现了黄金，变成了富翁。其次，在目前发现的所有《瓜子姬》故事中，捡到瓜的单身者只有孙三郎一个人。最初美女和孙三郎的关系似乎是父女，但故事后半部分又说二人是夫妻，其界限十分模糊。在故事的前半部分，讲述人本打算详细描述天赐之子的来历，但后来逐渐对其惊人的成长失去兴趣，于是把故事的重点挪到了后半部分，增加了一段吸引人的结尾。从此意义上讲，这个版本介于《竹取物语》和余吴湖（现滋贺县长滨市）的"天鹅处女"故事①之间，或者介于丹波国的比治山传说②与伯耆国的御羽衣石传说③之间，反映出了"神童成长惊人"的情节逐渐被人忽略的过程。如果我们再把目光放长远一点，甚至在《桃太郎》和《羽衣传说》这样看似互不相干的两种故事之间，都可以找到一些契合点。

二 领主卖桃

孙三郎卖栗子的故事，当然不是在羽州孙在家当地产生的。那么，究竟是谁把它带过来的呢？这是一个属于古代文化交流史领域

---

① 指流传于滋贺县长滨市余吴湖一带的"天鹅处女"型故事，被收录于奈良时代初期的风土记《近江国风土记》中。故事最后，天女生下两男两女，他们便是湖北地区的古代豪族伊香氏的祖先。

② 指位于京都府宫津市、京丹后市的比治山地区流传的天鹅处女型传说，被收录于《丹后国风土记》。故事中，天女善于造酒，老夫妇因此发了财。但他们忘恩负义，发财后就赶走了天女。天女哭着走到竹野郡船木乡奈具村，村民奉她为神，并为她建立了竹野郡奈具神社。

③ 指位于鸟取县东伯郡的羽衣石山地区流传的"天鹅处女"型故事。故事的结局是，天女找到羽衣后飞回天庭了，两个孩子在山上打鼓吹笛，请母亲下来，但天女再也没有回来。

的难题。我们根本就没有足够的资料做出合理的解释，因此，回答这个问题比掌握孙在家家传的能剧面具的来历更加困难。尽管如此，在经过一番比较之后，我发现岩手县紫波郡有如下一则故事：

　　某年夏天，有个年轻的农夫路过河边，偶然看到三位天女正在河里洗澡。他把其中一位的羽衣藏在树荫下，导致这位天女无法飞上天，只好跟着他回家，当了他的媳妇。娶到漂亮媳妇之后，年轻人不肯出门干活，每天在家欣赏天女的美貌。于是天女画了一幅自己的肖像画给他，说："你那么想我，就拿着这幅画到地里边看边干活好了。"年轻人把天女的肖像画挂在开叉的竹竿上，又把竹竿插在附近田埂上，一边干活一边欣赏画中的妻子，时不时地还会抚摸画纸，对着她说说话。某日，突然刮起一阵大风，把肖像画和竹竿一起吹走了。这幅画飘到了一座城堡的庭院里，领主见到便说："原来世上还有这么美丽的女人，无论如何也要把她给我找来！"于是领主派人去全国寻找，最终他们找到了天女，并强行把她带回城堡。临走时，天女送给了丈夫三颗桃树的种子，并吩咐他说："种下种子后，三年树上会结出桃子，到时你就来城堡卖桃子。"丈夫照天女说的做了，三年之后桃树果然结满了桃子，每一颗都红彤彤、水灵灵的。他把桃子放入一个草袋里，在城堡周围大声吆喝着卖桃。天女自从来到城堡后就没有笑过一次，而此刻听了外边的叫卖声，第一次露出微笑，还说想看看外边这人卖的桃子。领主立刻把门外的卖桃小贩叫过来，并让他在庭院里吆喝卖桃。听了之后，天女更加高兴了，笑得甜甜的。看到天女的笑容，领主也高兴极了，对农夫说："这次我来扮演卖桃小贩，你先坐在我这边！"然后领主让农夫穿上自己的衣服，自己则披上小贩的破衣裳，扛起草袋，在院子里吆喝着卖桃。真正的丈夫就穿着一身漂亮的衣服坐在身旁，所以天女高兴得哈哈大笑。而领主误以为天女喜欢他这样做，扮演得更积极了。他一边吆喝一边走，最后走出了大门。门口的侍卫看到后很吃惊，立刻把这位不懂礼数的卖桃小贩狠狠打了一顿，将其赶出了门外。就这样，年轻的农夫当上了领主，在城堡里与天女过上了幸福生活。

听了这样的民间故事之后，人人都可能误认为某些民间故事曾经以相对完整的形式，从国外传到了我国，这是在所难免的。就算我国乡下自古以来就有肖像画或挂图，"领主和农民互换身份"这种改变贫富祸福的神奇讽刺剧，也不可能出自我国普通农民的幻想。我一直在努力寻找这种幻想的渊源，但在我找到国内的源头之前，肯定会有人从中印两国的文献中找到其原型。与此同时我还认为，某种国外故事在传到我国之后，之所以会受到日本人喜爱，以至于农民们深信故事讲的是真实历史，不仅仅是因为古人对其讲述方式、地名、人名以及桃子、栗子等细节做了改造，更是因为他们把国外故事与国内长期流传的另一则故事联系到一起，甚至利用前者编造出了后者的版本。诚然，追溯其源，《羽衣传说》和《瓜子姬》可能同属一类，但《画中妻子》传到东北地区的时候，二者已经是相互独立的两种类型。而这样相互独立的两种故事，分别与孙在家和紫波郡的故事《画中妻子》发生了联系，前面介绍的两个版本无疑体现了两种不同故事类型的复合现象。讲述人在传统的故事告一段落之后，又接着讲述了外来的民间故事作为日后谈，面对这样的事实，首先要思考的问题就是，讲述人把不同类型的民间叙事编成一个故事的时候，有没有省去某些情节？其次，两种故事的衔接处在哪里？又有哪些因素起到了媒介作用？关于这些问题，随着比较研究的推进，我们可以逐渐得到关于这些问题的一些线索。到那时，大家就应该知道现在我为什么如此提倡民间故事的搜集工作了。

三　天上掉馅饼

《画中妻子》的其他版本还流传于九州地区。据说，在丰前国筑上郡（现福冈县筑上郡）等地，人们把那位幸福的女婿称为"enbu"，当地还有"enbu 得福"这样一句俗话（《乡土研究》第 3 卷，第 9 号）。所谓"enbu"大概与日本中部地区的方言"enba"一样，意为偶然或不可预测，"enbu 得福"则指"天上掉馅饼"。因为现在的人们已经不知道古日语中方言的含义，所以把"enbu"理解成了主人公的名字。

从前有个名叫 enbu 的贫农。他人品好，也能干，某一富翁家女儿自愿下嫁给他。enbu 很爱妻子，不愿分离片刻，从结婚的那天起就不去干活了。他的父亲很担心，于是请一位著名画师画了一幅儿媳妇的肖像画，让儿子随身携带。enbu 很开心地将这幅肖像画挂在田埂上，一边耕地一边欣赏妻子的美貌。某日，外面忽然刮起大风，这幅画被卷上天，最终落到了王宫庭院。这时，国王刚好在寻找美女，看到画后便立刻派人去全国寻人，最终他们找到了 enbu 的妻子，强行把她带回王都。妻子离开后，enbu 因太过思念而来到王都，但王宫的侍卫拦下了他，怎么也不肯让他进去。后来 enbu 得知王宫有一种习俗，每年的端午节，国王都要在王宫里亲自选购些菖蒲，那一天会来很多卖菖蒲小贩，但只有排在前三位的小贩才能入宫。端午节当天，天还没亮，enbu 就扮成卖菖蒲的小贩，在王宫门前排队。后来他成功进入王宫，来到了国王和王妃面前。王妃入宫后从未笑过一次，但她看到这位小贩就突然笑了起来。国王看了高兴极了，为了再看一眼王妃的笑容，他第二天又叫来这位小贩，并和他互换衣服，打扮成小贩，在庭院里吆喝着卖菖蒲。不久，一个毫不知情的侍卫过来，把国王当成小贩赶出了门外。就这样，enbu 意外地成为国王，与他挚爱的妻子在城堡之中过上了幸福的生活。

与东北地区的前两个版本不同，这个版本在用词上保留了国外的色彩，讲述人似乎想表明，这是从国外翻译过来的外国故事。而唯一的例外是"菖蒲小贩"。在我国的民间故事中，有些女人会用菖蒲水沐浴来堕掉蛇郎的孩子，也有些放牛娃藏身于菖蒲丛中躲过山中女妖，他们的故事往往变成了解释菖蒲为什么是吉祥的，过端午节为什么要用菖蒲辟邪的起源传说，说不定这个 enbu 的故事曾经也是如此。这些暂且不论，我们可以肯定的一点是，前面介绍的三种《画中妻子》的故事同出一源，这意味着我国的民间故事确实是随着人的移动而传播，甚至由此经历了一次南北长达数百里的漫长旅途。

根据榊木敏君的报告(见《旅与传说》第3卷，第5号)，在肥前国南高来郡(现长崎县岛原半岛一带)也有一个版本。有趣的是，这个版本的开头部分又与《鼻涕鬼大人》结合起来。这里不再引用全文，只是简单介绍一下主要内容：

> 从前有个穷人，某年除夕，他在街上卖交趾木和凤尾草，却一个都没卖出去，他一气之下把这些全部扔进海里，之后便回家了。第二天龙宫派来使者，邀请穷人到龙宫做客，结果穷人把美丽的龙女娶回家了。因为妻子长得太美，穷人不愿离开她，但又不能一直呆在家里，于是请画师给妻子画了一幅肖像画。他用开岔竹竿插上这幅画，再把竹竿插在附近的田埂上，用锄头挖一下地，就看一眼画中妻子。有一天，大风忽起，把这幅画吹到了领主的庭院里。
>
> 之后的内容就与其他《画中妻子》的版本完全不同了。领主提出种种难题于穷人，威胁他万一解决不了的话，就要把

妻子献给领主。但每一道难题都被妻子以聪明才智破解了。

领主难不倒穷人，穷人和妻子就永远地幸福生活在一起了。

最初我要了解的问题是，庄内黑川村的《瓜子姬》为什么会与看似来自国外的《画中妻子》联系在一起？但在得到答案之前，我又意外地发现，《画中妻子》的部分版本以卖栗子或者卖菖蒲的小贩为主人公，这些版本都是由不同类型的故事组合而成的。如上版本还与"领主出难题"型故事相结合，而从古文献中的记录来看，"领主出难题"型故事在我国的历史传统，比《画中妻子》更悠久，关于这一点我稍后再谈。前面我给大家介绍了《瓜子姬》《羽衣传说》以及"领主出难题"型故事的三种版本，古时候这三种故事分布在我国南北的不同地方。不难想象，"穷苦农夫和领主互换衣服导致彼此地位颠倒"，这样的哲学观在传入我国之后，赋予了这些传统故事新的活力，使之重新在全国传播开来。

四　安积山的糠次郎

而另一方面，也有一些地方想要独占某些故事，主张他们传承下来的故事才是"正统"，其他地方的版本则是模仿，甚至是"亵渎"。这样的民间故事自然呈现出传说化的形式，我们更难以追溯其渊源。关于民间故事的传说化问题，我曾经以《白米城传说》为例，发表过个人观点①，简言之，这是听众和讲述人对民间故事的观点差异所致。有些讲述人怀有某种文学兴趣，甚至连国外故事都要积极学习和利用，而听众却保持着传统的观念，以至于善意地认为"故事讲的都是真的"。一方面，这些保守的听众在其附近寻找某种事物，借此证实和记下他们信以为真的故事内容；另一方面，他们也努力省去自己不相信的细节，甚至有时对故事做出了善意的修改乃至增补。因此，除非全面了解民间故事的实际情况，否则我们就无法进一步思考传说的起源问题。也就是说，想要了解传说，首先必须要研究民间故事，专门研究传说反而会产生误解。

如今，《白米城传说》流传于全国各地，最初构成其源头的民间故事却已经失传了，这难免令人觉得，我的上述观点缺乏根据。但就孙在家的孙三郎传说而言，还是存在一些证据的。孙三郎的传说在开头部分提到瓜子姬惊人的成长过程，而剩下的三分之二又由《画中妻子》《米原富翁》等几种民间故事构成。就《画中妻子》来说，我们已经搜集到三个以上的版本，而且其中两个版本已经变成了传

---

① 柳田国男：《木思石头语》，三元社，1942，91~154 页。

说。从中我们可以感受到民间故事在传说的形成过程中所起到的巨大作用。在离福岛县郡山市不远的安积郡片平村大町（现福岛县郡山市），有一个泉水池叫作"山井清水"，当地人传说这里曾是某位宫女跳水自杀的地方。当地还流传着另一则《画中妻子》的传说，主人公名叫糠次郎，是一位穷苦农夫，如今泉水池边还矗立着一块刻有"安积山之歌"的石碑。

　　从前，有个孩子名叫糠次郎，他长大后娶了富翁家的美丽女儿做媳妇。他深爱妻子，不愿离开她半步，因而不再下地干活，他们家田地很快就长满了野草。妻子很担心，于是照着镜子画了一幅自画像，用开岔竹竿插好，送给了糠次郎。从那天起，糠次郎每天都把这根竹竿插在田埂上，边看画边耕地。某日，外面突然刮起大风，把这幅画卷向天空，吹到奈良宫廷的庭院里。一位名叫葛城王的皇子偶然捡到这幅画，为画中人所倾倒。他亲自到奥州乡下找出了糠次郎的妻子，把她带回皇宫当宫女。离别时，糠次郎呼天喊地，注视着妻子渐渐远去的背影。当地有一棵松树，人们称它为"忍痛站立之松"，可见这个传说并不是无中生有。糠次郎的妻子身在奈良，思乡心切，某个夜晚她把自己的衣服挂在猿泽池的柳树上，然后逃出了皇宫。但当她回到安积郡的时候，糠次郎早已不在人世，妻子得知这个消息后失神落魄，也投身于浅香泽。而奈良宫廷里的人们不知真相，他们放掉猿泽池的所有池水来寻找宫女，后来宫女的尸体却出现在陆奥安积郡的浅香泽，于是人们开始传说猿泽池的池底有一条地下暗河通往浅香泽(见《地方丛谈》，由菅野氏和桃井氏报告)。

近代的传说往往讲究言之有据，尽可能地让传说内容和现实事物相吻合。当然，说起来容易做起来难，一般只有学识丰富的神官僧侣所做的修正增补，才能让民间故事的传说化成为可能。然而，这些有学问的人却难以彻底否认当地的古老说法，如妻子的肖像画被风吹走，男主人公名叫糠次郎等。据说，"糠次郎"不是具体的人名，而是像八户的"芜烧屉四郎"一样，原是当地人给年轻贫农起的外号，意味着这位农夫穷得天天啃糠来维持朝不保夕的生命。以前我在《海南小记》①中写过，奄美大岛屋喜内(现鹿儿岛县大岛郡)的汤湾五郎又称糠五郎，从前他渡海前往冲绳，在那里幸运地得到了出人头地的机会，最终过上了贵族般的生活。如果没有天上掉馅

---

① 柳田国男：《海南小记》，大冈山书店，1925。

饼式的幸福，兀兀穷年的糠次郎根本就不可能娶到富翁家的女儿。这位穷苦青年舍不得离开妻子，宁可让田地长满野草，都不愿出门干活，由此看来，他也可以算作是另一位懒太郎了。一个懒惰的穷人意外遇到了美好的缘分，又以出乎意外的手段克服困难，最终成为显赫世家的始祖，这大概就是《画中妻子》最初的主要情节。其中，有关妻子肖像画的细节，不过是主人公遭遇苦难的契机而已，这本来是讲述人可以自由发挥想象力的可变部分，因此讲述人就纷纷拿来罕见的材料，给故事增加一些新的说法，最终形成了今天的《画中妻子》。我这样的假说是否正确，大家看了下面"领主出难题"型故事的历史演变之后，会有更清楚的认识。与其他版本不同，前面引用的安积山传说以悲剧结尾，这可以说是近代传说中较普遍的现象。幸运的是，糠次郎发迹的故事依然还在流传，这个大快人心的故事，没有彻底淹没在近代日本人的悲剧情绪之中。

五　般若寺的磐若姬

流传在周防室津半岛（位于山口县南东）箕山周围的《画中妻子》，也已经变为一种以悲剧收尾的地方传说。这里离寝太郎荒神的古迹不远，《画中妻子》发生这样的演变也不足为奇。这则传说广泛流传于全国，也不断被文人改编，形成了各种版本。但那些生活在箕山山脚的村民传承下来的故事，内容要更简单一些。

　　从前，用明天皇还是皇太子的时候，发现庭院松树枝上悬挂着一只不知从何处飘来的风筝。摘下后发现上面是一幅美人像。皇太子为其美貌所倾倒，立刻派人寻找，终于在丰后国找到了画中美女。原来她是满能富翁家的独生女，皇太子要娶她为妻，但富翁夫妇却不肯献上女儿。皇太子内心百般思念，于是扮作贫民并改名为草苅三藏，千里迢迢来到丰后国，历经种种困难，最终与富翁家的女儿结为夫妻。他们一起返回京都，但路过箕山山脚一个名叫"大笛濑户"，又称"小鸣户"的险滩时，妻子被龙神缠身，两个人乘坐的小船也被打翻了。两人好不容易游到岸上，不一会儿妻子就去世了。为了吊慰妻子的灵魂，皇太子在箕山上建了一座寺庙，以妻子的名字命名为"般若寺"。当地人还传说，妻子死后，皇太子按照妻子的遗愿，将其埋葬于箕山山顶，这就是今天的"磐若姬冢"，后来用明天皇的陵墓也被迁到此地（同上，井上弘氏报告）。

据文献记载，丰后国的满能富翁又称真野富翁，原来是另一位懒太郎，即烧炭小五郎发迹后的名称。关于烧炭小五郎成为真野富翁的经过，九州以西的周防人都很熟悉，以周防般若寺的缘起传说为首，至今流传着多种版本。其中有一些经过后人的改编，多了一些非常夸张的内容。有趣的是，周防人讲述的真野富翁传说与九州人讲述的内容基本一致，甚至连那些夸张的内容都不例外。比如，流传在丰后一带的《真野富翁一代记》几乎变成了战争故事，而周防人还在讲述与《真野富翁一代记》内容差不多的真野富翁传说，故事里面有百济国的军师，也有"海盗袭击维舟"的情节，只不过周防人在传说的结尾处，增加了一段磐若姬的悲剧。说起磐若姬，她的名字大概是从周防般若寺衍生而来的，最初出自周防人口中。最近有人在丰后出版的《烧炭小五郎传记》①一书中也采用了这个名字。关于这种海峡两岸之间的一致现象，我们可以根据山路氏的迁居来给出较合理的解释。直到近代，自称是烧炭小五郎后裔的人们都居住在丰后的海边，他们改姓"草苅"，靠家传的烧炭技术来谋生。而在周防地区，也有一个显赫一时的世家叫草苅氏，他们称周防草苅氏是海峡对岸丰后国草苅氏的分支。至于周防草苅氏与箕山般若寺乃至箕山周围的讲述人之

---

① 波多野政男：《烧炭小五郎传记》，农村青年社，1926。

间有何关系，我还没有弄清楚，周防的草苅氏只是肯定地说，真野富翁传说是从九州传到周防，又从周防传到本州各地。

如今，草苅氏居住在丰后、周防两地，都保持着一定的规模。我个人认为草苅氏的祖先是过去传播民间叙事的比丘尼或盲人乐师，但草苅氏的后裔们一定不会接受我这样的推测。但不可否认的一点是，"草苅"这个姓氏源自天皇微服私访民间的传说，即所谓的"山路吹奏草苅笛"传说①，他们家的祖先曾经非常相信这个传说的真实性。由此看来，草苅氏的祖先未必就是保存和传播故事的职业艺人，但他们至少是热衷于推动《烧炭小五郎》向地方传说演变的听众。在历史上，确实有一批人从九州迁居到山口县东部的海边，且不论他们是否就叫草苅氏，如今那里的很多人都知道丰后烧炭小五郎发迹，成为真野富翁的传说这一事实。最后我们要思考的问题就是，以真野富翁传说为基础的磐若姬传说，包含了《画中妻子》的情节，这是不是九州移民在周防定居之后，他们的真野富翁传说和当地流传的《画中妻子》发生融合的结果？还是说，《画中妻子》本身

---

① 从前，用明天皇想娶真野富翁的女儿，但富翁却不肯。于是用明天皇就化名"山路"，在富翁家当了放牛郎。但他不会割草，只好骑在牛背上吹笛，其他放牛娃听得入迷，都愿意帮他割草。故此，用明天皇为爱情而吹奏的笛子被称为"草刈笛"。这个传说始见于《舞本·乌帽子折》，后来近松门左卫门据此编写了《用明天皇职人鉴》，风靡一时。

就是九州移民从故乡带过来的？在我看来，前面引用的两则九州的传说，似乎印证了后一种可能性。

六　六十六把扇子

当然，真野富翁的传说也不是没有变化，它的内容逐渐变得丰富。我们可以按照其成立的时间，大体上将其分为两种：前一种以穷苦的烧炭佬的婚姻为中心，描述真野富翁的来历；后一种则重点描述真野富翁的女儿（即玉世姬）在前往京都途中不幸逝世的经过。其实这原本是一种神话的两种讲述方式，古人借此从不同的角度说明：在神话时代，神借助巫女的力量得以显现，受到人们祭祀。而同一个民间故事拥有两种讲述方式，为什么没有人对此提出质疑呢？这大概是因为，后一种讲述方式在前一种讲述方式衰落之后逐渐兴起，并继承了前者的内容。我在之前发表的文章中就指出，属于"烧炭小五郎"型故事的部分，应该比后半部分的历史更悠久。然而，如今"烧炭小五郎"型的故事流传得更加广泛，几乎遍布全国，而古文献中却没有相关的文字记录。相比之下，后半部分，也就是"山路吹奏草苅笛"型故事，文人们从很早的时候就开始记录。这两种民间故事仿佛是一对兄弟，它们先后离开了故里，之后一直在他乡飘泊，再也没有相见。

比如，在东北，气仙高田（现岩手县陆前高田市）有武日富翁，二户郡（现岩手县二户郡）则有田山富翁，传说这两个富翁的女儿都是国色天香的美女，后来都嫁进了皇宫。在柴田郡田邑（现宫城县柴田郡）的白鸟明神社和亘理郡矢府（现宫城县亘理郡）的了鬈山，至今还保留着放牛娃"山路"的故居。在日本东部的农村里，满能富翁的女儿也是人们较熟悉的故事人物，如奥州人就经常让她出现在"烧炭小五郎"型的故事之中。但在这些地方，富翁家女儿的故事与放牛娃"山路"的故事，始终以相互独立的形式存在，似乎没有人意识到，二者原来都是丰后的传说。我认为，出现这种情况的原因，是这前后两部分故事分别由不同的传承人来管理，而且这些管理者似乎还经常迁居，这样一来，我们要想寻找这两种故事离合集散的历史过程，就实在太困难了。正因如此，过去学界才会容忍一些人武断地认为，这两种故事都是单独传到我国的外国故事。其实，也不必过早地下结论，总有一天我们会掌握民间故事的体系。即使这些故事的原始题材来自国外，它们也是扎根于我国，并在此吸收营养、萌芽开花的日本民间故事。将来我们一定能找到它们的花园，也一定能遇到那些辛勤播种、浇水的园丁。

在现存的文献中，最早记录真野富翁和草苅山路故事的大概是

《舞本·乌帽子折》。作者借美浓清墓宿（现岐阜县大垣市）的头牌艺妓之口，写下了这则长篇故事。如果这仅仅是作者根据当时流行的画本传统偶然收录进去的一段插话，那么那些专业艺人不太可能以此为底本，四处传播这则故事。但《舞本·乌帽子折》中对于草苅山路故事的描述十分细致，篇幅也不短，已经具备独立的故事形式。由此我们可以想象，在幸若舞①盛行的时代，这则故事已经流传到日本东部。或者说，当时已经失传的舞蹈剧本中，曾经有一个取材于这则故事的独立章节。更重要的是，我们正在讨论的《画中妻子》也已经出现在里面。为了方便论述，下面抄录一下《舞本·乌帽子折》中的相关内容。

从前有一位天皇叫用明天皇，年到十六，后位依然空缺。某日，用明天皇召集公卿贵族，让他们在六十六把扇子上画上一位美人，然后再把这些扇子送到各国，并下达上谕："哪个地方发现了画中美女，都必须把她献给皇宫。不论其出身如何，我都要娶她为皇后！"但是，哪里都没找

────────────────

① 幸若舞，室町时代流行的歌舞剧。按照比较受公认的说法，幸若舞是能剧或歌舞伎的原型，有700多年的历史。

到如此美丽的女人，最后六十六把扇子又被送回了皇宫。

当时，筑紫丰后国内里山有个富翁，他在豪宅四周建了四万个库房，人们故此称他为"万富翁"，后来又讹传为"真野富翁"。真野富翁夫妇膝下无子，便向内山圣观音求子。不久圣观音显灵，富翁的妻子怀孕了，熊野神社的巫女算出这是一位神赐之子。怀孕后的第五个月，富翁的妻子就戴上了腹带，但煎熬了七个月，折腾了九个月，到第十个月的时候，托腹带竟然还是平坦的。临产时，巫女负责接生，发现生出来的女孩长得如花似玉，便按照圣观音的托梦指示，为她取名为"玉世姬"。从此以后，富翁夫妇精心抚养这个女孩。玉世姬十四岁时，那只扇子被送到丰后国，在玉世姬的美貌面前，画中美女似乎都相形见绌。

以上是该故事的第一段，后面的内容是用明天皇给真野富翁出难题，关于这段情节我打算用一节来单独论述。不难看出，虽然都是"画中妻子"型故事，但《舞本·乌帽子折》中的情节描述与前面介绍过的周防般若寺传说之间，存在较大的差异。周防般若寺的版本来说，一只不知从何处飘来的风筝挂在松树枝上，这种说法听起来实在太过幼稚了，而且讲述人也没有说清这只风筝上为什么画着一位美人。与之相比，《舞本·乌帽子折》中的记录则更加完整一些，保留了"画中妻子"型故事的原始面貌。但是，考虑到很多不同版本流传于东北及九州地区，而且其中都描述了挂在田边的肖像画被旋风卷走的场景，我很难说《舞本·乌帽子折》收录的就是更古老的说法。事实上，人们在室町时代记录下来的说法，未必比今天流传于民间的说法更加古老，至少我个人是无法果断下定论。一个是古籍中的文字记录，一个是流传于民间的口头传说，二者都缺乏绘画艺术的相关知识，人们竟然以为一幅肖像画可以飞越千里，这真是充满了天真的幻想。只不过，前者说用明天皇让人在六十六把扇子上画上美人像，这就说得有点过头了。与之相比，为了让懒惰的丈夫下地干活，妻子让丈夫用开叉的竹竿插上她的肖像画，立在田埂上，这种说法遵循了较常见的故事逻辑。如果一个故事中某位虔诚的教徒采取同样的方法来拜佛，我们恐怕都不会觉得太离谱，事实上我国民间也流传着"佛像随风降临人间"的故事。不管怎样，后一种说法听起来更加有趣，如果这是后人改编出来的新说法，那么这位改编者就是才华出众的天才。另外，虽说《舞本·乌帽子折》中记录的内容更接近于原始形态，但我们还是很难解释"画中妻子"型故事为什么会广泛流传于我国的乡村地区。因此我认为，在"六十六把扇子"的说法形成之前，民间就已经有了被风吹走的"画中妻子"。

七　领主出难题

也许有人会说，可能是我国本来就有两种类似的《画中妻子》故事，之后偶然在周防海边被混淆在一起。确实，这是比较常见的现象，对此我不能断然否认。但就故事《画中妻子》和《舞本·乌帽子折》所记录的真野富翁传说而言，两者还存在更多的一致性。《舞本·乌帽子折》中，天皇让真野富翁把独生女献给自己，但富翁却舍不得女儿而当场辞谢，之后天皇又下旨让富翁在一天之内交纳一万石①罂粟籽，交不出来就要献出女儿。正当真野富翁不知所措的时候，妻子对他说："我在咱家的西北方向盖了个粮仓，每年都会往里面储藏些罂粟籽，现在应该有十万石左右吧。"于是，富翁从粮仓里拿出了一万石罂粟籽送到皇宫，天皇出的难题就这样被解决了。显然，这段情节与榊木君所报告的肥前小滨的《龙宫妻子》同出一源。

但肥前小滨的《龙宫妻子》中，领主出难题的情节已经跨入笑话领域了。据说，领主命令男人第二天上交十六斗小鸟，如果做不到

---

① 石，日本计量单位，一石相当于十斗、一百升。

就要向领主献出他的妻子。这样无理的要求谁能做到？男人回家唉声叹气，而妻子听了之后却不甚在意，第二天她交给丈夫两只鸽子，说："一共有两只鸽子，加起来就是十六斗了！（鸽子的日语读音为 hato，音同八斗）"男人在领主面前重复了妻子教给他的话，领主哑口无言，又命令他明天带来一个名叫"□□咚咚用衣袖蒙脸，欸呀呀，真受够了"的宝物，如果做不到还是要交出他的妻子。男人回家唉声叹气，而妻子又说："不用担心，我这就去龙宫把这个宝物带过来！"第二天早晨，妻子果真带回三个盒子，让男人拿到领主那里。男人在领主面前依次打开盒子。第一个盒子里跳出了一位小矮人，他吹笛打鼓，这便是所谓的"□□咚咚"；第二个盒子里飞出一群狂蜂，扑向了在场的所有人，大家都不由得用衣袖蒙起脸；第三个盒子里又跳出了无数个小矮人，各自拔出刀剑，喊着"欸！呀！哈！"刺向众人。"真受够了！"，大家吓得东逃西窜，领主也匆忙逃跑，但最终还是被砍死了。从此再也没有人出难题为难小两口了。

一般来说，如上情节会作为某些机智人物的逸闻轶事而得以流传，如丰后的吉右卫门。另外，在一些故事中，和尚与小和尚也会进行类似的机智问答。比如，佐佐木君的《老媪夜谭》（第 45 话）记载，和尚吩咐家丁带来"十六斗鸟""十里巨鱼"以及"黑金色的米酒"，结果家丁却带回来两只鸽子、两条名叫"gori（音同五里）"的小鱼以及装在葫芦里面的浊酒（最后一种说法不知出处）。今天大家可能会觉得这种打灯谜式的语言游戏太过陈腐，但也许是因为讲述人的叙事能力及时得到了体现，以前的农民还是听得津津有味。正因如此，一些故事人物在庙里冒着生命危险打退妖怪的时候，也会进行类似的问答。后来此类故事逐渐简单化，最终固定为和尚与小和尚的机智问答。或者说，后人从和尚与小和尚的机智问答中得到启发，将出难题的情节应用到严肃的故事传说之中。不管怎样，可以肯定的一点是，直到民间故事由严肃的神圣叙事沦落为轻松的大众娱乐之后，出难题的情节才得到了普及。按照我的理解，这样的情节是民间故事创作最自由的部分，有时讲述人还需要通过新的说法来唤起听众的兴趣，这样做的结果就是模糊了民间故事与笑话之间的界线。比如，《老媪夜谭》所收录的《吹笛藤平》中，领主为了夺取主人公的美丽妻子，命令他准备三件宝物，即一千根用灰烬编织的绳子、一个不击打就会响的大鼓以及天上雷神的九颗头颅。而这位妻子则飞上了天，凭借自己的智慧，最后让领主认输。《紫波郡昔话》第 95 话则说，美丽的妻子原是来自天宫的公主（前面没有公主因找不到羽衣而无法飞回天宫的情节）。与《吹笛藤平》中的妻子一样，当领主出难题难为丈夫的时候，她轻而易举地替丈夫解决了难题。这个故事中，领主首先要主人公献上一千根用灰烬编织的绳子，然后又让他把天宫的雷神带过来。领主以为主人公一定会认输，但天宫可是公主的娘家，于是公主把雷神放在盒子里，送到领主手中。领主悄悄将盒盖打开一条缝，盒子就发出呱嗒呱嗒的声响。领主听得津津有味，于是把盒盖的缝隙开大一点，盒子又发出哐哐闪闪的声音，天上还下起了小雨。最后领主不顾众人阻止，硬把盒盖掀开，结果雷神从盒子里跳了出来，在宫殿里横冲直撞。领主吓得丢魂丧胆，对夫妻俩说："我以后再也不难为你们了，求求你们快把雷神带走吧！"这下夫妻俩可算松了一口气。可见，虽然这则故事少了关于妻子肖像画的情节，但其他部分还是与九州的《龙宫妻子》极为相似，甚至继承了正史所记载的小子部栖轻传说①的部分内容。诚然，把"两只鸽子"戏说成"十六斗"，这种语言游戏是在民间故事演变成笑话之后才出现的。但领主出难题的情节本身存在于较早的《画中妻子》和真野富翁传说之中，这可以说是古人所热衷的游戏场。

---

① 据《日本灵异记》记载，小子部栖轻骑在马上手持红旗召唤雷神，以祭祀伊弉冉神。

八　白介翁

　　关于《画中妻子》深受日本人喜爱并与传统叙事融为一体的原因，我们也许可以从故事接受的基础方面来解释。虽然有人反对，但我还是坚持认为，一个外国故事在传到我国之后，被当地人无意识地接受，这意味着当地有一定的故事基础。哪怕是再简单、再朴素的国外故事，其传播过程都深受某种引力的影响。它与传统叙事的结合，也一定存在某些纽带，只不过我们还没有发现这些引力和纽带罢了。丰后的《真野富翁》包含《画中妻子》的内容，而奥州的两个版本告诉我们，这两种不同类型的故事就是以领主出难题的情节和草苅笛的闲情雅致为媒介连接在一起的。关于这一点，我打算另作文章专门探讨。这里继续讨论石井研堂氏《日本全国国民童话》所收录的《卖葱正助》。《卖葱正助》流传在相州小田原（现神奈川县小田原市）一带，仅从内容上看，大概与相州小贺沼村筑井氏的家族传说《虎杖名笛》（见《话的世界》3月号）同源，据说后者是巫女在祈雨仪式上讲述的传说。而《卖葱正助》不仅仅是《虎杖名笛》的翻版，讲述人无意中保留的"卖葱"一词，令人感觉到这则故事与我们在前面讨论过的菖蒲、桃以及栗子之间有着某些联系。下面就抄录一下《卖葱正助》的主要内容：

　　从前，有一个名叫卖葱正助的男人，虽然很穷，但很诚实。某年岁末，他没钱过年，只好呆望着河面。忽然，一只乌龟从河里游了出来，让他坐在龟壳上，然后载着他一直游到龙宫去了。龙王把自己美丽的女儿下嫁给正助，小两口一起回到人间，过着幸福美满的日子。但一个地方官吏看上了妻子的美色，为了夺取妻子，地方官吏给正助出难题，让他在明天中午前带来一千只装满白芝麻的船和一千只装满黑芝麻的船，要是做不到就带走他的妻子。正助回家跟妻子商量此事，然后妻子走到那条河边，她拍了拍手，河面上便立刻出现了两千只芝麻船。地方官吏只好认输，但他不死心，又命令正助说，要献上一个名叫"这个这个"的宝物，做不到就要交出妻子来。"官吏大人太不讲理了"正助又哭着回家跟妻子商量此事。"老公，你什么都不用担心！"说完，妻子就从针线盒的小抽屉里拿出一个小盒子，自己则化为一股白烟进入其中，并说："你把这个小盒子送到官吏大人那里去吧！"于是正助把这个小盒子献给地方官吏，说这就是所谓的"这个这个"。地方官吏打开盒盖一看就愣住了，嘴里只说一句："这个这个"。原来，盒子里面装了一条大蛇，它紧紧勒住地方官吏的脖子，最终把他缠死了。之后这条大蛇顺着房顶爬走，又进入河里，回到龙宫去了。从此以后，正助又过上原来的生活，靠卖葱谋生。

有不少人知道，不管是《羽衣传说》还是《龙宫妻子》，这种"异类婚"型故事都有一种以夫妻缘尽为结局的亚类版本，《卖葱正助》就是受此影响。也不难看出，讲述人谈到"两千只芝麻船"时参照了《真野富翁》中的"一万石罂粟籽"之说。前年，我在《游牧记》杂志上发表过关于"无尽头"型故事的文章，在文中发挥想象力，描述了过去悠闲的故事佬反复讲述此类故事的时代。领主出难题的情节和这个"无尽头"型故事有点相似，过去讲述人所讲的难题未必只有两三个，他们会把各种各样的语言游戏一个接一个地加上去，直到最后才回到正题，以庄重的态度谈及神秘的奇迹，而最后一个难题往往都与雷神或大蛇有关，它们占据了故事的重要位置。《舞本·乌帽子折》所收录的《真野富翁》说，富翁把一万石罂粟籽献给皇宫之后，皇太子又提出了另一个无理要求。皇宫派来的钦差大臣要求富翁交出"七组用蜀江锦编织的二十寻①长的两界曼陀罗"，否则就要将女儿献给天皇。富翁叹了口气说："听说曼陀罗是诸佛在净土用莲花纤维编制的，俗人怎么可能得到？"于是，他只好放弃希望，举办了一场音乐晚会送别女儿。第二天凌晨，富翁打了个盹儿，梦见内山的圣观音对他说："富翁啊，你的女儿可是我赐予你的，看着你那么舍不得女儿，实在是可怜，所以就召集了诸佛在你家客房里织造锦图，你就好好听着！"富翁醒来，果然从客厅里传来清脆的梭子响声，不久诸佛就织好了七组二十寻长的曼陀罗。就这样，富翁成功解决了皇宫给他的第二个难题。

据《舞本·乌帽子折》记载，皇太子经历了这几次失败后，化名为"山路"踏上了寻妻之旅，这里显然存在着两种故事的界线。事实上，一个民间故事以"反面人物出难题却失败"为结局，这听起来还是很自然的。在此意义上而言，前面列举的"领主出难题"情节，实际上都是讲述人为了讲述最后的奇迹而准备的叙事。还有一个更明显的例子，流传在被誉为"懒太郎故乡"的信州。据说那是更级郡新长谷寺(位于长野县长野市)的缘起传说，始见于《三国传记》②，可惜我手里没有此

---

① 寻，日本长度单位，一寻约 1.818 米。

② 《三国传记》，室町时代的故事集，沙弥玄栋著，成书于应永十四年(1407)，记录了天竺、大明、近江三国的 360 则故事。

书，就从《东方佛教丛书》①第 2 辑第 8 卷转引下面几段：

从前，在信浓国山中有个行者叫白介翁。他曾受善光寺主佛的护体，实现了一个愿望。然后又听从观音菩萨的教导，经姥舍山来到大和长谷，为了迎接十一面菩萨，在深山中修炼了三年。三年后，观音吩咐他娶下山后第一个遇见的女人为妻。多亏观音菩萨显灵，白介翁由此得到了一个美丽的妻子，他们一起回到信浓国，过上了幸福的日子。后来有一个名叫王城大殿的人看上了妻子的美色，就邀请白介翁到他那里做客，游兴正酣时，又提出要和白介翁比赛射箭，如果白介翁赢了，他就赠送千两黄金；但白介翁输了，就要让他看一眼美丽的妻子。白介翁请观音菩萨保佑，于是赢了射箭比赛，还获得了千两黄金。接着大殿又要举办一次相扑比赛，说如果白介翁赢了，就把庄园领主的位置让给他；但万一白介翁输了，就要把妻子献给自己。白介翁内心难安，回家后跟妻子商量此事。妻子脸上毫无惧色，她把家里的童仆派往大和，在那里聘用一个

---

① 鹫尾顺敬编：《国文东方佛教丛书》，东方书院，1933。

相扑力士。不久，童仆领着一个六十岁左右的瘦男人回来了（这则故事的滑稽之处就在这里）。比赛当天，大殿请来的相扑力士居然被这位瘦骨嶙峋的老力士轻而易举地打败。大殿怎么也想不通，于是派人跟踪老力士，结果发现这位老力士原来是由近江大山寺的哼哈二将化作的。白介翁按照事先约定，获得了庄园领主的位置，过上了富足的生活，还留下五万富翁的美名。

这位妻子原来是大和泊濑山的龙藏权现的化身。据说，她死后留下的一只金色胳膊，被安在新长谷寺的十一面观音的肩膀上，因此这尊十一面观音的左手如同女人的手一样温暖、柔嫩。关于这位白介翁，当地还流传着如下一则传说，解释了"他曾受善光寺主佛的护佑实现了一个愿望"具体指的是什么。据说，白介翁与懒太郎一样，父亲都是有身份的人，因为某些原因被驱逐到信浓国。白介翁年幼失去双亲，作为平民过着贫苦生活。为了给父母祈冥福，他打算服丧千日，每天烧水洗身，并立一块木碑。但他身边没有人指导，也根本没钱购买布施之物，所以他去善光寺跪求了七天七夜。七天七夜后，到了要实现愿望的凌晨，有一位高僧出现在他面前，答应为他的亡父亡母做法事。白介翁又惊又喜，立刻烧热水，请高僧泡澡。而高僧走进浴室后，里面飘来一股熏香的幽香，白介翁从门缝中往里一看，看到那位高僧竟是全身发出佛光的阿弥陀如来。关于这位白介翁，渡边敏翁①在批注《佐佐礼石》②时曾提及"山口县的白介翁"，可惜他并没有注明这样写的依据是什么。这个传说中被人们所重视的，应该是信州善光寺主佛的功德。我们由此认为，这个故事可能出自那些属于善光寺的盲人法师或歌比丘尼的口中。或者说，就像草苅氏在移居的地方代代讲述关于内山圣观音寺的开山鼻祖真野富翁的传说一样，这个关于新长谷寺的开山鼻祖白介翁的传说，也有可能是被誉为"善光寺第二代大施主"的丈部家传播开来的。

至于如上传说的内容是否属于史实，我们不必考证。我们需要承认的事实是，那些云游各地并传播佛祖显灵故事的人们，未必都是生搬硬套，他们恰恰执着于我国故事的古老形式，不断改编这些外来故事，将其应用到眼前的现实需要中。比如，虽然国人非常喜欢用"领主出难题"这个舶来材料作为反面人物为难主人公的手段，但我国传统民间故事的结尾并没有因此发生变化。无论何时何地，讲述人都要描述一个神秘妻子凭借自己的聪明才智引导丈夫成为富

---

① 渡边敏（1847—1930），日本教育家，为初等教育和残疾人教育的发展与普及做出了很大贡献。

② 橘镇兄著、雪窗渡边敏批注：《科野佐佐礼石》，会真堂，1913。

翁的故事。大和泊濑山的龙藏权现大概是从龙神发展而来，因此，在这个意义上，该故事还十分接近于《龙宫妻子》。而在其他版本中，有的妻子是从都城下嫁到偏僻山村的女贵族，有的是赫赫有名的富翁之女，甚至有的是大蛇的化身或者鲑鱼的化身，但不管其来历如何，她们也都能够让一个正直过头的穷汉成为富翁。

其中我最感兴趣的例子就是《鹤妻》和《鹳妻》，这些故事十分接近于《羽衣传说》，但故事中的妻子为父亲或丈夫织出当时独一无二的美丽锦缎后，一般都会嘱咐无欲无求的男人，千万不要卖得太便宜。现在流传的《瓜子姬》对公主的神秘来历一带而过，并把故事的重点放在天邪鬼与公主之间的斗争上，但我怀疑《瓜子姬》与《鹤妻》一样，曾经也有过一段公主靠自己的纺织技术振兴家业的结局。如果最初没有这样的结尾，各地《瓜子姬》的不同版本怎么可能与《画中妻子》或孙三郎卖栗子的故事如此自然地结合起来，甚至成为某一世家的祖先传说呢？室町时代，记录文学渐趋没落，同时又是各类民间表演得以发展的时代。正如新时代的能剧①传到多雪的庄内黑川村并在此扎根一样，人们用新颖的叙事技巧改造传统故事的

①　能剧是最初从平安时代的"猿乐"发展而成的日本古典艺术，室町时代的演员兼剧作家观阿弥、世阿弥父子在"猿乐"的基础上，创造了今天的能剧。

外观，也发生在这个时代。我们可以想象，专业的故事讲述人在室町时代，人数逐渐增多，更重要的是，当时全国各地都有人特意招聘这些专业人士，来满足当地听众的娱乐需求，而且当地人本身也有能力利用专业人士带来的新故事，将其与传统故事相结合。换句话说，当时他们代代相传的传统故事已经过时了，所以需要注入新的活力，使之重获新生。说得严肃一点，这可以说是民间故事的艺术化时代。不管怎样，只有不称职的学者才敢忽略这些有趣的地方性变异，而更多的人则不会盲目相信民间故事万古不变，轻率地讨论外来故事的挪用问题或跨国传播现象吧。

（载于《旅与传说》 昭和五年九月）

长发姬

《舞本·乌帽子折》收录了关于六十六把画扇的典雅故事，而在周防国，这个故事的流传形式却接近于羽前黑川村孙三郎的故事。正如前述，故事的主要内容是一只画着美人像的风筝被风刮走，偶然挂在大内山的一棵松树上，引起了领主的注意。这则故事似乎也是迁移到周防的草苅氏从丰后国带过来的。最近刊行的《丰后传说集》（第85页）

记录了与《烧炭富翁》有关的口述资料，里面也有一段类似的情节，即内山人放风筝时弄断了线，这只画有磐若姬肖像的风筝就落到宫廷庭院里。太子因磐若姬的美貌而着迷，立刻派人前往全国各地寻找，终于查明她是内山富翁的独生女。后来太子多次向她求婚，但都遭到了内山富翁的拒绝，于是太子化名为"山路"，拿着笛子踏上了寻妻之旅。显然，这段情节是在人们形成风筝上画图的习惯之后出现的，但好像又不是从"六十六把画扇"这种文人创意很浓的说法中发展而来，那么，如今流行于民间的风筝一说究竟是从何而来的呢？

《丰后传说集》还记载了另一个故事。从前，德川氏的骄子、越前宰相忠直①幽居在丰后国，当地人叫他"一伯大人"。某日，一幅肖像画自空中飘下，一伯大人捡起来一看，发现上面画了一位绝世美人。他四处寻找这位美女，终于在府内（现大分县大分市）找到了她，之后又娶她为妾。这位美女就是阿兰②。也就是说，在丰后国，确实流传着缺乏风筝情节的《画中妻子》。另外，现流传在奥州南部的《芜烧筱四郎》是从丰后的《烧炭小五郎》衍生而成的，其中也讲述

---

① 松平忠直（1595—1650），德川家康的孙子，于庆长十二年（1607）成为越前国福井藩松平家的第二代户主。他在大阪之战中立了大功，却没有得到应有的回报，于是对幕府做出了傲慢的举动，最终被流放于丰后国。

② 阿兰，松平忠直的爱妾。如今，忠直和阿兰的坟墓建立在丰后国净土寺。

了筱四郎因舍不得美丽妻子而从不离家，后来又随身携带妻子的肖像画。某日他走到山顶时突然狂风大作，把肖像画吹跑了，结果画落在了领主那里，筱四郎的妻子被领主抢走了。与其他版本的故事一样，筱四郎按照朋友的建议，装扮成卖柿子的商贩成功潜入皇宫，后来又与领主互换了衣服。不同的是，筱四郎是靠妻子的智慧赶走了领主，与妻子一起留在宫殿里，最终成为领主。此地也有个版本说，有一条名叫赤鬼丸的狗在宫殿看门，还有个神秘花园可以阻止外人偷溜进宫里等，这些细节使得《芜烧筱四郎》更接近于鬼岛冒险故事(以上两则故事均见于《听耳草子》)。我认为，肖像画便是能把《画中妻子》和我稍后将要谈到的《天女出嫁》连接在一起的关键。

据《加无波良夜谭》①记载，《画中妻子》也流传于越后南蒲原郡(现新潟县南蒲原郡)。这个版本中，男主人公并没有假装卖栗子或桃子的人，而是在五月端午节早上假装成卖花佬，而其他情节则与其他版本没有什么两样，不必在此详细介绍了。在全国各地的《画中妻子》的版本中，"肖像画被风吹走"可以说是十分常见的情节。而在相当广泛的范围内，人们又将此情节与"丈夫和领主互换衣服"的情节连接在一起，前面我已经列举了来自奥州、九州等地的五个版本。

---

① 文野白驹：《加无波良夜谭》，玄久社，1932。

但是，即使相似的版本再多，我也坚持认为，此类故事是在中世才传入我国的舶来品。我更感兴趣的是，按理说国外的故事最初是以文字形式传到我国，而《画中妻子》又是如何能够脱离读书人之手，偏偏在乡下人的口述中，重新获得它作为民间故事的原貌呢？我们将来必须讨论，无数个国外故事传到我国之后，为什么只有那几种故事才能广为传播，并且扎根于当地呢？它们如此强大的生命力源自何处？为什么其他国外故事都消失无踪？总有一天，我们一定能够有理有据地说明，民间故事和其他任何艺术一样，都深受国民选择的影响，或者说日本人的精神世界中，恰好有一点可以接受某些故事的空间。国人曾经就欣然接受了国外的民间故事。

当然，我说《画中妻子》是从中国或其他国家传到日本的，也难以让所有人信服。说不定我永远都找不到确凿证据。但我个人还是觉得，《画中妻子》不是普通日本人自己编造出来的故事，而是源自书面的创作尽管我深知，自己的直觉在许多人看来并没有什么价值。据说，未刊行的《奈良风俗志》所收录的资料，都是作者费力劳神搜集的，其中记录了如下一则吉野郡贺名生村（现奈良县五条市）的故事。

从前，唐国有一对夫妻，丈夫叫庆王，妻子叫杨贵妃。

由于丈夫舍不得离开妻子，不肯出门下地，于是妻子让人画了一幅自己的肖像画，挂在了田埂边。某日狂风大作，把这幅肖像画吹走了。肖像画落到皇宫的庭院里，国王被画中美女迷住了，于是立刻派人寻找，最终硬把杨贵妃抢走了。恩爱夫妻被无情拆散，各自因思慕对方而死。过了几年，一位宫女下地去摘七种初春嫩菜，准备熬正月初七的七草粥①，结果在地里看到了一只似玉般美丽的单脚虫子，她把这只虫子带回房间，并饲养在针线盒的小抽屉里。而这只虫子吞食了断掉的缝针，一转眼变成了大虫，它甚至连钉子、铁棍都要吃，最终长得像牛一样大。国王怕虫子吃得太多，便要杀死它，但这只虫子却刀枪不入。国王又要用火烧死虫子，结果烧红的虫子从火堆里蹦出来，把国王连他的城堡一起都烧成灰烬。原来，那只虫子是庆王和杨贵妃的灵魂所化。因为宫女是在正月初六发现这只虫子的，所以后人禁止在当日摘七草，七草粥的所有食材都要在正月初五准备完毕。另外，后人敲打"七草"时所念的咒文中，出现了"唐土之鸟"一词，原来指的也是庆王和杨贵妃的灵魂。

---

① 日本有正月初七早上喝七草粥，以祈求无病无灾的风俗。按照较公认的说法，七种菜是指水芹、荠菜、鼠曲草、繁缕、稻槎菜、蔓菁以及白萝卜。

这里的庆王和杨贵妃，当然是一种假托。即使有人去中国搜寻原典，一定也会以徒劳告终。但至少这个版本可以说明，过去我国确实有人认为"肖像画被风吹走"这样的说法，不太可能是在日本本土产生。另外，我们从中还可以发现，那些懂汉文知识的人在某些时候，对我国民间故事的形成发挥了一定的作用。《画中妻子》之所以会在结尾解释诸如桃、菖蒲、七草等传统节日食品或吉祥物的由来，说不定也与某一时代汉学家的爱好有关。

另外，我认为不是国外故事某日突然闯进我国乡村，并就此在民间扎根，而是它们出于某种理由才被吸引到民间。我想到的第一个理由，与上流阶层的婚俗有关。也就是说，过去权贵一般都在其居住地之外寻找配偶，尤其会对芳名远播的女性心生爱慕，乡下人又愿意说自己家曾经出过这样一个美女。在世家代代传承下来的家族先祖传说中，甚至连皇太子和神赐之子的界限都是模糊不清的。在世家看来，"一个男人从遥远的异国他乡过来求亲"这种事实，本身就可以证明他们家的女儿格外高贵、纯洁并具有出众的美貌。事实上，这样的风气对我国婚姻制度的影响不小，逐渐形成了今天的相关婚俗，对此我打算另作文章专门讨论。在这里只是指出一点，中世以前的爱情文学，几乎都在这种罕见的特殊婚姻的基础上，不遗余力地展开描述。而且近世小说也继承了这一文学传统，才子佳人的旷世奇缘成为近世文人最喜爱的题材。当时，"肖像画被风吹走"这种外来意象作为新颖的风流韵事备受欢迎，在我看来是不足为奇的。

有一种属于《画中妻子》早期形态的故事引起了我的注意，那就是一个头发特别长的少女的故事。菅江真澄在其《随笔》①第4卷上记载了如下一段故事，据说这是他从纪州淡岛加太神社的神官阪本左膳那里听来的。

在白凤时代(7世纪后半段到8世纪初)，有一只鸟叼来一根长头发，挂在了宫殿的竹帘上。这根头发长达一丈八尺，人们看见之后觉得奇怪，就请阴阳师占卜。阴阳师说，纪州有个玉洁冰清的处女，这是她的头发。于是天武天皇就派人把这位少女叫到皇宫，并娶她为皇后。这位美女的老家就是兄海士(keama)家。九泉郎(kuama)家本是有来历的世家，但随着时代变化，如今已经成为出家之人。据说他家的女性都擅长招魂术。

_____

① 菅江真澄(1754—1829)，博物学家，他生前走遍日本各地，留下众多记录。《随笔》便是他于文化十三年(1816)写成的东北游记。

菅江真澄提到的兄海士、九泉郎究竟为何人？我们翻阅了《纪伊续风土记》①也没找到答案，但《纪伊续风土记》对加太神社的神官前田氏做了一点介绍：据说前田氏历代都招上门女婿传宗接代、继承家业。我据此想象，这样的传说原来是由云游全国传教的宗教人士传播的。而在东北的乡下，同样的传说作为其他世家的家族先祖传说，被继承了下来。比如，闭伊郡宫古滨（现岩手县宫古市）就流传着这样一个故事。

一户人家的女儿在三月三日赶海拾潮后一直未归，失踪三年后，又在三月三那天突然回到了家。当时，女儿已经怀孕了，不久便在家里生下了一个女娃娃。家人问孩子的父亲是谁，但女儿始终不肯透露。这个女娃娃生来就有一头飘逸的长发，等到十八九岁时，她出落成一位美丽的大姑娘，头发长到了七寻三尺长。那年春天，天皇观赏一棵名叫"右近之樱"的名木时，发现树枝上有三根长头发。一位名叫安倍晴行的博学者说，这肯定是女人的头发，于

---

① 《纪伊续风土记》，纪州藩士仁井田长群、本居内远、加纳诸平、畔田翠山等人调查33年编写而成的纪伊国方志，成书于天保十年（1839），共97卷。

是天皇选了一个名叫猿乐的人作为特使，命令他率人从京都出发，分赴东西两线寻找这个长发女人。前往东边的猿乐一组在路过闲伊郡山田港口附近的小山田村时，在这里的某个山坡上表演猿乐①，并请附近的妇女过来欣赏。那位长发女人也背着装有长发的桐盒，与母亲一起观看表演。猿乐在众多观众里面发现了她，当即停止表演，把她带回了皇宫。如今，这个地区的人们仍把这位长发女人奉为"wunnan 神"，又把他们表演猿乐的山坡称为"猿乐坡"（《听耳草子》，第 116 话）。

流传于冲绳诸岛的《浦岛传说》中也出现了长发的人物。比如，据《遗老说传》记载，宫古岛祢间（现冲绳县宫古市）有一个名叫伊嘉利的男人，他在天川崎的海边看到水面上漂浮着三根长发，每根都有七八尺长。他觉得很奇怪，捡起头发一看，眼前顿时就出现了一位美女。美女对他说："昨晚在这里游玩时掉了几根头发，如果你捡到了一定要还给我。"伊嘉利便把捡到的长发还给了美女，美女

---

① 猿乐，指成立于平安时代的日本古典表演艺术。今人所说的"能剧"，在江户时代以前叫猿乐，直到明治以后与另一种表现艺术"狂言"相结合，才有了能剧之名。

立刻就消失在海里。第二天，伊嘉利又来到此地，见到了那位美女，并随她到龙宫玩了三天。三天后，伊嘉利回到家，发现龙宫的三天竟然是人间的三年。据说，伊嘉利从龙宫学会了古老的击鼓曲和各种祭祀礼仪。《遗老说传》还记录了另一则故事。从前，南风原间切与那霸村（现冲绳县岛尻郡南风原町）的一个男人在与那久的海边捡到了一根头发。他越看这根头发越觉得不同寻常，心生畏惧，想要放回原处。这时，有一位神女过来接过头发并向他道谢，之后他随神女一起到龙宫生活了三个月。男人回家后，家里没有人认识他，细问后竟发现，这时住在他家的陌生人原来是他的第三十三代后裔。回家前神女给了他一个纸包裹，嘱咐他下次再来龙宫时，记得带着包裹，千万不能在人间拆开。此时他却把这个包裹拆开了，但里面什么都没有，只有一根白头发。这根白头发突然飘起来，紧贴在他身上，转眼间他便衰老而死。另外，《琉球国旧集》第6卷也记载了冲绳著名的《羽衣传说》。从前，安谢（现冲绳县那霸市）有个人名叫茗苅子，他在干完活后回家的路上，打算到泉水边清洗手脚，却不慎掉落水中，这时他偶然发现有一根七八尺长的头发漂浮在水面上。茗苅子觉得奇怪，仔细一看发现，原来有位仙女在泉水中沐浴。故事的后半部分与流传于余吾湖、羽衣石山等地的古老传说十分接近。

直到如今，全国仍有不少神社保管着"七难揃毛"①，说不定这些地方曾经也存在过一些类似的古老传说。关于七难揃毛，江户时代的学者们写了不少文章，用不着我们再追溯其渊源了，但"七难揃毛"这个名称是个例外，我们有必要谨慎探讨。众所周知，《本朝国语》②《和汉三才图画》③等著作提到了箱根权限（位于神奈川县足柄下郡）的宝物"悉难揃毛"、下总石下村东光寺（位于山口县萩市）的"七难揃毛"、江州竹生岛（现滋贺县长滨市）的"七难毛"。对于这些宝物，《尘鹿物语》④也有所记载。另外《信浓奇胜录》⑤记载，信州户隐山（现长野县长野市）的宝物阴毛叫"鬼女红叶毛"，呈红黑色，有五六尺长，被人卷成圆圈保存在壶中。《闲窗琐谈》⑥又写

---

　　①　七难揃毛，指异常长的女性阴毛，作为宝物由某些神社寺庙所保管。过去日本人认为女性阴毛具有咒力，男人将其当作护身符随身携带。

　　②　《本朝国语》，由矢岛酉甫编纂的地方志，成书于宝历十三年（1763），共5卷。

　　③　《和汉三才图画》，由医师寺岛良安（1654—?）编纂的图鉴，成书于正德二年（1712），共105卷，81册。

　　④　《尘鹿物语》，室町时代的故事集，成书于天文二十一年（1552），永禄十二年（1569）作序，作者不详。

　　⑤　《信浓奇胜谈》，信浓国的神官井出道贞（1756—1839）经过十几年的实地调查后纂写的地方志，共5卷。此书在天保五年（1834）完成，道贞死后，由其孙井出道通于明治十九年（1886）出版刊行。

　　⑥　《闲窗琐谈》，江户时代后期的作家佐佐木贞高（即为永春水，1790—1844）的随笔集，成书于天保十二年（1841），共4卷。

道，庆长年间，在今天的群马县多野郡上野村新羽地区发生洪水，一根三十三寻长的黑毛从神无川上游漂了下来，据汤立巫女①的神谕，这是该村野栗权限的阴毛，于是人们将其奉为宝物，每逢六月十五，就用神轿和这根阴毛一起祭祀。《四神地名录》则提到了离江户不远的葛饰郡新里村（现埼玉县草加市）的毛长神社，据说该神社原来供奉着一装有女人假发的盒子，但后人觉得假发不净，不配做祭祀对象，就在某年发洪水时，把这个盒子投入沼泽中冲走了，这个沼泽也因此被称为"毛长沼"。我们再继续看一个离江户较远的例子。据《阿波国式社略考》②和《阿州奇事杂话》③记载，德岛县三好郡加茂村猪内谷（现德岛县三好郡）的加茂下宫的"麻桶"④里，至今仍保存着一根神毛。平时神毛只有一根，但一旦神发怒了，这根神毛就会开始分叉，不停地生长，最后会顶开盒盖，长出盒子。另外，日向儿汤郡西米良村（现宫崎县儿汤郡）

①　汤立，是用热水占卜或清净身心的传统仪式。首先在神社里用大锅烧开热水，之后巫女手持小竹子，向自己和香客撒点热水。这里的巫女被称为"汤立巫女"。
②　《阿波国式社略考》是江户时代后期的神官永井精古（1772—1826）对阿波国的神社及其信仰所做的考证，成书于文化十二年（1815）。
③　《阿州奇事杂话》成书于宽政年间（1789—1801），由乡土史家横井希纯（生卒年不详）收集阿波国（现德岛县）的107则奇谈异事汇编而成。
④　麻桶，一种木制圆盒，用来盛装麻丝。

的米良神社，一直流传着《长发姬》的传说。据《明治神社志料》①记载，米良神社曾经建在数町，元禄十六年（1703）发洪水时，其神殿逆水而上，一直漂到西米良村才停下来，但这时神殿里保存的神毛却已经被洪水冲走了。这根神毛尚在神殿时，米良神社的神始终灵验，但对其他地区的人极为刻薄，尤其痛恨下日向的人，在此神的管辖地，绝不让下日向人踏入半步。米良神社祭祀的是岩长姬和大山祇神，人们传说这位岩长姬因压抑不住内心的愤怒，最终跳水自杀，由此看来，她死后是化成了水神。值得注意的是，同样的传说还流传在日本中部的大和国。前面引用过的《阿波国式社略考》就提到，布瑠神社（位于奈良县天理市）里曾经存在过一根宝贝头发，称揥毛。天野氏在《盐尻》②第二卷里也写道，兴福寺（位于奈良县奈良市）和吉野天川（现奈良县吉野郡天川村）的辩才天祠分别保管了"光明天后的头发"和"白拍子静的头发"，前者有一丈长，后者则有八尺长，辩才天祠里还有一根长达五尺的毛发被称为"七难阴毛"，此外热田神社也保管着类似的宝物。《扶

---

① 即《府县乡社明治神社志料》，成书于大正元年（1912），由井上赖国、本居丰颖、物集高见监修，宫地严夫、佐伯有义、宫西惟助编纂，矶部武者五郎编辑，共3卷，是明治末全国583座府县级神社、3455座乡级神社的资料集。

② 天野信景：《盐尻》，帝国书院，1907。

桑略记》①"治安三年十月十九日"一条则写道，当藤原道长②参拜高野时，顺路到了本元兴寺（位于奈良县高市郡），并在其宝库中亲眼目睹了"此和子的阴毛"。如果道长看到这根神毛是治安三年（1023）的事，那就说明，早在江户文人提到"神毛"的几百年前，人们就已经非常重视神毛，民间也流传着相关传说。

由于这些神毛早已失传，我们很难推测以上几种说法究竟是由于怎样的误解所造成。但我们至少可以认为，既然有那么多文献反复提到"七难"或"悉难"，那么这个词应该蕴含了某些特定的意味。在京都西郊的吉祥院村有个地名叫"七难田"，传说这里是菅原道真诞生的地方（《近畿游览记》③）。此外，以"泰澄大师之母"的传说④而闻名的越前平泉寺村（现福井县胜山市）有一个"七难窟"（《大野

---

① 《扶桑略记》，由延历寺的学僧皇圆（？—1169）编纂的史书，以佛教相关的历史事件为中心，记录了从神武天皇时代到堀河天皇时代（1094）的历史，成书于12世纪末，共30卷，现只存16卷。
② 藤原道长（966—1027），平安时代中期的公卿，以外戚身份掌握政权，确立了藤原氏摄关政治的黄金时代。
③ 黑川道祐：《近畿游览记》，京都丛书刊行会，1915。
④ 泰澄（682—767），奈良时代的修验道（日本传统禁欲主义中的一种）僧人，于养老元年（717）在越前国白山开山建寺，这就是平泉寺。传说泰澄在白山修炼时，母亲要和他一起去，但白山是女人禁区，泰澄没有同意。泰澄走后，其母却偷偷地跟在后面，在路上不幸身亡。后来泰澄在白山上立了一个石碑，祭奠母亲的灵魂，人们把这个石碑叫作"母亲石"。

郡志》），源头是能乡白山的美浓国根尾川（流经岐阜县）有一颗"七难石"，位于东海道蒲原火车站东边的净琉璃御前墓址又称为"七难坂"。以上这些地名都与巫女有关，我不禁认为"往古有异妇，名曰七难"①那一段描述也是有历史依据的。听说伊豆大岛曾经有一种叫作"shitsuna 大人"或"shitsuna 神"（均音通七难）的民间信仰，如今大多失传。至于这一信仰与毛发之间的关系，更是无从考索，但我仍然坚持认为，"七难"会是一个极其重要的线索。

据《丧葬令》的注释书②记载，游部③的始祖曾经接到一则圣旨："如果手毛脚毛长到可以扎成八束，便可免去赋役。"民间也有一种说法认为，过去专门祭奠神灵的宗教人士里，有一些头发很长的女人。由此看来，说不定在《画中妻子》传入之前，我国就有一种关于长发女巫的民间叙事，如某女因拥有长毛发而被授予巫女身份等。如今，还有不少地方保留着禁止妇女在路边梳头的古老禁忌。问其

---

① 引自江户时代后期作家山崎美成（1796—1856）于天保元年（1840）脱稿的《三养杂记》。

② 指《令集解》，这是平安时代前期的法学家惟宗直本对古代日本的基本法律《养老令》加以解释的注释本，成书于贞观年间（859—877），共 50 卷，现存 35 卷。

③ 游部，日本古代氏族，负责天皇的丧葬仪礼，包括制作土俑、建立皇陵、举行葬礼等。

缘由，人们就回答说，梳头时掉落的头发一旦被鸟叼走，鸟就会用它在神树上筑巢，那么头发的主人就会发疯或一生找不到对象。这里所说的"发疯"，是指神气附体。过去，请神收头发意味着顺服神的旨意，正因如此，祈愿发誓的人才要剪下头发献给神。了解了这样的背景，我们就不难理解，为什么在纪州淡岛等地，人们会传说某女因拥有一头极长的长发而被贵人求婚。据藤原非想翁[1]讲，流传于羽后国生保内（现秋田县仙北市）的《画中妻子》中，妻子的肖像画不是被风吹走，而是被鸟叼走。这只鸟一直飞到了城堡上方，又偶然掉在领主的庭院里（见《旅与传说》第 3 卷，第 11 号[2]）。在我看来，这个版本最初是由那些视鸟为神使，并从鸟的举动中感悟到神意的人们所传承下来的。在现今流传的《画中妻子》版本中，贵人看到美女的肖像画，往往都是恶作剧之风所致，但这是后来出现的说法。在那之前，我国民间一定存在某种接受故事的基础。从国外传来的《画中妻子》再新颖、再有趣，也不能直接变成日本民间故事，因为所谓民间故事的传播，始终意味着"选择"。

---

① 藤原相之助（1867—1948），历史学家，代表作有《仙台戊辰史》《日本先住民族史》等。

② 藤原相之助：《关于画中妻子》，《旅与传说》，第 3 卷，第 11 号，1930。

山路的笛子

深夜里，山路因思念心上人而吹起笛子，"草苅笛"的故事反复出现在后世的文艺作品之中。其中较有名的有《舞本·乌帽子折》和《十二段草子》①，前者详细叙述了草苅笛的来历，后者则借主人公源义经之口，说明他吹奏的笛子就叫草苅笛。但今天山路的草苅笛能拥有如此大的名气，不能都归功于这两部文艺作品。因为《舞本》和《十二段草子》的作者并没有说明，主人公为什么要吹奏草苅笛，为什么他们吹奏的笛子叫草苅笛。从这个意义上来看，这两部作品不过是证明当时"山路吹奏草苅笛"的故事已经在民间流传的文献资料而已。难怪今天还有一些人仿效《嬉游笑览》②的作者，努力从"山路"这样罕见的牧童名字中，探讨草苅笛的意蕴。但我认为，即使他们成功地掌握了"山路"一词的来龙去脉，仅靠这一点也难以解

---

① 《十二段草子》是室町时代的御伽草子，又称《净琉璃姬物语》《净琉璃十二段草子》，讲述了三河国矢矧的富翁家女儿净琉璃姬和牛若丸（源义经）的爱情故事。

② 《嬉游笑览》，刊行于天保元年（1830），是由江户时代后期的国学家喜多村信节（1784—1856）撰写的随笔，文中记录了江户时代的市民生活、民俗以及歌舞乐曲，共13卷（其中1卷为附录）。

释民间叙事中这位统治我国的年轻现人神①，为什么偏偏要手持这只笛子，降临到偏远的筑紫地区，更难以说明人们为什么会传说源义经擅长吹笛，无论在京都五条大桥还是在传说中的千岛，都要吹奏笛子征服敌人。既然古文献中没有什么记录，那我们还不如把目光放在那位卖笛子给源义经的淀津（现京都市伏见区）弥陀次郎身上。

最初，我以为山路的草苅笛之所以有名，是因为古老的舞剧动作给人留下了深刻印象，但现在却认为，舞剧中吹奏的笛曲起到了更大的作用。也就是说，最近我渐渐开始认为，从古至今，国内国外，美女和豪杰的婚姻都是最受欢迎的题材，说不定古人每次表演这种题目时，都会演奏某种特定的笛曲来调动观众的情绪，只不过其中一种形式偶然被《舞本》或从《舞本》发展而成的《十二段草子》保存了下来。在日本人的记忆中，笛曲曾经是爱情之歌，现在仍然如此。比如，在我居住的村子里，每当夏夜吹起一阵阵凉风的时候，都会传来附近的年轻人吹奏的小夜曲。虽然吹得不是很好，但我却不由得微笑起来。当然，夜深人静时，那位名叫山路的牧童骑

---

① 现人神，指以人类的姿态现身的神。这里指化名为山路的用明天皇，他与其他天皇一样，经过神格化被视为半神半人的天神后裔。

在黄牛背上所吹奏的，不可能是如此平淡无奇的笛曲。过去某种神秘的音调一代又一代地传承了下来，后世的作家早已忘记这首神秘笛曲来自何处。但他们还是继承这一传统，并将其放在天神后裔的爱情故事中。我这个人对音律很不敏感，即便如此我还是知道，特定的笛曲曾反复出现在神乐、能剧等传统表演艺术的特定局面之中。我不得不认为，这些笛曲中蕴含着一些与我国上古时代人神婚姻故事合为一体的音乐碎片，总有一天会有人通过笛子的美妙乐曲找到它们。过去，人们将其记在内心深处，但他们无法用语言表达。正因为有了这样的心理基础，山路或源义经为爱情而吹奏的古曲，才深深感动了听众。

我们的民间故事，又从另一个角度展现了古人寄托于其中的情绪。最近有人在越后国森町村（现新潟县南蒲原郡）搜集到一则故事。传说从前有个吹笛名手，他吹奏的笛声传到天宫，美丽的天女被他的笛声打动，决定下凡嫁给他。后来领主想抢走天女，就给吹笛名手出了三个难题，但每个难题都在妻子的帮助之下得以解决（岩仓市郎君①报告）。相同的故事还流传于遥远的陆中上闭伊郡。

---

① 岩仓市郎（1904—1943），民俗学家，大阪民俗谈话会（近畿民俗学会的前身）的创始人之一，在奄美诸岛、喜界岛的民俗研究方面做出了极大贡献，代表作有《冲永良部岛昔话》《喜界岛昔话集》等。

不同的是，上闭伊郡的故事《吹笛藤平》中，乐手名叫藤平，他拥有的名笛被称为"日本三管"。在他云游中印两国吹奏笛子时，父母相继去世，家里只留下了一个破提桶。至于其他情节则没有什么特殊之处，如美丽的天女心甘情愿地嫁给主人公、领主向主人公提出的三个难题，即准备一千只用灰编织的绳子、一个不敲却会响的大鼓以及天上雷神的九个头，等等。藤平也是借助于妻子的才智，解决了所有难题，故事最后雷神在城堡里横冲直闯，使领主彻底放弃。相似的故事还流传于九州，但九州的版本在前半部分有自己的特色。比如，肥前国南高来郡（现长崎县岛原半岛一带）的故事说，某年岁末，主人公把没卖出去的交让木和蕨菜献给海神，又受邀到龙宫与龙女结婚，婚后小两口一起回到了人间。男人把妻子的肖像画挂在田边下地干活，但一股妖风把这幅画吹到了领主的庭院里。为了得到画中美女，领主给主人公出了各种难题。而在前面引用的故事《吹笛藤平》中，天女妻子用藤平买来的丝线编织出三十三观音的曼陀罗，让他拿到城里去卖，一幅三百两金子，希望让家里富裕起来。但此事却传到了领主的耳朵里，于是就有了领主出难题，企图抢走妻子的情节。

通常情况下，这个织布的情节会单独构成一个独立的故事。比如，《鹤妻》或《白鹤报恩》中，为了报答男主人公的救命之恩，或是因为感动于男主人公的孝顺心善，白鹤化成一位美丽的女人，嫁给了男主人公，并拔下自己身上的羽毛为他织布。结果男人偷窥织布的房间，发现了她的真面目，白鹤便哭着飞回天上去了。《吹笛藤平》甚至用了这样的悲剧性结尾。相比之下，越后国吹笛名手的故事，并没有关于《鹤妻》的情节，但它却与鬼岛冒险型故事发生联系，说吹笛名手从领主手中夺回妻子之后，到天宫探望岳父岳母，而这时留在家的妻子却被恶鬼抢走。为了救回妻子，吹笛名手历经千辛万苦踏上了征途。有趣的是，《紫波郡昔话》收录了陆中国的另一则传说，这则传说在内容上兼具了这两种故事的特点，而且前半部分又很像御伽草子《蛤草子》。

下面介绍一下故事的主要内容。从前，有个好学的年轻人，某日天女下凡嫁给了他。妻子每天在家织布，历时三年终于织出了一匹布。妻子让丈夫去城里卖布，并教他一个很奇怪的口号："卖我家丑老婆织的 tadaso 布咯！"丈夫按照妻子说的那样在街上卖布，结果没有人来买，只有领主了解到这是一匹珍贵的织品，名叫彩色曼陀罗，于是花很高的价钱买了下来。然后，为了占有那位天女，领主给她丈夫出了难题。领主先让他准备一千只用灰编织的绳子，如果做不到就要献出妻子。但丈夫在妻子的帮助之下，化解了这个难题。之后领主又要求他像小子部栖轻①一样，把雷神带来。这个故事中的领主只出了两个难题，少了那个不敲却会响的大鼓。丈夫在妻子的帮助下，把雷神放在盒子里献给领主。领主将盒盖打开一条缝，盒子就发出"呱嗒呱嗒"的声响。他又不顾众人阻止，硬把盒盖撤去，结果城堡顿时开始震动，外面还下起了大雨。领主吓得魂飞魄散，对夫妻俩说："我以后不再难为你们了，求求你们快把雷神带走吧！"至此，这则故事以一种滑稽的趣味告一段落，之后又讲述了"吹笛名手"那样的冒险故事。

由于这一段冒险故事与以源义经为主人公的《御曹子渡岛》有关，在此不得不介绍一下它的故事大纲。男人听从天女妻子的建议去探望岳父，在天宫里，他不但受到了热情招待，还被赏赐了两粒神米。吃下一粒神米就会变得力大无穷，可与千人之力相匹敌，再吃一粒则可与两千人之力相匹敌。然后男人自己在天宫里信步而行，走到一个石洞时，发现一只红鬼被金锁拴在角落里，正在抱头痛哭。男人觉得它很可怜，就给了它一粒神米，红鬼吃了神米后立刻就打碎金锁飞走了。岳父听说此事后担心地说："从我家公主七岁起，就一

---

① 据《日本灵异记》记载，小子部栖轻骑在马上手持红旗召唤雷神，以祭祀伊弉冉神。

直被那只红鬼纠缠，所以我才把它拴在那里。现在红鬼可能下凡把公主抢走了，你赶快回家看看吧!"男人到家后发现屋内空荡荡的，早已没有妻子的身影。男人不知所措，就向平常信奉的内神大人祈祷，祈祷了二十一天。当天夜里，内神大人在梦中对他说:"我赠予你这只笛子，只要你吹着笛子往西走，就可能与妻子相遇。"故事讲到这里，第一次提到了笛子。后来，众多恶鬼就如大江山①和《御曹子渡岛》里的大灯丸一样，醉心于笛声，男人和妻子趁机坐进一辆能跑千里的车子逃走。红鬼则坐着能跑两千里的车子追赶他们，但却没有复仇成功，反而丧了命(详见《紫波郡昔话》，第186页)。

读者不是小孩子，可我为什么还要把这种故事重新写一遍呢? 我只是希望大家比较一下文献记录的历史和故事本身的历史。我们先来看看《舞本·乌帽子折》，"山路"的故事中先是肖像画让皇太子产生了爱慕之情，然后又出现了皇太子出难题的情节。富翁把一万石罂粟籽献给皇宫之后，还要继续准备七组用蜀江锦编织的两界曼陀罗。内山的圣观音大发慈悲，便化作织女，在一夜间织出曼陀罗，帮富翁解决了难题。正因如此，皇太子才不得不化名为山路，拿着笛子踏上了求妻之旅。这个故事到了丰后和周防海边，又多了一段山路和妻子在乘

---

① 指居住在大江山的酒吞童子。

坐小船渡海回宫时，遭到异国凶徒袭击的情节。如果是在过去，我们也许会相信山路的爱情故事是某位皇太子的外传，或是修建某座寺庙的史实记录，但如今我们已经不会对此信以为真了。以上四种故事有的流传于东北奥州，有的流传于九州筑紫，尽管两地相隔甚远，但故事内容却如此相似，我们无法忽视这个事实。而且我们根据其情节的前后顺序，从大体上可以判断出哪个版本的历史更悠久。

相州小田原先所在的小贺沼村，现属于足柄上下两郡（现神奈川县足柄上郡、足柄下郡），但现在村名叫什么，尚不清楚。大正八年（1919）山本芦水君在《话的世界》3月号中写道，小贺沼村有一个世家名为筑井氏，家中有一个传家宝名叫"虎杖之名笛"，每次遭受旱灾时，巫女在求雨仪式上都要讲述这只名笛的由来。据说，过去筑井家有个吹笛名手，有一条大蛇对他心生爱慕，便化作美女嫁给了他。不久大蛇怀孕了，在进产房前她嘱咐丈夫说不要偷看她生孩子。但丈夫去没听她的话，悄悄打开了房门偷看里面，妻子发现后就变回大蛇离他而去。在离开前，妻子给孩子留下了一个万宝箱，但这个箱子却在孩子未成年之前就被人偷了。于是，男人到海边呼唤妻子，请求她再给孩子送一个万宝箱。大蛇说，那个万宝箱可是我的眼珠，再给孩子一个眼珠我就瞎了，但为了孩子瞎了双眼也不可惜。希望你能铸造一口吊钟，时刻敲钟来引导我这个盲人母亲吧。

我不知道这则故事有没有作为书面文学出版发行，但它作为口述文艺，已经流传于全国各地。只不过，其他地方的版本中，大蛇留下的都不是万宝箱，小贺沼村是个例外。就随便举个我知道的例子。首先高木敏雄氏的《日本传说集》收录了两个故事，其中一个是位于天龙河畔的严水寺"子安尊"①的缘起传说。这个传说也见于《远江风土记传》②，文中说孩子的父亲是田村将军③，可见它与立乌帽子④或恶玉御前⑤的传说同属一系。另一个版本流传于津轻大鳄（现青森县南津轻郡）一带，但在形式上还没有完全转变为地方传说，只是借用民间故事的形式，说明近江三井寺吊钟的由来。据说，大蛇为了报答救命之恩，化作美女嫁给一个男人，还生下了一个孩子。但男人在她生产时未遵守约定，偷看产房里面，大蛇只好留下一颗明珠离家而去。后来这颗明珠被领主抢走，男人就来到海

---

① 子安尊，保佑孕妇安产的地藏。

② 《远江风土记传》，国学家内山真龙（1740—1821）于宽政十一年（1799）完成的远江国地方志，共13卷。

③ 田村将军，即坂上田村麻吕（758—811），平安时代初期的武将，因讨平虾夷而被封为征夷大将军。传说京都清水寺就是他建造的。

④ 传说魔王的女儿立乌帽子来到伊势国铃鹿山，企图推翻日本朝廷，结果却与田村将军坠入爱河，婚后洗心革面，与丈夫一起征伐恶魔。

⑤ 纪伊国公卿之女恶玉御前被人贩子拐跑，卖到奥州九门富翁家当丫鬟。在观音的庇护之下，普通人看她的时候，她是个丑女，只有贵人看她时，她才亮出原来的美貌。后来与田村将军相爱，生下了儿子。

边拍着手呼唤妻子，妻子现身后又给了他一颗明珠并说道，为了孩子她瞎眼也心甘情愿，只希望男人能在三井寺里挂个吊钟，每天敲钟告诉她是黑夜还是白天。这个故事充满了悲伤的情调，看起来像是过去巡游各地的盲人比丘尼所讲述的故事。

其他地方的版本也大同小异。比如，陆中江刺郡流传着一个关于峰寺吊钟的起源故事（《听耳草纸》），故事中的孩子名叫坊太郎，通过舔食母亲留下的左眼充饥，在长大成年前便将母亲的左眼全部舔食完了。于是父亲来到深山沼泽边，跟妻子说明情况，希望能再把她的右眼要回来。但这样一来，妻子就不能分辨白天与黑夜了，于是她请求丈夫在沼泽岸边造一口吊钟，日出时敲打六次，日落时敲打六次。如今峰寺的吊钟就是为了这条大蛇而铸造。另外，坊太郎长大后与盲人母亲重逢，他们相遇之地就是三井寺的遗址。又如，在纪州西熊野日直（现和歌山县西牟娄郡）的宝胜寺有个僧人名叫"孝顺"，曾经与深田奥的大蛇结婚并育有一子。他们的孩子生来眼盲，于是大蛇挖出了自己的眼球，并将其塞进孩子的眼眶里，又变回大蛇消失在深山之中。这个故事也解释了日出日落时敲打吊钟的人为什么会掉泪（见《牟娄口碑集》①）。另外，流传在九州南部的

———————————

① 杂贺贞次郎：《牟娄口碑集》，乡土研究社，1927。

两个版本与青森县的版本更为相似，一个是关于大野郡(现大分县丰后大野市)的瀑布"沈堕泷"的传说(见《丰后传说集》)，另一个则是肥前岛原半岛云仙的有关森林火灾的传说(《旅与传说》第2卷，第11号)。除此之外，只要耐心调查下去，我们一定可以搜集到更多的资料。这两个九州的故事都提到，一条蛇为了报答男人的救命之恩，化作美女嫁给了他(只不过肥前的故事有时称这条蛇为"海蛇"，有时又称为"普贤池的白鳗")，后来蛇妻留下的宝珠被领主攫取，连这一点都与津轻的版本完全一致。不同的是，在九州的故事中，蛇妻留下的第二颗宝珠，最后还是被领主抢去了。蛇妻知道后十分震怒，让父子俩离开此地，便让山岭崩裂，用尽一切手段报仇雪恨。

这条双目失明的大蛇所经历的悲剧故事，似乎是由盲人所作。我们知道，自古以来盲人乐师就与水神有着密切关系，对此我将另作文章专门解释。在这里我要思考的问题是异类婚，即天宫、龙宫的神灵为什么偏偏选中贫贱的男人，并下嫁给他? 对于这个问题，越后和相州地区关于吹笛名手的故事，将给我们一点启示。在目前流传的民间叙事及取材于民间故事的古代文学作品中，鱼虫禽兽都会为了报答救命之恩，而化作美女嫁给人类，最后为丈夫带来财富，"葛叶狐"的几种净琉璃剧本就是典型的例子。但这些异类婚型故事，可能都是在后世形成的复合版本。显然，"报恩"纯粹意味着异类之间的友谊，而结婚生子、发家致富则属于人类婚姻制度的另一个问题。在这种复合的异类婚型故事中，有的主人公是诚实的孝子，或者是天真朴素，甚至显得有些愚钝却深受神灵喜爱的男人；而有的主人公则是田村将军、小野赖风①那样英俊无比、武勇出众的男人，他们自然会引起神灵恋情。但我还是认为，古人曾经想象擅于吹笛的年轻男子，同样会享受这种超凡婚姻带来的恩惠。

这个问题相当深奥。此类异类婚型故事在我国扎下根并流传至今，这一事实可以说明，我们的祖先曾经把龙蛇想象为一种能够与人类结下友谊的存在。另外，我国自古就有一种以吹奏乐器控制自然的巫术，至今仍被广泛利用。再加上，琵琶传入我国并在民间得到普之后，盲人得到了谋生的手段。但在此之前，那些不幸的盲人还是要活下去。虽然没有一部史书写到盲人曾经通过吹奏笛子来行使巫术，但在由后世的盲人乐师管理的民间故事中，却似乎保留了这一痕迹。当然我们今后还得搜集更多资料证实这个假说，但那位双目失明的大蛇最初是被笛声吸引到人间，然后嫁给了人类，这样的故事勾起了我的兴趣。在近代的宗教仪式上，日本人为了请神

---

① 小野赖风，能剧《女郎花》的主人公。他眉清目朗，但到处拈花惹草，由于沉溺在爱欲之中，害死了旧情人。

降临而广泛吹奏笛曲，吹笛不是只用在水神身上的宗教行为。这是古老的水神信仰与经验得以扩张的结果，还是原本就是如此？我们还不敢轻易下结论。至少可以肯定的是，山路的故事一定与古老的水神信仰有关。事实上，山路的故事就是在九州八幡神社的影响之下形成的，其中宇佐八幡神社(位于大分县宇佐市)保存了关于应神天皇与龙女订婚的古文献记录①，而大隅正八幡神社(位于鹿儿岛县雾岛市)保存了一位处女因被日光射中而怀胎的神话，以及一对母子乘坐空船漂到大隅的神话②。既然如此，我们不能否认有些人继承了神话时代古人在听到激动人心的美妙笛曲时的相关记忆。当他们听到一种用竹笛吹奏的特定旋律时，可能会自然联想到年轻太子远到九州追求绝世美女的故事，甚至可能会自然地认为，山路藏在内心深处的思念之情，必须由特定的笛曲来表现。对海洋国家的国民而言，这可以说是极其自然的幻想。

---

① 应神天皇是山路(即用明天皇)的祖先，现被奉为八幡神。宇佐八幡神社所保存的古文献中记载，应神天皇还在神功皇后的肚子里时，神功皇后就和龙女包办成婚。

② 中国大王之女、大比留女因被日光射中胸部而怀了孕，大王大臣把大比留女和太子放在空船里，使船在海上漂走。这只船漂到大隅，太子被命名为八幡。

老狼和铁匠家的老奶奶

一 产杉传说

在离土佐东界不远的野根山(位于高知县东部),按照官方记录来说,就是在高知县安艺郡佐喜滨村大道南山的某一国有森林中,有一棵名叫"产杉"的古老名木,明治三十二年(1899)因遭受风暴而被吹倒,现只留下一点树桩。很多当地人不但能够讲述《产杉传说》,而且记得这棵杉树原来的古怪形状。产杉与其他普通杉树不同,其树干在距地面4米高的地方横向伸张,形如长凳,可以坐下五六个人。当地人至今还相信,过去有个女人在此生下了孩子。据说产杉被风吹倒后,人们还纷纷过来刮取树桩木片,将其当作安产护身符,这个行为显然与产杉传说有关。其实,我国自古就有类似的习俗,只要山路上有奇形怪状的古树,人们就会请它保佑孕妇怀胎顺利、孩子顺利成长，并且将其木片奉为神物。但产杉的情况稍有不同，当地人把所谓的"狼人传说"与生育信仰联系在一起，这值得我们详细考察。

有幸的是，《产杉传说》曾经在高知县内外引起了学者的关注，如今保存着几种版本。如寺石正路氏①收录在《土佐乡土民俗谭》②中的版本似乎是《南路志》③的转载，而石井氏的《国民童话》和松村氏的《日本童话集》分别收录了稍有差异的两则故事。除此之外我还看过其他四种版本。我最感兴趣的一点，就是这些故事在内容形式上并没有显出一致性。《产杉传说》的核心内容为，老狼化作佐喜滨村铁匠的老奶奶，要在杉树上吞食孕妇，结果反而被刀砍伤，最终暴露了真面目。其中最动人心的细节无疑是，众多野狼提前来到佐喜滨村，异口同声地对着开始阵痛的孕妇喊道："快把铁匠家的老奶奶叫过来！"而如上几个版本中，有的却漏掉了这段细节描述。而有的故事似乎又忘记了另一段有意思的插曲——某人拿刀往下砍的

---

① 寺石正路(1868—1949)，日本乡土史家，考古学家。他根据史料进行了实证性研究，在考古学、民俗学、人类学等广泛领域做出了贡献。绳文时代的一些贝冢，包括高知县的宿毛贝冢、爱媛县的平家贝冢，都是寺石发现的。

② 寺石正路：《土佐乡土民俗谭》，日新馆书店，1928。

③ 《南路志》，江户时代中后期的豪商武藤致和、武藤平道父子撰写的土佐国方志，成书于文化十二年(1815)，共120卷。

时候，响起"锵"的一声，类似打铁声，这是因为老狼化身为铁匠妻子，头上戴了个铁锅防御袭击。

为了增加可信性，讲述人一般都会在传说中加入一些特定的专有名词，并清楚表明事件发生的具体年代，这些都是传说的历史因素，但这些因素在《产杉传说》中却完全消失不见。比如，有一个版本讲述，从前"某位流浪武士"和怀有身孕的妻子一起路过此地，天黑时，妻子突然感觉到阵痛。另一个版本则说，"某位孕妇"独自旅行，路过此地的时候，太阳刚好落山。"某位勇士"恰好路过这里，据说他和《南路志》中的记录一样，是个强壮的送信使者。他在杉树下面听到女人的哭声，便立刻爬到树上，帮孕妇顺利生下了孩子。而且以上版本都没有解释，这位临产的孕妇为何要来到这样的深山中。唯一的例外就是《四国老树名木志》①所收的故事，其中解释说，曾我部氏②进攻阿波国由歧城的时候，某位部队长的妻子为了探望前线的丈夫而路过此地。就从其叙事背景及人名的模糊性来说，《产杉传说》更接近于民间故事，似乎还没有完全发展为传说。

在传说尚未实现文字化的时候，或者在文字教育得到普及以

---

① 高知营林局编：《四国老树名木志》，高知营林局，1928。
② 曾我部氏，自称是古代渡海来到日本的外来民族秦氏的后裔，在室町时代拥有了极大的权势，位列土佐七族之一。

前，口耳相传的故事之间，自然会形成差异，对此加以比较并讨论对错，是一件困难的事。即使有古老的文字记录，也仅仅意味着这个传说在某一段时间里以这样一种形式流传，我们绝不能据此判断后来记录的、与此稍有不同的版本，在过去完全不存在。当然，地方志、建立神社时的记录文件等都有一定的权威性。这些文字资料一旦问世，文化水平低的传承人往往都会主动采用，按照这些资料对自己记忆中的传说做调整。但是，至少在过去的社会里，不同书本所记录的传说是难以统一的。过去相当长的时间里，传承人不太了解前人的记录成果，只是各自按照各家相传的内容而讲述，他们根本就没有机会对各地传说的内容差异进行验证。正因如此，在我们今后的工作中，搜集和比较就有了更重要的意义。作为暂定的目标，我们有必要阐释在传说取得统一的历史过程中，哪些部分容易更换，哪些部分不容易更换。

就这个著名的《产杉传说》而言，所有的版本在下面三个情节上都取得了一致：（一）曾经有个孕妇在大树上生下了孩子；（二）孕妇遭受狼群袭击，好不容易才保住性命；（三）铁匠家的妻子暴露了真面目，众人得知她原来就是狼的头领。如今，这三个情节紧密联系在一起，漏掉哪一个，都不能说是《产杉传说》。其中，众人完全相信第一个和第三个情节，这一点我们可以理解。因为山中确实有过一棵古老杉树，佐喜滨村又有铁匠故居，从古人的思维方式来看，这些无疑都是不容怀疑的铁证。但是，土佐人又凭什么相信，第二个情节就是历史上确实发生过的真实事件呢？这是我不得不思考的一个问题，因为它牵涉到了《桃太郎》如何得到普及的问题。

二 狗梯子和猫的智慧

《产杉传说》属于"千匹狼"型故事，关于此类故事产生和流传的基本背景，南方熊楠氏①曾经列举众多不同版本进行了说明（见《民俗学》第 1 卷，第 5 号）。说起民间叙事的传播，我国的众多资料足以证明，这种现象确实存在，但仅仅根据文献的记录时间追溯其渊源，还是存在困难。因此不妨换个思维，从眼前的现实出发，逐步摸清故事的来龙去脉。比如，在土佐国东界的山地，流传着一个"千匹狼"型的故事，这就是需要我们解释缘由的事实。幸运的是，这个版本有三个突出的特点：首先，被害者是个孕妇，在逃难后平安生下了孩子；其次，狼化作了铁匠的妻子，至今还保存着她

---

① 南方熊楠(1867—1941)，生物学者、民俗学者。他自学成才，从英美留学回来后，在从事粘菌研究的同时，发表了不少民俗学论文。南方的民俗研究显示出浓厚的历史气息，弥补了以柳田国男为首的日本民俗学家的不足。

的故居；最后一个特点最为重要，即此地的"千匹狼"型故事已经变成传说，与当地的民间信仰联系在一起。如今人们还会刮取杉树树桩，将其当作安产护身符，深信这个故事的真实性。我要重点思考的就是最后一点，这也是南方氏未提及之处。

简单地说，我认为《产杉传说》最初以民间故事的形式流传在各地，当时故事内容已经经历了多次复合与变异，其中一种版本传到野根山之后与产杉发生联系，作为当地的传说传承至今。其原型大概是"千匹狼"型故事的《狗梯子》（或称《人梯子》）。这则民间故事以当地"狼生养孩子"的传说为媒介，与产杉结合在一起，而其他地方的众多版本中，并不存在这种情况。当然，由于《狗梯子》有"人类爬到树上避难"的情节，它本来就容易让人联想到山坡上那些奇形怪状的古树，进而向民间传说转化。事实上，除了土佐国之外，有不少地方的人们传说，国界附近的某一山坡上，确实有个孕妇在野狼袭击中成功逃脱，并生下了孩子。他们传承下来的民间叙事，往往比民间故事更接近于传说。但是，如果《狗梯子》的形式本来更像传说，那么其传播范围反而不会如此广泛。

在我看来，《狗梯子》最吸引人的亮点，就是讲述人声称一群野兽不仅仅拥有人类的智谋，这让听众迷惑不已。紧接着讲述人又通过它们的对话透露，最老奸巨猾的头领早已装扮成了人类。这当然不是此类故事的专利，还有许多逃难故事，都出现了类似的场景。有的时候，故事人物会受到妖魔鬼怪的威胁，经历生死一线的险情，但最后此人因为耳朵灵敏或者料事如神而成功脱险，甚至击退敌人，这样的结局实在是大快人心，令人喝彩。比如，日本就流传着众多以惩治古寺鬼怪为内容的民间故事，其中最典型的内容就是：几个鬼怪陆续来到古寺，一个个地报出"大脚二脚""小脚大脚""东野的马骨""西竹林的一目鸡"等古怪的姓名，结果都被僧人看破了真面目[1]。又如，《蛇郎》的一些传说讲述，女主人公的父亲

---

[1] 如《古寺之怪》讲：从前有个云僧来到无人的古寺，打算在此住一宿。夜里，门外来了一个怪物，问道："木字旁加个春的咚咚小法师在吗?"云僧回答说："不在，你是谁啊?""我是东原马头，猜猜我是谁吧。""那还不简单? 你是死在东边野地上的马所化成的怪物。"云僧识破了怪物的真面目，怪物被他吓跑了。不久，古寺门外又来了一个怪物，问道："木字旁加个春的咚咚小法师在吗?"云僧回答说："不在，你是谁啊?""我是南池巨鲤，猜猜我是谁吧。""那还不简单? 你是死在南边池水中的大鲤鱼化作的怪物。"被识破真面目后，这个怪物也被他吓跑了。之后又陆续来了"西竹林一足鸡""北墓地老牛头"等怪物，都因被云僧识破真面目而跑掉了。"东西南北"几个怪物都走了之后，古寺里面又传来了怪物的声音，责怪云僧赶走他的朋友。于是云僧就问："你是谁啊?""我就是那个木字旁加个春的咚咚小法师，猜猜我是谁吧。""那还不简单? 你是用椿木（意为山茶树）做的打稻草木槌化作的怪物。"云僧刚说完最后一个字，怪物就被吓跑了。第二天早晨，云僧在古寺里发现了一个木槌。据说，被人遗忘的旧工具和在不为人知的地方死去的动物，都会化作怪物。于是，云僧去东西南北四个方向找出动物的尸体，把它们和木槌放在一起，好好地祭奠了它们的灵魂。从此以后，古寺再没有怪物闹事，云僧也在这里当了主持。

跟踪蛇郎，一直走到深山洞窟的入口，这时听到里面有人呻吟道："我已经在人间留下了子孙，虽死无悔！"另一个人又说："人类还是聪明的，万一他们洗澡的时候在浴池里放入了艾蒿和菖蒲，我们就没办法了！"于是父亲让女儿洗澡，成功躲过了灾难。这些情节与《狗梯子》可谓同工异曲。只不过，《狗梯子》的讲述人还会具体提到"某家的老奶奶"。因此，与其他民间故事相比，它更容易在特定地区扎根。尽管如此，只有"打退鬼怪"和"人类爬树避难"这两个情节，《狗梯子》还是难以发展为土佐的《产杉传说》。

南方氏在上述论文中似乎没有注意到，"千匹狼"型故事，明显可以分为两种系统。土佐的《产杉传说》中，故事后半部分登场的群狼首领是一只老狼，类似的说法只见于北国的少数版本中：一个是《新著闻集》①所收录的流传于越前大野郡菖蒲池（现福井县大野郡）的《孙右卫门的妻子》；一个是六七年前出版的《因伯童话》②所收录的流传于伯耆日野郡（现鸟取县日野郡）的版本；一个是正处于这两地中间的但马养父郡（现兵库县养父市一带）的《高木加门的妻子》，仅此而已。首先我抄录一下伯耆的例子。

---

① 《新著闻集》，江户时代前中期的武士神谷养勇轩（1638—1717）编纂的故事集，成书于宽延二年（1749），共收录了377则故事传说。

② 因伯史话会编：《因伯童话》，横山敬次郎书店，1919。

从前，一个来自米子市的修行者遭到群狼攻击，他立刻爬到大树上避难。二三十只野狼骑在同伴的脖子上，以"搭梯子"的方式步步逼近，眼看着再来一只就够得到，于是野狼们说："把五郎太夫的老母亲叫来!"很快来了一只大狼，骑上了最上面的野狼脖子。修行者拔出一把短刀劈砍大狼，大狼和群狼就四处逃散了。等天亮后，修行者下山到五郎太夫的家里一看，他的老母亲果然受了伤，还说从树上掉了下来。当众人用怀疑的眼光看她时，她便乘隙溜走了。

这个民间故事中，化作老奶奶的确实是一只狼。另外，濑户源藏氏在《民族与历史》杂志第 7 卷第 5 号里介绍了一个传说[1]，流传在若狭和越前之间的山坡"椿峠"中段一个名叫"三本松"的地方。故事中一群野狼叫"刀祢的老奶奶"过来帮忙，之后便来了一只像牛一样大的、身上长满银毛的怪兽。可惜，仅凭这个资料很难确认这只怪兽是否是一只年纪大的老狼。《民族与历史》第 8 卷第 3 号所收录的《虎婆的传说》，流传在离三本松不远的近江柳个濑峠，其内容与《刀祢的老奶奶》基本相同。对此，福田文月君在《乡土研究》第 3

———————————

[1]　濑户源藏：《刀祢的婆婆》，载《民族与历史》，第 7 卷，第 5 号，1922。

卷第 11 号上指出，这个故事原来是作为柳个濑村狼神社的起源传说而传承下来的。最初，故事确实说是由一群狼来"搭梯子"，但被群狼叫来的假老太太不是老狼，而是一只老猫。

老奶奶既是狼又是猫，我们当然不可能仅凭这一点，就把两个故事归为两种不同的类型。重要的是，这两个版本不可能同时出现，出于某种原因，其中一个版本转变成了另一个的形式。高木君等人认为狼的版本出现得更早。的确，在西方，"人类化作狼后到处作恶"这种奇闻逸事受众很多，但正因如此，西方人很可能被成见所蒙蔽。其实，日本并没有这样的奇闻异事，也没有狼化作人类的故事，唯一的例外就是"千匹狼"型故事。我由此认为，猫化作老奶奶的版本，可能出现得更早一些。尽管我还拿不出确凿的证据，但可以提供一些可参考的观点。一个消极的观点是，提及山中分娩的"千匹狼"型故，只存在于土佐国。另一个观点则积极一点，即土佐国的版本，就讲到了老奶奶头戴铁锅进行防御的情节。这也是我们必须要探究其原因的所在。

三 头戴铁锅和茶釜盖

在讨论这个问题之前，不妨先列举一下我们已经搜集到的若干不同版本故事。首先，与伯耆国相邻的云州（现岛根县）的版本说道，松江藩家臣小池某的一个家丁夜里从日志原的老家回来时，遭到野狼的袭击。他立刻逃到了大树上。狼群一个接一个地骑上同伴的脖子，通过"搭梯子"的方式步步紧逼，但就差一点总是够不着。于是一群野狼喊道："快把小池的老奶奶叫过来！"不久，来了一只老猫，它有一只大狗那么大。以上民间故事被收录于高木氏的《日本传说集》，报告人为清水兵三君①，除此之外，近年出版的《岛根县口碑传说集》②所收录的故事中，也有一些类似的描述。在清水君报告的版本中，家丁拔出小刀向老猫砍去，顿时"锵"的一声，响起打铁般的声音。老猫逃走后，家丁在树下看到一个小池家的茶釜盖，便把这个茶釜盖交给小池家的主人，这才发现主人的母亲是老猫化身而成。

土桥里木君③在《甲斐昔话集》④中收录了如下传说，尽管文中没有提到茶釜盖，但也保留了民间故事特有的讲述方式。

---

① 清水兵三(1890—1965)，民俗学家，曾经在朝鲜半岛、中国东北地区、蒙古、西伯利亚等地搜集各民族的民间故事和民谣，进行跨文化的比较研究。

② 岛根县教育会编：《岛根县口碑传说集》，岛根县教育会，1927。

③ 土桥里木(1905—1998)，乡土史家，民俗学家，长期以来调查研究山梨县的民间故事。

④ 土桥里木：《甲斐昔话集》，乡土研究社，1930。

从前，有一个卖棉麻织物的甲州人路过富士山脚下的远原。天黑了，他就把枯草堆成山，自己钻进里面睡觉。到了深夜，一群山狗闻到人的气味，开始到处寻找人的踪迹。商人听见动静后，立刻爬到树上想躲过一劫。山狗一直在树下转来转去，过了一会儿，一只山狗喊道：

　　"去把孙太郎老奶奶叫来，请她想个办法！"

　　他们说的孙太郎老奶奶，其实是一只老猫。孙太郎老奶奶过来后说：

　　"这个嘛，你们做个狗梯子就好了。"

　　山狗按照孙太郎老奶奶告诉他们的方法，骑着同伴的脖子，逼近树上的商人。商人非常害怕，想要爬得再高一点，可惜树上有个鸟巢一样的东西阻挡他往上爬。于是，商人拔出小刀往上一戳，发现里面有只熊在睡觉。因为屁股突然被刀刺伤，这只熊掉落到地上，被一群等待已久的山狗追赶。后来山狗们发现自己追赶的是只熊而不是人，就懊恼地说道：

　　"天快亮了，今晚的计划就算了吧。"

　　就这样，商人捡回了一条命。

　　更早的时候，这个民间故事可能还有另外一种讲述方式。但不管怎样，这里的老奶奶与出云的小池老奶奶一样，都不是狼的化身。至于陆中上闭伊那郡的如下版本，猫所充当的角色更加明显一些。佐佐木喜善君在《听耳草子》(第341页)中写道：

从前，有个旅人在回家的途中路过某个山坡，在山路上看到了一群猫聚在一起。他悄悄爬到树上观察它们，其中一只猫说：

"某某家头领怎么还没有来?"

这只猫所说的"某某家"就是这位旅人。不久，他家养了多年的花猫走了过来，命令其他猫隐藏在树后面或草丛中。这时来了一个武士，埋伏好的猫群一拥而上，武士拔刀迎敌，最后砍伤了猫群头领——老花猫。旅人和武士一起，沿着血迹一路搜寻老花猫，结果真的走到了旅人家。旅人的老母亲躺在床上，说是她刚才踩到冰上不小心滑倒了，眉间裂开了一条缝。武士立刻猛冲过去，一刀砍死了她。那只老花猫顿时现出了原形。原来，旅人的老母亲早在几年前就被老花猫吃掉了，现在的老母亲是老花猫假扮的。

在故事结尾，这位老母亲就相当于《南总里见八犬传》的赤岩一角①。

一个流传于土佐，一个则流传于奥州，这两个民间故事不但流传地点相隔甚远，而且故事内容也有较大差异，但我们还是认为二者同出一源。因为各地的讲述人和听众始终关注一点，即怪物的秘密因某个偶然事件暴露，人类击败怪物并死里逃生。而怪物暴露真面目的经过并不重要，讲述人可以凭借自己的想象力和叙事技巧进行改动。当然，古人还是继承了自神话以来的叙事传统，没有像今人那样，做大幅度更改。由于民间故事中存在双向趋势——它一方面在细节上趋于一致，给我们提供了关于故事起源的一些启示，另一方面又常常误导我们，致使我们做出错误的推测。

值得注意的是，"白毛老狼假扮成老奶奶，戴着铁锅悠然爬树"的情节出现在《南路志》中，《日本全国国民童话》中也有类似的描述。除此之外还有两个版本，其中一个版本虽然没有"叫铁匠家老奶奶过来"这句话，主人公也只是沿着血迹，一路追踪到佐喜滨的民房，但讲述人还是解释了怪物被砍伤后之所以发出一声金属音，是因为怪物头上戴着茶釜。另一个版本还讲，从老奶奶的被窝里滚

---

① 《南总里见八犬传》，曲亭马琴的长篇小说，自文化十一年至天保十三年（1814—1842）陆续刊行，共98卷。赤岩一角是《南总里见八犬传》中的八位主人公之一"犬村大角"的父亲，妖猫将他杀害后，还乔装扮成了他。

出一个沾满血迹的茶釜。只看这些版本，有人可能会误以为："怪物住在铁匠家，所以它才用家里的东西来防御，这样说很有道理，构思不错！"但在云州的版本中，人们是因为茶釜盖，才发现小池家的老母亲是老猫假扮的。这个版本提醒我们，其实类似情节在打击妖猫的民间故事中十分常见。从南方氏搜集的资料看，打击妖猫的故事以几种不同的形式，流传在熊野地区（现纪伊半岛南部）。而在其他地方的民间故事中，妖猫一般都是用"小五金"来防御弓箭或枪弹的。比如，早川孝太郎君在《猪・鹿・狸》中写道：

> 过去有个猎人，他用茶釜盖把铁揉成团做成枪弹，家里的猫总是坐在旁边看着。猎人每造好一颗枪弹，猫就会用前脚洗脸，猎人觉得很奇怪。第二天，猫和枪弹都不见了。后来猎人在深山里遇见了怪物，他开了好几枪，可子弹都被怪物弹回来了。直到猎人用完了所有子弹，怪物才把东西扔在地上。这时猎人用身上最后一颗防身的子弹打死了怪物。猎人仔细一看，原来那个怪物就是自己家的猫变化而成，尸体旁边还有他丢失的茶釜盖。原来，那只妖猫在家数好了猎人做的枪弹，还偷了茶釜盖用来防身，打算等猎人子弹用完之后杀死他。

上述民间故事流传在三河地区（现爱知县东部），类似的例子还见于《甲斐昔话集》。据说，有一只20岁的老猫因被弄瞎一只眼睛而痛恨主人，主人做一颗枪弹，老猫就点一下头。这只老猫打算等主人打完十三颗枪弹后就杀死他，没想到却被主人藏在身上的最后一颗枪弹击杀，老猫的尸体旁边还扔着主人家的茶釜盖。另外，能登八个崎地区（现石川县七尾市能登岛）有一则故事名为《头戴chikkin的堂川怪物》，《鹿岛郡志》①没有详细介绍这则民间故事，我们也不知道"chikkin"指的是什么，只知道当地有一句俗语：

　　　　与助忽左卫门拔出刀，刀鞘是竹的，里面是真刀。

　　由此看来，这则故事的主人公可能是用藏在身上的另一把刀砍死怪物的。最近梅林君在九州出版的《丰前民话集》②中收录了一则狸子头戴吊钟防御枪弹的故事。此外，在赞歧佛生山（现香川县高松市）也流传着类似的传说。据说，从前有个勇士要打退关池的大蛇，于是找到一位铁匠给他做弓箭。不久，大蛇化身而成的美女就过来问铁匠一

---

① 鹿岛郡自治会编：《石川县鹿岛郡志》，鹿岛郡自治会，1928。
② 梅林新一：《丰前民话集》，福冈土俗玩具研究会，1931。

共做了多少支箭。这令人想起熊野的另一则传说，即"一踏鞴"化作一只鸟来，提前数好刑部左卫门有多少弓箭①。赞歧的大蛇头戴吊钟防御勇士的攻击，等勇士射完第八十八支箭后，它便摘下吊钟，打算反击，但没想到勇士还藏着一只"金银掩箭"，勇士就用这支箭射死了大蛇。可见，显然不是只有《产杉传说》中的老奶奶，才有这种以失败告终的策略。不仅如此，比起以上几个故事传说，《产杉传说》中的老奶奶最后只是被短刀砍伤，这难免显得有点不自然且太简陋了。

四　猫、狐狸和狼

我们甚至可以说，如果土佐国佐喜滨没有那座传说是铁匠故居的老房子，狼奶奶头戴铁锅的情节也未必会在此地扎下根。传说毕竟是某一世代的居民自己深信不疑并代代传承下来的叙事。如果是民间故事，即使讲述人硬说这是此地确实发生过的历史事件，当地人也不会当真。有些学者认为，只要一些地区存在类似的民间故事，就可以说明同一类传说的分布状态，但这种论断显然是很危险

---

① 一踏鞴是一只腿的怪物，它力大无穷，曾经在熊野参拜道的关口威胁、伤害行人。当地百姓们深受其害，请求一位名叫狩场刑部左卫门的勇士为民除害。

的。诚然，如果不是民间故事先传到了某地，当地也不可能突然产生类似的地方传说。但是，当民间故事在某个地方社会上联系到具体事物的时候，讲述人往往需要增加一些故事中原本没有的信息，因此，同类的民间故事和传说，在情节内容上就有了若干差异。比如，在"千匹狼"型的地方传说中，怪物头领假扮成的女人在身份上就有所差异，出云的版本说她是"小池的老太婆"，而越前的版本则称她是"菖蒲池的孙右卫门的妻子"。这些不同的称谓，都不是各地的传承人任意捏造出来的。尽管难度不小，我还是试着解释一下当地人命名的动机。

为此，我要面对的最大问题是：一群狼的头领甚至"参谋"怎么会是一只猫呢？如果这是比较古老的说法，那么这种古老的说法为什么又在后来的版本中转变为"老狼"了呢？想得简单一点，这可能是因为后来越来越多的人不理解，猫为什么能够统率一群野狼，于是根据故事的内容，将猫改为了老狼。但除此之外，这里可能还存在另外一些原因。下面，我们先从猫开始谈起。"有人偶然听到一个动物能自如地运用人的语言，后来才发现它竟是个怪物"，在这样的民间故事中，成为焦点的动物一般都不是狼，而是猫在这一点上，"千匹狼"型故事是个例外。构成此类故事的现实基础大概是因为家猫经常守在人身旁，听人们说话。《新著闻集》就记录了关于

"猫会说人语"的几种传言，如一只家猫从房梁掉下来时，先开口喊了一声"天呀！"；又如某座寺庙养的猫在拒绝野猫的邀请时说"方丈大人身体不好，今晚不能出去"等。而同样内容的民间故事，一般不会这样强调现实性。它们往往会说，一群猫在荒寺等地举办舞会时，相互打听"为什么某某家的花猫大人没来？"，不久这只花猫就露面了，向大家解释它迟到的原因。而花猫的主人目睹这一场景后，得知他家的猫有一颗忠义之心或者心里藏着邪念。追溯其渊源，此类故事也许来源于《公冶长识鸟语》传说，即某人通晓动物语言并借此谋取利益。至少对我国近代的民间叙事而言，那些因说人话而暴露秘密的动物一般都是猫。

老猫临死前离家出走，它们的这种习性在今人看来也是很神奇的，因此就有了关于猫的种种迷信，如今有些人还相信老猫会变为妖怪，甚至还说不能敷衍老猫等。另外，家猫一般没有狗那样的群居性，但野猫会经常聚在一起，古人据此认为猫有一个不为人所知的社会，于是就有了常陆《猫岛》①、

---

① 传说奈良时代的学者吉备真备（695—775）来到筑波时，突然被几千只猫围住，吉备真备胆颤心惊。这时走来一个男孩，这一群猫看见他，就一溜烟地逃走了。这个男孩就是安倍晴明（921—1005），后来他在吉备真备的指导下修炼阴阳之术，还从婆伽罗龙王那里获得神药，并用它学习鸟语，最终成为日本有史以来最著名的阴阳师。

肥后《猫岳》①等地方传说。时到如今，我们很难想象猫竟然会成群袭击人类，但我不能仅仅因为"难以置信"，就完全否认此类叙事的真实性。虽然"是否确有其事"并不是我们要讨论的问题，但我们应该自觉地意识到，我们对猫的看法本身发生了变化，古人可能有不一样的看法。正如自然现象的解释因时代而异，人们对动物的态度也一直在变化，有时疼爱，有时畏惧，狼当然也不例外。如果狼有代代继承下来的记忆，那么肯定不会任由人类对它们的信赖在短短的时间里衰落至此。从古文献的记录来看，日本人直到最近才开始像中国人那样视狼为凶猛无比的害兽。其实，狼在我国一直都是人们崇拜的对象，基于深厚的信赖，古人还与狼进行过交流。这种信仰和本文的论点有关，稍后再继续深谈。

今后，随着动物史研究的发展，日本人和狼之间的关系问题，将会逐渐得以阐明。进入近世以后，狼所处的环境发生了巨大变

---

① 从前有个旅人路过阿苏山山脚下一个杂草丛生的地方，传说这里是来自九州各地的猫修炼成妖猫的魔境。夜里旅人迷路了，他忽然看到远处有一座豪宅，便走过去向豪宅的女主人求借宿一宵。进屋后，旅人打算在吃饭前先洗个澡。他在走廊里与一个女人擦肩而过，这个女人看了他一眼后便着急地对他说："我是以前住在你邻居家的花猫，你千万不要在这里吃饭、洗澡，否则你也会变成猫的，你赶快逃走吧！"旅人立刻走出房子，一群女人在后面追赶，还向他泼洗澡水。旅人好不容易回到了家，但他被洗澡水淋湿的耳朵和小腿却已经变成了长满短毛的猫皮。

化。如果说，狼的生态因这种环境变化的影响而发生变异，使人有了不同于过去的经验知识，进而产生了"狼奶奶"这样的恐怖形象，那么《产杉传说》不仅对民间叙事的分类学有重要意义，还会为自然科学的未来课题提供一些珍贵资料。

至少可以说，一群野狼趁天黑袭击路人，这是进入近代后，人类反复经历过的真实事件。随着时代发展，越来越多的人不再相信"妖猫聚会"的故事，民间叙事的传承人也开始用狼代替猫，这种变化还是十分自然的（我们很难想象人们会用猫取代狼，比如，"千匹狼"型故事传到东北后突然变为"妖猫聚会"的故事，是不太可能的）。但此类故事还有另外一个让人难以理解的情节，那就是群狼为什么要请来老猫解决问题？从与猫相关的民间叙事来看，我认为出现这样一种说法在所难免。至今为止，我还没有听说过猫与狼合作的故事，但各地流传着一些猫和狐狸交朋友的传言。比如，九州出身的西田直养先生①在随笔《筱舍漫笔》中就写道，某天夜里，一个人看见了猫和狐狸一起跳舞。中道等君②在《奥隅奇谭》③中也写

_____

① 西田直养(1793—1865)，江户时代后期的武士，在诗歌、国学方面具有突出的表现。

② 中道等(1892—1968)，明治、昭和时代的乡土史家。他自学成材，因得到柳田等人的认可，在《乡土研究》《旅与传说》等学术杂志上发表了不少文章。

③ 中道等：《奥隅奇谭》，乡土研究社，1929。

道，过去外南部大畑（现青森县下北郡）的某户人家养了一只猫。某日傍晚，主人看到猫衔着手巾从碗橱里出来，一直走到后院，将手巾递给狐狸，它们把前肢高举在空中一起跳舞。据中道君介绍，这只狐狸说道："老虎不来，永远跳不完。"这句话在当地几乎成了一个俗语。佐佐木君的《听耳草子》也收录了几个陆中远野的例子，其中狐狸和猫一起跳舞时自言自语道："老虎大人不来，怎么也跳不好。"不久，果真有一只虎皮色的猫，用手巾包住头和双颊走了过来，和它们一起跳舞。不难想象，这里狐狸说的话，应该与前面提到的近江柳个濑峠的"千匹狼"型故事中狼群说的"快把虎婆叫来"有一些联系。

这本《听耳草子》一共收录了三个妖猫故事。第一个故事说，妖猫装扮成老奶奶，用茶釜盖防御人类攻击；第二个故事说，家猫事先数好了主人的枪弹数，之后再袭击他；第三个故事就是猫和狐狸一起跳舞。其中最罕见的就是最后一个，据说那只虎皮色的妖猫还唱着义太夫净琉璃①给独守空房的女主人听，但女主人后来将此事告诉了丈夫，妖猫便立刻咬破女主人的喉咙逃走，从此再也没有回

---

① 义大夫净琉璃，指配合着江户时代中期的艺人竹本义太夫（1651—1714）所确立的三弦琴音乐和道白，用木偶演出的净琉璃剧表演。

来。如今这个民间故事已经十分接近于传言，但其分布范围相当广泛。陆前牡鹿郡（现宫城县牡鹿郡）的版本收录于《民族》杂志，主人公是久慈平岳之主"阿虎猫"的版本收录于八户市《奥南新报》[①]，津轻的版本收录于内田邦彦氏所著的《津轻口碑集》，鹿角郡（现秋田县鹿角郡）的收录于内田武志君在《旅与传说》"昔话专号"中所作的报告中，这些版本的内容基本一致。另外，福岛县北部的某村有一棵大朴树，名为"muro 之树"，当地人说"muro"是一只妖猫的名字。这则故事的内容与其他版本没有太大差异，据说这只妖猫咬死老奶奶之后爬到大朴树上，被枪打死了。而这时猫发出了一声金属音，人们看了一下掉在地的尸体，原来妖猫拿着一个手镜。显然，这只妖猫最初也用了手镜防御枪弹，但最后还是被打死了。枪也罢，义太夫净琉璃也罢，讲述人采用越来越多的新词汇，给故事注入新的活力，但此类故事本身就有一段悠久的历史。从伊予通往土佐的某个山坡上有一棵神树，当地人传说这里曾经有一个女人被群狼咬死。据说，这个女人爬到树上之后，拿着手镜，把阳光反射到狼的眼睛里，一个个地击退它们。但她看到群狼逃走后，便高兴地

---

① 《奥南新报》，自明治四十一年至昭和十六年（1908—1941）刊行于青森县八户市的报纸。

把手镜扔在地上，结果手镜掉落的声音被狼听到了，群狼立刻回来，把女人咬死了。当地人相信这是真实发生过的历史事件，那么究竟是谁目击了这个惨状？又是谁传播了这一幕？这样的传言从何时起成为扎根当地的地方传说？对于这些问题，我还无法解释清楚。

五　高木加门的妻子

土佐和越前的"千匹狼"型传说中还有一个被人忽略的特点。目前土佐的佐喜滨，只有铁匠家的故居保留下来，但当地人却还在传说，铁匠的后裔背上都长着兽毛。《新著闻集》的作者也写道，越前菖蒲池孙右卫门的后裔脊梁上都长着狼毛。按理来说，这种说法表明了当地曾经流传着一则他们家的祖先与狼之间的异类婚传说，但很显然，此类传说与打退恶狼的传说难以共存。在九州，人们传说绪方氏①的嫡系后裔身上都有蛇鳞般的痣，或者说他们的皮肤上有一块不光滑的地方等，但绪方氏的后裔并没有因这种谣言而感到尴尬，

---

①　九州绪方氏的家祖是日向姥岳的蛇神与丰后山村之女通婚生下来的，《源平盛衰记》记载，绪方氏的第五代主人绪方惟荣（生卒年不详）身上长了一片蛇鳞。

反而始终表示认可，这可以说是当地古老信仰的痕迹。另外，我国有不少豪门世家传说，据说家族里的某个女人被池沼的精灵看中，然后二者结了婚。这同样可以说明，对于人类与龙蛇之间的异类婚，古人的看法与今人不同。如果最早的"异类婚"型故事和《咔嚓咔嚓山》一样，重点讲述人类惩罚怪物的经过，那么，即使怪物在人间留下了孩子，其后裔恐怕也不会公开承认这种谣言属实。我据此推测，千匹狼的传说曾以不同于今天的形式流存于土佐、越前两地。

下面举个例子说明这一点。在与越前关系密切的但马，有个地方叫养父郡宿南村（现兵库县养父市），这里有一则关于加门冢的传说。据我所知，这则传说在当地已经失传，如今只能在《加门记》中看到。《加门记》中的记录就像历史小说一样，篇幅也不短，从中可以窥见这则传说最初的主要情节。据说，这里曾经有位武士名叫高木加门，某日他的妻子在山路上看到一匹野狼中了圈套，于是救出了野狼把它回到了深山中。妻子死后，加门再娶，但这位后妻对前妻之子非常刻薄。某日，那匹野狼过来把后妻咬死了，并装扮成她照顾前妻的孩子。之后《加门记》又介绍了高木家发生的种种纠葛，还突然提到了那个"狗梯子"事件。某个夜晚，一位修行武士遭到群狼袭击，他立刻爬到树上躲避。野狼一个接一个地骑上同伴的脖子，慢慢逼近武士。眼看着再来一匹狼就可以抓到了，于是野狼们喊道："快请加门大人的夫人过来!"之后果真有一匹老狼走了过来。这位武士砍死这匹老狼之后,到高木家说明情况,这下大家才知道加门的后妻是狼假扮的。埋葬这匹老狼的地方就是今天的加门冢,因为高木加门的孩子并不是狼所生的,所以文中没有"高木家的后裔身上长着兽毛"之类的说法。

《加门记》中有一些插曲,说高木家丢失家传宝刀等。我们很难辨别其中哪些是作者的文艺创作,哪些反映了这则传说的古老内容。但可以肯定的是,此地确实存在一座名为"加门冢"的坟冢,而且附近还流传着"千匹狼"型的故事,因此,这则传说本身不可能是作者凭空捏造的。关于养父郡宿南村,菱屋半七翁在《筑紫纪行》①卷九"享和元年六月十日"一项中做了如下一段记录:

走过一町②,左上方有座水谷大明神社,这是否就是《神名帐》③所记的"但马国养父郡水谷神社"?上了山坡,从护身门入社参拜。院门由稻草修葺而成,神社本殿的屋

---

① 《筑紫纪行》,尾张国的商人菱屋平七(生卒年不详)的游记,记述作者游览中国地区及九州的经过,刊行于文化三年(1806),共10册。

② 町,日本距离单位,一町约为109米。

③ 《神名帐》,广义上指记录神社和祭神名字的帐本,狭义上指成书于延长五年(927)的律令施行细则《延喜式》所收《神名式》上下两卷。

顶则为桧皮所修筑。左边有座小神社祭祀"猫大人"。据说，在家里放上这座小神社下面的小石头，即可消灭鼠害。再往前走，就看到五社明神社，这便是《神名帐》所记的"但马国养父郡夜夫坐神社五座"，今人称薮崎大明神。再往里走一町，又有一座神"山之口"社。据说这里奉狼为神，此神派遣的使者也是狼。管理神社的神僧居住于水谷山普贤寺，主佛为药师如来。返回大路，走五六町就是薮崎村，自养父宿到薮崎村共走了二十五町。

这座祭祀"猫大人"的神社，似乎不是《神名帐》中提到的水谷神社。尽管我还没有去过此地，但从《但马考》①的记载来看，《神名帐》所提到的水谷神社在宿南村向东走一里的奥米地。只不过，早在编纂《大田文》②的时代，当地人就习惯把《筑紫纪行》所说的薮崎大明神称为"养父水谷大明神"。那些被封为神的狼和猫，似乎都属于这座神社。铃鹿先生在《神社核录》③中引用《但马考》写道：

---

① 樱井舟山著，樱井勉校：《但马考》，黑田笃郎用铅版印刷，1894。
② 《大田文》，指镰仓幕府命令各国编辑的地籍册。
③ 《神社核录》，江户时代末期京都吉田神社神官铃鹿连胤（1795—1871）对《延喜式神名帐》及其他《神名帐》所作的考据，成书于明治三年（1870），上下2册。

末社①有三座。其中，山口神社俗称"狼宫"。遇到野

鹿糟蹋田地时，人们会来这里祈求保佑。加地宅邸又称

"猫宫"，保佑人们免遭鼠害。

关于"猫宫"的位置，以上两种记录存在分歧，如果不是笔误，那就

是"猫宫"后来迁移了。桃井塘雨的《笈埃随笔》②，其出版时间应该

早于《但马记》，文中也提到了"狼宫"。

　　妙见山后面的山麓上有座养父明神。此神差遣狼，宫

前左右侧各有一狼的雕像，并栓有铁链，就如其他神社的

狛犬③一样。邻国村落若有野猪野鹿糟蹋田地，人们便会

来这里参拜，说声"借用一下您的狼！"，神官就会把狼脖子

上的铁链解开，请狼慈悲保护百姓。之后野猪野鹿便不再

---

　　①　一般情况下，日本的神社除了本殿还设有几座小神殿，这些小神殿又分为
"摄社"和"末社"。"摄社"祭祀与本殿所祭主神有关的神灵（如主神的孩子）或者与
当地有着特殊缘分的神灵，而除此之外的小神殿一律被叫作"末社"。
　　②　《笈埃随笔》，江户时代中期的文人百井塘雨（？—1794）的游记，现存的
《笈埃随笔》是江户时代末期在塘雨死后出版的译稿，共12册。
　　③　狛犬，在神社和寺院的入口或本殿前守护神明的一对石像，外观看起来像
狗，是人们想象中的一种动物。

出现。过些天，人们会拿酒水还愿。此事真是天下奇闻。

　　《笈埃随笔》并没有提及养父郡的五社大明神与妙见山之间的关系。现在这两地的信仰彼此独立，因此，仅靠两地神官所保存的文献资料，无法追溯二者之间的关系。面对这种问题，我们必须珍惜时间，尽快掌握还保留在当地人心中的"感觉"。或许，水谷神社或"夜夫坐神社五座"自《延喜式神名帐》的时代起，就一直在这里。至于狼的信仰，情况就不一样了，无形的信仰完全有可能从甲地传播到乙地。若事实果真如此，我认为此地有关狼的传说就是传自妙见山。在中国地区的山岳信仰中，往往以妙见菩萨为祭祀对象。而位于养父和城崎之间的妙见山，正是信徒较多的地方，尤其是我老家一带。这里有可能存在着与关东的三峰出流山（位于栃木县栃木市）、远江的山住或春野山（现静冈县滨松市）相同的崇拜狼的信仰①，现在做调查应该还能得到一些线索。希望今后能够根据调查结果，判断我的观点是否正确。不管怎样，《加门记》中关于狼妻的记录，是以当地的古老传说为基础的。"加门冢"位于养父地区"狼

----

　　① 这里列举的几个地方都有以"山犬"（指狼）为守护神的神社，院落里摆设石狼，以此取代狛犬。信徒认为狼是神的家眷或使者，可以驱赶野猪野鹿，保佑人们免遭兽害。

宫"的西北方，与"狼宫"相距二里，附近有一条从宿南村通往三谷村的山路，可能是妙见山的参拜路线。今人把三谷读成"mitani"，说不定这里就是《神名帐》中所说的水谷神社（mizutanijinjya）的所在地。一般来说，山村的传说会以旅人为媒介，逐渐传播到平原。既然如此，除了山口神社的狼宫以外，我们还要注意到狼宫附近还有座猫宫，而且猫宫的所在地就是加地宅邸。现在当地人是如何说明这些的呢？只有在调查了当地的说法并经过详细比较之后，我们才能对土佐野根山的《产杉传说》给出更多的解释。

六　朝比奈氏的祖先

有不少神社不但把狼奉为山神的使者，还直接祭祀狼神。这样的神社不仅存在于但马地区。在一些神社里，狼神甚至被当成小孩的守护神，深受信徒的爱戴。由此看来，《加门记》中关于狼妻的记录，并不是作者的凭空捏造，而是有所依据。比如，骏州志太郡假宿村（现静冈县藤枝市）有一个小山丘，与东海道冈部车站相隔十六町，上面有一座名为"内宫权现"的神社。根据权威的说法，内宫权现由冈部神社管辖，祭祀着日本神道的神，但民间却把内宫权现称为"狼明神"，说神社里面祭祀的是狼神。这里还存在两种传说，一种是位于主干道上的神社所记录的官方说法，另一种则是当地人传承下来的地方传说。比如，下面这段记录见于阿部正信的《骏国杂志》①，被认为引自冈部宿驿的若宫八幡神社所保管的文献。

　　从前，中纳言兼辅②蒙冤获罪，被流放到骏国，在朝比奈川附近的山麓住了几年。他没有孩子，为了求子，在八幡宫通宵祈祷了二十一天。第二十一天，祈祷结束后，他在回家的途中路过一个叫小坂的地方，遇见了一匹狼。狼叼着一个身穿锦衣的婴儿，它把婴儿轻轻地放在兼辅脚下后就走了。兼辅抱起婴儿，发现婴儿肩膀上有狼的牙印，觉得很神奇，后来他就在朝比奈村养育孩子。过了几年，他回首府时，把孩子留在此地。孩子长大后自称"吉泰"，以武勇俊杰扬名。吉泰奉狼为内宫权现，即俗称狼明神。

　　而《骏国杂志》还记载了另一则地方传说。据说，"朝比奈"这

---

　　① 《骏国杂志》，江户时代后期的武士阿部正信（生卒年不详）编纂的骏河（现静冈县）地方志，成书于天保十四年（1843），共49卷。
　　② 中纳言兼辅，即藤原兼辅（877—933），平安时代中期的诗人，三十六歌仙之一。

个姓氏的发祥地是骏州志太郡的朝比奈村，朝比奈家族的故居就在该村的大字殿。历代的家主都起名为朝比奈三郎左卫门，并自称是朝比奈三郎义秀①的后裔。当地人传说，每一代三郎左卫门的脊背上，天生就有三个狼的牙印，就像丰后国绪方氏的后裔们身上都有状似蛇鳞的痣一样。由此看来，朝比奈三郎左卫门家似乎也有朝比奈吉泰那样的家祖传说。一个家族分家后，他们家传的说法自然会产生一些差异，至于哪家的说法更正确，不是我们要讨论的问题。我们只是希望能够确认，朝比奈氏的嫡系和旁系都有崇拜狼的信仰传统。上面提到的假宿村的狼明神，由游行派②的万福寺管辖。这个万福寺就是朝比奈氏祖坟的所在地。虽然我们难以相信朝比奈氏的祖先是由狼送给中纳言兼辅，但朝比奈家却感激狼的恩德，非常崇拜狼，这种说法仍有一定的说服力。相比之下，《新风土记》③把"狼"视为"冈部"的讹传（日语狼音通冈部），未免太牵强附会。关

---

① 朝比奈三郎义秀（1176—？），镰仓时代初期的武将，以勇猛著称，于建历三年（1213）与父亲和田义盛（1147—1213）合谋举兵袭击镰仓幕府的实际统治者北条义时（1163—1224），造反失败后下落不明。

② 游行派，指日本净土教的时宗十二派中，以吞海（1265—1327）为师祖的流派。

③ 《新风土记》，即《骏河国新风土记》，是国学家新庄道雄（1776—1835）在文化十三年至天保五年（1816—1834）编纂的骏河国风土记，共25卷。

于这一点，只要调查分散在各地的朝比奈氏后裔的家族先祖传说，就可以加深理解。比如，《柳塘缉谭》收录了鹤冈市的各种古老传说，其中写道，出羽国的庄内藩①曾经有一个名叫朝比奈忠三郎的大力士，传说他的祖先看到一匹野狼被骨头卡住嗓子，就勇敢地把手伸进狼的嘴里，帮它取出了骨头。后来这匹狼叼过来一个裹着芦苇叶的婴儿送给他。这个婴儿长大后改姓朝比奈，家族兴旺，家里特意为狼建造了祠堂。

　　自秦大津父②发迹的传说问世以来，"狼报恩"一直都是很受日本人欢迎的故事题材。最常见的故事情节便是某人帮狼取出卡在嗓子里的骨头。令人不可思议的是，在日本这个情节融进了好几个大家族代代传承始祖传说中。我记忆中的例子不多，拿最近的例子来说，《飞驒风物记》③记载了益田郡竹原村御厩野(现岐阜县下吕市)的今井弥左卫门的传说。传说延宝元年(1673)的某日清晨，今井家

----

① 　庄内藩，江户时代以出羽国田川郡庄内(现山形县鹤冈市)为据点统治庄内东区的政府机关。

② 　秦大津父(生卒年不详)，活跃于6世纪的官吏。钦明天皇还没有即位的时候，神在梦中点化他："提拔秦大津父，即可统治天下！"钦明天皇在山背国纪郡的深草里(现京都府伏见市)找到了此人。当时秦大津父只是一个商人，他对天皇说，自己曾经阻止了一对野狼打架，并将它们放生。钦明天皇听后很高兴，立刻提拔秦大津父为近侍。

③ 　上岛善一：《飞驒风物记》，飞驒每日新闻，1935。

的丫鬟出门打水，遇见一匹老狼向她求助。这时今井家的主人弥左卫门恰好出来，发现老狼被骨头卡住了嗓子，痛苦不堪。于是，弥左卫门把手巾绑在手上，伸进老狼的嘴里，帮他取出了骨头，老狼高高兴兴地走了。过了十几天，晚上弥左卫门听到门外有异样的声音，他开门一看，发现那匹老狼正跪在地上，还带来一个狗嚼子。弥左卫门对老狼说："你的意思是，要我当你的主人，而你誓忠于我，是吗？其实你不必这样。"老狼听后便消失不见了。据说今井家至今还保存着这个狗嚼子，并将其视作家宝。另外，该郡中原村的烧石与五郎的妻子曾经也帮狼拔出了骨头，而这匹狼送给她的礼物更加古怪，据说是六尺余长的铁链。不管怎样，我们可以肯定的是，二百多年前，一些地方的人们相信，狼是在交往中绝不欠情债的动物。这也是我会认为土佐《产杉传说》较晚出现的原因之一。

我曾经在拙著《山之人生》中写道，古人和狼之间的交往，从来都没有只停留在威胁、讨好等层面。一个古老的习俗引起了我的兴趣。过去，人们每年都要把盛满食物的神器，放在野狼可能会出没的深山之中，这种行为称为"狼的分娩慰问"。据相关资料记载，古人既不是直接喂给野狼食物，也不是在确认野狼已经生了孩子后才给它们送食物。东京附近最有名的是武州秩父三峰山的例子，尽管这里的习俗已经失传，但《三峰山志》①和《十万庵游历杂记》②中卷对此做了详细描述。据说，当地人在夜里听到野狼嗥叫，就认为是狼生了孩子，第二天会过去慰问。具体地说，他们在深山中找到一块没有草木的地方，在此悬挂稻草绳，献上酒和食物。当地人又称这种"狼的分娩慰问"为"御产立仪式"③。《新篇武藏风土记稿》④第八十卷"三峰村大木的行屋堂"中把"御产立仪式"写成了"御犬祭"，并说明每月的十九日都要举行这个仪式。说起每月十九，大概有不少人知道，这一天就是"子安讲"或"十九夜讲"，即村妇祭祀"子安神"⑤的日子。后来这个风俗演变成了一年一度的"狼的分娩慰问"。

我不太清楚日本西部的情况如何，但在日本东部，"狼的分娩慰问"十分常见。如铃木重光君⑥在《内乡村话》(第44页)中介绍，相州津久井(现神奈川县相模原市)的人们在木盒里装上红豆饭，将

---

① 石仓重继：《三峰山志》，阐胜阁书房，1906。
② 释敬顺：《十万庵游历杂记》，江户丛书刊行会，1916。
③ 产立，最初指孕妇产子后举办的古老仪式，人们在仪式上祭祀分娩神，并与神共享一食。后来又引申为孕妇在分娩后不久所吃的食物，或分娩后几天举办的宴会。
④ 《新篇武藏风土记稿》，在江户幕府的主导下，由昌平坂学问所地理局编纂的武藏国地方志，于1810年动笔，1830年脱稿，共266卷。
⑤ 子安神，指保佑孕妇顺利生产、养好孩子的神。
⑥ 铃木重光(1888—1967)，明治、昭和时代的乡土史家。他在从事农业的同时师从柳田国男，对家乡神奈川县津久井地区进行了调查研究，代表作有《相州内乡村话》(1924)。

其放在洞穴入口。到了晚上，狼会把兔子、野鸡等回礼放在同一个木盒里还给人们。早川君也描写过类似的情景，他曾经在三河长筱地区（现爱知县新城市）①听一位90多岁的老夫人说过，她年轻时曾和附近的妇女一起煮好红豆饭，拿去慰问刚分娩不久的狼。清水文弥先生的《乡土史话》②则记录了下面一则资料。据说，在野州那须郡（现枥木县那须郡），每年的四月初八到四月底之间，村内各户人家都会拿出金钱和大米，用油炸豆腐、西太公鱼等做些菜，放在狐狸家前，当地人称之为"狐大人狼大人的初衣贺礼"③，为的是请狐狸和野狼不要在村里作恶。这个资料写得有点混乱，我改天要向清水先生询问清楚。不过我们现在至少可以肯定，除了狐狸之外，当地人也给野狼送礼物，并称之为"初衣贺礼"。如今，陆前狼河原（现宫城县登米市）及其他地方的人们说，他们祭祀野狼是为了免受其威胁，但在以上的例子中，人们给狼举办和人类一样的出产仪礼，显然不是为了消除恐惧。在关西地区较普遍的活动"狐布施"中，人们请巫师召唤狐神后，首先要问清狐神家里有多少家属，以便调整献给它的食物量。由此看来，"狐布施"和"狼的分娩慰问"

---

① 早川孝太郎：《猪、鹿、狸》，乡土研究社，1926。

② 清水文弥：《乡土史话》，邦光堂，1927。

③ 这里的"初衣"指给新生婴儿穿上的第一件衣服。

似乎出于同源。我个人认为，此类习俗起源于古老的山神信仰，对此，我在《山之人生》里做过探讨，这里不再赘言。可以肯定的是，在古人的想象中，狼和生产是紧密联系在一起的，这不是只见于土佐野根山一带的特殊现象，有些地方的人们甚至在此基础上，传说野狼送给人类一个骏河朝比奈氏那样不平凡的孩子。据此我们可以说，"老狼头戴铁锅袭击孕妇"之类的地方传说，可能由之后的几个民间叙事复合而成。因此，我们希望只凭《产杉的传说》就探究其历史渊源，是不可能的。

七　狼与婴儿

信州北安县郡与飞驒地区隔山而依，这里也有不少关于人与狼交流的记录。其中，大部分内容都是温暖人心的。《北安县郡乡土志稿》（口碑篇，第1卷之2）记载了下面几种传说，今后我们还能继续搜集到类似的资料。如小谷北境附近有一个地方叫中土村奉纳（长野县北安县郡），这里的深山中有一个叫作"狗房"的大窟窿，曾经住着野狼。过去，当地人尊称狼为"山神大人"，山神大人生下孩子后，人们还会把盛满糯米团子或年糕的木盒放在狗房入口，愿她能"产后养精"。据说这个木盒会在翌日天亮前，被送回到村民家中。在北城村，人们得知狼生了孩子之后，会在它产后第七天煮好红豆饭送到狗房入口，对着洞窟说："您有很多孩子了，请不要再害人了!"因此，这里的野狼不但从不袭击人，而且晚上还会护送村民安全回家。甚至有人传说，从前某位村妇不小心让背上的孩子掉进了狗房中，村妇哭得撕心裂肺，但第二天早晨孩子却被送回了家门口。可见这里的人们对狼十分信赖。

此外，北安县郡还有这样一则传说。美麻村千见地区有条溪流叫"花户"，归下条家所有。某日，狼在花户旁边的岩窟里产子，下条家让家丁送去红豆饭。家丁看见狼的孩子就说："你生了这么多好孩子，送一只给我吧!"本来只是随口说说而已，没想到第二天早晨卜条家的门口果然有一只小狼。但那毕竟是狼，人们无法饲养，于是下条家的人只好把狼崽送回岩窟里。这样的传说究竟是如何产生的?古人是不是看错或记错了一些事情，导致叙述失真了呢?如果是的话，那么后人为什么信以为真呢?其实，听众的某种接受心理可能曾经被学者忽略过。这些例子都反复提到了狼窝，但这与动物学者所说的狼窝无关，实际上是指长期以来日本人通过无意识的传承而形成的深山神域。正因如此，讲述人一提到狼窝，听众就会在心里描绘出这种非现实的场景。例如，北安县郡社村丹生子(现福岛县西白河郡)的人们称，某某家的家丁曾经破坏过狼窝，从此，他每次给稻田施肥的时候，狼都会把肥料拽出来；他把马拴在外面，狼就会趁机害死马。于是，村民商量为狼举办"御七夜"①。他们在狼窝入口铺好草苫子，并在上面放满红豆饭，然后在村里举办酒席热闹一番。从这一天起，狼再也不来捣乱了。按理来说，普通人不可能准确地知道狼处在产后第几天，以上例子仅仅表明，人们特意为狼举办了人类的诞生仪式。更重要的是，人们并不在乎其他众多兽类的生育，而狼却是个例外。他们会严格遵守传统礼节，以获取狼的欢心，这里应该有什么原因。也就是说，"狼的孩子"似乎包含着今人已经遗忘的某种意蕴。

诚然，村妇背上的孩子掉进狼窝里，夜间狼叼着孩子送回家，当地人可能会相信这种传言，甚至还会传说这个孩子就是某村某家第几代主人的儿子。但另一方面，这个传说也可能与骏国子持坂的朝比奈家族传说同类，后来经过了地方变异，才呈现出今天的样式。事实上，一匹狼怎么会体谅村妇的心情，还如此热情地关照她呢？这种说法实在是太不正常了。相比之下，土桥君在《甲斐昔话集》中收录的例子，就显得更自然一些，但现在的听众却视之为虚

---

① "御七夜"，日本民间习俗，孩子诞生后的第七天进行的取名仪式，一般举办宴会，把孩子介绍给客人。

构的民间故事。据说，甲州一位烧炭佬带着年仅 2 岁的孩子一起上山，遇到一只狼，狼把孩子连棉袄一起叼走了。几年后，烧炭佬在山中偶然发现孩子，高兴地把孩子带回家，但孩子全身长满了毛，除了山货什么都不吃，最后因为吃不惯村里的饭菜，又回到山里了。村民们议论纷纷，有的人甚至说今人所说的山中怪物，都是那样的孩子变过来的。我曾经听说世上偶尔会发生这种事情，如狼把拐走的婴儿放在狼窝里，婴儿天真地吸吮狼的母乳，狼不由得母性大发，把人类的孩子和狼崽放在一起喂养。事实上，近年南方氏翻译了一篇文章，里面提到印度某地发现一个由狼抚养的孩子，医院对他做了各种检查和实验。自然科学所做的这些记录，无疑激起了我们的兴趣，具有极大的参考价值。但是，民俗的渊源都太过玄奥，我们无法轻易判断。我国有很多关于狼和婴儿的民间叙事，这些难道都源自几个人的亲身经历吗？换言之，是不是众人的传播和类比推理，让一些人的经验形成了普及范围如此之广、地方变异如此显著的民间叙事呢？我们仅仅根据一个印度的实例，还是无法肯定这一点。

虽然日本历史上曾经出现过被狼养育的孩子，但我们又该如何解释但马加门家那样的传说呢？在但马的传说中，狼不但装扮成继母去养育恩人的孩子，还要袭击孕妇，这样的叙事从何而来？如果我们硬说这是真实历史的反映，那就不得不忽略一切缺乏真实性的情节。因此，我们暂且把此类叙事的起源问题放在一边，先努力搜集眼下的事实，即以文字记录或口耳相传的形式流传在各地的资料。佐喜滨铁匠家的后裔背上长着兽毛，他们与生来就有牙印的朝比奈三郎左卫门家后裔两相对照。这两种说法不仅仅是为了纪念过去发生的奇迹，换言之，不仅仅是为了证明他们家代代相传的传说是真的，同时还意味着他们家每代都有不同寻常的孩子。在土佐，继承《产杉传说》的世家已经没有后代，无人对后来出现的种种解释提出抗议，但各地的朝比奈族人，确实曾努力保持家族传说的原貌。例如，出羽庄内的朝比奈忠三郎以怪力为闻名，骏州的朝比奈三郎左卫门则自称为朝比奈三郎义秀的后裔，这些都与狼信仰有关。人们相信，朝比奈家之所以有如此武勇的男子，就是因为他们家的祖先来历非凡。这与足柄山的山中女妖生育金太郎的逻辑完全一致①，二者应该是同一时代的民间叙事。

当然，狼叼过来一个身穿锦衣的神秘婴儿，这种说法本身就十分神秘。在相当古老的时代，古人很可能会传说某位神童像蛇郎、

---

① 关于金太郎的父母，日本有不同的说法，这里柳田提到的是江户时代净琉璃剧本中较普遍的说法，也有一些民间说法认为，金太郎是女人与雷神或红龙生下来的神童。

田螺富翁那样，以狼的形态来到人间，或者说某个神童是从狼妈妈的肚子里诞生的。但我国的文化水平发展较快，这样的原始形态在传说化的早期阶段就消失了。在现存的民间叙事里，有的故事中狼化作老奶奶，有的故事中则会化作养母，这也可以看作是古老叙事及古老信仰所留下的痕迹，归根到底与葛叶信仰没什么不同。我听说罗马人的祖先是一只母狼用自己的乳汁喂养的，除此之外，国外似乎还有很多类似的民间叙事，我在此就不一一列举了。如果我像南方熊楠氏那样居住在没有多少文字资料的乡下，仅凭博闻强识的能力就可以自如地举例说明的话，我也许可以赢取大家的赞叹，可惜我住在东京，即使翻阅文献索引，摘录和罗列一些国外资料，也只是虚张声势而已。如果我们想证明人类曾经展开想象的翅膀，认为人类与鸟兽之间有亲缘关系，那么日本就有很多证据，用不着依靠国外的资料。如果还想说明这些日本资料都来自异民族或国外，那么列举一些国外资料根本就不够用。诚然，为了在这方面进行调查研究，我们必须和外国同仁携手合作，跨越国界俯瞰整体情况，但现在各国的搜集、整理工作都还不够充分。更严重的是，我们日本学者并不了解日本国内的情况。在这种情况下，我们怎么能着手分析国外资料？我们不能打乱顺序，必须依次进行，这是一个简单的道理。

八　产血山的故事

　　我认为，过去土佐野根山的《产杉传说》更加大快人心、形式更加宏大，如今它却变成一个凄惨且血腥的传说，这未必是佐喜滨的铁匠绝嗣所导致的结果。民间故事与传说不同，内容往往会向着令人难以置信的方向发展。在民间故事中的狼婆婆传到此地，与《产杉传说》的铁匠母亲产生联系之前，可能就已经被近世人所改编。《国民童话集》所收的一则传说，就是一个重要的证据，里面说狼不喜女人出产，"非要送走身上有血污的人"。横田龟吉氏也在报告中写道，狼忌讳阴气，看到孕妇就绝不放过。在土佐国的传说中，野狼袭击武士，也是因为武士帮助孕妇生下了孩子。尽管《南路志》中没有类似的记录，但当地确实有过这种说法。其中，关于狼"非要送走身上有血污的人"这一点，不同的时代有不同的解释。比如，今人传说狼为了捕食孕妇，会耐心等待她摔倒；时代再早一点，人们又传说狼不会欺负小心谨慎的孕妇；而古代的人却说狼会护送孕妇回家，孕妇则在家门口向狼道谢，并送给它食物作为谢礼。因此，我们不敢确定"非要送走身上有血污的人"这句话原来的含义，但可以肯定的一点是，狼对孕妇和分娩非常感兴趣。由此看来，这种兴趣似乎是在民间故事中自然而然地演变，直到成为一个惊人的场景。

此外，民间还有另外一种说法，认为狼是孤情寡欲的野兽。这种奇妙的说法恐怕与狼不常做骑跨动作有关，在这一点上狼与狗不同。甚至还有些民间叙事讲到，某人因看到狼在交配而遭到了袭击。如川野正雄君在《小豆岛民俗志》里记录了如下一个民间故事。从前，有个旅人在深山中偶然看到一对狼正在交配，晚上回到旅馆后便和老板提及此事。过了老板瞬间脸色煞白，说："你闯大祸了！狼一定会找你报仇的！现在你只有一种办法逃命。"旅人按照老板的建议在大松树下烧火，再爬到树上藏了起来。不久，果真来了一群野狼，它们纷纷把尾巴浸在水里，用这种方法灭了火，然后开始一点一点地啃咬树根。但大松树一直没有倒下，天亮后群狼就散去了。旅人就这样成功脱离了险境。这则故事的结尾过于简单，讲述人似乎省略了一些复杂的情节。

爬树避难，是"逃难"型故事中十分常见的情节，在我国《放牛娃和山中女妖》《天神的金链》《不吃饭的媳妇》等民间故事中都可以看到。因为这个情节太常见了，我在这里只讨论"千匹狼"型故事，似乎没什么意义。但值得注意的是，"千匹狼"型故事中的这个情节，还涉及人类窥视狼的秘密这一点。已故的岛村君①在《冈山文化资料》（第2卷，第6号）中也写道，某人无意看到一对野狼交配后逃走，藏身于土仓楼之上。不一会儿来了一群野狼，想要互相骑着同伴的脖子爬上来。幸好土仓窗户安了铁格栅栏，此人才死里逃生。当地人据此传说，如果看到狼在交配，一定要随手捡根树枝当拐杖，假装瞎子以示自己什么都没看见。《甲斐昔话集》所收录的版本则说，一位叫左甚五郎的男人看到狼交配后，遭到了群狼袭击。他逃进一个旅馆，并按照旅馆老板的建议把草席堆起来，站在上面挥刀砍狼，好不容易才把群狼赶走了。以上几个故事中，并没有野狼叫来"某家的老奶奶"之类的说法，只有甲斐的版本才提到了具体人名。这是因为，此地流传着关于名匠左甚五郎的系列传说，就像其他地区的人们把民间故事的主人公叫作宗祇法师②一样，这个人名与狼之间可能没有太多的必然联系。这些不同版本的故事表明了一个事实：深山中有生命诞生，是我国古人认为具有重大意义的神秘事件。而以这种神秘性为基础的山神信仰，逐渐凝聚在了野狼身

---

① 岛村知章（1896—1930），乡土史家、方言学家，与美学家桂又三郎（1901—1986）等人一起创办了《冈山文化资料》《中国民俗研究》《方言月报》等杂志。

② 宗祇法师（1421—1502），室町时代的僧人、诗人，与西行法师、松尾芭蕉一起被誉为"流浪三代诗人"。

上。不难想象，这种以狼为代表的山神信仰衰落之后，不但从中衍生出了一些关于狼和生育的民间叙事，还出现了"不能偷看狼的交配"的说法，这些叙事又在追求娱乐性的群体中得到了传播。当然，我们掌握的资料还不够全面，不能详细解释此类叙事的演变过程。但至少可以说，《产杉传说》与土佐人所谓"非要送走身上有血污的人"等说法之间，肯定有直接联系。

我在《山中人生》中写过，《义经记》①（普及版）和净琉璃《十二段草子》都提到，神曾经在越前爱发山（位于福井县敦贺市南部，"爱发"从"产血"讹化而来）的山路上生下一个孩子②，这两种文字记录之间相隔多年，内容上也存在一些令人惊叹的特点。简言之，过去的作者在内容上追求破旧立新，但并不是像现代作者那样，把之前的故事改编得面目全非，否则读者和听众都无法接受。野根山的《产杉传说》也是如此，尽管它的内容更新颖一些，但里面还是保

---

① 《义经记》，成书于室町时代前期的军事物语，作者不详，共8卷。本书以民间的源义经传说为基础，描述了源义经不得志的少年时代和晚年的悲剧。《义经记》对后世的能剧、歌舞伎、净琉璃等文艺作品产生了极大影响。这里柳田提到的普及版，应该是指江户时代流传于世的版本。

② 如《义经记》写道：古时候，加贺国下白山的龙宫之宫（又称菊理媛神或白山比咩神）怀上了志贺唐崎明神的孩子，临产时她返回故乡，但走到近江和越前的交界处时，突然开始阵痛，结果在爱发山山顶生下了孩子。流出的血洒在爱发山，此山因此名为"新血山"（新血指分娩时的出血），后来讹化为"爱发山"。

留了古时候歌比丘尼等女性艺人围绕"产血"(意即孕妇出产时流出的血液)这种吸引人的词汇发挥自己想象力的痕迹。还有一个类似的例子,就是东北学者爱讨论的手写本《恋衣物语》,文中讲述一个武士带着怀孕九个多月的妻子,在坏老婆子家借宿了一夜,结果妻子遭到残杀,一尸两命。我记得《恋衣物语》曾经被江户作者改编过几次,而京都作者则关注得更早,他们从《今昔物语》的时代起就努力将其写成小说。在文人笔下的《恋衣物语》中,"深山中有生命诞生"已经不再受到特别重视,有些人可能据此认为《恋衣物语》未必取材于"千匹狼"型故事。但都市的文人重视乡下人的文艺,这种风气并不是最近才开始有的,我坚持认为二者之间存在一脉相传的血缘关系。当然,我现在这样说,还是难以说服所有人,只好期待各地的搜集工作取得新进展,那时新的故事资料将支持我的观点。现在至少可以肯定的是,近世以前流传于民间的《恋衣物语》中确实有一些十分接近于《产杉传说》的版本。我们最信赖的顾问、菅江真澄先生,晚年在《雪之出羽路》①的"平鹿郡角间川"一条里就记录了如下一段故事:

---

① 《雪之出羽路平鹿郡》,秋田藩委托菅江真澄撰写的地方志,成书于文政九年(1826),共14卷。

庆安年间（1648—1652），一位流浪武士带着怀孕的妻子，从陆奥来到此地，在经过文字地区（现秋田县横手市）的一座山时，妻子突然阵痛，随后诞下一子。武士只能就地照顾妻子，他把草铺在地面，让母子俩休息。夜幕降临，武士抵挡不住睡意，枕着一块岩石睡觉了。半夜里他被一个诡异的声音吵醒，看见一个装扮成他家丫鬟模样的年轻女人，正在照顾他的妻子。武士觉得奇怪，忽然这个女人开始一口一口地啃食母子俩，样子十分恐怖。武士看出这个女人是山中女妖，于是拔出大刀，替妻子和孩子报仇。他挥刀砍了几下，山中女妖却毫发无损。山中女妖的双眼闪闪发亮，令人毛骨悚然。武士只好爬到树上保命，天亮之后又从树上爬下来，发现地面只剩下他妻儿的骨头。武士深怕山中女妖还没有走远，便赶紧逃出深山，路上好不容易才找到一个村落歇脚，从此以后便开始到处流浪。某日他路过出羽国平鹿郡的角间川时，慨叹世事茫茫，在净莲寺遁入空门，自号为权齐。这位"权齐"与"寒风权齐"并不是一个人。他曾经用来攻击山中女妖的大刀有二尺九寸长，刀身没有刻印，有人说它是名刀"肥后守国康"。这把刀被人珍藏至今。至于山中女妖，可能是权齐把狒狒错认成了女妖。权齐死后，当地人将他安葬在角间川，最近还为他立了碑，上面刻着"权齐游士之墓"。那么，权齐是哪里人呢？据说他是九户城之战（曾位于岩手县二户市）的残兵，没有透露过自己的真实姓名。

角间川的净土寺里不可能有两位权齐，这则传说似乎是后人把虚构的故事人物和历史上真实的权齐联系在一起的产物。在《恋衣物语》传说化的过程中，权齐无意中做出了贡献，那即就像另一个故事《安达个原鬼婆传说》中的祐庆一样①，让山中女妖袭击孕妇的情节，与文字山中真实存在的一棵古树产生了联系。根据寺石氏所

----

① 从前京都有个公卿，他的女儿突然得了绝症，医生说只有活孕妇的肝脏才能治好此病。奶妈非常疼爱这位小结，丢下自己刚出生的女儿，到处寻找孕妇的肝脏。奶妈流浪多年，最后来到安达个原，在一个岩洞里定居下来。某日，一对年轻夫过来借宿，男人叫生驹之助，女人叫恋衣，说他们正在寻找恋衣失踪的母亲，为此走遍了全国。恋衣是个孕妇，此时已经开始阵痛，奶妈立刻让生驹之助去叫产婆，然后自己用刀剖开恋衣的肚子，挖出了肝脏。恋衣随身带着一个护身符，奶妈看了之后才发现，自己刚杀害的孕妇原来是她多年前抛弃的亲生女儿。于是奶妈疯了，变成了一个会吃人的疯婆子。几年后，纪州熊野的僧人祐庆路过安达个原，来到奶妈的岩洞借宿。奶妈吩咐祐庆千万不要看卧室里面，但祐庆却私自偷看了卧室，发现里面堆满了人骨。祐庆吓得拔腿就跑，奶妈紧跟其后，眼看着两个人之间的距离越来越近。此时祐庆从包袱里面拿出一尊如意轮观世音菩萨像，真诚地求菩萨保佑。观音像立刻飞上天空，周身散发出金光，用一支神箭把奶妈射死了。祐庆将奶妈安葬于阿武隈川旁边，后人称这座坟墓为"黑冢"。

著的《土佐乡土民俗谭》介绍，类似的传说还流传在土佐郡领家乡（现高知县吾川郡）的山路附近。不同的是，这个传说里袭击孕妇的不是山中女妖，而是野狼，而且如今此地没有古树，只有一颗"夜哭石"，传说半夜路过此地的人会听见婴儿哭叫。"夜哭石"可能就是古人在此地祭祀生育神的痕迹，但此地流传的野狼传说并不像《产杉传说》那样，以大团圆为结局。不管怎样，关于野狼与孕妇的传说，长期流传在全国各地，它们一旦在某地扎下了根，就会自然衍生出一些新的传说。这些传说仿佛是由蝴蝶和小鸟传播到各地的花粉一样，到了一个合适的环境就会生根发芽。既然花粉飞到某地，最后还结下了果实，那么我们将其视为当地固有的土特产，也就没什么问题。

九　良辨僧正的杉树

比起"夜哭石"，那些与树木有关的传说，其历史演变似乎更加明显。人们可以相信某一颗石头亘古不变，但任何一棵树都不可能拥有超过年轮的历史。而且，就算古树形状再奇怪，当它还是一棵小树的时候，人们也不可能传说孕妇在其树枝上生过孩子。由此看来，《产杉传说》的历史很短暂。既然如此，我们进一步要思考的问题便是：《产杉传说》尚未诞生时，野根山只是一座普普通通的山岭，还是已经存在某些可以孕育传说的基础？如上所述，几种著名的古老故事复杂地交织在一起，构成了《产杉传说》，我认为背后一定有地方性的原因。首先，佐喜滨不仅有铁匠的故居，这一地区的深山中还存在着生育信仰。如果古人在深山里举办生育仪式，则必须带着狼，并让一位老妇女在仪式上充当重要角色，那么这里就具备了一些有利条件，足以形成《产杉传说》。古时候，铁匠一般都用木炭冶炼铸铁，因此他们对山中生活十分熟悉。从现有资料看，他们也形成了独到的信仰传统，有时为了提高社会地位，甚至还有计划地把自己的信仰推广给普通百姓。关于铁匠的信仰传统，我曾经在研究"烧炭小五郎"时，做过一番探讨①，简单地说，古人眼中的铁具有符咒力，这种神秘力量对铁匠信仰的传播起到了很大作用。另外，古代女人第一次染黑牙齿②的时候，首先要祭祀金屋神③，

---

① 柳田国男：《烧炭小五郎之事》，《海南小记》，大冈山书店，1925。这是柳田为论文集《海南小记》新写的论文，由12章构成。

② 过去日本有一种染黑牙齿的化妆方式，称"御齿黑"或"铁浆"。自室町时代以后，"铁浆"主要是女孩成年时举行的仪式，表示女孩从此被社会承认为已经成年，可以结婚。举办"铁浆"仪式前，女孩要找一位女性亲属拜干亲（称"铁浆亲"），这位干妈负责给女孩染黑牙齿。江户以后，"铁浆"习俗逐渐衰退，开始变为平民阶层的妇女表示已婚身份的手段。在农村，妇女只有在过节或者冠婚丧祭时，才染黑牙齿。

③ 金屋神，又称金铸神，是铁匠、铸工、采矿工等制造金属的工匠信仰的金屋神。

由此可以推测，古人认为金屋神对生育有一定的影响。我记得《人类学会杂志》早期刊载的一篇论文也提到，屋久岛的铁匠曾经受到全村人的尊敬。当地人还传说，年轻妇女担心自己怀上了妖魔的孩子时，就会从铁匠那里要来一些铁渣，将铁渣和柳叶一起煎药喝下，即可堕胎。如今恐怕已经没有这种说法了，至今为止我还没听说过其他地方存在同样的传说。为了给出更合理的解释，今后我们要耐心搜集更多的资料。

现在我只能根据不够全面的资料做一些推断。我听了土佐的《产杉传说》之后就觉得，过去的一段时间里"铁匠的老母亲"，可能充当了今人所谓"产婆"的角色，她们借助知识经验和信仰的力量，缓解了妇女坐月子时的焦虑不安。和其他古老仪式一样，铁匠的老母亲在生育仪式上，会讲述一个特定的民间叙事，其内容为山神赐予人类一个健壮且幸运的孩子。而后来，这种生育信仰逐渐衰落，这个神圣叙事可能也随之沦落为荒诞的故事传说。我们可以注意到，《产杉传说》及其他版本一般都会说，孕妇在深山里顺利生下了孩子，而且基本都是男孩，有些版本甚至说狼婆的后裔在孩子身上留下了狼的印记。如果这种说法来自古老的神圣叙事，那就不足为奇了。正如丹后人把由良的富翁称为"山庄太夫"一样①，人们往往会把民间故事的讲述人和他所讲述的主人公混淆为一个人。也就是说，虽然狼婆在后世留下了污名，但她最初可能只是在仪式上讲述神圣叙事的普通老妇女而已，在这个意义上，她可以说是另一位权齐。

传说母狼不仅会养育人类的婴儿，还会叼着婴儿送到人类那里，这两种叙事最初都有一种更古老的形式。在我国，从较早的时候起，人们就否认鸟兽会生下人类婴儿，否认动物的孩子长大后会变成人类。日本人在思想观念上产生的变化，自然也让民间叙事发生了根本性的变化。尤其是民间故事，讲述人和听众都不会认为其是真实的历史。如果古老的神圣叙事在信仰完全衰落之前就进行了分化和传播，那就有可能以《田螺女婿》《蛇郎》这样较完整的文艺形式保留下来。但古人关于狼的生育信仰，在获得纯粹的文艺形式

---

① 《由良富翁》，即净琉璃《由良凑千轩富翁》（通称《山庄太夫》《山椒太夫》等），里面讲述一对姐弟在寻父的途中，被人贩子山冈太夫抓住，之后被卖给了丹后由良凑（现兵库县洲本市）的山庄太夫。姐弟俩饱受山庄太夫虐待，某日姐姐安寿放走弟弟厨子王，之后被拷问至死。最后厨子王逃到京都向朝廷伸冤，替姐姐安寿报仇雪恨。安寿和厨子王的故事在中世时代十分流行，众多说唱艺人在全国各地巡演时，都会讲述这个故事。柳田指出，全国各地都有"山庄""散所""算所"（读音均通"山庄"）等地名，它们原指修验道的修行者、阴阳师、说唱艺人等人所居住的地方。所谓"山庄太夫"，原来只是指住在这里的说唱艺人而已，他们最拿手的剧目，就是安寿和厨子王的故事。只不过后世的听众逐渐把讲述人和剧中人物混淆在一起，把故事中虐待姐弟的富翁说成是山庄太夫。

以前就已经失传，至少在城里人看来，狼不会生下人类婴儿，在这一点上，《产杉传说》及其他版本完全不同于以葛叶狐狸或龙宫妻子为主公的民间故事。据马肯森的《德国童话手册》介绍，国外也有老鹰把孩子送给人类的民间故事，而此类故事在我国取得了独特的发展。比如，所谓"良辨杉"①生长在南都东大寺（位于奈良县奈良市），但以老鹰衔来孩子为内容的《良辨传说》，不仅流传在东大寺一带，还流传于山城多贺（现京都府绶喜郡）、江州志贺（现滋贺县大津市）、相州（现神奈川县）等地区。就相州的例子来说，《新编风土记》②称这是发生在阿布利山（位于现神奈川县伊势原市）的事，《新编镰仓志》③和《镰仓旧迹地志》则说这件事发生在镰仓一带，甚至指出被老鹰抓走的良辨是"由井富翁"染屋太郎太夫时忠④的孩

---

① 良辨（683—774），奈良时代的僧人，东大寺的开山祖。传说良辨出生于若狭国小滨（现福井县小滨市），某日母亲在下地劳作时，他被老鹰抓走，并被放到奈良东大寺二月堂的大杉树上。后来僧人义渊（643—728）将其抚养长大。良辨走遍全国寻找母亲，30多年后终于和母亲重逢。今人把二月堂的大杉树称作"良辨杉"。

② 即《新编相模国风土记稿》，江户幕府编纂的相模国风土记，成书于天保十二年（1841），共126卷。

③ 《新编镰仓志》，水户藩第二代藩主德川光国（1628—1700）下令编纂的镰仓地区的地方志，成书于贞享二年（1685），共8卷。

④ 染屋太郎太夫时忠，飞鸟时代的豪族藤原镰足（614—669）的玄孙，文武天皇时代（697—707）到圣武天皇时代（724—728）居住在镰仓，担任关东诸国的总司令，老百姓称他为"由比富翁"以示爱戴。而史书中并没有其生平的正式记载，使染屋太郎太夫时忠成为一位近乎神话般的传奇人物。

子。其实，虽然有关良辨传奇般的诞生与母子再会的传说有着一定的历史，但就内容实质来看，也只是另一种形式的《恋衣物语》而已。过去的讲述人没有使用固定的蓝本，每次到了不同的地方，就会把故事中的地名换成附近的地名，因此他们所传播的故事，就会在全国各地以不同的形式保留了下来。比如，《甲斐昔话集》记载，骏河国的采茶女把孩子放在田埂边，一只老鹰衔走了孩子。采茶女寻遍全国，终于在奈良东愿寺与孩子再会。原来老鹰把孩子放到了东愿寺的杉树上，孩子被寺里的僧人抚养长大，成了一个小和尚。而《听耳草纸》所收的版本则说，长须田满行的孩子被老鹰抓走，但老鹰并没有飞出陆中国，多年后母子俩在慕峠的地狱山上重逢了。与甲斐的版本一样，被老鹰送走的孩子并没有成为名僧，只是一个普通的小和尚(故事开头把孩子的母亲叫作长须田"满行"，这对《曾我物语》的起源问题有一定启示①)。另外，内田氏在《南总的俚俗》②中介绍"克拉克鸟"这个方言时，也提到了一位母亲被老鹰叼

---

① 《曾我物语》描述了镰仓时代初期，曾我兄弟替父母报仇的经过。目前较公认的说法认为，这是被镰仓幕府隐藏的历史事件，由一位名叫虎御前(或称虎女)的妇女改编成故事，后来又由全国各地被称为"阿虎"的巫女们以"口口相传"的方式进行传播。据《曾我物语》记载，曾我兄弟的母亲叫满江御前(音同"满行御前")，柳田认为《听耳草纸》特意提到名叫"满行"的妇女，说明远野地区也曾经存在过"阿虎"。

② 内田邦彦：《南总的俚俗》，樱雪书屋，1929。

走孩子的悲剧①。"克拉克鸟"的传说中，并没有描述多年后母子在寺庙里重逢的情节，但不能凭此说它与良辨传说无关，其实，良辨传说传到南总一带时，孩子被老鹰叼走的情节，给听众留下了深刻的印象。于是，人们将其与解释鸟叫声的起源传说合为一体，进而形成了"克拉克鸟"的传说。

相比之下，奈良的良辨僧正没有受到太多改编，其流传范围更广，名气也更大一些。据《气仙郡志》②记载，竹驹村的羽绳氏保留了如下一则传说。从前，羽绳氏放牛时，多次遭到老鹰的袭击，于是主人便披上一张牛皮假扮牛，打算吓跑老鹰。结果老鹰却抓起主人，把他送到了遥远的小岛上。后来有一条鲑鱼过来搭救，主人骑在鲑鱼背上，平安地回家了。最初人们讲述这则传说，是为了说明羽绳氏祭祀鲑鱼的理由。但后来逐渐发生变异，当地人又传说老鹰叼走的不是羽绳氏的主人，而是一位女人，她被一个名叫大助的鲑

---

① "克拉克鸟"，形容布谷鸟叫声的地方方言。南总人传说，一位名叫克拉的女人下地干活时，将孩子放在田埂边，结果孩子被老鹰叼走了。克拉急忙从水稻田里出来，都没来得及脱掉涉水裤。她一条腿光着，一条腿穿着涉水裤，就这样猛追老鹰，可惜没有追上。后来克拉化作一只小鸟，悲伤地鸣叫："克拉克，克拉克"（音通克拉的孩子），直到今天还在寻找她的孩子。有时人们会看到双脚颜色不一样的布谷鸟，那就是当时克拉没有来得及脱掉裤子的缘故。

② 岩手县教育会气仙郡部会编：《气仙郡志》，内部刊行，1910。

鱼精救起，还被它强求结婚，最终她无奈嫁给了大助(《听耳草纸》第 350 页)。伴蒿蹊先生在《闲田次笔》①中则写道，摄州高槻(现大阪府高槻市)的藩士鹫津见的祖先曾被老鹰叼走，但最后有幸得救，现在的鹫见七郎太夫就是他的子孙。另外泉州界(现大阪府界市)旭莲社的创始人、玄恕上人②也曾在儿时被老鹰叼走，最终得救。其实，伴蒿蹊先生并没有发现《日本灵异记》中就有此类传说。《日本灵异记》中记载"汝鹫噉残云云"(原文)，《今昔物语集》则写道"你是老鹰吃剩下的"③，可见，虽然在地名上有所差异，但这两部文

①　江户时代后期的国学家、诗人伴蒿蹊(1733—1806)于文化三年(1806)刊行的随笔集，共 4 卷 4 册。

②　玄恕上人(约 1606—1649)，江户时代前期的僧人，肥前谏早(现长崎县谏早市)庆严寺住持，早年师从善导寺僧人贤顺(1534—1623)，学习弹奏筑紫筝(九州北部取得发展的古筝)。庆长年间(1596—1615)在京都为筑紫筝的普及做出了贡献。这里的《闲田次笔》把玄恕上人写成旭莲社的创始人，可能是笔误，现位于界市的净土宗教派寺院旭莲社，是澄园上人于元德二年(1330)创建的。

③　《今昔物语集》所收录的故事中有相当一部分引自《日本灵异记》，由于《日本灵异记》是用汉文记述的，因此《今昔物语集》在引用时进行了翻译。这里柳田提到的故事见于《日本灵异记》上卷的"婴儿被老鹰叼走后，在异国与其父重逢"。据说，皇极天皇二年(643)3 月，一只老鹰叼走了但马国七美郡(现兵库县美方郡)一个山村的女婴，她的父母很悲伤，到处寻找孩子，但始终没有找到。8 年后，父亲到但后国加佐(现京都府舞鹤市一带)办事，在某人家里借宿一晚。这家有个女孩，父亲偶然听到女孩被村里的另一个女孩骂道："你是老鹰吃剩下的!"父亲问家主缘由，家主便告诉他，那个女孩是 8 年前老鹰从西边衔来的。父亲听了之后马上认出是自己的女儿，家主对此深表同情，就把女孩还给她真正的父亲。

献记录的还是同一则传说。之后这则传说还被收录于《水镜》①。为什么不同时代的文人都如此重视这则传说呢？即使我们分析文献，恐怕也给不出合理的解释。我认为，大概是因为当时这则传说在民间相当流行，文人们认为古文献上的相关记录，是他们必须保存的现实依据。后来民间又出现了良辨僧正的传说，不用说奥州的农民，就连京都附近的鹭见家都没有因此抛弃他们家代代相传的家族先祖传说。可以说，这就是传说作为一种重要的文化史资料要求我们细心对待的原因所在。通过这样的传说，我们可以挖掘一些淹没在社会近代化、理性化过程中的日本人最原始的文化心态。

最后，我对这则传说与文献之间的关系做一些补充。伊豆三宅岛的《二岛大明神缘起》记录了伊予国的神最初降临于三宅岛时的一段独白：

我原是个凡夫俗子，出生于伊予国三岛郡立花，名叫清政。年过四十依然无子，我曾经向大和国初濑的十一面观音求子，观音在梦中告知曰："你命中无子，但你若是献出所有宝物，我便赐给你一个孩子。"不久我果真得到一个男孩，我

---

① 《水镜》，成书于镰仓时代初期（约1195）的历史小说，作者不详。

欢天喜地。但某日在伊予国海边，我家孩子被老鹰抢走了。此后的十六年中，我一直在山中修炼，一心一意地向神明祈祷，因为平日里积德行善，所以死后才有幸被奉为神。

不难看出，这则叙事的叙事形式与室町时代的说唱故事相同，安居院的甲贺三郎传说①、后世的"本地物"②采用的都是这种形式。而在三宅岛，人们却对这样的民间叙事信以为真，用来解释对他们很重要的神社起源。可见，过去我国存在一些充当神人媒介的职业人士，他们同时又是民间叙事的传播者，这些民间叙事在老百姓生活的地方发生了惊人的变化。按理来说，传说和民间故事不同，一个是可信的，一个是不可信的，即使是旧社会的农民都十分了解这一点。事实上，各家各户的老人在讲故事的时候，往往都会展开想象的翅膀，加入一些内容来取悦大家。但从外部传来的民间故事，情况就不一样了。这

---

① 从前，天狗叼走了甲贺三郎的爱妻，甲贺三郎拼命寻找妻子，结果陷入两位哥哥设下的圈套，被推入了地下国，当他好不容易回到人间时，已经变成了一条大蛇。甲贺三郎向观音菩萨祈祷，观音菩萨大发慈悲，让他恢复人形，并与妻子重逢。后来甲贺三郎被人们奉为谏访大明神。

② "本地物"，指在"本地垂迹"思想（认为释迦现身普济众生，日本神道诸神都是菩萨的化身）的影响之下出现的故事或小说，往往用来解释寺庙神社的起源。其主要内容为，神佛在修成正果之前，在人间饱尝苦难，以此为契机转生为神佛。

些故事往往都由外来的宗教人士在严肃且神秘的氛围中，按照古老的形式讲述，因此听众会自然而然地相信故事内容是真的。同样是讲述妖猫、野狼袭击旅人，某些地方的人们就把它当作民间故事，而另一个地方的人又会相信是真实的地方传说。这是讲述人、听众的接受心理、当地的风俗习惯等多方面的差异所导致的结果。任何一种民间故事在其流传过程中，都经历过类似的变异，这一切都出自中世以后的日本国民之手。有些学者盲信特奥多尔·本菲(Theodor Benfey)①的学说，今天还在模范流传派的口吻说话，不知道他们看了我国这些民间故事后，还敢不敢武断地认为这也是从印度远道而来的外国故事？

（昭和六年十月 《乡土研究》）

老房漏雨

经过反复推想，"妖猫演变成老狼"实在是罕见的现象。将来可能会有人研究这个问题，之后我将继续搜集和整理相关资料，以减

---

① 特奥多尔·本菲(1809—1881)，德国语言学家，东方学家，他比较了印度古典文献《五卷书》中的故事与世界各国民族的故事，认为欧洲的民间故事都起源于印度。本菲提出的故事流传说，曾经对日本学界产生了很大影响。

轻后辈学人的负担。

老狼装成老夫人的说法，流传相当广泛，甚至连越中地区都有相关记录。如《肯构泉达录》①第 15 卷"妇负郡驹见村（现富山县富山市）"一条中有如下一段记录：

> 过去，村里有一个名叫"youyu"的人，在他家工作多年的老女佣是狼假扮而成。某日夜晚，一位修行者路过吴服山丘陵（位于富山县富山平野）时，遇到一群野狼，他拼命地往树上爬，之后就待在树上，不敢轻举妄动。野狼一个接一个地骑到同伴的脖子上，逐渐迫近修行者。最后上来的是一个老太婆，想要用力把修行者拽下来。这时，修行者拔出一把小刀，砍伤了老太婆的胳膊。老太婆从树上摔下，群狼也四处逃散。天亮后，修行者从树上爬下来，下山后在驹见村休息。他路过 youyu 家时，看到一个老太婆受了伤，正在呻吟。而老太婆一看到修行者就逃跑了，之后再也没有出现。以上是流传于妇负郡的古老传说。

---

① 江户时代中期的汉学家野崎雅明（1757—1816）纂写的越中国通史记录，成书于文化十二年（1815），共 15 卷。

狼婆的胳膊被砍伤，这个细节令人想起罗城门的女鬼①。但与那位女鬼不同的是，老太婆并没有露出真面目。那么，人们怎么知道她是狼的化身呢？妇负郡一定还流传着其他版本，如《越中旧闻记》中就有如下一段记录：

> 从前，驹见村有个老尼姑叫"youyou"，每到夜晚就会化作狗闹事。某日，一位修行者砍掉了她的腿，从此村民就再没见过老尼姑了。三年后，老尼姑从射水郡（现富山县射水市一带）一个叫荒山的地方寄来一封信，收信人是驹见村的八右卫门。信纸上只有狗的爪印，村民纷纷过来看，却没有人能看懂信中的内容。

以上都是 100 多年前的记录，可见当时这个传说已经变得模糊不清。

磐城刈田郡七个宿村（现宫城县刈田郡）位于从伊达（现福岛县

---

① 罗城门，指日本中世纪时的首都平城京的正门，这里流传着平安时代中期的武将渡边纲（953—1025）与女鬼大战的传说。民间传说，女鬼在这次大战中被渡边纲砍去了胳膊，日后又化作渡边家的乳母，要回了自己的胳膊，但最终被渡边纲识破，死于其刀下。

北东部)通往米泽(现山形县南东部)的途中,《信达民谭集》①(第96页)收入了此地的如下传说:

从前,七个宿村汤原地区的山坡上常有鬼婆出没。每当有旅人路过此地,她便召唤群狼袭击此人,喂群狼吃人肉,自己则夺取那人的随身财物。某日,一位商人路过此地时,遭遇了群狼。他爬到树上避难,而群狼一个接一个地骑到同伴的脖子上,渐渐迫近。眼看就要被抓住了,于是商人又拼命地往上爬,群狼最终没能得逞。这时,不知从哪里冒出来一个白发老太婆,她步子一跨就跳上了狼头,向商人伸出手臂。商人立刻拔刀向下劈去,结果老太婆从狼梯子上掉下来摔死了,群狼看到之后也都逃跑了。

与前面介绍的传说一样,既然人们相信这位老太婆是狼的化身,那么此地一定流传着另一种版本。

安艺可部山(位于广岛县山县郡)上有一棵老松树,名为"七接松",相关的故事版本被邻国石见人保留了下来(见《旅与传说》第4

---

① 近藤喜一:《信达民谭集》,乡土研究社,1928。

卷，第 7 号①）。

从前，一位江户的信使一大早就从可部山的旅馆出发，往山下跑去。这时，从他的背后追来七只大猫。信使看到后非常害怕，立刻爬到了附近的大松树上。七只大猫一个接一个地骑到同伴脖子上，搭成梯子，最上面的大猫往树上的信使伸出了前爪。信使立刻拔刀砍掉其前脚，吓跑了七只大猫。信使用布包好这只猫的前脚，带在身上继续往江户跑。过了几天，这位信使又路过可部山，还是在之前的旅馆住了一晚。这时，信使硬要旅馆主人把他的母亲介绍给自己，还不顾众人的阻止，硬闯进老板母亲的房间里（信使似乎猜到了真相，但讲述人并没有具体说明这一点）。信使强迫老板的母亲从被窝里伸出手给他看，发现她果然缺了一只胳膊。于是信使从包里拿出大猫的前脚，将前脚的切口和老母亲胳膊上的断面一核对，二者果真黏合在了一起。信使立刻用刀杀死了老母亲，被窝里变成了一只大

---

① 久长兴仁:《睡前听过的民间故事》，载《旅与传说》，第 4 卷，第 7 号，1931。

猫的尸体。原来，三年前这只大猫就咬死了旅店老板的老母亲，之后便一直假扮成她。此事传开后，人们就把信使曾经避难的松树称作"七接松"（取"七只猫一个接一个地骑脖子"之意）。这棵松树就位于安佐、山县二郡的边界上。

可见，在一些"千匹狼"型的故事中，头领和属下都是猫，奥州的版本的故事并不是特殊的例外。

在流传于越后弥彦神社（位于新潟县西蒲原郡）的著名传说中，弥三郎的老母亲一般都是化作女鬼，从门楼上袭击人类。而在有些版本中，这位老母亲又与野狼联系在一起。以下《加无波良夜谭》所收录的版本（第48则）便是一个例子。

据说，弥三郎以捕鸟为生，某天他在地里用绳子捕鸟时，遇见了四匹野狼，他立刻爬到一棵松树上躲避。野狼一个接一个地骑到同伴的脖子上，要抓住弥三郎。但最下面的野狼支撑不住，每次野狼们搭的"梯子"，都会因失去平衡而倒塌。

"这可不行，只能请弥三郎家的老奶奶过来帮忙了！"

一匹野狼说完就跑走了。弥三郎觉得奇怪，家里只有自己的老母亲，没有别人。不一会儿，西边忽然狂风大作，一片乌云遮天盖地，这时云中伸出一只胳膊，抓住了弥三郎的后颈。弥三郎拼命反抗，拔出腰间的劈刀使劲劈砍，终于砍中了那只胳膊。血随即飞溅而出，野狼看到后，立刻夹着尾巴逃走了。顿时云散雾开，弥三郎从树上爬下来，带着自己砍掉的那只胳膊回家了。

"老妈，我回来了，还带回来鬼的一只胳膊。"

弥三郎的老母亲正在被窝里呻吟，听了弥三郎的话后说：

"你快把那只胳膊拿给我看看。"

于是，弥三郎把那只长满硬毛的胳膊拿给老母亲看。这时，老母亲突然变成一只女鬼，从弥三郎的手中把胳膊抢走，将其黏在自己还流淌着鲜血的伤口上。

"这只胳膊果然是我的！"

说完，女鬼就从家里逃走了。原来，弥三郎的老母亲早就被女鬼吃掉了，之后女鬼假扮成她，一直没被人发现。后来，弥三郎掀开地板，看到地下竟有一大堆人骨和兽骨。

《今昔物语》第 27 卷所收的故事《猎师之母成鬼吞吃孩子》中，遇到灾难的主人公是一对兄弟，他是用叉形箭头射下了女鬼的手。除此之外，内容几乎与弥三郎老母的传说相同。这个版本中并不存在主人公遭受群狼袭击的情节，因此，故事的前后部分衔接得不够自然，给人一种不太成熟的感觉。

两种故事的复合现象，在过去民间故事盛行的时代，还是十分常见的。当时的复合故事，未必都出自职业人士之手，普通的老百姓也会很自然地把不同的故事合在一起。正因如此，我们才可以从中找到人类心理发展史上的一些史料。津村正恭①的《谭海》是天明八年（1788）他在游览秋田县之后写成的随笔，文中记录了当地十分罕见的奇闻逸事。此书第 8 卷所收录的以下故事，可以给我们提供一个重要启示。

过去，仙北郡有个男人进山砍柴，在回家的路上遇到雷阵雨，只能在路边小佛堂的房檐下躲雨。这时，佛堂里传来了叽叽喳喳的说话声，有人说：

"太郎的老母亲还没有来，没准这回咱们就跳不了舞了！"

一会儿又有人说：

"老母亲来了，咱们开始跳舞吧！"

这时又传来老奶奶的声音，说：

"大家稍等，外面好像有人！"

---

① 即津村淙庵（1736—1806），江户时代中期的国学家、诗人，安永五年（1776）至宽政七年（1796）编写了见闻录《谭海》。

在房檐下躲雨的男人，忽然看到一条尾巴从纸拉窗的破洞里伸了出来。于是，男人抓住尾巴使劲往外面拉，而佛堂里好像也有人拼命往里拉，最终尾巴在拉扯中断掉了。男人非常害怕，带着尾巴冒雨跑回了家，之后把它藏好。过了几天，男人听说邻居太郎平的老母亲患了痔疮，整天躺在病床上，于是就去邻居家探望。邻居家的老母亲在被窝里疼得皱眉，说自己因为闹痔疮疼得要死，但男人却不相信。某天，男人把那只尾巴藏在怀里，又去探望邻居家的老母亲，她还是在被窝里呻吟。男人就拿出尾巴给她看，并问道：

"您那么疼，是不是因为这个？"

结果老母亲马上冲出被窝，抢走尾巴逃跑了。原来，那位老母亲是妖猫变成的，邻居太郎平真正的母亲早在房屋顶层里化为白骨了。

这个版本令人想起另一则妇孺皆知的民间故事《老房漏雨》。总的来说，《老房漏雨》在不同地区形成了两种版本，我所编著的《日本昔话集》①中收录了其中一种。某个下雨的夜晚，一只名叫"虎狼"

①　柳田国男：《日本昔话集》上卷，ARS 社，1930。

的食人狼藏在老房子的顶层里，偷听屋里的老夫妇拉家常。老夫妇说世上没有什么比"furuya no mori（意即老房漏雨）"更可怕，比起"furuya no mori"，虎狼根本就算不了什么！虎狼不懂得"furuya no mori"指的是什么，听后感到害怕，就偷偷溜走了。我小时候听过的《老房漏雨》就这样完结了，但在九州和奥羽的乡下，还流传着另一种形式的故事，深受儿童喜爱。据说，虎狼偷听老夫妇聊天的时候，刚好有个盗贼偷偷潜入了马房，正要偷老夫妇的瘦马。这时他听到了虎狼逃跑的脚步声，误以为是马逃跑了，于是立刻跳到了虎狼背上。而虎狼又以为自己遭到"furuya no mori"的攻击，于是拼命逃跑。盗贼紧紧抱住虎狼的躯体，但在路上不小心掉进了枯井。有的版本又说是虎狼跑到路旁的小佛堂时，盗贼掉了下来，盗贼马上跑进其中。此类故事在后面的情节上分为两种形式：一种说盗贼揪住了虎狼的尾巴，虎狼吓得自断尾巴，马上逃走了；另一种则讲，有一只猴子走过来问虎狼干什么，虎狼则回答说"furuya no mori"藏在这里，听人说它还是个世上最可怕的怪物。猴子对此半信半疑，便把长长的尾巴伸到里面试探。盗贼为了逃出枯井，或者因为害怕，便使劲拉住了猴子的尾巴。猴子疼得要拉回尾巴，却发现怎么也拉不动，不一会儿尾巴就断掉了，所以现在的猴子还是只有短尾巴。也就是说，此类版本已经演变成了解释猴子尾巴为什么短的传说。

一对老夫妇说"老房漏雨"比狼更可怕，这样的情节与禅宗、心学的说教故事十分相似，其构思本身也没有太悠久的历史。尤其是儿童一般都不懂得令人心酸的穷苦滋味，这段情节所蕴含的讽刺意味不可能吸引他们。于是，讲述人不得不在结尾处加上盗贼和虎狼的幽默情节。重要的是，讲述人并没有进行创新，而是袭用了传统形式，以保留民间故事的体裁风格。众所周知，《猴子的尾巴为什么短》原本的情节是猴子被狐狸欺骗，冬天用长尾巴在冰湖里钓鱼。有时我们会在很少看到猴子的北方乡下，听到狐狸被水獭欺骗后，用尾巴钓鱼的故事，而"狐狸的尾巴依然又粗又长"的情节就很难逗笑众人。于是，当讲述人想要为《老房漏雨》增加情节的时候，猴子、猫①等现实中尾巴比较短的动物，就进入了他们的视线。我曾经指出，大概只有日本的民间故事才会把猴子和冰联系在一起（《旅与传说》昔话号，第79页②）。的确，类似的动物故事，在北欧各国也十分常见，但故事中被欺骗的都是熊，而欺骗熊的不外乎就是狐狸。阿伊努人的版本也是如此，我们或许还能找到二者之间的同源关系。而此类动物故事进入我国之后，熊变成了猴子，又出现在

---

① 日本本土的猫往往都是短尾猫。

② 佐佐木弘之：《奥设乐昔话三篇》，载《旅与传说》昔话专号，第4卷，第4号，1931。

《老房漏雨》的结尾，在秋田县仙北郡的版本中，猴子甚至与那只会说人话会跳舞的老猫产生了联系。过去，我国的比较神话学者盲目相信传播论，往往只根据"断掉尾巴"这一点，就武断地认为此类故事都来自国外，且不论其研究结论是否正确，这样的研究本身不过就是不负责任的胡言乱语。因为，《老房漏雨》本就只是历史短暂的近代童话，不可能产生于远古时代从国外传入我国的动物故事。

津村氏《谭海》出版二三十年后，《江户愚俗徒然话》①问世。根据该书所说，当时老猫跳舞的故事已经过时，人们都听腻了。

> 以前我去别人家做客时，偶然听到古人说的《铁匠家的老婆子》，讲的是一只会跳舞的老猫被武士杀死的故事。当时讲述人想不起武士的名字，在场的男主人就说，他以前总听这则故事，武士好像名叫古木花四郎。而讲述人却说不是，那个样子令人觉得，他只相信自己才是正确的。其实，男主人提到的可能是古老版本中的名字，讲述人对此应该表示尊重。

---

① 《江户愚俗徒然话》，江户时代后期的随笔集，作者不详，案本胆助作序，刊行于天保八年(1837)。

如果当时老猫跳舞的故事已经和铁匠老母亲的故事发生联系，那么我就不得不调整一下思路。当时铁匠的老母亲未必是产婆，也未必传承狼婆的故事。尽管如此，以上记录仍然可以表明，群狼说的"快把某某家的老婆子叫来"这句话，大概就是从老猫跳舞故事中"老虎大人不来，怎么也跳不好"之类的台词演变而来。随着时代发展，老猫跳舞的故事在人们心目中逐渐过时，越来越多的讲述人开始把老猫说成是凶恶的怪物，而在这样的故事演变中，野狼的凶恶形象被世人熟知，逐渐取代了老猫。不难看出，甲斐、越后等地的"狗梯子"，原来是从艺州可部山的老猫传说演变而来。可以说，如今一些地方流传的"千匹狼"型故事中，猫充当了重要角色。这并不是因为猫的爪子适合爬树，纯粹是故事演变的问题，而无关动物学。按理来说，即使夜间野猫聚在路边的小佛堂里一起跳舞，人类也根本用不着收拾它们。但故事中的人物却不这么认为，甚至连正直的武士都要杀死它们，这种说法显然是"老猫跳舞"的故事向鬼怪故事方向发展后的产物。只有故事演变到这个地步，那些从来都不会跳舞的野狼才会取代老猫。我据此认为，"千匹狼"型故事中以猫为敌人的说法，还有更古老的版本。当然，老猫在此类故事中转变为野狼，而不是其他野兽鬼怪，这里还有另一个原因。关于老狼，民间长期流传着一些比较温和的说法，就像会跳舞的老猫一样。这种故事基础导致古人将这两种动物混淆在一起，于是形成了"千匹狼"型故事。

狼、镜子和火

在民间叙事中，狼具有和平的一面，但有些地方的人们也传说狼认为"血是不洁之物"，非常痛恨。女性分娩时的血或经血，都会召来野狼。比如，据长山源雄君[①]报告，过去有位年轻女子在月经期间，从伊予国北宇和郡前往土佐国，经过杖立山坡时遭遇狼群，她立刻爬到树上，但最终仍被狼群围攻致死，后来人们奉她为山神，加以祭祀（《民族》第1卷，第6号）。土佐国也流传着类似的传说。故事起源于土佐国幡郡大正村的折合上源见山，我不知道这条山路是否能通往伊予国的杖立山，只知道大正村折合上源见山与佐喜滨村野根山，分别处于土佐国东西两端。《山林公报》[②]较早地收录了流传于大正村的《阿矼杉的传说》。现存的阿矼杉是从被砍断的树根上生长出来的第二代，树龄约100年，由此看来，在人们

---

① 长山源雄（1886—1951），乡土史家，对伊予地区的历史文化做了详细的系统研究。

② 《山林公报》，农商务省山林局（农林水产省林野厅的前身）自1906年至1919年刊行的机关杂志。

的口述史中，这棵阿矶杉似乎比产杉更久远。当地人则称《阿矶杉的传说》是发生在170年前的事。据说，有一个名叫阿矶的孕妇在此遇到群狼攻击，于是爬到这棵杉树上躲避。最初她用手镜把日光反射到野狼的眼睛里，击退了一只又一只野狼。但群狼怎么也不死心，拼命地往树上爬，于是孕妇将手镜扔向野狼（而在伊予的版本中，孕妇是看到群狼四散后，因为高兴而扔出了手镜）。没了手镜，野狼就不再畏惧日光了，最终爬到树上咬死了阿矶。人们同情阿矶，在杉树下面为她建了祠堂，还在里面放好她的手镜，称阿矶的灵魂为春日姬。阿矶杉曾经被人砍断，但后来又长出了新树，人们仍称这棵新树为阿矶杉，相信春日姬能助人顺产、保佑母子平安，这里依然香火不断。当时没有目击者，人们是怎么知道阿矶被狼咬死的经过呢？日本曾经有一批施召唤术的巫女，她们能让死者讲述自己的身世，而当时的听众对巫女的口述内容深信不疑。当然，巫女们通过召唤术所叙述的内容，有知识方面的限制，而且是有一定的倾向。因此，即使内容极其相似的悲剧故事在不同的地区流传，当地人也从不怀疑故事内容的可靠性，这也不足为奇。事实不过是有人进山时偶然在一棵古树下面发现了古老的手镜而已，但巫女施行了召唤术，她讲述的悲剧故事，深深地感动了每一个当地人。

令人不可思议的是，巫女的想象看似很自由，实际上却不能完全摆脱叙事传统的限制。我们从老猫袭击猎人的传说中，可以看到同样的叙事传统。在传说中老猫事先数好了子弹数，等猎人打完所有子弹后，便高兴地扔出手中的茶壶盖，结果猎人用藏在身上的最后一颗子弹射死了老猫。当然，前一种传说中，扔出手中护具的是被害者；而后一种传说中则是加害者。不过，我们是在比较了文字资料之后，才认识到这种差异，而过去的听众只能选择传说中让他们印象最深的部分内容，使之长期流传，并在不同的民间叙事中不断地得以再现，如"护具掉落在地上，发出清脆的声音"，基本上都是类似内容。在我国的一些传说中，主人公用镜子反射日光来击退怪物，但在关于野狼的叙事中，这种说法还是十分罕见的。民间更常见的说法是，某人通过烧落叶来吓跑野狼，而野狼将身体泡在河里，之后向着火焰拼命甩头抖毛，借助甩下来的水灭火。另外，我们经常听人说，万一被狐狸迷惑了，就用打火石点根烟，抽烟冷静一下，而民间有关野狼的传说中，也有类似的说法。据说，某人夜里在赶路时，看到有人坐在路旁抽烟，就打算借火点烟，一起休息会儿。而此人走近一闪一闪的"火光"后，却发现那不是火光，而是野狼的眼睛。也有人说是此人刚一走近那"火光"，就被野狼的叫声吓跑了。这种说法在我国山区十分常见，我小时候也听父亲说过，而且讲述人往往都描述得很逼真，所以人们通常会信以为真。但客观来说，不可能有那么多人真的遇到过这种奇事，而且野狼的眼睛和香烟的火光本身也没那么相似。我怀疑这也是野狼令人联想到某种闪光的结果，只不过随着香烟的普及，人们把这种闪光和香烟联系到了一起而已。因此，孕妇用手镜击退野狼的传说，尽管版本不多，却很可能有着悠久的历史。同理，那则老猫头戴铁锅的传说，尽管有很多版本，却未必意味着它就是更古老的说法。再说，群猫跳舞时，有一只猫偏偏问道："铁匠的老母亲怎么还不来？"这或许就意味着，此类传说已经受到了"金属器物掉落在地上"这种情节的影响。若事实果真如此，那么，土佐佐喜滨的《产杉传说》中铁匠的老母亲演变为害人的恶狼，就不能认定是近世人的胡编乱改，而是出自已有的叙事传统。不管怎样，可以肯定的是，在土佐国东部山区，狼很早就与以保佑顺产为核心内容的生育信仰联系在一起，其历史比"搭梯子"或"头戴铁锅"的情节更加久远。

和泉式部的足袋①

一　熊的儿子和鹿的女儿

老鹰或野狼送来婴儿，是我国自古就有的一种民间叙事题材。这不单单是古人对此类历史事件的一种记录和夸张，也反应了现代人眼中的一种神话思维，即伟人不会在普通的产房里出生，往往都以异类的姿态被送到人间。老鹰或野狼送来婴儿的传说，就是这种神话思维稍加合理化的产物。另外，在一些传说中，人类和某种神圣动物生下的孩子，长大后也会成为伟人，他们往往都以人类的形态来到人间。我个人认为，此类传说也是在古老的神话思维逐渐合

---

① 足袋，日式短布袜，是拇趾与其余四个脚趾分开的分趾袜，方便于穿木屐。

理化的过程中衍生出来的。众所周知，人类男子和狐狸结婚生下了安倍晴明，而在安倍晴明出生之前，《日本灵异记》就提到了以狐狸为母的女人以及继承了其血统的大力女"美浓狐"①。此外，全国还有十几个地方的人们称自己是狐狸的后裔。他们都称自己的祖先曾和狐狸结婚生子，但某日狐狸因故显露原形，临走前留下了孩子。而在人类与其他动物的婚姻中，动物配偶未必总是化成人，还经常以本来的面貌，直接把孩子送到人类配偶那里。比如，信州小谷（现长野县北安昙郡）的版本就讲到，从前中土村大草连地区的一个猎人在深山里迷了路，被一只母熊拐走，在洞穴里生活了一段时间。猎人回家后的第二年，母熊将一个婴儿放在猎人家门口，之后便离开了。猎人给婴儿取名为熊太郎，并抚养他长大，后来熊太郎长成了一个胸毛浓密的男子汉（见《北安昙郡乡土志稿》第 1 卷）。从形式上来说，这个版本介于民间故事和传说之间。

奥州地区还流传着关于野鹿送子的民间叙事，但目前搜集到的资料还不够完整，故事内容似乎也发生了变化。故事中野鹿送来的

---

① 据《日本灵异记》记载，美浓国大野郡的一个男人在荒野上遇见一位美女，之后两人结婚并育有一女。妻子分娩当天，他们家的狗也生了一只狗崽，这只狗崽一直冲着妻子狂叫不止，结果妻子露出了原形。原来妻子是一只狐狸，她把女儿托付给丈夫，之后便消失了。几十年后，美浓国出现了一个名叫"美浓狐"的大力女，据说她就是男人和狐狸的第五代子孙。

孩子已经不是野鹿亲生的。据说，从前有个妇人在深山里生下女婴后就断了气，她临死前把女儿绑在野鹿的鹿角上，请它保护好女儿。这只野鹿立刻下山，把女婴送到一对老夫妇那里。老夫妇给女婴取名为鹿姬，细心呵护她长大。鹿姬长大后去富翁家当了女佣，负责烧火。人们很快发现她不仅能轻轻摘下站有麻雀的梅花树枝，还能穿着草鞋在薄薄的丝棉或水面上自由行走。富翁的儿子也倾心于她，想要娶她为妻。鹿姬与丰后人所讲述的《月界富翁》中的乙姬十分相似，由此可见，比起奥州人相信的历史传说，这更是一种虚构的民间故事（见《老媪夜谭》，第162页）。

然而，其他地方的版本已经在特定的社会扎下了根，几乎变成了一则地方传说。虽然当地人对传说的内容半信半疑，但他们也没有断然否定，往往通过传说来解释当地流传已久的传统信仰。如山冈俊明在《类聚名物考》①第40卷详细介绍和泉式部的生平经历时，提到了如下一段传说：

当时，一名来自肥前国的僧人说道，肥前国长崎附近

---

① 《类聚名物考》，江户时代中期的文人山冈俊明（1726—1780）编纂的百科全书，成书时间不详，共342卷。

的杵岛郡白石地区（现佐贺县杵岛郡）有一个村落叫和泉村，村里有一座名叫福泉寺的寺庙。据福泉寺所管理的史书记载，和泉式部就诞生于福泉寺的后山之中，是野鹿之女。虽然这则传闻听起来很不现实，但我是完全按照那位僧人所说记录的。

另外，我听说《镇西要略》也记载了此事，可惜尚未读过。《太宰管内志·肥前篇》①第 7 卷中的如下一段记录也引用了这则传闻，不过作者把野鹿写成了野猪，我怀疑这是作者记忆有误。

　　从前，庙里的僧人每天在给佛菩萨换茶水时，都会把前一天的茶水倒在院子里，一只野猪经常来喝茶水解渴。时间一长，僧人便和野猪熟络起来，只要他叫一声，野猪就跑过来喝茶水。某日，佛殿后面传来婴儿的哭叫声，僧人们觉得很奇怪，过去一看，发现野猪竟生下一个婴儿，正在给她喂奶。他们都吓坏了，怀疑是某个僧人和这只母猪犯下了错误，

---

① 《太宰管内志》，江户时代后期的国学家伊藤常足（1775—1858）花费 40 年编纂的九州地方志，成书于天保十二年（1841），共 82 卷。

于是聚在佛堂里，要弄清楚孩子的父亲究竟是谁，但谈了半天，仍旧毫无进展。最后，一位僧人拿起打火石，说要烧死母猪和她的孩子。同一天早上，藤津郡盐田庄的大黑九夫妇梦见一位老僧，他说你们曾经向菩萨求子，现在菩萨大发慈悲，赐予你们一个孩子，你们去福泉寺的佛堂后面接孩子回家吧。这对夫妇立刻赶往福泉寺，到达后看见一群僧人正围着一个孩子大吵大闹，于是他们跑过去，和僧人说明梦的内容，请求收养这个孩子。僧人们顿时停下争吵，把孩子交给大黑九夫妇。大黑九夫妇给孩子取名为和泉式部。和泉式部九岁时到京都入宫侍候，之后再也没有返回肥前国。据当地人说，和泉式部曾因思念故乡而作了一首诗，曰：

"为返乡准备的衣服早已褪色，而我心目中的杵岛浦滩依然美如锦缎。"

据大正年间（1912—1926）编纂的《寺社综揽》①记载，福泉寺位于佐贺县杵岛郡锦江村的田野上泉地区，以药师如来为主佛，富翁

---

① 指神宫司厅编《神宫综览》（国史研究会，1915）和寺院总览编纂局《大日本寺院总览》上下两卷（明治出版社，1916）。

大黑丸曾经因虔诚祈祷而得子，庙里保管着和泉式部从京都寄来的诗笺，更重要的是，文中明确写道，和泉式部是由一只白鹿生下来的。和泉式部的母亲究竟是鹿还是野猪？如今九州一些地区的人们还习惯使用古日语，把兽类统称为"shishi（音通野猪）"，因此，当地学者很可能误以为当地人所说的"shishi"，指的就是野猪。但从《太宰管内志·肥前篇》所收录的传说来看，不太可能是野猪。不管和泉式部的母亲是野猪还是鹿，我的观点都不会改变，而且上述野猪的例子听起来还是很有趣，我们不必再对此做出进一步的考证。

二 净琉璃御前的生平

我更希望了解的是，同样的地方传说，是否还在此地流传？我很幸运地找到了一个版本的故事。这则故事曾是当地妇孺皆知的民间传说，今后我们也许还能找到更多可比较的资料。根据马场武彦氏年轻时的笔录，过去杵岛郡的邻郡、藤津郡五町田村有一对老夫妇，多年膝下无子，于是他们到村里的观音堂求子，就在祈祷时，观音菩萨忽然现身，建议他们到杵岛山半山腰的福泉寺参拜药师如来，去住持那里领一个孩子。老夫妇按照观音菩萨的指示，到福泉寺参拜药师如来，但福泉寺的住持却对孩子的事情一无所知。当晚，老夫妇在福泉寺住下，到了深夜忽闻婴儿啼哭。老夫妇出去一看，原来是院中有一只母鹿正给一个女婴喂奶。他们把这位女婴带回家精心养育，她长大后出落成一位美人。虽然她的脚形似鹿蹄，脚趾分开呈丫形，但她才智非凡，年仅6岁就以诗才闻名于世，之后进入皇宫，得名和泉式部。据说，和泉式部为了掩饰丫形脚趾，始终穿着"足袋"。有趣的是，这座富泉寺最初属于真言宗派，复兴后改属临济禅宗派，直到今天都禁止女人进山。而福泉寺后面就有一座祭祀生育神的神社，很多孕妇从别的地方来到此地，祈祷顺利分娩，这种情况令人想起土佐野根山的产杉传说。

一只野鹿生下和泉式部，这种说法实在是不可思议，但有关足袋的细节依然表明，这则传说具有悠久的历史。从古至今，不同地方的人们都在传说，一只野鹿生下的孩子生来就有鹿蹄一般的丫形脚趾，为了不让人看到畸形的脚趾，才发明了足袋。这样的因果一致性，说明这些流传于不同地方的故事不可能彼此独立。比如，早川孝太郎君在《猪、鹿、狸》(第113页)中写道，距今三四十年前，有一首流传于东三河(现爱知县东部)的叙事诗，称《净琉璃御前一代记》。其原始唱词基本失传，如今当地人只记得大致内容。据说，从前矢作(现爱知县冈崎市南西部)有一个富翁叫兼高富翁，苦于无子，于是向风来寺的药师如来求子，连续祈祷了十七天。到了最后一个晚上，药师如来化作白鹿出现在兼高富翁的梦中，对他说道：

这本来不是你的子孙，但我同情你，所以把她赐给你！

兼高富翁从白鹿接到一颗宝玉，之后便从梦中醒来。不久，他的妻子果真怀孕了。也有的版本说，药师如来化作一位白发老人，在梦中告诉富翁，他将会得到一个鹿生下的孩子。怀胎十月，富翁的妻子生下一个女孩，这就是净琉璃御前(或称净琉璃姬)。净琉璃御前天生丽质，唯一的缺点就是只有两个脚趾。富翁夫妇为此感到苦恼，便用布把她的脚裹了起来，当地人传说这就是我国足袋的原型。三河距杵岛约二百多里，两地居民并不知道外地也存在类似的传说。

足袋原来是一种轻便的皮鞋。据文献记载，用麻布或棉布制成的足袋并没有太悠久的历史。据此，我们大体上可以说明，上述新的情节正是在布制足袋得到普及的时代由三河传播而来。也许有人会说，这种插曲也可能是从九州杵岛郡传到三河。但是，这种说法站不住脚。因为三河凤来山(位于爱知县新城市)自古就有野鹿生下贵妇人的传说，而净琉璃御前的传说不过是从中派生出来的一种其他版本。一般而言，古老传说往往给人一种粗鄙的感觉，听起来难免有点别扭。所以凤来山寺的僧人一直在努力地进行润色，使这则传说合理化。但是，由于这则传说名气太大，最终没能做出太大的改变。比如，凤来山寺所保管的官方文献中就有如下一段惊人的描述：

从前，利修仙人①在凤来寺附近的山洞里闭关修行，他从洞里出来方便的时候，尿液淋湿了洞口的芒草。这时恰好有一只牝鹿过来舔到了芒草上的尿水，之后受到感应而怀了孕，生下了一个美丽的女孩。利修仙人叫人把这个女孩送到他的老家奈良，并放在某位贵人家的门口，后来女孩被贵人收养。这个女孩就是后来的光明皇后②。因为光明皇后是野鹿生的，所以她的脚生来就像鹿脚，分趾呈丫形。皇后心里很难过，于是就去参拜凤来寺向药师如来，祈祷摆脱痛苦，凤来寺至今保留着她当时亲笔题写的一块匾额。

我不知道如此狂妄无礼的传说产生于何时，但可以推测出，它比净琉璃御前的传说出现得更早。如果这则传说一开始就是哪个僧人编造出来的，那么此人必须受到谴责。不过我们还是认为，这则

---

① 利修仙人，传说中的人物，据说凤来寺由利修仙人于大宝三年(703)修建。
② 光明皇后(701—760)，日本第四十五代天皇圣武天皇的皇后。

传说本身也遵循了传说从粗俗到精致的发展规律，在其具体化的过程中，增加了专有名词，逐渐形成了现在的内容。而且在其发展乃至误传的过程中，一定受到了其他传说的影响。后来，越来越多的国外传说输入日本，也出现了经过众多专业作者改编的传统民间传说，但日本老百姓出于传统的逻辑与习惯，相信这些国外及新编的传说，使之成为扎根于某地的地方传说。老百姓往往对古老传说有着浓厚的兴趣，即使文献中记录了僧人创作的传说，但是否接受此传说完全取决于老百姓。我倒认为，那些神社或寺庙所保管的文献，只不过是被加上了一些新的意义而已，为的是让古老传说继续由后人传承下去。如今，所谓文献派的学者武断地认为，我国的普通老百姓轻信文献所记录的内容，无法辨别真假，很容易上当。其实这样的观点无异于视我国老百姓为"傻瓜"，对此我绝不能容忍。

三 鹿母夫人

凤来寺所保管的利修仙人传记，是由一些熟知《今昔物语集》第5卷所收"国王入山狩鹿、立鹿母夫人为后"的印度原典①的人们编

---

① 指佛本生故事《鹿母夫人》。

出来的。在原典故事和利修仙人传记中，牝鹿都因为同样的原因，怀上了某位在山中修行的圣人之子，很难认为是我国僧人自己想出了这样一个情节。据已故芳贺博士①所著的《考证今昔物语集》②，"国王入山狩鹿、立鹿母夫人为后"引自《杂宝藏经》③，有文献可以证明，过去很多东三河的人都曾读过此书，还经常引用书中的佛教故事《鹿母夫人》来进行说教。另外，早川君在其大作《花祭》④的下卷（第 12 页）中收录了一首流传在北设乐郡（现爱知县北设乐郡）各村的长篇神乐歌曲"若子注连绳"。早川君记录了几种版本，而所有版本都提到了《鹿母夫人》中的一节，即波罗奈国王娶女孩为王后，王后生下了美丽的莲花。当然，这未必是凤来寺的山僧把他们的学识推广到民间的结果，但当地百姓确实是在不太了解《今昔物语集》的情况下，根据《杂宝藏经》的内容采用了一些并不符合农民现实生活的幻想，甚至还据此编出唱词。而且当地人对此并不是照单全收，如原文说从鹿母夫人脚后现出的五百朵莲花中出现了五百个

①　芳贺矢一（1867—1927），国文学家，从德国留学回来后，为日本国文学研究引入了西方文献学，被誉为日本近代国文学研究的奠基人。

②　芳贺矢一：《考证今昔物语集》，上下 2 册，富山房，1913—1921。

③　《杂宝藏经》，由北魏时期西域僧人吉迦夜与昙曜合译，共收录 121 则故事。

④　早川孝太郎：《花祭》，上下 2 册，冈书院，1930。

大力士，而神乐歌曲"若子注连绳"则写道，鹿母夫人生下的莲花蕾落入池中，第二天水面上出现八朵花，从中出现五个神乐演员。北设乐郡的人们用这段唱词，解释当地宗教仪式的起源问题，还按照日本人的思维方式，附加如下一段托梦细节，以讲述其非凡来历：

> 第七天深夜里，
>
> 纪州熊野三社权限神在梦中现身，道：
>
> "我一路经过唐国、天竺国、日本，
>
> 处处寻觅可赐予你的灵魂，
>
> 手中六尺二寸长的铁杖磨到三尺二寸了，
>
> 脚上三尺二寸的铁鞋磨到一尺二寸了，
>
> 但最终还是没能找到。"
>
> 权限神从莲花池里捞出一个花蕾，
>
> 亲手放入富翁的左袖之中，
>
> 这时富翁从梦中醒来，
>
> 他立刻起身，向权限神鞠了七次躬。

这里所说的"灵魂"相当于我国民间叙事中的"子孙"，这段唱词描述的实际上是有关天赐之子的常见叙事，而《杂宝藏经》中并没有类似的情节。

利修仙人拉尿的传说，显然源于印度故事。不过我们需要关注的并不是这一点，而是在这则外国故事传来之前，三河山村是否存在有关鹿母的民间叙事？换言之，来自外族的民间叙事传到一个完全陌生的地方后，是否能够取得发展？现实中，无数外国民间叙事不断地传到我国，但留存至后世的却只有几种。由此看来，外国民间叙事的传播、最终被当地接受，并不是一个简单的过程，但最近传播论者却非要主张，我国的民间叙事都来自国外，甚至认为这是无可置疑的常识。对此，我表示坚决反对。那么，我国原来的民间叙事是什么样的？后来又与怎样的外国民间叙事发生了联系？一般来说，对此很难按顺序阐明。但在个别特定的场合下，我们依然可以在现存口述资料的背后，窥视到一些故事的源起。肥前福泉寺的和泉式部传说便是一个例子。据现存最古老的文献记载，野鹿生下的孩子，后来成了光明皇后，不过这并不是此类传说最古老的版本。同理，虽然此类传说取材于印度的佛教故事，但这一事实并不能解释那些祭祀药师如来的山庙，为什么格外重视此类传说。对此，我们还要继续加以探讨。

我们首先要注意的一点是，在众多日本民间叙事中，天赐之子往往都以鸟兽的形来到人间，而且有不少世家都很重视此类叙事，并用某些身体特征来证明，自己是天赐之子的后代，如绪方氏的身上就有形如蛇尾的青痣和三片蛇鳞①。光明皇后、净琉璃御前的脚趾也继承了同样的叙事传统。另外，更值得关注的是，布制足袋在民间普及之后，古代日本人用杰出的文学才华，将足袋和天赐之子这些继承自野鹿的身体特征联系起来，为传统的神圣叙事增添了有趣的细节，并赢得了各地听众的欢心。显然，此类传说是由自室町时代《义经记》问世以来就广为人知的《净琉璃姬物语》②与《鹿母夫人》融合而成，但其原型似乎还要追溯到室町时代之前。我国自古就有《田螺儿子》《蛇郎》等天赐之子或异类婚题材的民间叙事。比如，肥前五町田的农民们传说，鹿生的孩子长大后成了和泉式部，而且如上所述，此地还流传着神佛把小蛇赐予人类的故事③。也就是说，在添加关于足袋起源的细节之前，此地就已经有了天赐之子

---

① 如《平家物语》写道，丰后的村妇和日向姥岳的蛇神结婚生下了绪方氏的祖先，其第五代子孙就是平安时代末期的武士、绪形惟荣（生卒年不详）。据《源平盛衰记》，惟荣生来就有形如蛇尾的青痣，身上还长了蛇鳞。

② 《净琉璃姬物语》描述了净琉璃姬的神秘来历和爱情悲剧。据说三河国的矢作富翁向药师如来求子，最终如愿得到一位美丽的女孩，取名为净琉璃姬。净琉璃姬越长越美，还善于弹琴，14岁时与牛若丸（源义经的幼名）相爱。母亲责备净琉璃姬太轻率，并把她赶出家门。净琉璃姬在凤来寺后山盖了一间简陋的小屋，后来在贫苦中死去。

③ 参见本书所收《田螺富翁》之三"小泉小太郎和泉小次郎"。

的故事。又如，三河国北设乐的神乐剧，一定是由五个男演员来表演，当地人在解释缘由时，特意引用了佛教经典中鹿母夫人生下莲花的情节，这同样可以说明古人的文艺才华有多高。换言之，我国人民从来不会生搬硬套外来的故事。古人最初之所以编纂《今昔物语集》，与其说是为了保存罕见的民间叙事，不如说是为了给那些靠民间叙事谋生的专业人士提供资料。即使是《今昔物语集》，也按照日本人的喜好对印度故事加以取舍，做了改造。简单地说，民间叙事自古以来都留有想象的空间，每个时代的听众都要求讲述人对此做出补充和改编，这种修补工作逐渐呈现出职业化和艺术化的趋势，随后出现了大范围的外国故事采录热潮，最终形成一定的叙事传统，由同流派的门人代代相传。因此，今人仅仅根据现存民间叙事的若干特征，就武断推测这个叙事的全部历史，这种做法是错误的。民间叙事经历了十几个世纪的漫长演变，这种演变过程与民间叙事的起源是两个历史问题，不能一概而论。传播论者认为，日本的民间叙事都是外国故事传播和演变的产物，但目前所掌握的资料还不足以证明这一点。在资料不充分的情况下，传播论者为什么要妄加判断，认为日本所有的民间叙事都来自印度？难道在钦明天皇十三年（552）佛教传入日本之前，日本人一个故事都不会讲述，天天只会沉默发呆吗？或者说，在佛教故事传入我国之后，古人像最近的新派青年一样追赶潮流，把本土的古老叙事全都忘掉了吗？其实，传播论者不必匆忙下结论。现在还不到追溯故事起源的时候。在此之前，我们首先要静下心来，研究那些现存的中世资料。

四　南无药师

古代日本人将"海神"写成"少童"，这种古老的民间思想一直持续到哪个时代？这是我研究民间叙事时，首先要阐释的问题。为此，我关注了位于河流上游的神圣世界，不管是《桃太郎》中的桃子还是《瓜子姬》中的瓜，这些装有小人儿的瓜果，都是从河流上游顺水漂流而来的。虽然日本的民间叙事经过了多次演变，但我们依然可以从中窥视到古人的精神世界，即古人基于固有的信仰向神佛求子，得到不凡的小人儿，他们希望通过自己的精心养育，让人间生活变得更加美好。后来，日本人古老的精神世界逐渐与外国民间叙事或者文人根据外国民间叙事改编的内容融合在一起，于是全国各地出现了不同类型的故事。在现今流传的民间叙事中，日本人固有的精神世界与后世文艺生活的种种印迹，以不可分割的形式紧密联系在一起，那么，我们研究者是否能把二者隔离开来，分别加以考察呢？对我来说，和泉式部有关足袋起源的传说，就是一个便于考察的主题。且不论其原始形式如何，仅就后世所发生的演变来看，这则传说本身深受国外佛教故事的影响，而且还存在后人改编的痕迹，更重要的是，相隔三百里的两个地方，都流传着内容基本相同的两种传说，而这两种传说不可能在各自发展的过程中，形成同样的内容。既然这两种传说并不是偶然的产物，那就说明后世一定有人把这则传说从甲地搬运到乙地。那么，究竟是谁不辞辛苦地把这则传说搬运过去的呢？这是我们理解民间叙事发展的一个切入点。

一个版本流传在肥前，另一个版本则流传于三河。比较这两种有关足袋的起源传说，我们可以发现这两地的传说都提到了药师如来。这能否给我们一些暗示呢？在日本，普遍认为京都是泉式部的故乡，除此之外，从肥前杵岛郡到陆中和贺郡，全国至少有七个地方宣，称泉式部出生在当地，我相信经过调查，这个数字还会继续增加。从这个意义上来说，传说中的和泉式部就和若狭的八百比丘尼①、大矶的虎女②一样，是一位伟大的旅行家。其足迹不仅仅出

① 八百比丘尼，传说中的尼姑，因破禁吃人鱼肉而长生不老。她云游全国，如今日本不少地方都留有八百比丘尼曾经生活过的洞窟。

② 大矶的虎女，镰仓时代初期的艺妓，出生在相模国大矶（现神奈川县中南部），故称大矶的虎女，亦称虎御前、三虎御前等。传说她是镰仓时代的武士曾我祐成(1172—1193)的情妇，祐成被杀后出家为尼，浪迹天涯，朝圣巡礼，以慰藉祐成的灵魂。如今日本有不少地方都有关于虎女的传说，甚至还保留了她的坟墓。

现在熊野、播州书写山①等地。如果不同地方的人们只是主张和泉式部死于当地，那么可能是因为后人把古老的"念佛塔"②误认成了和泉式部的墓碑。问题是全国存在那么多和泉式部的出生地，我们目前还难以解释其原因。有幸的是，除了肥前的福泉寺以外，奥州、因幡湖山池（位于鸟取县鸟取市）等地也都流传着一首诗歌，传说为和泉式部所作。信州诹访也流传着一首和泉式部创作的诗歌。据当地人宣称，就是因为这首诗充满才情，和泉式部才得以入宫。目前日本文学史的研究取得了一定的进展，我们也许据此可以推测这些诗歌产生于哪个时代，判断其艺术成就能否称得上是和泉式部之作。我们今后可以继续探讨这一点。

和泉式部的墓地，以京都的誓愿寺诚心院（位于京都府京都市中京区）为首，全国至少有十五处。其中一部分相当不可靠，但也有一部分具备一定的历史依据。比如，位于九州北端释迦岳上的日

---

① 这两个地方都有和泉式部的坟墓。

② 念佛塔，日本净土宗信徒为了纪念某些事物而修建的石塔。净土宗信徒相信只要口念"南无阿弥陀佛"，任何人都可以死后去往极乐净土，于是他们在各地修建念佛塔，每月举办念佛聚会，称"念佛讲"。

向法华狱寺(位于宫崎县东诸县郡)，曾经是性空上人①的驻锡，当地乡土史家据此认为，现今释迦岳山脚下的和泉式部坟墓，是真正的历史遗迹②。据说，人人敬仰的山田清安先生③曾著有《和泉式部事迹考》一书，对此做过历史考证。有趣的是，日向法华狱寺的主佛是药师琉璃光如来，它与三河的凤来寺药师、越后的米山药师一起被誉为"日本三大药师"。这里还流传着两首罕见的诗歌，当地人往往都以之其证明当地和泉式部传说的真实性。如《三国名胜图会》第55卷中就有如下一段记录：

> 上东门院的宫女、和泉式部患上麻风病，试过各种偏方都不见效果。于是她去京都参拜清水观音，真诚祈祷，之后观音托梦给她，让她去米山、凤来寺、法华狱寺参拜，向三地的药师祈祷。和泉式部先后到米山、凤来寺祈祷，但两位药师都未显灵。于是她又远赴日州，参拜法华狱寺

---

① 性空上人(910—1007)，平安时代中期的天台宗僧人，36岁出家，后在九州的雾岛山(位于宫崎、鹿儿岛两县之间)、背振山(位于佐贺、福冈两县之间)等地进行修炼，后来迁居到播磨国写书山，建立了圆教寺(位于兵库县姬路市)。

② 和泉式部晚年拜访性空上人，请教女人能否往生极乐净土的问题。她得到性空上人的指点，出家念佛，最终寿终正寝。

③ 山田清安(1794—1850)，江户时代后期的国学家。

的药师，但病情最终也没有好转。和泉式部自知此生寿命已尽，下定决心要结束痛苦，于是作绝命诗一首，曰：

"南无药师曾发誓为众生解除疾病之苦，我不惜舍弃生命，只可惜您没遵守誓言！"

写完后，和泉式部合掌闭目，便要从悬崖飞身而下，跳入激流之中。这时，和泉式部的脑海中忽然出现一位异国贵妇人，还感觉到有人紧紧握住了她的手。那位贵妇人嘴里念叨着一首诗，曰：

"骤雨为时不长，你就在此脱去蓑笠吧！"

和泉式部睁开眼睛，发现宿病皆愈，花容月貌也恢复如故，于是就回到了京都。

文章作者接着又写道，和泉式部在回京都的路上，一说是在数年之后，又忽然改变主意返回日向，并在日向度过余生。如今，在日向一个名叫鹿野田的村落里（现宫崎县西都市），还有她的坟墓。日向法华狱寺至今还保留着和泉式部的一些遗物，包括琵琶、"挂发柱"①等，

---

① 传说和泉式部在法华狱寺苦修 3 年，睡觉的时候把头发挂在身后的柱子上，以保持上半身挺直的姿势，这根柱子因此被称为"挂发柱"。

除此之外，该寺管辖的区域内还有一些与和泉式部有关的遗迹，如式部谷、腰挂松、投身冈、取杖阪等。

从文学史研究的角度来说，上述药师如来与和泉式部之间的赠答诗，所运用的艺术技巧相当近代化。但站在听众的立场来看，这两首诗都很好地传达了和泉式部的情感。具体地说，"蓑笠"与"身疮"同音（日语读音均为 minokasa），这种谐隐的手法显然不是药师如来的口吻，表明这则传说已经把重点放在了文学趣味上。当然，和泉式部是历史上有名的才女，她对各种文艺手法都运用自如。如《金叶集》①就收录了她与加茂御前神社（位于京都府京都市）的神主忠赖之间的赠答诗，其中和泉式部以"这才叫下鸭神社（日语中"下"意同"脚"）"一句，巧妙地回应了忠赖"把神（日语中"神"音同"纸"）卷在脚上，不胜惶恐！"的谴责②。此类赠答诗往往都是由和歌集编纂者从各家所保管的传闻记录中转载而来，按理说我们无法断定其作者就是和泉式部。但不管怎样，可以肯定的是，历代的和歌选集都收录了和泉式部的作品，而且编纂年代越靠后，所收录的

---

① 《金叶集》，即《金叶和歌集》的别名，是诗人源俊赖（1055—1129）奉命选定、编纂的和歌集，成书于大治元年（1126），书中收录约 720 首和歌，共 10 卷。

② 据说和泉式部在参拜加茂御祖神社（位于京都府京都市）时伤到脚趾，于是用纸裹住了伤口。而日语中"纸"音同"神"，神主忠赖看到后便责备她。于是和泉式部作诗回答说，加茂御祖神社俗称"下鸭神社"，我把纸踩在脚下，不会有什么问题。

和泉式部的作品就越多。由此看来，对过去的人们来说，和泉式部在痛不欲生的精神状态下，与药师如来的化身之间所作的上述赠答诗，并不足以影响传说本身的可信性。但不可思议的是，在流传于各地的不同版本中，与药师如来以诗互相赠答唱和的不都是和泉式部，而是另有其人，但日向法华狱寺的例子是唯一的例外。这类传说偶然传到九州之后，与恰好生活在日向鹿野田村的和泉式部联系在一起，对我来说这很有启发性。说不定我们可以从这个方面来考察，为什么三河凤来山的居民会将足袋的起源同净琉璃御前联系在一起，而九州肥前的居民却又把净琉璃御前修改成和泉式部。

五　求雨小町及其他

一位受病痛折磨的贵妇人离开京都，在各国流浪，这类传说在我国广泛流传。比如，松虫和铃虫①是在法然上人②的传记中具有

---

① 松虫、铃虫(生卒年不详)，第八十二代天皇后鸟羽天皇(1180—1239)的两位宫女，分别与法然上人的两位徒弟住莲和安乐私通，并趁后鸟羽天皇离开皇宫之际出家做尼姑。后鸟羽天皇得知后震怒，于健永二年(1207)下令处死住莲和安乐，并将法然流放到土佐国(史称"建永法难")。传说松虫和铃虫在京都鹿谷(京都府京都市)自尽，但也有传说称她们死里逃生，跑到濑户内海的生口岛，在岛上的光明坊(位于广岛县尾道市)度过余生。

② 法然(1133—1212)，平安时代末期的僧人，净土宗的创始人。

重要地位的两位宫女，而民间却称她们是这类传说的主人公。此外，一些地方的人们还把特定部落的起源与因病苦流浪的贵妇人联系到一起。但是，仅就药师如来的赠答诗而言，我国民众还是习惯将其同小野小町①联系起来。目前我们已经掌握以下几则例子。首先，《伊予温故录》②在"久米郡北梅本村正观寺"一条中，提到了伊予温泉郡小野村（现爱媛县温泉郡）的小野药师传说。据说，小野小町曾听从住吉神③的教导，参拜正观寺向药师如来祈祷祛病延年。她连续祈祷了一百天，最后一天药师如来显灵，赠给她一首诗，曰：

　　春雨即将结束，你就在此脱去蓑笠吧！

之后，小野小町的痼疾皆愈。她在当地待了 3 年，亲手为药师如来塑像，将其与和歌一起敬献给正观寺。

---

① 小野小町（生卒年不详），平安时代前期女诗人，六歌仙、三十六歌仙之一。关于她的生平没有统一的说法，但被民间誉为"绝世美人"，出现在各类文学作品中，深受日本人喜爱。

② 宫协通赫：《伊予温故录》，向阳社，1894。

③ 住吉神，住吉大社（位于大阪府大阪市）祭祀的三位男神的总称，包括表筒男命、中筒男命、底筒男命。这些神明负责管理和歌创作，为诗人所崇拜。

其次，《备阳记》①第9卷、《备中巡礼略记》②等文献，记录了备中都窪郡清音村黑田地区(现冈山县总社市)的昼间药师传说。昼间药师是日本三位药师之一，而朝间药师在东国(位于爱知县新城市)，今称峰药师，夕间药师则在九州某地。由于"昼"处于朝夕之间，所以昼间药师也就位于其他两个药师所在地的正中间。这里流传的赠答诗，在不同文献中有细微的差异，但其内容基本一致。据说，从前小野小町患上疮病，于是求昼间药师祛病消灾，可是病情却始终不见好转。于是小野小町写诗抱怨道：

南无药师曾发誓，愿为众生解除疾病之苦，可惜您没遵守誓言！

这时佛堂轰隆作响，药师还诗曰：

骤雨为时不长，你就在此脱去身上的蓑笠吧！

① 《备阳记》，冈山藩士石丸定良(1659—1748)个人选编的冈山藩地方志，成书于享保六年(1721)，共35卷。
② 《备中巡礼略记》，备中国的"御用纸师"(即受命于宫廷、幕府、寺庙神社而制作和纸的世袭匠人)柳井重法(生卒年不详)所著旅行指南，涉及备中国11个郡的33个观音庙，成书于宽政二年(1790)，共1册。

小野小町的痼疾便立刻痊愈了。

再次是美浓山县郡严美村岩井地区（现岐阜县岐阜市）的盥药师传说，据岩井山延算寺所保管的文献记载，这里供奉的盥药师佛像，最初在因幡国岩井山（现鸟取县岩美郡）。某日这尊佛像突然飞向天空，一直飞到山县郡，后来被安置在延算寺，如今被定为国宝。据说，盥药师曾经示意小野小町到佛堂东边的清水边沐浴，小野小町的疮病由此得到治愈，故此盥药师又被称为"疮神"。如今众多妇女慕名前来，祈祷祛病延年，到清水边取水饮用。与昼间药师一样，这里也流传着盥药师与小野小町的赠答诗。据说小野小町向盥药师祈祷祛病消灾时作诗抱怨道：

南无药师曾经发愿拔济众生，如今拜药师的我却这么痛苦！

对此，盥药师作诗答曰：

骤雨为时不长，你就脱去身上的蓑笠吧！

此外，上州北甘乐郡小野村后贺地区（现群马县富冈市）也流传着一系列的小野小町传说。据说小野小町曾经在这里定居，并献给盥药师堂一个盥洗盆。文政十三年（1830）二月，该村村民冢本忠右卫门重修盥药师堂，建了一座纪念碑，并在上面刻录了两首诗：

向南无药师祈祷祛病消灾却不见显灵，真是徒有虚名！

骤雨为时不长，你就脱去身上的蓑笠吧！

同样的传说还收录于几部地方志，我将《北甘乐郡史》①作为底本抄录上文。

前面一共介绍了五个不同版本的故事，其中竟有四个以小野小町为主人公，这也许是小野小町的名气大于和泉式部的缘故，至少不能说明这则传说本来就是小野小町的轶事。在江户，由于宝井其角的诗作"骤雨即将袭来，如果此地真有神灵张望田地"②妇孺皆

---

① 本多龟三：《群马县北甘乐郡史》，三光出版社，1928。
② 宝井其角（1661—1707），江户时代前期的诗人，师从诗人松本芭蕉（1644—1694），以华丽的风格描述市井生活，确立了追求诙谐俳句趣味的流派（"洒落风"），"芭门十哲"之一。

知，因此小野小町的求雨诗也广为人知①，但之前人们都认为那首求雨诗是和泉式部之作。比如，安乐庵策传的《醒睡笑》②第八卷中写道：

和泉式部奉敕命作诗，曰：

"在日之本（'本'音同'元'），日照大地；按照此理，

这里可称天下（'天'音通'雨'）吗？"

这首诗的意思是：既然我国叫日本，太阳当然会照亮大地，按照这个道理来说，地上的世界叫天下，那么下雨也是理所当然的。从艺术成就来看，这首诗缺乏艺术性，可能不够优雅，但其语法准确，用词恰当，在这一点上应该优于小野小町的求雨诗③。然而，

---

① 据说，元禄六年（1693）夏季江户发生了严重干旱，当人们在三围神社（位于东京都墨田区）举行求雨仪式的时候，宝井其角仿效小野小町作诗求雨，向三围神社献诗一首"骤雨即将袭来，如果此地真有神灵张望（音通"三围"）田地"。第二天果真下起雨来，宝井其角的诗作和三围神社由此名声大噪。传说小野小町的求雨诗也带来了一场雨，他也由此被誉为"求雨小町"。

② 《醒睡笑》，江户时代初期的幽默作家、誓愿寺僧人安乐庵策传（1554—1642）编纂的笑话集，成书于元和九年（1623），共8卷。

③ 小野小町的求雨诗指"万物有道，在日之本日照大地，那么又何谓天下？"，在内容上与这首求雨诗基本相同，但按照日语语法看，"那么又何谓"是个病句。

对于某些时代的普通听众来说，小野小町的求雨诗比和泉式部的上述求雨诗更易理解。民间叙事中的人物姓名并不是固定不变的，这则传说也是如此。最初人们讲述的，可能只是"从前有个富有诗才的贵妇人"。不过，在它传到一个名叫小野的村落，或者传到一个地名中带有泉字的地方之后，就与小野小町、和泉式部等具体的姓名产生联系，又经过一番具体化，变成了具体且固定的地方传说。成为某个特定地方的传说之后，当地人就会谴责我们把该传说视为全国常见的民间故事，而且他们坚信传说的内容就是历史事实。

事实上，当地人产生这样的观念，与记录文字所具有的功能相关。对我们来说，"存在文字记录"这个事实，仅仅意味着当时此地有些人坚信记录的内容，而过去的学者却从中看出了更大、更重要的意义。比如，上州小野村的石碑上记录着该石碑修建于文政十三年。如果这块石碑上刻有三四百年前的年号，而且后人一直没有发现流传于法华狱寺等地的其他版本，那么世上就会有不少人赞同群马县乡土史家的说法，认为那首关于南无药师的诗是小野小町之作。这实在是太危险了。又如，离熊野本宫神社不远的伏拝村（位于和歌山县田边市）有一座石塔，传说是为告慰和泉式部的灵魂而建①，因为这座石塔建于熊野本宫神社的参拜道上，而且遍生青苔，看上去有一定的年头，所以当地人对其悠久历史的真实性坚信不疑。其实，和泉式部与熊野权限之间的赠答诗，始见于元应三年(1320)成书的《续千载记》②，比和泉式部生活的时代晚三百余年。我们还知道，大田蜀山人③在世的时候，就有不少江户人相信他是"世上最烦人的东西，莫过于蚊子"④这首讽刺诗的作者。就算中世时代的日本社会太平无事，三百年的时间里也会产生各种传闻，更何况中世是一个和歌盛行的时代，当时各地都流传着以和歌为核心内容的民间叙事，人们还经常利用和歌改编传统的民间叙事，使其更加方便记诵。因此，我们不能仅仅因文字记录年

---

① 传说和泉式部曾经要参拜熊野本宫大社，但走到伏拜村时不巧来了月经。由于女性月经被视为不洁之物，于是她未踏入大社院内，就地朝拜熊野本宫大社。她的心里十分难过，于是作诗曰："浮云密布，仿佛愁云惨雾笼罩我身，月经之秽让我如此痛苦。"而熊野权限大发慈悲，晚上托梦还她一首诗："我为普渡众生而下凡，你不必忌讳，放心来参拜吧!"于是，第二天和泉式部去参拜了熊野本宫大社。和泉式部死后，人们在此修建了石塔，以告慰她的灵魂。
② 即《续千载和歌集》，镰仓时代的和歌敕撰集，共20卷，收录了约2150首和歌。
③ 大田蜀山人(1749—1823)，江户时代中后期的作家，被誉为江户市民文学的先驱。
④ 全句是"蚊子最烦人，嗡嗡的叫声，令人睡不好觉"，换成谐音后就变成讽刺松平定信(1759—1829)的讽刺诗。这首诗为松平定信执政期间的佚名诗人所作，但也有人说是大田蜀山人所作。

代久远，就判定其内容真实。可是，最近仍有人把文字记录当作唯一依据，竟然还写了一部和泉式部的传记。我真希望那位作者能把和泉式部和南无药师之间的赠答诗当作史料，继续编写所谓的历史传记。我还要顺便告诉作者，一些古文献记录的御伽草子中，确实有"从前有个名叫和泉式部的娼妇"这样的描述。

六　誓愿寺和凤来寺

现行的《谣曲末百番》①底本刊行于元禄十一年（1698），这是江户文人对能剧艺人代代口传心授的口头剧本所做的笔录，可见《谣曲末百番》所收录的剧本，在该书出版之前已经就存在了。其中一个剧本提到了一首抱怨药师如来不给他治病的和歌，这显然与小野小町传说及和泉式部传说取材于同一个特定的民间故事。该剧本的主角是比叡山（位于京都府与滋贺县交界处）的守护神药师如来，配角是比叡山延历寺的住持，此外还有一个名叫菊光殿的"喝食"②，由儿童演员扮演。传说菊光殿因病卧床，在痛苦之中作诗曰："南

①　吉田东伍、野村八亮编：《宴曲十七帖付谣曲末百番》，国书刊行会，1912。

②　喝食，指在大寺庙里伺候僧侣的少年信徒。

无药师曾发誓为众生解除疾病之苦，我命不足惜，只担心佛祖名声受损！"，并把写着和歌的纸条放在床下。他醒来后发现，原本写在纸条上的文字都消失了，取而代之的是一段咒文。因为菊光殿患上的不是疮病，所以这个剧本中药师如来给他写的诗中并没有"脱去身上蓑笠"一句。但与小野小町、和泉式部相同，菊光殿念完这段咒文后病也痊愈了。"我不顾我身，只怕佛名不副实"的意思是，我并不在乎自己的生命会如何，只是担心自己生命有了危险会影响药师如来的名声。这种思想乖僻的和歌，可能正是那些在男色关系中备受宠爱的年幼"喝食"所擅长的作品，也真是难为药师如来。

另外，宽文十二年（1672）刊行的《一休关东话》①，收录了一个题为"为峰药师写和歌"的传说。该传说不同于江户文人出版的能剧剧本，是作者从时代较接近的另一部著作中抄录而来。

> 三河峰药师非常灵验。以前，矢作（现爱知县冈崎市）
> 有一个人患上了疮病，向药师祈祷早日痊愈，但祈祷四十
> 余日病情仍不见好转。于是他便怀恨在心，痛骂峰药师。

---

① 《一休关东话》，用假名编写的笑话集，作者佚名，共3卷。

一休①听后送给他一首诗，并嘱咐他在今晚参拜的时候念给药师听。当天正好是五月祭日，香客非常多。此人一直等到深夜，在佛堂里大声读诗。"向南无药师祈祷祛病消灾却不见显灵"，还没有读完下句，佛堂就突然开始震动，只听有人说：

"骤雨为时不长，你就脱去身上的蓑笠吧！"

此人立刻跪拜，起身时发现身上的疮肿都消失了。他内心十分感激，发誓要云游朝圣。

这个版本流传于关东地区，里面之所以会出现三河凤来寺峰药师的名字，可能只是因为他也在关东一带很有名而已。而文中还提到一个具体的地名"矢作"，由此看来，这个版本也有可能在矢作村流传。另外，故事人物践行诺言去朝拜圣地，本是一种十分常见的说法，但云游全国的僧尼在各地祭祀药师如来的寺庙里讲述这个故事时，更能引起听众的共鸣，为此这些云僧很可能通过和歌的形式加强记忆，并特意提到全国赫赫有名的峰药师和矢作村。那么，我们

---

① 一休（1394—1481），室町时代中期著名的奇僧，善于写诗作画。一休的讽刺精神引起了后人的共鸣，出现了讲述一休用过人智慧解决难题的系列故事。

是否可以说，此类故事最初的主人公是一位矢作人呢？前面提到的和泉式部、小野小町以及比叡山的"喝食"，是不是后来才出现的，很遗憾，我们现在掌握的资料，还远远不足以对此加以确认。但可以肯定的是，尽管这类对赠答诗有些稚拙，但它也是一种文艺作品。如果主人公只是个普通的农民，那么古人应该会觉得不合情理。最初讲述人必须要借用一休、小野小町、和泉式部等文人之名，提高故事的可信度。这则故事的雏形很可能形成于三河凤来寺及矢作村等地，在传播到都市后，得到文人的改编，才逐渐形成了今天的样式，之后故事又再次流传回发源地。近年，都市的商人模仿舶来物改造传统商品，为其冠上"文化"两字，再让这些改造过的商品流通于各地，与此如出一辙。①

不管是足袋的起源，还是关于蓑笠（身疮）的和歌，这些民间故事都起源于三河凤来寺，恐怕并不是偶然。另外，这两种民间故事的不同版本，都是作为和泉式部的轶事传承下来，只要我们继续细心观察，就能知道其中的缘由。关于南无药师诗作的不同版本，始见于前述《醒睡笑》第6卷。这本书的序完成于元和九年（1623），比

---

① 这里的"文化"具有"新的""近代化的""兼具日本和西方两种风格的"等含义。比如，明治时代"洋娃娃"传入日本，人偶匠人开始模仿着洋娃娃制作布娃娃，大正时期的商人将其命名为"文化娃娃"，并在城乡各地贩卖。

《一休关东话》早五十年。至于在此之前它经受了多少岁月洗礼，已经无从考据了。根据安乐庵策传的说明，他只是记录了他在修炼时听过的传闻。

比叡山北谷寺曾经有个喝食，因患疮病而去参拜延历寺。他在根本中堂里祈祷七天七夜，病情却不见好转。于是他怀恨在心，在纸条上写了首和歌扔进本殿里，诗曰：

"南无药师曾誓愿为众生解除疾病之苦，我命不足惜，只担心佛祖名声受损！"

这时，从本殿里传来一道声音，说道：

"骤雨为时不长，你就脱去身上的蓑笠吧！"

这个喝食回到北谷之后一看，身上的疮肿都消失了。

《醒睡笑》的作者是京都的僧人，所以这本书所收录的民间故事多以喝食和法师为主人公，而且基本在比叡山发生。因此，尽管这个版本与能剧剧本中的版本内容多半相似，但这并不直接意味着后者取材于前者，或前者模仿后者，更何况能剧剧本中的版本中也没有"脱去身上蓑笠"等药师回复主人公的对诗。文献可以证明的，仅仅是距今三百多年前，此类故事曾流传于京都这一点。尽管其不同版本作为女诗人的传说，存在于九州、四国等地的药师庙里，但我们却没有理由认为这些版本就是原型。最近多亏早川君等人的辛苦工作，我们逐渐了解到三河地区曾经以凤来寺的峰药师为中心，形成了一系列民间叙事。比如，曾风靡一时的净琉璃姬传说就发源于此地，文人用文字记录下药师如来赐予人类净琉璃姬的传说。之后这则传说经过了多次演变，但其中一些部分至今仍在当地流传，甚至还衍生出了地方传说。由此看来，凤来寺峰药师和矢作人的民间故事，很有可能是通过江户时代修建的东海道进行了东西横向传播。值得注意的是，有一些世家住在凤来寺山南岭的几个山村里，据说他们是那位矢作人的后裔。这些人有可能在不了解《醒睡笑》所收故事的情况下，出于私人或宗教目的在各地巡游，到处宣传峰药师会显灵。

尽管如此，有一则资料让我们不得不承认，京都和三河的两个故事存在一定的联系，那就是流传于九州的和泉式部传说。和泉式部和京都誓愿寺自古就有关联，誓愿寺所保留的新旧两种文献中，都明确提到和泉式部曾经在此出家，这段故事也被写成能剧剧本。后来因僧人分派对立，誓愿寺开设了分寺，但在人们心目中，这里就是和泉式部度过晚年的寺庙。进一步地说，除了延历寺药师如来和喝食的故事之外，《醒睡笑》还收录了和泉式部的几则故事。这里一定有作者的某些意图，因为《醒睡笑》的作者安乐庵策传，曾经就是这座誓愿寺的住持。他在七十岁时眷清《醒睡笑》原稿，当时他已经搬到竹林院隐居，原稿是他在担任誓愿寺住持期间完成的。而且书中明确写道："当我还是小和尚的时候，听过很多有趣的故事，现在要把它们写在纸上面。"此外，他曾在六十二三岁时，将其中的一些故事讲述给板仓周防国国司父子①。由此可以看出，过去有一段时间，那些靠讲故事谋生的盲人法师、歌比丘尼等宗教人士，曾频繁造访这座誓愿寺。只要我们认真梳理誓愿寺保管的文献资料，详细考察这座誓愿寺与其他地方的誓愿寺之间的交流，就可以证明这一点。只可惜我现在准备得还不够充分，这篇文章只能停留在"推测"的层面。不过，至少现在可以肯定的是，今人关于和泉式部的种种说法，都来源于誓愿寺。而且那部能剧剧本所记载的传说，也已经传到这里，可以说日向法华狱寺的那则传说也是经过京都传来。由此看来，肥前福泉寺的和泉式部传说，可能也不是直接从三河凤来寺传来。既然那些供奉着药师如来的寺庙不可能偶然产生内容如此相似的传说，那么其中就一定存在搬运者。而从誓愿寺内的和泉

---

① 即江户时代前期的幕臣板仓胜重、重宗(1586——1657)父子，他们以高超的政治手腕赢得德川将军的信任，历任德川幕府的要职，一生推行仁政，父子二人都深受民众爱戴。

式部冢和那座手持花枝的美丽尼姑木像来看，这个搬运者可能就是歌比丘尼。那么，为什么距离誓愿寺甚远的寺庙把和泉式部及小野小町等女性当作主人公，而《醒睡笑》的版本却以比叡山的喝食为主人公呢？对此我只能说，作者安乐庵策传不是女性宗教人士，身为男人的他，继承了盲人乐师等男性宗教人士所传播的版本。

七　清少纳言的亡灵

　　同属一类的民间故事，将显示出搬运者的性别差异。我们之所以能够提出这样的观点，是因为由男女搬运者分别传播的两种故事，在内容上保持着相当程度的一致性。我们必须抓紧时间，趁当地人还没有忘记故事内容之前，对此进行比较研究。在东北地区，施展通灵术的巫女，往往与净琉璃剧中负责琵琶伴奏的盲人乐师结为夫妻，而他们讲述的始终都是两种不同的故事。平时巫女和乐师可能会在家里交流，十分了解配偶讲述的故事内容，但在工作中仍要各讲各的故事。而男女宗教人士都会讲述南无药师如来的故事。我国历史上似乎存在过一种"故事集散地"，盲人乐师和歌比丘尼在这里拿到故事之后，就以此为资源巡游各地，而誓愿寺及延历寺竹林院，可能曾经就是这种地方。关于这一点，元禄年间在京都刊行的《人伦训蒙图汇》①给我们提供了一定的暗示。元禄年间江户人口激增，据《人伦训蒙图汇》记载，当时社会上出现了各种各样的职业，其种类数量比前一个时代增加了几十倍，甚至连那些在别人家门前唱经念佛以求施舍的"歌念佛"，都成了一个独立的职业，盲人乐师也会从事这种工作。另外，当时社会上不仅流行《御伽草子》这样的儿童故事，还有一些面向成年人的民间故事，如"讲理的故事"，其中带有艺术性的故事，尤其受到老百姓的喜爱和重视。随着此类民间故事的普及，江户人用它来进行教育，以提高人们的道德修养。我个人认为，正是在这样的社会环境下，那些云游各地的男女宗教人士才会跟随大趋势，从各自的性别立场出发，积极参与同一个故事的传播。在历史上，最初的职业讲述人可能是巫女，但如果我国没有男性职业讲述人的话，那么多的民间故事可能就不会在各地演变成地方传说。

实际上，传说即意味着一种"主张"。当地人相信传说的内容，向外地人讲述当地的传说，实际上正是在认真地介绍当地的真实历史。有时地方传说会被刻录在石碑上，这种碑文的内容在今人看来可能很荒诞，缺乏现实性，但修建石碑的当地人一定是十分严肃

---

① 《人伦训蒙图汇》，刊行于元禄三年(1690)的民俗词典，作者不详，共7卷。

的。诚然，这些人搜集和传播的故事内容，一般都是不符合历史事实的。但地方社会总会有一些积极追寻历史的人，他们在没有文献资料的情况下，请教当地农民，并认真倾听他们代代口耳相传的历史记忆。这无疑是一个进步，同时也奠定了今天"新国学"①的基础。重要的是，地方社会之所以会出现一种记录历史、追溯历史渊源的趋势，首先是因为江户时代社会较为稳定，男人放下弓箭，从积草屯粮的苦役中解放出来，有充足的时间和精力处理民间叙事。在这样的社会背景下，传说在江户时代取得了进一步的发展。当然，男女讲述人的相互合作也必不可少，下面就举一个例子，而这篇关于和泉式部的文章也就要接近尾声了。

在阿波，以抚养浦（现德岛县鸣门市）为中心流传着一个清少纳言的传说，由于内容太过奇特且粗俗，如今有些人拿它来逗笑②。

---

① 江户时代形成的国学，是根据古文献来阐释日本古代思想文化的一门学问。柳田国男则继承国学的传统，根据不成文的口述资料，阐释日本人的精神世界，称"新国学"。在这里，柳田所谓新国学实指民俗学。

② 从前，清少纳言坐船前往阿波的时候不幸遇上暴风雨，之后漂到了里蒲村。由于清少纳言长得太美，当地渔民见到她后就强迫她与他们性交，清少纳言拼死抵抗。最后一个渔民杀死了她，此人还割掉清少纳言的阴部扔进大海。从此之后，附近海里就开始出现厚壳贻贝。清少纳言临死前边抵抗边喊道："谁看了，谁就会瞎眼！"这句话在她死后竟变成了现实，当时在场的渔民眼睛都烂了。为了告慰清少纳言的灵魂，渔民在此建立了坟墓，这就是现在的"尼冢"。

这则传说也是由一群歌比丘尼传播开来的。已故的三宅博士①所发现的《以文会笔记》②第五卷上，一个名叫寺井菊居③的人还非常认真地谈论了此事。阿波里浦（现德岛县鸣门市）的渔村有一座古墓，称为"尼冢"，寺井认为清少纳言在失意中流浪到这里，死后葬于此。自《太平记》④以来，渔民难为贵妇人一直都是民间叙事中较常见的题材，而据寺井所说，阿波人传说清少纳言死后阴魂作祟，曾经折磨她的渔民都因恶病缠身而死，于是人们定期在她的坟墓前举行"镇魂"仪式，仪式上唱诵的经文以及"尼念佛"也都传承了下来。此外，当地还有一种习俗：人们用丝线将七八个穿孔的文蛤贝壳串起来后挂在"尼冢"上，以此向清少纳言祝告求福。显然，这种习俗与"清少纳言的阴部变成厚壳贻贝"的荒谬说法之间有着直接的关系。除了里浦，阿波还有几个与清少纳言有关的遗迹。寺井以激动的语气讲道：

---

① 三宅米吉(1860—1929)，历史学家、教育学家，于1865年创立考古学会（日本考古学会的前身）。

② 从文化到嘉永初期(19世纪前半期)，京都文人、医师等人每月举行一次聚会，称"以文会"。他们在会上讲述各自了解的传闻，并记录这些传闻，在会员之间阅览其手抄本。三宅发现手抄本之后加以评注，并在昭和三年(1928)出版了《以文会笔记抄》。

③ 《以文会笔记》没有留下会员的真实姓名，据后人考证，寺井菊居可能指《奇石会品目》的编者源忠光(生卒年不详)。

④ 《太平记》，成书于应安年间(1368—1375)南北朝时期的军事小说，记录了从镰仓时代末期到南北朝时代中期约50年的战乱，作者不详，共40卷。

一说是在宝永年间，一说是在享保年间，赞歧金比罗山（位于香川县西部）山脚有座寺庙，这里的和尚要在传说是清少纳言墓地的地方修建一座钟楼。某日和尚梦见一位美丽宫女，她作了一首诗：

"我生命的痕迹已变得模糊，虽无人提及，但我是多么希望它继续存在。"

我们大概知道这首诗的涵义，但其用词并不恰当，读起来有些别扭，作者恐怕不是才女清少纳言。但是，当时《笈埃随笔》《闲田耕笔》①《提醒纪谈》②等书都收录了这段记录，而这似乎也成了一个不容置疑的史实。当地人一直传承至今的版本，基本上没有变化，只不过有些人认为清少纳言梦里对话的人不是和尚，而是某地的商人，她在梦中告诉这位商人的地方也以"告之茶屋"③之名被保

---

① 《闲田耕笔》，江户时代后期的国学家、诗人伴蒿蹊（1733—1806）于享和元年（1801）刊行的随笔集，前文提到的《闲田次笔》便是本书的续集，共4卷。

② 江户时代后期的作者山崎美成（1796—1856）于嘉永三年（1850）刊行的随笔集，共5卷。

③ 据说，宝永七年（1710）人们在修建金刀比罗宫大门旁边的鼓楼时，不小心砸坏了附近的墓碑。那天夜晚，附近的住民大野孝信梦见一位宫女，她作诗曰："我生命的痕迹已变得模糊，虽无人提及，但我是多么希望它继续存在。"孝信梦醒后领悟到，这是清少纳言的灵魂在抱怨自己的坟墓被砸了，就立刻汇报给金刀比罗宫的住持。于是金刀比罗宫重修清少纳言的坟墓，诚恳祭祀。后来大野孝信搬到别处，而他梦见清少纳言的旧房也一直被保留了下来，当地人称之为"告之茶屋"。

存。同样的传说还流传于离阿波甚远的地方。比如，《一话一言》①第48卷就记载，近江国某村有一座名叫"清冢"的古墓，某年此国决定将其迁移。这时有个村民梦见了一个身穿红衣的美丽宫女，她将写着诗歌的纸条放在此人面前就消失了。此人牢记诗句，梦醒后告诉了其他村民。诗曰：

> 我生命的痕迹已变得模糊，虽无人提及，但也没有完全被遗忘。

这首诗并不流畅，但被一位医生记录了下来。后来这位医生迁居京都，在笔记中特意写明，这是清少纳言的坟墓，得知此事之后，近江国公卿就决定不再迁墓。这则传说传到东方各国后，内容变得更加神秘。比如，《宫川舍漫笔》②第1卷写道，甲州离韭崎（现山梨县韭崎市）附近的寺庙里有一座古墓，有一年此寺要拆除此墓，但僧人梦见一位贵妇人，并收到了一张写着诗歌的纸条，经鉴

---

① 《一话一言》，江户时代后期的作家大田南亩（1749—1823）自安永四年至文政五年（1775—1820）纂写的随笔、抄录，共56卷，其中6卷已失传。
② 《宫川舍漫笔》，江户时代后期的文人宫川政运（生卒年不详）的随笔集，安政五年（1858）作序，文久二年（1862）出版，共5册。

定这正是赤染卫门①的笔迹。诗曰：

　　　既然是我人死后仅有的痕迹，就请保持原貌，虽无人
　　提及，但我是多么希望它继续存在。

　　这首诗写得更糟，假如我们不了解赞歧等地的版本，甚至连基本含义都难以理解。难道甲州人在模仿赞歧人的版本时，故意把原诗改差了吗？这当然是不可能的。而且赞歧和甲州两地相隔甚远，甲州人大概不会从赞歧直接挪用诗句。这意味着有些人带着民间故事走遍全国，使其得以大范围传播，而不是选择停留在各地，努力使之成为地方传说而流传后世。也就是说，有人将花枝运送到各地，另一个人又将来自外地的花枝插到本地的土壤里精心培养，搬运者和培养者本就不是一个人。贵妇人在某人的梦中作诗，此类民间叙事在我国具有相当悠久的历史，其流传范围也相当广泛。其中最古老、最有名的大概是阿曾沼（曾位于现栃木县佐野市）

----

　　① 赤染卫门（约960—约1040），平安时代中期的女诗人，其诗才可与和泉式部相匹敌。

的鸳鸯传说①。《著闻集》②和《沙石集》③收录的两种版本相差较大，由此看来，这则传说在镰仓时代后期已经形成了不同版本。如今它流传在野州、奥州等十几个地区，均与当地的"某某沼"产生联系，几乎已演变为地方传说。面对这种情况，有些人竟然认为这是甲地的人们因羡慕而抄袭了乙地"某某沼"的鸳鸯传说，但各地的农民真的都么不诚实吗？其实，就算某个地方突然有人主张本地的"某某沼"与一对鸳鸯有关，也不可能被当地人认可。不管是哪种传说，只有在当地人熟知或隐约了解其内容的基础上，才能逐渐获得作为传说的正当性及说服力。也就是说，以上清少纳言和赤染卫门的传说，其内容形式并不是固定不变的，在它成为本地人认可的地方传说之前，一定有各种不同的说法。

---

① 如镰仓时代的故事集《砂石集》记载，从前下野国阿曾沼有个猎人，某日他杀死了一只公鸳鸯，晚上梦见一个女人向他哭诉："你为什么杀死我丈夫？我现在寂寞不堪，活不下去了。"第二天早上，猎人就看到一只母鸳鸯死在公鸳鸯身边。之后他出家为僧，祭祀这对鸳鸯的灵魂。

② 即《古今著闻集》，镰仓时代中期的文学家橘成季（？—1272）于建长六年（1254）撰写的故事集。

③ 《沙石集》，镰仓时代后期的僧人无住一圆（1226—1312）撰写的佛教故事集，此书于弘安六年（1283）脱稿，之后作者又多次修改，现存几种版本，共10卷。

八　横山的神官

于享保七年(1722)出版的井泽长秀著作《广益俗说弁·残编》①
记录了如下一段故事:

> 民间传说,从前阿波的鸣门漩涡突然响声大作,和泉
> 式部听到后作了一首诗,曰:
> "狗尾草抽出花穗,但好像有人说那是小米结穗?
> ("小米结穗"与"阿波的鸣门"谐音)"

据说,和泉式部念出这首诗后,鸣门漩涡就立刻安静了下来。
而在其他版本中,这首诗的作者变成了清少纳言。此外还有一部文
献,具体名称待定,书中也记录了类似的诗歌,据说是和泉式部创
作的。

---

① 江户时代前期的神道家、国学家井泽长秀(1731—1668)撰写的随笔。作者
广泛引用文献,对日本百姓深信不疑的各种说法加以考证与批判。此书作为启蒙读
物,成为近世的畅销书。

狗尾草结穗，明明是它自己的花穗，但好像有人说那

是小米结穗？

比起前一首诗，这首诗更好理解一些。也就是说，狗尾草和小米穗看着相似却实际上不同，所以有人看了狗尾草之后说的"小米结穗"是错误的。这种即兴的语言游戏与"蓑笠（身疮）"一样，未免有点牵强附会，但在谐音诗盛行的时代，似乎得到了人们的喜爱。而到了奥州宫古的横山八幡宫（位于岩手县宫古市），人们却对这首诗充满误解。据南部地区的旧地方志《邦内乡村志》①第3卷记载，横山八幡宫曾发生火灾，宫内保管的文献不幸失传。有两部著作记录了这场火灾。一部是高桥半左卫门于延享三年（1746）用汉文作的记录，文中写道：

从前，阿波的鸣门突然轰动天地，朝廷举办祭祀仪式

以求驱邪避灾。这时奥州横山的神官梦见神，神赠他一首

诗，并告诉他说："只要你念出这首诗，鸣门发出的响声

————————————————

① 盛冈藩的地方官吏大卷秀诠（生卒年不详）编纂的地方志，对盛冈藩所管辖的乡村做了详细纪录，共8卷，其中和贺、稗贯两郡的地方志为后人所加。

就会立刻停下来。"

听说有人在山中的田里种植狗尾草，而有人说那是小米结穗？

神官醒来后，立刻把这首诗写在纸上送到阿波。但在他赶到之前，宫廷女官和泉式部已经奉救来到此地。晚上她拜访神官下榻的旅馆，欺骗神官拿走了那首诗。第二天早上，和泉式部趁神官还没来，站在海岸的悬崖上念出那首诗，但她把原诗的前半部分改成了"狗尾草自然抽出花穗"。紧接着神官也到了，他原封不动地念出了那首诗，鸣门发出的响声顿时停了下来，但朝廷无法判断究竟是哪首诗起的作用。此事传到京都之后，京都人都嘲笑这位神官，当地还流传着一首诗：

作诗用的凿子、刨子都遭女人霸占了，可怜横山的神官空手而归！

不过，最后朝廷还是奖励了横山的神官，特许他把横山八幡宫所在地的地名改为"宫古"（"宫古"音同"都"，意即天皇所在的首府）。如今奥州宫古的横山八幡宫院内长了一棵银杏树，据说神官在阿波的时候，不小心用拐杖弄碎了银杏果。银杏果黏在拐杖上，被神官带到了奥州。神官把这根拐杖插在神社的院落里，没想到银杏果竟然发出嫩芽，长成了今日的大银杏树。如今在横山脚下的港口，阿波的商船来来往往。阿波人对横山八幡宫十分尊敬，认为这里祭祀着阿波国的守护神。

延享三年，奥州人请求京都将横山八幡宫升级①时，将以上文献作为证据提交给官府。十五年后的宝历十年（1760），江户学者井上兰台②据此撰写了《重修横山八幡宫记》。又过了五十年，一个名叫驹井常尔③的人，在横山八幡宫院内修建了一座纪念碑，并在上面刻了那首上半句是"听说有人在山田里种植狗尾草"的诗歌（见《旅与传说》第2卷，第2号）。不难看出这则传说历史悠久，看似有据可依，但实际上它的内容是从当地人背诵的那两首诗中衍生出

---

① 日本神社分几个等级，具体等级因时代而异。江户时代的神社一般分为两种，一种是《延喜式神名帐》中记载的"式内社"，一种是无记载的"式外社"。前者又分为"官币大社""国币大社""官币小社""国币小社"四类，后者只有"二十二社"（过去发生国家大事时，天皇敬献香火钱的22座神社）和"国史见在社"（《六国史》中记载的神社）等少数神社才拥有如同"式内社"一样的地位，其他所有"式外社"都位于"式内社"之下，按规模大小分为府社、县社、乡社、村社等。神社等级的高低将左右神社的社会影响力，尤其对"式外社"来说，还直接牵涉其存续问题，于是从近代开始各地神社的神官和信徒们经常向朝廷提交"升级请愿书"，努力提高神社的等级。

② 井上兰台（1705—1761），江户时代中期的儒学家。

③ 驹井常尔（1742—1814），宫古的商人、书法家，文化十一年（1814）67岁时，在横山八幡宫院落内的石碑上刻写了铭文。

来的。不过，对我们来说，重要的不是这则传说的真假，而是它传到奥州的历史经过。显然，这则传说不可能是那些商船直接从阿波运送而来。那位横山的神官出身世家，有一种说法认为他是猿丸太夫①的后裔。在奥州，人们传说那位横山的神官姓小野，奥州会津地区（现福岛县西部）的人们甚至还说猿丸太夫也姓小野。小野氏不但有大诗人小野小町，还有传说为净琉璃《十二段草子》作者的小野于通②。在小野氏的影响之下，南无药师的那首诗歌到了东国，就演变为小野小町之作。而那首狗尾草的诗歌，产生了贬低和泉式部而抬高横山神官的传说。从中我们不难看出，小野门下的女性讲述人善于讲述以诗歌为中心的民间叙事。她们走遍各地，传播此类故事。在现有的口头资料中，第一个穿足袋的女人要么是和泉式部，要么是三河国矢作的富翁家女儿。但这仅仅意味着我们收集到的资料，都偶然提到了这两位女性的名字。事实上，在我国的民间叙事中，还有很多非凡童女，她们往往都不是由人类胎生，而是以异常的方式来到人间，从竹子中诞生的赫奕姬便是一个例子。那么，这

---

① 猿丸太夫（生卒年不详），奈良时代后期或平安时代初期的诗人，三十六歌仙之一，他的生平事迹基本上被传说化，无从考据。

② 小野于通（生卒年不详），安土桃山时代至江户时代初期的才女，尤其以书法闻名。她的生平事迹也被传说化，有一种说法认为她是织田信长（1534—1582）的丫鬟，曾经奉命撰写了《十二段草子》。

些非凡童女如何能够拥有如此大的名气呢？换言之，她们凭借什么能力，得到了与那些武勇的非凡童男一样的重视呢？那便是她们出众的美貌和"能体现她们聪明才智的语言能力"。从现存资料来看，小野氏的两位才女兼具这两个条件，因此小野氏的后裔完全有可能编造和传播一些有关这两位才女的新传说，让世人知道她们的成就。这也是我们首先要继续搜集资料的原因之一，有了充足的资料之后，我们才能进一步比较研究。从这个意义上来说，我现在所做的研究只是十分不可靠的预测而已。如果有人拿着少数的现有资料武断地下结论，那么不管他是多么博学灼见的学者，不管他有什么样的头衔，都不是我志同道合的朋友。

（昭和六年十一月 《旅与传说》）

米仓法师

一　盲人与文学

姑且不论其利弊，盲人都推动了我国民间文学的发展。如果没有任何证据的话，今天恐怕没有人会相信这一点。因为如今文学几乎成为作家的专利，早已进入了大雅之堂。而过去的盲人作家都很谦虚，从来都没有在作品上署名，来防止别人侵犯著作权。尽管如此，由盲人创作的作品片段还是流传到了今天。这大概是因为他们的思路和气质，都有一些不易模仿的特点，而且人们都愿意保留下童年的快乐记忆，努力把记忆中的各类民间叙事都原封不动地保存下来。这样一来，盲人的文学作品就以不符合现代思维的形式，残留在现代生活之中。而正因为它们不符合现代思维，十分显眼，所以引起了我的注意。

我最近在思考几个问题。首先，日本中世时代的盲人为什么会如此积极地参与文学创作？我们需要考虑不同性别的盲人乐师在智力、能力和环境等方面表现出来的差异。但总的来说，最初是宗教信仰为他们提供了庇护，他们在信仰的支持和鼓励下，充分发挥出了自己的文学才华。其次，既然盲人的文学才华非同一般，那么我国文学的主流为什么没有受到他们的影响而彻底改变，反倒是那些盲人作家又就像水面上的落叶一样消失无踪了呢？其实，民间保存下来的口述资料，证明这种想法本身就完全违背事实。一般来说，笑话会利用语言天然就拥有的力量，在讲述人和听众的互动中，以一种令人意想不到的效果和形式来收尾。值得注意的是，过去的日本听众偏偏要向盲人这种值得同情、难以笑迎人生的残疾人付钱购买笑话。同时让我难以忽略的是，日本人的幽默感和滑稽文学随着时代的进步得到顺利发展，而且在义理人情的层面也相对较自由一些。

当然，在进一步讨论这些问题之前，首先要解释为什么人类对笑的本能要求会因民族而异。一般来说，日本人对笑有着相对较高的需求，这往往会抬高庸俗笑话的价值，但很可惜，现在还没有充分的资料来认真讨论这一点。所以我暂时放下这个问题，从过去盲人从事的工作中，选取部分有据可依的内容，追溯其渊源，考察盲人对我国文学的影响，为将来的研究提供一些参考。也许用不着我提醒大家，现在流行的大众文学，在一定程度上仍被盲人设定的规则所束缚。但我并不打算像某些近世学者那样，谴责过去的盲人们，因为这是盲人的追随者们在无意识中形成了特定的文学观的结果，而盲人往往只能依靠文学生存。日本原本就是一个不与邻国接壤的岛国，日本文学在很少受到国外影响的情况下，跟随着盲人的风格，往幽默的方向发展。这种世界文学史上十分罕见的现象，仅仅表示日本文学中还有很多尚未开发的领域。今人没有理由，也没有必要因盲人曾经为日本文学带来的幽默化趋向而感到自卑。

二　笑话的分布

从总体上看，盲人的幽默滑稽往往都太偏重技巧。也许是盲人既看不到镜子也无法参考听众表情的缘故，今天我们从盲人讨好听众的笑声中，可以看到他们曾经付出的努力，背后仿佛还藏有一丝苦涩。同理，过去盲人在讲笑话的时候，也只能凭笑声来感受听众的反应，因此他们要精心磨炼技巧。过去日本人让盲人逗自己笑，从流传至今的一些民间故事中，也可以看到这些痕迹。我所搜集的《米仓法师》就是这样，它属于《桃太郎》的旁系故事，但仔细看来，它不太可能出自一个健康人之口。从前有个正直的老爷爷，某日他在水神的指引下，得到一个神秘的婴儿，也有版本说是获得"拉黄金屎的小动物""万宝槌"等宝贝。贪婪的邻家爷爷模仿这位爷爷却遭到失败，或者爷爷的老伴因犯下错误而导致荒唐结局。从古至今，听众都视模仿者为笑柄，模仿者的失败可以说是此类故事最大的亮点。有的人对神很虔诚，认真聆听故事前半部分所说的奇迹，但前半部分越严肃，与后半部分的对照就越明显，即使是再虔诚的人恐怕也会忍不住大笑起来。我认为，这可能就是上古时代的俳谐。而随着时代发展，神话信仰逐渐衰退，越来越多的人开始忽略民间故事所蕴含的宗教因素，将其作为纯粹的娱乐享受。中世的太平时代，正是民众非常渴望笑的一个时代。于是，人们纷纷改编传统故事，使之变得更加神奇、易懂，尤其是在"笑"的诱因方面，努力做出了新意。正因如此，日本的民间故事中才出现了笑话化的趋势。而那些在悲惨的命运中饱尝辛酸的盲人之所以苦练叙事本领，卖艺谋生，其原因也在于此。

我在前面指出，位于熊本县北端的南关町（现熊本县玉名郡），至今仍保留着古老的《鼻涕鬼大人》。而该县南部的八代郡松求麻村（现熊本县八代市）也保留着《米仓法师》，这两种民间故事的前半部分基本一致，差异在于后半部分。南关的《鼻涕鬼大人》说，最初爷爷遵守海神吩咐，每天做醋拌生虾给鼻涕鬼大人吃。但某日爷爷偷懒没做，结果海神赐予他的幸福都化为乌有，而在八代郡的《米仓法师》中，邻家爷爷完全是因为谐音遭到了失败，虽然这种改动有点过分，但显示出了盲人所下的功夫。

　　从前，某地有个老爷爷。某年除夕他去城里卖门松，却一个都没卖出去，只好打道回府。路过一座桥时，他把门松投进河里。不久，从水中出来一位龙宫使者向老爷爷道谢，并带他去龙宫，盛情款待。临走时，老爷爷收下了一把万宝槌。老爷爷挥动槌子说一声"米！"，眼前就出现了一堆大米；挥动槌子说一声"仓！"，又出现了一座大米仓。邻家的坏爷爷听说此事后，强行借走了万宝槌。坏爷爷想尽快得到大米和米仓，于是他挥着槌子焦急地说："米、仓！米、仓！"但出现在他眼前的不是大米，也不是米仓，而是一群小盲人（"米仓"音似"小盲人"）。小盲人们向贪婪的坏爷爷猛扑过去，最终杀死了他。

说起肥后松求麻村，可能很多人都知道曾经有一位被誉为"肥后检校"①

---

　　①　检校，古代官职名称，原指监督僧尼之官，后指管理神社寺庙总务的僧官，到室町时代出现盲人的自治组织"当道"之后，发展成为"当道"最高级官名。

的盲人乐师居住在这里，小盲人的民间故事就在这里流传。这与盲人乐师的存在不无关系，但我不会据此认为松求麻村就是《米仓法师》的发源地。看完我的同行们最近搜集到的资料就可以发现，《米仓法师》的流传范围十分广泛。比如，《冈山文化资料》(第 2 卷，第 6 号)和《土之香》(第 5 卷，第 4 号)分别收录了冈山县和远江滨松附近(现静冈县滨松市一带)的版本，相比松求麻村的版本，前者已经发生了较大的变异。又如，甲州富士山脚下和奥州八户市(现青森县八户市)一带，也有不同版本流传，这两地的版本都显得很零碎，而且一定程度上已经演变为传说。我相信，读到这里，有许多地方的读者要说："这个故事，我以前也听说过！"这么多的版本显然不可能都是由某地的盲人乐师搬运过去的，因为其流传范围实在太广。退一步讲，如果《米仓法师》有作者的话，那么此人的住处可能不在松求麻村，而是更靠近流传范围的中心位置。而且此人创作的最初版本留有很大的改写余地，否则后来也不太可能发生那么多种地方变异。下面是《丰前民话集》收录的一则版本，形式完整，滑稽可笑，我们很难认为它是肥前人对肥后松求麻村《米仓法师》所作的改编。

　　从前，一个男人看见一群孩子正在欺负一只乌龟，于是过去救下了它。刹那间那只乌龟变成了一位美女，送给他一把万宝槌。美女说，只要用万宝槌敲打地面，再说出自己的愿望，想要的东西就会出现，不过这把万宝槌只能用三次。男人带着万宝槌回了家，和妻子商量此事。他的妻子是个贪婪又愚蠢的女人，她先用万宝槌敲打地面说："我要一千碗杂烩粥！"话音刚落，果真就出现了一千碗杂烩粥。接着妻子又敲打地面说："我要一千双草鞋！"这下又出现了一千双草鞋。这下可让夫妻俩伤脑筋了，现在他们只剩下一次机会，必须用一句话得到大米和米仓。于是，妻子就快速地说："我要米、仓、千！米、仓、千！"顿时，他们眼前就出现了一千个小盲人，夫妻俩目瞪口呆，眼睁睁地看着小盲人们吃光一千碗杂烩粥，又穿走一千双草鞋，最后消失不见了(梅林新市君①采录)。

流传在冈山的故事也提到，一千个小盲人齐声说道："快给我们饭吃！不然我们就弹三弦琴！"他们就这样欺负那位贪婪的邻家爷爷。我觉得"快给我们饭吃！不然我们就弹三弦琴！"这句话，反映

---

① 梅林新市(1902—1968)，教师、乡土史家，以福冈方言研究闻名。

了讲述这个故事的盲人乐师的心声，这是不是想多了呢？但可以肯定的是，听完这个故事之后，在场的人们一定会哄堂大笑，因为讲述这个故事的人正是一位小盲人。他们还记住了这个故事的内容和趣味性，今天有那么多人在小时候听年迈的祖父母讲过这个故事，也并不奇怪，而这一切都在那些盲人文学家的计划之内。

三　蚯蚓之歌

古时候的"笑"一般都会伤害在场的某人。当一个人当众嘲笑了另一个人之后，在"笑"与"被笑"的两人之间就会产生愤怒和恨意，最终发展为人与人的斗争。这样的事情在历史上十分常见，不只存在于杀气腾腾的战国时代。后来，社会上出现一些在众人面前自嘲或自愿被人嘲笑的人，"笑"就变成了一种有价值的商品。而令人同情的是，旧社会的盲人往往很难维持生计，除非他们主动置身于"被笑"的地位，否则没有一个领主愿意聘用他们。后来，越来越多的领主不再雇佣这种专业故事家，盲人乐师开始四处流浪，以卖艺为生。距今约160年前，一位旅人在出羽和越后的交界地，记录了一首用三弦琴伴奏的唱词。这位旅人称之为"劝说歌"，大概是从说唱艺术中发展而来的。内容有些晦涩难懂，现抄录如下：

《越后国劝说歌》

新发田藩领地内的户头组（地名，现新泻县新发田市）

村官助市在高田有几块田，

一块田，两块田，三块田，四块田，

第五块三角田里长出一根茭白，

一只小虾趴在茭白上，说着它的愿望，

"我要七八合①大米，要四五十块钱；

我想到温海（即汤温海，现山形县鹤冈市）泡温泉，疗

养，伸一伸腰！"

"小虾你太不讲理了，

你的爷爷奶奶都是弯腰曲背，要是你的腰真能伸直，

那我也要说个愿望，

'我要七八块钱，要四五合大米；

蚯蚓也去温泉疗养，想睁开双眼！'"

这首歌是否也在越后流传呢？文中特意在"蚯蚓"两字上注音"hashi"，我怀疑"hashi"的实际意思是"我（读音为"washi"）"，最后

---

① 合，日本体积单位，一合的十倍是一升。

几段都是蚯蚓的台词，而这首诗是自古以来十分常见的两种动物之间的问答歌。也就是说，一个盲人乐师去汤温海疗养，期间他给当地的村民讲述了这个故事。过去，一到插秧结束后的农闲期，日本农民就会筹措点旅费和粮食，到温泉旅馆疗养，泡一泡温泉，仰卧伸展脊背，这对他们来说是最好的慰劳。这段"小虾要伸腰"的歌词略带讽刺，但那些没有文化的农夫还是能体会其中的意蕴。与此同时，说唱者又把眼盲的悲哀，寄托于生活在稻田中的另一种动物身上，进而构成了农夫和盲人乐师同情彼此境遇的语境。

蚯蚓无眼，这也是日本民间流传已久的一种说法。有一个著名的"why-so stories"，就解释了为什么蚯蚓有那么好的嗓子却看不见世界，这大概也是盲人乐师所编写。夏日傍晚，一家人在院中坐下，这时不知何处传来了蚯蚓清脆的声音。听我这么说，可能有人要说那不是蚯蚓，而是蝼蛄。但在过去，这种场合下日本人首先想到的就是蚯蚓，他们常讲的夜话自然也与蚯蚓有关。比如，林魁一氏①在《民族》第 2 卷，第 4 号介绍的东部美浓的一个例子。

---

① 林魁一（1875—1961），考古学者。他师从日本考古学、人类学的先驱坪井正五郎（1863—1913），在老家美浓东部和飞驒地区进行调查，发现了有孔石器、御物石器，代表作有《美浓国弥生式土器图集》等。

从前有一条蛇，它有一副好嗓子，歌声婉转动听，但可惜没有眼睛。某日，一只蚯蚓请蛇教它唱歌。蛇同意了，但让蚯蚓交出双眼来交换。不久，蚯蚓学会了唱歌，却失去了眼睛，它原本也有一双像蛇那样的美丽眼睛。

　　栃木县南部的版本，则是箕和田良弥君从90岁的祖母那里听来的：

　　以前，蚯蚓有眼睛但不会发声。而蛇没有眼睛却很会唱歌。蚯蚓心想："我也想拥有动听的声音，哪怕为此失去眼睛！"于是蚯蚓跟蛇商量，拿自己的眼睛做了交换。

　　这只蚯蚓用眼睛换来声音，是心甘情愿，还是勉为其难？不管怎样可以肯定的是，这个故事的作者是声音动听却双目失明的人。

　　最初一段时间，盲人乐师的主要职责是演奏乐器，但在讲述此类故事时，他们也会放下手中的琵琶或三弦琴。不难想象，在场的听众会对盲人乐师说客套话："你怎么能弹得这么好呢？"但这样的问题，盲人乐师早已听腻了，恐怕他们都不愿意再认真地回答。写到这里，我想起奥州八户的一位盲巫女，她名叫贞子，曾经来我家表演过"请御白玩"(oshiraasobase)①，表演的时候一直不停地抽烟。
我很好奇地问她："您为什么那么喜欢抽烟呢?"她回答道：

> 我十三岁时得了眼病，那时比吃米饭更喜欢抽烟。医
> 生②说：
> "只要你戒烟向神祈愿，我就会为你医治眼病。"
> 但我说：
> "不，我宁可眼睛瞎了，也不会戒烟!"
> 所以我现在还在这样抽烟。

她放弃治疗的机会，拿自己的眼睛交换烟草，如今就算后悔也无法挽救了。当时她的回答让我感到心酸，现在我又想，烟草本来就是为了被人们抽而栽培的，但蚯蚓却不同。就因为民间流传着上述故事，至

---

① 御白神是以东北为中心的地区所信仰的蚕神或农业神，其祭祀对象是一对人偶。每逢祭祀日，东北的各户农家都会聚在一起祭祀御白神，还给人偶穿上衣服，称"御白游戏"(oshiraasobi)。此外，人们还请巫女来念《御白祭文》，巫女边念祭文，边用双手摇晃人偶，看起来就像是人偶在一起玩耍，故称"请御白玩"(oshiraasobase)。之后，巫女为农民占卜，传达御白神的意旨。
② 原文是"法印"。在中世的日语中，佛教用词"法印"具有"僧人""法师""画师""医生"等不同含义。这里暂且译为"医生"。

今还有人迷信蚯蚓能滋润咽喉、保护声带，于是捕捉蚯蚓煎药汤喝。在此意义上而言，在蚯蚓眼中盲人乐师并不是一个难得的知音。

顺便我还要再说几句。据休特（Gédéon Huet）的《民间故事论》①介绍，法国竟然也流传着类似的民间故事。故事中有一条小蛇"orvet"，与日本的蚯蚓一样没有眼睛。它曾经想拿自己的眼睛与日本人称为黄莺的"rossignol"交换动听的声音。但在这则法国故事中，"rossignol"不守信用，拿走"orvet"美丽的眼睛后却没有交出自己的声音。因此，直到今天它们的关系仍然很差，尤其是被骗走双眼的"orvet"，仍对"rossignol"怀恨在心。不知是何原因，世界上各民族所讲述的动物故事，往往都围绕着欺诈和毁约来建构整体情节。日本的一些动物故事内容与欧洲基本一致，如《猴子的尾巴为什么是短的?》，但《屠夫鸟与杜鹃》②《云雀和太阳》③《猫

---

① 《民间故事论》，法国文献学家、民俗学家休特（1860—1921）于1923年出版的民间叙事研究著作，原题为《Les Contes Populaires》（大众叙事），《民间故事论》是其日译本的题目。

② 以前杜鹃是鞋匠，伯劳鸟则是赶马的。某日伯劳鸟从杜鹃那里赊账购买了一双鞋，过了很多天都不肯付钱。杜鹃最后死心了，无奈地说："钱不用你付了，就给我送点食物吧!"从此以后，伯劳鸟每天都捉来虫子、蜥蜴，挂在有棘的树枝上给杜鹃吃。伯劳把食物挂在树枝上撕食的习性，就是这么来的。

③ 以前，太阳向云雀借钱后一直不还，云雀气愤地冲着太阳喊道："利息一日一分!"（"分"是江户时代日元的最小单位）。直到今天，云雀还在不停地向太阳鸣叫，意思是"日一分，日一文"（云雀叫声的谐音），要求太阳还债的。

头鹰开染坊》①等动物故事，似乎在日本有了不同的发展。在这些动物故事中，动物们对过去的背信行为耿耿于怀，至今仍为此生气或谢罪，这种说法似乎很罕见。

蛇与黄莺做交易的法国故事，是否也在其他国家流传呢？我们能否根据它的分布情况，描绘出这个故事传入日本的路径？目前，我还无法证明欧洲动物故事和我国动物故事十分相似只是一种巧合，但重要的是，即使日本的动物故事来自欧洲等其他地方，我还是坚持认为那个蚯蚓的故事出自盲人乐师的口中。因为"某个动物受骗失去双眼"这样的古老故事到了盲人乐师那里，其结尾完全有可能被改造为"交易顺利完成，蚯蚓满足地得到了好嗓音"。事实上，那个蚯蚓的故事不像是某人凭空捏造出来的，而且盲人乐师本来就在改编古老故事方面，尽力施展自己的本领，更何况违背叙事传统的全新故事并不怎么受听众欢迎。在日本，直到最近普通百姓还把虚构的文学作品贬低为"被搬来搬去的谎言"。听众通常只希望进一步了解自己熟悉的故事，期待某人讲述另一个带点新意的版本或正篇结束后的故事。人们不都在说"任何文学不是演义就是翻版，

---

① 以前，猫头鹰开了一家染坊，每天都有很多鸟过来给自己的羽毛染色。某日乌鸦让猫头鹰把自己的羽毛染成"日本最好的颜色"。因为乌鸦的要求太多，经过反复染色，最后它的羽毛反倒变成了黑色。乌鸦非常生气，之后便到处追赶猫头鹰。

连莎翁都不例外"吗？剽窃从来都不是盲人的专利。

四 戏弄盲人的故事

借用古老故事的某些部分，这在古人看来没什么问题。如果有人说这种做法会让他感到内疚，那么我们就要表扬他有一颗高尚的心。但过去的作者往往都会尽可能地隐藏剽窃的事实，努力将他人的成果占为己有。那些生活在都市里的近代作者，并没有标明题材的出处，但实际上他们都从古籍中得到了启发。比如，欺负或戏弄盲人的笑话，其原作者是盲人，这类笑话可以说是一种自嘲文学。而正因如此，这种笑话才有意义。但有些作者却完全忽略了这一点，他们就像是那只不守信用的法国黄莺，明明大踏步地走在健康的人生大道上，竟然还模仿残疾人的做法。其中有些人还在模仿时下了一点功夫，如三马的《浮世风吕》①中，就有两位盲人"柚之都"

---

① 式亭三马(1776—1822)，江户时代后期的作家。这里提到的《浮世风吕》是三马在文化六年到文化十年(1809—1813)刊行的幽默小说，共9册。书中以江户人的交际中心"公共浴场"为舞台，有声有色地描述了客人之间的对话。柚之都把热水舀到桶里给柿之都，但在柿之都接到以前，醉汉就悄悄把桶挪到了一边。结果，柚之都拼命给柿之都舀热水，但柿之都却一点热水都没有用上。醉汉还故作同情地将自己挪到一边的水桶拿给柿之都，骗取了两位盲人乐师对他的感激。

"柿之都"上当的笑话,三马把故事的舞台设定为公共浴场,让醉汉来充当欺骗盲人的角色。之所以做了这样的调整,或许是因为不希望读者知道传统能剧《猿勾当》①中早已存在完全相同的情节吧。而十返舍一九的《膝栗毛》②则讲述了名叫"犬市""猿市"的两位盲人,在盐井河(位于静冈县挂川市)受骗的笑话,其内容与能剧剧本《井礤》③完全一致,这个笑话甚至已经超出了翻版的范畴。连文学史上留下芳名的作者都要模仿别人的作品,事情发展到这个地步,模仿已经变成了可耻的剽窃。

---

① 《猿勾当》又称《猿座头》("座头"意即盲人乐师),其主要内容如下:有一个爱吃醋的盲僧,他带着妻子去看樱花的时候,用布带把妻子紧紧栓在自己身上。但妻子被一个耍猴人看上了,他耍猴欺负盲僧什么都看不见,偷偷解开布带,用自己的猴子换下了盲僧的妻子。盲僧什么都不知道,带着猴子回家了。

② 江户时代后期的作家十返舍一九(1765—1831)自享和二年至文化六年(1802—1809)刊行的幽默小说,描述了江户人弥次郎兵卫和喜多八从江户到京都的滑稽旅程。这本书出版后成为畅销书,日本也迎来了幽默小说的黄金时代。文中写道:弥次郎兵卫和喜多八走到盐井河时,发现桥梁早已被雨水冲走了。这时来了两个盲人,一个叫犬市,另一个叫猿市,两人商量后,决定由猿市背着犬市过河。而弥次郎兵卫觉得两个人什么都看不见,就跳上猿市的背,让他背着自己过了河。这时犬市叫猿市快点背自己过河,猿市觉得很奇怪,又回到犬市身边重新将他背起来,但这次猿市背上的却是喜多八。猿市还没有走到对岸,犬市再次叫了猿市的名字。这下猿市知道了自己背上的人不是犬市,就立刻将喜多八从背上摔下来。喜多八被河水冲走,当弥次郎兵卫过来救他的时候,已经全身湿透了。

③ 《井礤》的故事情节与前一个注释中介绍的情节基本一致,只是剧中人物的姓名不同。

同时我们也要考虑到，虽然三马和一九模仿了能剧剧本中的笑话，但能剧剧本的作者也不能说是这些笑话的原创者。与之类似的笑话题材反反复复地出现在盲人乐师的表演中，不仅如此，那些滑稽戏小说横扫出版界的时候，盲人乐师会依据自己的切身感受讲述盲人的笑话，能剧剧作家只是把这种笑话收进了剧本中。在长达三四百年的时间里，视力没有任何问题的日本作家偏偏要模仿如此可怜的残疾人的谋生手段，怎么能如此对待盲人呢？我认为当时的滑稽小说是不讲人情且令人郁闷的，但作者们却盲目跟从盲人乐师，缺乏作为创作者的前瞻性和魄力，反而比他们的小说显得更加滑稽、可笑。

进一步地说，盲人乐师的文学作品在民间流传的过程中似乎也发生了误传。比如，丰后流传着"吉右卫门"的系列故事，这原本是以幽默人物"吉右卫门"为名，汇集古今笑话而编成的民间故事集，里面还有吉右卫门戏弄盲人的故事。据说除丰厚之外的几个地区也流传着这些不同版本。故事的内容非常简单：吉右卫门看到一群盲人排成一队迎面走来，就偷偷把一根木棒挂在路边的松树枝上。盲人走到松树枝下面的时候，一个个被木棒打中脑袋，他们都以为是其他盲人所致，于是开始相互争吵起来。但追溯其源头，这个故事绝没有这么简单，而是充满着盲人特有的滑稽性，只不过越来越多的人不懂其中的妙趣。人们开始单独讲述原作品中最突出的那部分，于是变成了现在的样子。比如，万治元年（1658）刊行的《百物语》①下卷就收录了这个故事的早期形式：

　　某个领主喜欢盲人乐师，每天都雇来五到十个盲人一直玩到深夜。属下对此颇有微词，某日把木槌挂在门口，企图打中盲人头部，将打发他们走。之后盲人乐师排成一队走了过来，最前面的盲人果真被木槌狠狠打中了脑袋，这位盲人心眼儿小，没有提醒后面的盲人，而后面的盲人也是如此。结果，八个盲人乐师都被木槌打了脑袋。他们心里窝火憋气，却又不肯自己一个人倒霉。领主和八个盲人玩到深夜，当他们要回去的时候，属下问道：

　　"已经很晚了，乐师大人现在几时了？"

　　八个盲人乐师则故弄玄虚地答道：

　　"我们来的时候打了八个（钟）头，所以现在应该快天亮了吧！"

　　世人都说盲人乐师内心狭隘。

----

　　①　这里柳田引用的应该是刊行于万治二年（1659）的《百物语》，里面收录了100则笑话，作者不详，共2卷。

从作者的语气来看，当时这个故事是以传说的形式在民间流传，但其最初的讲述人是盲人乐师。"盲人乐师都很怪僻"这句话，大概也出自盲人乐师本人的口中，他们可能是想用这句话，讽刺世人对盲人的轻蔑。同时他们也事先对听众说明，盲人乐师心胸狭窄，后面的有趣情节都源自这性格，其中似乎也透露出盲人乐师的职业意识。他们一方面为人提供快乐的"笑"，而另一方面绝对不让听众代入感情，这样一来，他们的滑稽笑话最终沦为一种刻薄毒辣的讽刺也在所难免。在《百物语》收录的故事中，最后盲人乐师明知道领主属下的阴谋，却忍下心中的怒火，装傻地回答"打了八个钟头"，暗地里予以反击。这样的结尾有趣是有趣，但整个故事的核心在于盲人乐师对自己的残忍，这种"自虐幽默"已经超出了纯粹可笑的范围。我不知道是什么样的人在"打了八个头"①的说法已经过时的今天，还讲述这个故事，但当时盲人乐师是用这句话把那些贪玩的领主逗笑的。

话说到这里，我们必须要考虑的一点是，过去付钱听盲人乐师讲故事的听众，未必都是社会精英，有时盲人乐师也会给乡下农民

---

① 江户时代，人们敲钟报时，夜间打八次是凌晨两点左右，"八个头"原指快到凌晨两点或刚到两点不久。

讲故事。因为农民听什么故事都容易信以为真，所以盲人乐师会尽量避免使用逼真的描述。他们还小心翼翼地感受着农民听众的反应，一定要把故事讲得恰到好处。但这件事说起来简单做起来难，盲人乐师想尽可能地让在场的所有听众都捧腹大笑，为此他们必须要把"笑"的水平降低到听众中最愚钝者的理解水平上。其实，类似的情况还存在于现代文坛，妨碍着滑稽文学的健康发展。有些作者写了一堆低水平的废话，不是因为他自己觉得有趣，而是纯粹为了卖书。但如果一个人想要在自己都不觉得好笑的情况下逗笑他人，就必须忽略语言的正常功能，给自己戴上假面具，有时甚至还要置身于下流品类说说黄段子。过去盲人乐师把自己这种无奈的处境升华为技艺传授给弟子，而如今还有作者大力学习盲人的文学，这不是无可救药又是什么呢？

五　年糕与盲人乐师

在盲人乐师的文学中，有一种叙事手法已经不再受人重视了。这就是在故事中插入歌曲，盲人乐师曾经以此来提高艺术感染力，同时让听众觉得故事内容纯属虚构，不必当真。这种叙事手法的历史相当悠久，但沿用这种手法编出许多笑话的作者还是盲人乐师。

由于盲人乐师无法亲眼观察世界，难以从自己的人生阅历中找到话题，所以他们利用，甚至是滥用这种古老的叙事手法，克服自己的缺点。幸运的是，他们的听众往往无法抗拒优雅的修辞和音律规则，就算故事的内容再陈腐，只要盲人乐师巧妙地将其归纳为一首三十一字的和歌，听众就会鼓掌喝彩，这几乎可以说是凡夫俗子的天然习性。日本有众多以诗歌为中心的民间故事，包括传说为西行法师之作的"拉野屎诗"①，宗祇与儿童、老人之间的问答②，等等，其实这种现象在世界上相对少见。如果没有诗歌，此类故事根本就难以成立，而且里面的诗歌都写得很差劲，没有一点艺术价值。后

---

① 西行法师一生羁旅漂泊，各地流传着许多关于西行法师的传说，其中一些传说讲述西行法师拉野屎之后写下了幽默诗。比如，西行法师来到佐贺县的时候穿了一身破袈裟衣，村民看到后很看不起他，背地里说他的坏话。西行法师走到七濑川时看见一个村民在洗马，就作诗曰："这条河，这条河，虽名七濑川，但野蛮烈马却骨瘦如柴"（野蛮烈马比喻野蛮的村民，"骨瘦"（yase）与"八濑"谐音），村民听了之后不禁开始佩服他了。然后西行法师在野地里拉了屎，而地面上的大便顿时动了起来，村民看到后都吓坏了。原来，西行法师拉屎的时候，刚好有一只小乌龟在下面。西行法师不愧是大诗人，他立刻作诗曰："西行，西行，虽拉过好多次野屎，但拉活的野屎，还是第一次。"

② 与西行法师一样，宗祇法师也一生羁旅飘泊，在各地留下了许多传说。比如，宗祇法师来到伊势梳田川附近的某村时，看到一个可爱小孩在树枝上俯瞰着他。于是他作了一首诗，先说了上一句："漂亮少童，我还没看到他，他就已经爬到树上了"（古日语"漂亮"（saru）与"猿猴"同音），但他还没有说完下一句，树上的小孩就接着说："因为像狗一样的法师过来了。"宗祇听后觉得无法与孩子争辩，就羞愧地回去了。

来，人们的艺术鉴赏能力越来越高，欣赏此类故事的人自然也就越来越少。但那些可怜的盲人乐师们不得不继续讲述这种要被淘汰的故事，因为他们和视觉正常的作者不同，找到其他有趣的题材并不容易。所以我认为，以诗歌为核心内容的民间故事大多是盲人的原创。当然，我目前掌握的资料还比较少，这仍是一个不太可靠的观点。现在我也不打算强词夺理，只想再给大家介绍一些例子，这些例子似乎都是只有盲人才会想得出来。

"年糕和盲人"，是人人皆知的笑话题材，具有相当悠久的历史。按照我的理解，这个笑话证明，过去人们捣年糕的日子，就是盲人乐师来村里的日子；人们吃年糕的晚上，就是他们聚在一起欣赏盲人表演的难得机会。安乐庵策传的《醒睡笑》第 2 卷记录了一个好例子。

> 盲人乐师曾经在某人家里借宿。捣完年糕之后，大家都急着趁热吃，就把客房里的盲人乐师丢在一边。于是盲人乐师作了一首诗：
>
> 不见人捣年糕，只闻杵声，惊觉乎。

我怀疑是先有诗歌，后有故事情节。不管怎样可以肯定的是，上述故事的作者是一位盲人，而且从诗歌的水平来看，此人似乎很有学问。如果这位盲人乐师在风雅的京都社交界上讲述这个故事，那么诗人们一定会不禁拍手叫好。而如果他的听众是连《古今和歌集》①都没读过的乡下农民，那么听众听了也发呆。因此，盲人乐师会把上述笑话改编得更简单一些，专门讲给乡下的听众。今天日本已进入昭和时代②，众多此类笑话还流传在东北地区。除了佐佐木君的《紫波郡昔话》和《老媪夜谭》之外，山形县最上郡的《丰里村志》③、越后的《加无波良夜谭》④等资料集都对此做了记录，这意味着此类笑话绝不是某地盲人乐师的即兴之作，而是由不同时代的盲人乐师，从师傅到徒弟，一代代传承下来。这些故事的基本内容是：一位盲人乐师在一户人家借宿，这家的夫妻俩都很吝啬，不肯给盲人乐师吃年糕。睡前妻子在丈夫的脚趾上系了一根细绳，想等夜深人静的时候悄悄地拉细绳，叫醒丈夫一起吃年糕。没想到被盲人乐师发现了，他解开丈夫脚上的细绳，并将其重新系在自己的脚趾上，趁黑夜与女主人一起吃了年糕。第二天天还没亮时，盲人乐

①　《古今和歌集》，平安时代前期纪贯之（约868—945）等四位文官受第六十代天皇醍醐天皇（897—930）之命编纂的日本首部勅撰和歌集，成立于约延喜十三年（913），共20卷。
②　这篇《米仓法师》发表于昭和七年（1932），当时柳田57岁。
③　佐藤丰治：《丰里村志》，丰里村，1929。
④　文野白驹：《加无波良夜谭》，玄久社，1932。

师跑出门外，把捣杵扔进井里，夫妻听到水声后，都以为是盲人乐师跳井自杀了。故事中，盲人乐师和夫妻围绕年糕进行的问答因地而异。另外，丈夫问盲人出生地时，盲人的回答也存在地方差异，有的版本是"蓑衣裹住年糕之郡"，有的版本是"打碎瓶底之街"，等等，但没有一个是普通地名，而且每个讲述人似乎都相信，自己小时候听来的说法才是最有趣、最正确的。读者诸君可能会嫌我太拘泥于细节，可我倒认为细节才能展现盲人乐师的机智。以前他们根据听众的文化水平，随时调整细节，但对于故事原本的教义——简而言之，就是"必须把年糕施舍给盲人"这一中心观点，却又坚持到底。如果他们生活在今天，我们一定会将其命名为"意识形态"。盲人乐师忠实于自己的生活，在这一点上，盲人文学与普通文人的模仿作品之间有着决定性的差异。盲人乐师讲述故事，与其说是文人创作作品，它更接近于花儿为了自己而散发出诱人的清香，鸟儿为了自己而歌唱。

即使盲人在故事中掺入了自私自利的思想，人们也愿意听他们的故事，而且会为此喝彩，这些听众无疑是心地善良的人。盲人乐师曾利用听众的善心，逐渐增加要求。比如，流传在秋田县的版本中，就谈到了一个十分大胆的盲人乐师。不知秋田人是否还记得，过去北秋田郡十二所村（现秋田县大馆市）有一座祭祀盲人乐师的神社，院内还有过一棵樱花树，名叫"盲人乐师之樱"，传说这里安葬着漂泊的盲人乐师——花都的灵魂。

从前，几个村民聚在一起讨论更喜欢年糕还是更喜欢酒，这时花都也进来讨论道：

"我更喜欢年糕，如果是年糕，我能吃一斗。"①

村民不相信，花都又说，要是吃不了，就可以砍下我的头。于是村民们开始准备捣年糕。这时有一个爱搞恶作剧的村妇，欺负盲人看不见，量好一斗糯米后又偷偷加了一升。村民们做好年糕后请盲人乐师来吃，他吃着吃着停下来说：

"我应该已经吃完一斗年糕了，但碗里还剩下一升，真奇怪。可惜我已经吃不动了，只好认输，你们砍掉我的头好了！"说完，盲人乐师就向村民们伸出脖子。

村民们赶忙拦住他说：

"我们砍掉乐师大人的头干嘛呀！我们就是开个玩笑嘛，您可千万别在意！"

但花都却很固执，他怒冲冲地骂道：

---

① 斗，一升的十倍，约18公升，一斗年糕即用一斗糯米捣出来的年糕。

"真是滑天下之大稽，说好要砍头，却无人敢做，这里是叫窝囊废村吗!"

　　一位没有耐心的年轻武士一气之下拔出腰刀，砍掉了盲人乐师的脑袋。而乐师喉咙的切口中，竟然露出了刚才吃过的年糕。

　　据说，盲人乐师死后，那位偷加了一升糯米的村妇后悔不已，又怕盲人乐师的恶灵出来作祟。于是将他安葬于此，种下一棵樱花树，并且奉他为神加以祭祀。

　　这种神社缘起传说十分罕见，如果它是历史事实，那我就不必再说什么。但如果它是一个虚构的民间故事，那么眼前就有一个问题：这个故事的作者是谁呢？当地人可能以为这是他们的祖先代代传承下来的历史记忆，但古代普通百姓一般尝不到年糕和酒，而且漂泊的盲人乐师也不会走访乡村。菅江真澄翁在其《随笔》中记录了此事，并解释说：多年以后这棵"盲人乐师之樱"倒了，因为没有了樱花树，人们就开始随意踩踏坟墓自由行走。这时坟地的地主患上了一种怪病，他向神祈祷后得到神谕，才知道原来这都是花都的阴灵在作祟。可见，以上传说直到这时，才广为人知。菅江翁接着又写道，那位地主建立祠堂，重新祭祀花都，之后他的怪病霍然而愈。但地主的儿子看不惯此事。某年冬天花都祠堂淹没在积雪之中，一只野狗过来在上面拉了屎，地主的儿子看到之后说："这天杀的狗也不用受惩罚，花都就是位假神，不值得祭祀！"然后他真的就拆除了这座祠堂。但地主的儿子并没有被花都的阴魂所困扰，可不知为什么，阴魂又附在了他的邻居身上。为了告慰花都的灵魂，邻居在自家院子里重建了一座神社。从中可以看出，在菅江翁做记录的时候，当地对此事存在意见分歧。有些人相信这个故事，有些人则不信。正因为存在意见分歧，年糕和盲人乐师的故事，才没能在此地真正演变成地方传说，而是以介于传说和民间故事之间的叙事形式流传了下来。因此，只有那些相信历史上确有此事的当地人，才会信仰此神，每次村里出现病因不明的病人时，都要举办祭神仪式。不难想象，过去一些人在讲述这个故事的时，也提高了它的真实性和可靠性，那不仅仅包括施招魂术谋生的巫女，肯定也有一贯主张盲人固执且不易受骗的盲人乐师自己。

六　狐狸与盲人乐师

最初，盲人乐师并不是专门以讲笑话为谋生的。比如，在日本西部，直到最近还有一批盲僧走家串户地念经祭祀灶神，以使俗众皈依佛门。此外，他们还演奏乐器、做按摩治疗，但这些都是次要的。直到民间的灶神信仰衰落之后，萨摩、筑前等地才出现了盲人乐师配合琵琶说唱《平家物语》的"琵琶平家"。这种新兴的说唱艺术，还经过关西地区，传到了与平家毫无关系的越后乡下。之后每逢正月越来越多的盲人乐师都会来到越后的富人家走访，表演琵琶平家。盲人乐师会在说唱正文之前，先让小徒弟讲些传统笑话，做个"入话"。流传于北秋田郡的花都的悲剧性故事，最初可能也是从这种笑话演变而来。不难看出，花都的故事实际上是多种故事的复合版，融合了神社缘起传说以及盲人乐师和年糕的故事。这就表明，最初盲人乐师讲了一个传统笑话，然后根据听众的反应修改内容，将故事的结尾落到当地神社上，进而强调信仰的重要性，劝人们信奉佛教。也就是说，盲人乐师先进行细心观察，发现听众没有太多文化知识后，或者断定不必再装傻逗笑听众之后，就会大胆地改编传统笑话，虚构历史故事，这说明他们具有杰出的叙事能力。总的来说，近世人对滑稽文学的需求越来越大，盲人乐师的生意越来越好，他们之前讲的那些内容严肃的古老叙事，往往都随之演变成笑话。不过，即使是当时，也只有由男性盲人创造的几种悲剧性故事受到了听众的欢迎。有趣的是，这些悲剧性故事就像北方的花都故事一样，往往都与传统笑话联系在一起，这大概是盲人乐师修炼出了高超的"骗人"能力的结果。但从结果上看,日本大众偏偏选择那些境遇特殊的盲人,放下心理包袱,因他们的表演而同喜同悲。这些在无意中为后世留下了略显凄凉的文学成果,对将来的文学发展,也具有一定启发意义。

当然,写这篇文章的目的与这种文艺理论无关,我只想指出一点,即在盲人文学中,笑话被后人反复学习和模仿,而那些严肃的悲剧性故事则不然。文人们对待盲人乐师的笑话很宽容,但对其严肃的历史悲剧却要斤斤计较,而且近世社会对悲剧没有形成对"笑"那样的需求,因为当时人们已经听腻了这样那样的历史悲剧。如今,有些地方的人们保留着一些悲剧性质的历史传说,当地人往往都信以为真。如果我说那其实是某个时代的盲人乐师捏造出来的故事,就肯定会伤到他们的心。但事实上,一直没有人模仿盲人文学中的悲剧作品,这些原版作品一直保留着古老文化的痕迹。比如,佐久间洞严在《奥羽观迹闻老志》①第 4 卷中写道,牡鹿郡柳眼邑(现宫崎县牡鹿郡)有一座古墓,过去人们坚信这座古墓非常灵验,可以治病,于是纷纷投入香钱来祭祀结果地主一下子富裕了起来。但

---

① 《奥羽观迹闻老志》,江户时代前中期的儒学家佐久间洞严(1653—1736)攥写的仙台地方志,成书于享保四年(1719),共 20 卷。

作者指出，其实这座古墓显灵之说，是某位"妖僧"捏造出来的。该书还记录了关于这座古墓的当地传说，据说这座古墓是盲人乐师和狐狸的合葬墓。

> 从前，该村的田间小道旁住了一只坏狐狸，它经常欺骗路人来取乐。某日，一位盲人乐师经过这条小路，狐狸像平时一样过来戏弄他。盲人乐师很生气，死死抓住狐狸的尾巴不放。盲人乐师和狐狸通宵打架，天亮时他们都累死了。村民们不知道为什么他们会死在一起，于是把盲人乐师和狐狸合葬于田间。

在当地，以上故事与其说是村民的共同记忆，不如说是历史事实。按理来说，当时没有人亲眼看到狐狸戏弄盲人乐师、而盲人乐师生气进行反击。即使有人真的看到盲人乐师抓着狐狸的尾巴死在田间，也不可能把此事记录下来并传给后代。但后来当地人开始相信以上传说，因为他们确实听到了已故的盲人乐师借某人之口，诉说自己死去的经过。而问题在于，究竟是谁用招魂术捏造了历史，让村民们信以为真呢？此人肯定具备一定的历史知识，而且有能力运用语言魔术，除了盲人乐师还能是谁呢？

在今人早已遗忘的"笑"里面,有一种"笑"是胜利者因自豪而表现出来的。过去在英雄讨伐坏人、降伏鬼怪的民间叙事中,最后反面人物总会高呼饶命:"我再也不敢了!请饶了我吧!"不用说孩子,就连成年人看了这样的场面,都忍不住要发笑。虽然听众们没有参与英雄的征伐大业,但他们也是站在胜利者的立场而笑的。这种胜利者的"笑",所带来的快感很受人们欢迎。老人们还经常借此教育年轻人,积极培养他们的勇气,而不少盲人乐师的笑话也是与这种情感需求或教育需求相呼应的。其中一些笑话至今仍广为人知,比如,有一个故事说:狐狸假扮一只瞎了右眼的独眼龙,却弄错了左右。结果小女孩立刻识破这个瞎了左眼的独眼龙是假的,于是将它打死了。还有一个故事讲:佛堂里突然出现两尊阿弥陀如来像,聪明的小和尚就故意说:"如果是真的阿弥陀如来像,就会像平时一样对我微笑!"结果真有一尊阿弥陀如来像露出微笑,小和尚便知道这尊佛像是狐狸假扮的。或者是小和尚发现眼前的和尚为狐狸假扮,于是就说:"师傅每次喝醉后都要在袋子里睡觉,真令人头疼!"假和尚信以为真,喝了酒又钻进袋子里,这时小和尚立刻把袋子扎上,最后打死了狐狸。过去,人们听到此类笑话,就会觉得很痛快,难以克制笑意。在信州北安县郡的故事集中,惩罚狐狸的主人公,是一位名叫犬一的盲人乐师。而奥州的《听耳草纸》则用琵琵声来表现狐狸被绳绑住后发出的哭叫声。由此我们可以知道，这种朴素的冒险故事，原本由盲人乐师讲述，而且还是盲人乐师拿手的表演题目之一。当时恐怕很少有人相信故事内容属实，因为盲人乐师在讲述此类故事时，会尽情发挥想象力。再加上盲人乐师往往都爱讲道理，有点书呆子气，如在盲人打退山庙怪物的故事中，盲人乐师给怪物取了十分书面化的古怪名字，包括"南池之鲤鱼""西竹林之一目鸡"等。又如，在同类故事中，一位神秘女人每次拧紧三弦琴的旋钮，盲人都会感到自己的脖子受到挤压。盲人乐师通过这段情节，来说明这位女人是用蛛丝杀人的蜘蛛精。他们有时也讲得很下流，如某位盲人乐师晚上找一户人家借宿，这家的主人很胖，家里只有一间八张榻榻米大①的房间，每张榻榻米都没有边框，宛如一张平展的柿漆纸，踩上去又软又暖。于是这位盲人乐师就意识到："这一定是狸子化成的！"②显然，盲人乐师降伏怪物的故事，反映了"瞎子不怕刀"的观点。此类传统故事偶然被一位来到奥州柳眼邑的盲人乐师利用，之后就衍生出了狐狸和盲人乐师因打架而死的悲剧故事。盲人乐师深厚的故事基础，使即兴新编故事成

---

① 约 1.824 平方米。

② 日本民间有"狸子有八张榻榻米大的大阴囊"的说法。

为可能。而他们即兴编出来的故事，又在某地演变为传说，赢得当地人的信赖。民间故事的传说化，也是值得我们继续探讨的一个问题。

七　狼与盲人乐师

如上所述，总体来看盲人文学还是比较沉闷的。盲人乐师缺乏生活经历，只能靠听觉来获得知识，并增加故事的艺术感染力，结果他们自然会更看重语言。对研究日语语用问题的人们而言，盲人乐师的作品仍具有参考价值。比如，佐佐木君曾经收集了这样一个笑话。从前有人向观音菩萨许愿，之后便从观音堂的高楼上飞身而下，他的两个眼珠因受撞击，从眼眶里蹦了出来。此人匆忙捡起眼珠，重新安回眼眶，从此以后他就有了看透别人五脏六腑的神奇能力，很快就成了名医。他的一位男邻居听说此事后羡慕不已，于是模仿着从高楼跳下，让眼珠蹦出来，却误把两颗枥树的果实装回眼眶里，于是他再也看不见，只好成为一名盲人乐师。不难想象，除非是盲人乐师本人，否则没有人能想出这种笑话，也没有人能说出口。以前人们骂盲人乐师是"枥果眼"，似乎也不是毫无道理。铃木正三的《驴鞍桥》①收录了下面一则民间故事，与我在《日本昔话集》上卷②中收录的资料十分接近。

从前，一个盲人乐师在深山里迷了路，只好在一棵神树下待了一晚。他通宵演奏琵琶，献给山神美妙音乐。期间出现了各种各样的美食，让他填饱肚子。天亮时，一位猎人走了过来，他递给盲人乐师一个套着毛皮的刀鞘，说道：

"请抓住这个刀鞘，我送你到附近的村子。"

盲人乐师听从猎人的话，紧紧抓住刀鞘，跟着猎人下山。走到山脚下的时候，他们被附近村落的一群孩子看到了，孩子们异口同声地说：

"呀！乐师大人握着狼尾！野狼牵着乐师大人过来了！"

由于孩子们吵吵嚷嚷，野狼便匆匆逃走了，而盲人乐师则被送到村子中的富人家里，讲述了事情经过。原来是山神被盲人乐师的琵琶声打动，特意派狼作为使者，护送他到这里。

---

① 江户时代前期的僧人、作家铃木正三(1579—1655)的晚年语录，由弟子惠中(1628—1703)汇编成书，刊行于万治三年(1660)，共3卷。

② 柳田国男：《日本昔话集》上卷，ARS社，1930。

就像前面的例子一样，视力正常的文人大概想不出这种故事。不难想象，这个故事的作者可能用手抚摸过外面套着毛皮的刀鞘，但他肯定没有机会亲自抓一下狼尾。估计是他从别人那里听说狼尾形如刀鞘之后，就想到了这样一个故事。而且这个故事体现出来一种幽默，大家听得津津有味。听众可能并不在乎盲人乐师讲述的内容是否属实，而是在心中勾画出"一匹狼用尾巴牵走盲人"这样令人发笑的场景后，为盲人乐师带来的暖心的幽默而叫好。

如果盲人乐师事先知道刀鞘形似狼尾，据此编出了如上民间故事，那么他们的创意确实值得我们佩服。其实，这个故事从古至今广泛流传，盲人乐师只不过对此做了改编而已。那么，这个故事在未被改变之前又是什么样子呢？相信今后的调研工作一定可以为这个问题提供更明确的答案。现在我先给大家介绍一下《因幡童话》[①]的版本。

> 从前，因幡国八头郡池田村（现鸟取县八头郡）有个盲人叫国都。某日，国都出发前往京都，走到若樱的豹山（位于鸟取县八头郡与兵库县养父市的交界，现称冰山）时

---

① 因伯史话会编：《因幡童话》，横山敬次郎书店，1925。

正好天黑，于是他在山中长了一片结缕草的草原上待了一夜，弹琵琶安慰自己。期间，从深山里传来一声"好"，并要他再演奏《高野卷》①。国都答应下来，接着演奏了《高野卷》。之后一位老人走了过来，他让国都骑上马，并吩咐另一个人牵马送国都下山。当他们走到播州户仓（现兵库县宍粟市）时天亮了，聚在路边的一群孩子大声喊道：

"看呐！瞎子骑着狼！狐狸牵着狼！"

听到这句话后，马立刻将国都甩下背，和牵马人一起逃走了。

与前面的版本一样，这个故事很容易令人想象到一个幽默的场景，古人听了都忍不住发笑。可见，"狼尾"原来并不是此类故事所必需的内容。

此外，盲人乐师曾经讲过的民间故事里，还有另一种广为人知的版本。在我看来，这种故事也不是盲人乐师的原创，而是他们在

---

① 《高野卷》，作者无名氏，是以南北朝时代的能剧作家观阿弥（1333—1384）的《高野》为底本而创作的"平家琵琶"说唱本，成书于天正六年至文禄三年（1578—1594）前，描述了平安时代末期的武将平维盛（1158—约1184）在高野山与武僧泷口入道（生卒年不详）彻夜谈话的情景。

中古时代以后改编而成。我之所以这样认为，主要是因为该故事以悲剧收尾，最后故事中的盲人乐师与那位因和狐狸打架而死在牡鹿郡田野间的盲人乐师一样，在某地丧了命。其中名气最大、版本数量最多的地方是从越后岩船郡关谷（现新潟县岩船郡）通往羽前小国（现山形县西直赐郡）的织山。然而，位于织山东西两侧的关谷和小国却流传着不同的两种版本。不仅如此，最近在越后出版的两部传说集也收录了不同版本，其中一篇故事甚至还把主人公说成是一位盲人艺妓。《越后野志》①第 9 卷的记录时间最早，现不妨简单地引用一段：

从前，一位盲人乐师路过大利山（织山的别名），并在山顶上过夜。深夜他难忍寂寞，于是开始弹奏琵琶来安慰自己。这时，忽然走来一位美女，不停地叫好，她还劝告盲人乐师说：

"我是一条在此山修炼多年的大蛇，马上就要修炼成蛟入海了。我入海时，这里就会发大水，尤其是关谷地区

---

① 《越后野志》，江户时代地理学家小田岛允武（1759—1826）于文化十二年（1815）完成的越后地方志，小田岛死后，经江户时代末期、明治时代的儒学家赖支峰（1823—1889）的校对，于嘉永七年（1854）得以成书，共 120 卷。

的村子，必然会被水淹没，变成菏泽。你下山后，千万不要在关谷待太久。今晚的音乐让你我相识，所以我才把此事告诉你，你不得告诉别人，否则我就要你的命。"

盲人乐师匆忙下山，来到峡谷河边的村子，不顾生命危险，向村民转告此事。该村立刻全村出动进山寻找大蛇，最后将蛇杀死。但正如大蛇所言，盲人乐师也当场死亡了。村民沉痛哀悼盲人乐师，将他奉为大仓权限加以祭祀，据说村内的神祠里至今还保存着一面琵琶。最近，这座神社经朝廷批准，改名为大仓神社。另外，村民还将那条大蛇奉为大利大明神，在大利山的山坡上建了神祠。不久，该神社附近出土了一根形如龙骨的东西，村民认为那是大蛇的骨头。

而在与关谷地区隔山相邻的出羽，人们传说盲人乐师死后被供奉在三弦堂①，他生前遇见大蛇的织山被称为"盲人乐师山"或"蛇骨山"（见《行脚随笔》上卷），虽然在这两地的传说中，大蛇最初都以美女的形象出现，但二者的内容并不一致。也就是说，此类传说在两地

---

① 《行脚随笔》，江户时代中期的僧人泰亮愚海（生卒年不详）的纪行随笔，成书于安永三年文化年间（1774）。

发生了不同的变异，其历史真实性完全不可考。唯一可靠的事实，大概是两地的人们曾在织山上发现一些东西，后人认为其是"蛇骨"。

八　侍奉水神

在越后，盲人乐师和大蛇的传说由小千古茄子崎（现新潟县小千谷市）的地藏堂保管，除此之外，《黑甜锁语》①第2卷也收录了山形县大石田越（现山形县北村山郡）森明神社保管的版本。另外，福岛县相马郡有一个叫"耳谷角落"（现福岛县相马市）的地方，也流传着如下一种故事。据说，一个年轻人曾去堂房药师堂参拜，祈求让他"大开眼界"。某日他在练笛子的时候，遇见一位大蛇化身的美女，并从美女那里听到她要让这一地区被水淹没的计划。年轻人向领主报告此事，领主立刻命人在山上打下铁桩，成功杀死了大蛇。但年轻人在回家的路上却被黑云卷走，再也没有回来。而在另一份记录中，这则故事的主人公变成了一个名叫"琵琶一"的盲人，据说这位盲人是为了提高琵琶演奏技艺而参拜药师堂，且在练习琵

---

① 江户时代后期的国学家人见蕉雨（1761—1804）记录的传说集，成书于宽政六年（1794），上下2卷。

琶的时候就遇到了蛇女。内田邦彦氏的《津轻口碑集》①也收录了一个版本，可惜内容不够完整，具体地名已经失传，而且这个版本在内容上有一些特点。据说一个弹三弦琴的盲人乐师也在山上遇见了一个女人，但这里的女人不是蛇的化身，而是由一条"章鱼"所变。临走时女人吩咐盲人，千万不要对别人说在山中遇见了女人，盲人答应了。但第二天他到山脚村子的酒铺时，却不小心说漏了嘴，对主人说起自己昨晚在山中通宵给女人弹三弦听，然后盲人突然就死去了。这里的盲人当时并不知道章鱼要用大水淹没村落的计划，但他与其他故事中的盲人一样，结局仍是死去。这说明"泄露秘密的盲人活不成"已经是约定俗成的叙事规则。有趣的是，盲人死后，那位女人来到村子里，露出自己的真面目，还把自己要淹没村子的计划讲给酒铺主人听。于是酒铺的人们立刻在地面上打进铁棒，把山围了起来，于是章鱼回不了家，最终死在路上。人们过去一看，章鱼的尸体就像是一条蛇。后来村民将盲人和章鱼合葬在一起，定期祭祀。据说这就是今人所崇拜的白神。这个说法实在罕见，我们必须要认真探讨"章鱼"之名从何而来。我们都知道一个名叫"辰子"（日语读音为"tatsuko"，音通"章鱼"）的女人因贪吃鱼而变成了

---

① 内田邦彦：《津轻口碑集》，乡土研究社，1929。

守护田泽湖(位于秋田县仙北市)的水神①，津轻离田泽湖不远，"辰子"是否与"章鱼"有关？这也是值得思考的一个问题。

再来看日本西部的情况，在备后双三郡作木村(现广岛县三次市)的故事中，主人公不是盲人乐师，而是一位修验道②的修行者，因此，我们就更难把握这个故事的来龙去脉。在三重县河艺郡上野村(现三重县津市)有一个地方叫"灵现堂之森林"，在这里流传的故事中，主人公又是一个名叫"琵琶一"的盲人。整个故事情节也最接近于福岛县的版本，但三重县的"琵琶一"更令人感动，他在灵现堂的主神答应帮他恢复光明的当晚，听到大蛇淹没村落的计划。于是他不顾自己的安危，将此事告知村民。大蛇遭到"琵琶一"背叛，暴露了计划，而它正是"琵琶一"祈求重见光明的灵现堂主神。也就是说，为了拯救村民，这位盲人乐师不仅辜负了欣赏他音乐才华的

---

① 从前田泽村(现秋田县仙北市)有一个名叫辰子的美丽姑娘，她向观音堂祈祷了一百天，希望能容颜永驻。最后一天她得到了神谕。于是她与三个姑娘一起进山，寻找观音告诉她的泉水。半路上她们在溪流中捕鱼烤着吃，辰子吃得很香，连其他三个姑娘的河鱼也吃掉了。吃完后辰子觉得口渴，到处寻找清水，最终找到一股泉水。她不停地喝，却越喝越渴，喝着喝着就变成了一条龙。顿时狂风四起，天空下起大雨。而当地也忽起大风，转眼间天空下起阵雨，暴雨汇成瀑布，导致山崩，最终变成了田泽湖。辰子在田泽湖安顿下来，成为守护此地的水神。

② 修验道，是以"山伏"(在山野中修行的僧侣)为实践主体的日本灵山信仰，认为通过特定的灵山候选可以获得某种超能力，"山伏"则作为异界(灵山)和人类之间的媒介，通过巫术等方式把他们获得的超能力传给凡夫俗子。

新朋友，甚至还失去了能让他重新看到世界的守护神。这可能就是此类故事最原始的形态。如今，又有一种"蛇骨山"的故事，流传在离东京不远的箱根木贺温泉（现神奈川县足柄下郡）附近。石井研堂氏在《日本国民童话》中介绍的版本，已经披上了近代的外皮，主人公演变为伊豆三岛（现静冈县三岛市）的一位盲人按摩师，而且大蛇每晚都化作小和尚到他家里玩。但我们在松崎歉堂先生的《日历》①"天保五年（1835）三月二十九日"余日里，依然可以看到更古老一点的说法。当天，歉堂先生在木贺温泉附近听到这个故事后，还特意去了蛇骨山。歉堂先生明确写道，泄露大蛇计划的是一位善于吹笛子的盲人，文中并没有琵琶、三弦等其他乐器的名字。在《龙宫妻子》等众多日本民间故事中，备受蛇神宠爱和呵护的人，往往都是一个吹笛高手，所以歉堂先生记录下来的说法看起来是自然真实的。如今印度人还在用笛声控制蛇，而日本镰仓时代的《古今著闻集》就收录了宫廷乐师"助元"吹奏笛子击退大蛇的故事②。"夜里吹笛，蛇就会来"这样的迷信，至今还广泛存在于日本民间。以上几

---

① 《歉堂日历》，江户时代后期的儒学家松崎歉堂（1771—1844）自文政六年至弘化元年（1823—1844）记录的日记体随笔。

② 《古今著闻集》成书于建长六年（1254），而在此之前，宫廷乐师狛近真（1177—1242）曾于天福元年（1233）在其古音乐教科书《教训抄》中记录过这个故事。

种资料表明，古时候盲人和蛇、笛声之间存在某种联系，而且这种联系显然不是中世以后的盲人乐师自己所编。我认为，日本可能有过一种关于盲人乐师与水神的古老叙事。随着时代的发展，这个古老叙事发生了较大变化，但其原型中盲人乐师吹奏笛子的场面，都在不同时代的资料中保留了下来。如今盲人们崇仰的辩才天①，是一位会演奏琵琶的美丽女神，而在琵琶尚未传入之前，日本依然有一批不幸的盲人。当时的盲人肯定依靠别的手段谋生，并皈依了其他守护神。如今，盲人按摩师走街串巷，吹笛招揽客户，他们的笛子完全有可能是原始祭神仪式的遗留物。过去有一个时代，盲人通过演奏笛子来侍奉那位藏身水底的水神。如果说盲人与水神之间的这种古老关系，奠定了今天盲人崇拜辩才天的信仰基础，那么，盲人乐师曾经提到龙宫的故事，也是极其自然的事情。据此可以说，他们讲述的《米仓法师》并不是在模仿别人，确实有资格讲述。只不过，盲人乐师为了生存，不得不响应时代的需求，将他们与水神的关系改编成笑话。这可以说是对信仰的亵渎，不禁令人感到心酸。

---

① 辩才天，日本神话中的七福神之一，是印度女神辩才天女的日本形象，具有河神、音乐神、学艺神、福德神等多种神格。印度辩才天女手持维纳琴，而日本辩才天是手持琵琶。

九　从信仰到文艺

　　总的来说，我们的祖先对水神的信赖和感激之情，从很久以前就开始逐渐淡漠。越来越多的农民只有在遭遇旱灾时，才会向水神求雨，平时又说某个池沼的精灵会吃人、能引起暴风雨。从三轮明神的求妻神话演变而来的《蛇郎》，无疑体现了日本农民对水神的这种心理变化。我认为，这种演变背后，存在着一定的经济原因，即随着人口激增和生活技术的进步，日本人从高地迁居到水源丰富的平原，并确立了以耕作为中心的生活方式。最初人们认为山中的泉水和池沼等地，存在着赐予人类幸福的神灵。有些家族还说，他们家以嫁女儿的方式来拉拢这些神灵，借此攀龙附凤。然而，随着时代发展，这些家族又改变说辞，认为他们的祖先曾让女儿将穿有麻绳的针，插在神秘男人的衣服上，用毒针让大蛇受到重创。有的家族甚至说，自己的祖先偶然听到秘密，或受到某位守护者的指点而让女儿堕胎，使原来的神人婚姻失效。在水神逐渐丧失威信的时代里，那些盲人乐师随着大趋势，背叛了水神对他们的信赖，甚至开始攻击水神，这便是盲人乐师为了谋生而毁方投圆的结果。在盲人乐师改编和传播的民间故事中，一位手持琵琶的盲人乐师为了拯救村子而牺牲自己，勇敢说出大蛇的秘密，正反映了盲人的水神信仰在过渡时期所发生的变化。我们认为，任何一种文学都会随着时代的变迁而变化。按理说，盲人文学所发生的演变应该算是一种发展，但从信仰的角度来看，我们难免会叹息盲人乐师原来基于神话思想的文学，就这样"凋落"了。

无论如何，可以肯定的是，虽然"蛇骨山"故事目前流传很广泛，但它的历史却较为短暂。诚然，日本多山地，自古就频发山崩，不少地方都有冠以"蛇拔""蛇崩"两字的地名，这个名字意味着此地发生过大的山崩。然而，日本民间从来都没有出现过"在山脚下打进铁棒即可防御山崩"这样的迷信，盲人乐师更不可能每次都为了预告山崩而牺牲自己。也就是说，"蛇骨山"的故事并没有以特定的历史事实或历史记忆为基础，它与盲人花都被年糕撑死的故事一样，是某个时代的盲人乐师根据特定的思潮而编造出来的幻想。那么，在更古老的时代里，盲人文学又是什么样子呢？虽然在目前流传的民间叙事中，盲人文学并没有保留原貌，但通过今后细致的调研工作也许还能找到一些痕迹。在我前面介绍过的资料中，盲人与狐狸或者大蛇合葬在一起，这样的描述说不定就是古老风俗的一种残留。但可惜的是，仅仅根据现在搜集到的资料，我还无法下定结论。从前九州佐贺县黑发山（位于佐贺县武雄市）山脚下有一个部落，他们自称是"梅野盲人乐师"的后裔。我在《山岛民谭集》①中曾写道，当地人传说他们的祖先与镇西八郎为朝②一起杀死了黑发山上的大蛇，领主因此特别允许他及他的子孙随身携带刀剑。后来这个部落的人们走遍全国，在各地讲述《黑发山大蛇物语》，其中的几个版本还得以出版刊行，作为读物保存了下来。对当地人而言，这可以说是另一种形式的《平家物语》，尽管《黑发山大蛇物语》比《平家物语》的篇幅短很多。在我读过的手抄本中，作者要么在各地插入一些不太好笑的民间笑话，要么突然运用夸张的手法叙述一个首尾完整的民间故事。但在关键部分，却采用了与其他地方的"平家琵琶"歌曲十分相似的说法，我不得不怀疑二者之间存在一定的历史渊源。比如，《黑发山大蛇物语》的主人公海正坊是一位盲人乐师，他的母亲一心希望儿子能升官，于是化成一条大蛇，让他砍死自己立功。这与伊予上浮穴郡（现爱知县上浮穴郡）源赖政射杀怪鸟鹡的传说可谓是同工异曲。伊予人传说，赖政的母亲一心希望儿子被朝廷重用，于是死后化作一只鹡，在大内山上作怪。我怀疑

---

① 柳田国男：《山岛民谭集》，甲寅丛书刊行所，1914。
② 镇西八郎为朝，即源为朝（约1139—1170），是平安时代后期的武将源为义（1096—1156）的第八个儿子，源赖朝、义经兄弟的叔父。传说他是刚勇无双的弓箭高手。其父源为义将其逐到九州，但源为朝在新天地里横冲直撞，称霸九州，自称为镇西八郎。

是盲人乐师构思出了如此荒诞不经的内容。此外，《黑发山大蛇物语》中，还出现了松尾弹正之助留下的子女，即万寿和小太郎，据说姐姐万寿为了松尾家的复兴和弟弟小太郎的出人头地，自愿成为水神的活供品。而类似的平家琵琶也流传于其他地方。比如，在大分县各地，以宇佐神宫为中心，至今仍流传着一对母子甘当祭品的传说①。这则传说有几个版本，但各版本中都会出现名字中带有"弹正"二字的重要人物，牺牲的母亲也一定叫阿鹤，儿子则叫市太郎或小市郎。我个人认为，此类传说本身也是远古时代的八幡神话的残留物，也就是说，此类传说的原型可能就是神与人类女性结合所生下的非凡之子。关于这一点，今后我将另作文章专门讨论。现在我只想指出，日本有许多民间叙事都以单身母亲和独生子为主人公，故事讲述某女与神结婚，以处女之身受孕，让非凡的神童降生于世。人们根据这种神人通婚和神童降生的叙事，才把神童奉为神。在这种古老信仰形成和传播的过程中，肥前的"梅野盲人乐师"及其后裔，

①　流经大分县中津市的高濑川水灾频发，福永弹正基信等六位地主决定举办人祭，为水神献出活供品。六位地主让自己的下衣浮在高濑川的水面上，结果弹正基信的下衣第一个沉入水底，大家相信这是神谕，决定让弹正基信牺牲自己。而福永家的家臣古野源兵卫重定的女儿阿鹤为了报答世代的恩惠，决定和儿子小市郎一起，充当弹正基信的替身。高濑川的水坝竣工时，有一道光线从水中射向宇佐神宫，人们相信这对母子就是宇佐神宫的主神八幡神的化身，于是奉他们为鹤市大明神加以祭祀，当地人至今仍相信，鹤市大明神是高濑川的守护神。

可能起到了积极的作用。另外，越后大利山的大蛇和盲人乐师之间，可能有过更加密切的关系。在过去的一段时间里，古人可能就在讲述这位盲人乐师的故事，他为了人类的幸福生活，自愿把生命献给了水神。我这样的想象是否正确，还需由今后的调研工作来评判。

最后，我还要简单说几句。与男性盲人乐师一样，女性盲人艺伎的文学作品，往往也包含着自我宣传的因素。尽管不同性别的两种盲人文学作品，发展方向也不同，但追溯其渊源，二者讲述的其实是同一种信仰的不同侧面。总的来说，男性盲人善于讲笑话，而女性盲人则偏重悲剧性结局，努力催人泪下，这也是女性盲人为顺应社会需求所形成的倾向。也就是说，女性盲人较活跃的时代，也是越来越多的听众对简单的奇迹故事开始产生厌倦的时代，听众们渴望听到一些能感同身受的动人故事。正因如此，《朝颜日记》的深雪①也罢，安寿姬和都志王丸的母亲②也罢，她们都保持着传统的女盲

---

① 《朝颜日记》，净琉璃剧《生写朝颜日记》的通称，描述了秋月弓之助的女儿深雪为了爱情离家出走，最终沦为盲人艺伎、四处流浪的悲剧。

② 安寿姬、都志王丸是传统说唱表演题目《山椒太夫》中的一对姐弟。在父亲蒙冤被流放到九州之后，他们和母亲踏上了寻亲之旅。不幸的是，三人在半路上受骗，母亲被卖到佐渡岛，姐弟俩也历尽艰辛。姐姐安寿姬牺牲自己让弟弟都志王丸脱离苦境。多年后都志王丸当上地方官吏，在佐渡岛上听到一个女盲人唱的歌，发现这位女盲人正是分别已久的母亲。

人形象。盲人艺伎的创新之处，仅仅在于她们给这些女盲人形象染上了浓厚的悲剧色彩。民间故事中也有许多可怜的盲人，如在《没有手臂的女儿》中，阿银、小银受尽继母欺侮，最后被赶出门外。后来她们的父亲成了盲人，仍苦苦寻找两个女儿。阿银和小银也哭瞎了双眼，直到最后才重见光明。还有属于丰玉姬神话系统的《龙宫妻子》，龙女在回龙宫之前挖出自己的一颗眼珠留给孩子，却被无情的领主夺走，龙女无奈又挖出另一颗眼珠送给孩子，从此再也无法辨认白天黑夜。"请你修建钟楼，晨暮各敲六次钟，让我能够知道时间"。听完盲人艺伎充满感情的讲述，那些有孩子的女性听众都会掩面抽泣，泣不成声。在日本，此类民间故事极为丰富，外国是否也有同样的情况？读完我这篇文章，传播论者还会继续从国外的故事集中"大受启发"，借此安慰自己吗？日本的盲人艺伎用失明的双眼面对听众，用悲伤的语气讲述这样的故事，这无疑是她们师徒传承的技艺，但其背后确实还存在着日本人上千年来建立在人间与龙宫之间的信仰传统。只不过随着时代变迁，越来越多的听众不在乎故事的真正内涵，盲人艺伎也开始照本宣科，由她们支撑的古老信仰也就衰退了。男女盲人乐师变得更加啰嗦，他们急于追求新意，开始宣传自己的祖先有何历史贡献，又强调某位盲人乐师有何功绩，进而得出盲人聪明，不得小看的结论，这一切也是社会变化导致的。盲人乐师自古以来就崇拜水神，后来又背叛水神，将秘密泄露给人类，之后向其他人邀功。虽然他们的这种做法很令人讨厌，但也是为了生存不得已而为之。一个靠文学生活的职业作者逐渐功利化，难道我们有资格批评他们吗？

（昭和七年七月　《中央公论》）

改版说明

　　《桃太郎的诞生》问世不久，众多充满学术资源的地区就像民间故事中的宝岛一样出现在人们眼前，学问的可能性似无限延伸，直至天际。如果本书能够引导人们走上更高的山峰，让人得以安静地瞭望四方，那该是多么畅快、多么振奋人心的事啊！但我国的民间故事研究者做不到这一点，他们不得不忙于开垦山脚的荒地，甚至都没有时间伸伸懒腰、掸掸身上的泥土、指一指天上的白云。即便如此，还是有越来越多的人感觉到了民间故事背后确实存在着某种深刻的意义。

　　不知道是受此书的影响，还是纯属偶然，这十年间，我国民间故事的搜集工作有了新的进展。我们在无人在意的遐陬僻壤发现了一些家族代代相传的故事，它们首次被文字记录下来，形成研究资料。我并不认为是我们挽救了日渐消逝的民间故事，但可以肯定的是，今后民间故事的消亡速度会加快，那些家传故事恐怕也将失传。我们能在我国文化发展的重要转折点上成功保存部分民间故事，这是令人欣慰的。正如十年前我所说的那样，《桃太郎的诞生》也许出版得太早了。未来发现的新资料将在何等程度上认可或否认本书呢？我在书中提出的，就是这样一种不可靠的假说。不过一切都是为了这个学科的发展，个人的成败不值一提，仅仅是一次微不足道的牺牲而已。害怕失败，就无法踏入未知世界，所以我们尽力推动搜集工作，努力整理新发现的资料并公诸于世，期待有人能早日纠正我们过去提出的学说。事实上，当时我提出的假说和观点非常大胆，即使做些修正或加笔，都很难留有辩护和妥协的余地。今后我不会对《桃太郎的诞生》做任何修改，而是将其原封不动地呈现给读者，这样也许可以为研究者们提供一个方便的练武场。

如今，珊瑚海上的大小岛屿居住着不同文化阶段的土著人，其中有些岛屿就像《桃太郎》中的"鬼岛"，但那里的土著人仍然保有他们自己的民间故事。这些故事与我国民众视若珍宝、代代相传的民间故事，是否自古以来就毫无关系呢？这个问题仍是世界未解之谜，也是我们日本人要解开的谜题。有朝一日，如果有人在那些岛屿上发现了新的资料，而这些新资料也有幸成为公共学术财产，那么我将重读《桃太郎的诞生》，判断这本旧书是否值得留下。我说过，在过去的一段时间里，人们相信家族的祖先神话。如果人类历史上真有这种时代，那么土著人那里肯定保留了更多的痕迹。另外，如果他们与我国的民间叙事存在明显的相似之处，就意味着我们之间存在着历史文献未能记载的交流史，又或是所有人类都经历了沉迷于幻想的历史阶段，而且都不愿意失去文化初期的这种回忆，这可以说是人类的自然共性。虽然我读过的参考书不多，但我在本书中提出的故事起源论、讨论故事起源和演变的方法论，似乎还没有在国外学界普及。另外，从我粗略的验证结果来看，目前尚未发现能够彻底推翻我的假说的可靠资料，说不定我的推测就是准确的。这样的乐观也在一定程度上影响了我，我对这本旧作的感情还是很深的。

昭和十七年六月

附录一 日本历史时代及分期^①

历史时代			起始年代
原始	旧石器时代		数十万年前—1 万年前
	绳纹时代		1 万年前—公元前 3 世纪
	弥生时代		公元前 3 世纪—3 世纪
古代	古坟时代		3 世纪后半叶—6 世纪末
	飞鸟时代		6 世纪末—710 年
	奈良时代		710—794 年
	平安时代		794—1192 年
中世	镰仓时代		1192—1336 年
	室町时代	南北朝时期	1336—1467 年
		战国时期	1467—1573 年

① 王京制表。明治时代以前不包括北海道及冲绳地区。

历史时代			起始年代
近世	安土桃山时代		1573—1603 年
	江户时代		1603—1868 年
近代	明治时代		1868—1912 年
	大正时代		1912—1926 年
	昭和时代	昭和前期	1926—1945 年
现代		昭和后期	1945—1989 年
	平成时代		1989—2019 年
	令和时代		2019 年至今

附录二　日本古国名及其略称与都道府县对应表①

五畿七道②	令制国名		略称	都道府县	大区名称
东山道	陆奥	陆奥	奥州、陆州	青森县	东北地区
		陆中		岩手县（秋田县）	
		陆前		宫城县	
		磐城	磐州	福岛县	
		岩代	岩州		
	出羽	羽后	羽州	秋田县	
		羽前		山形县	
	下野		野州	栃木县	关东地区
	上野		上州	群马县	

① 王京制表。

② 五畿七道按 701 年《大宝令》，国名按 927 年《延喜式》，陆奥、出羽分割为 1868 年。

五畿七道	令制国名	略称	都道府县	大区名称
东山道	信浓	信州	长野县	中部地区
	飞驒	飞州	岐阜县	
	美浓	浓州		
	近江	江州、近州	滋贺县(关西地区)	
北陆道	越后	越州	新潟县	
	佐渡	佐州、渡州		
	越中	越州	富山县	
	能登	能州	石川县	
	加贺	加州		
	越前	越州	福井县	
	若狭	若州		
东海道	安房	房州、安州	千叶县	关东地区
	上总	总州		
	下总			
	常陆	常州	茨城县	
	武藏	武州	埼玉县	
			东京都	
	相模	相州	神奈川县	
	伊豆	豆州	静冈县	中部地区
	骏河	骏州	(东京都)	
	远江	远州		
	甲斐	甲州	山梨县	
	三河	三州、参州	爱知县	
	尾张	尾州		

五畿七道	令制国名	略称	都道府县	大区名称
东海道	伊贺	伊州	三重县	关西地区
	伊势	势州		
	志摩	志州		
南海道	纪伊	纪州	和歌山县	四国地区
	淡路	淡州	兵库县	
	阿波	阿州	德岛县	
	土佐	土州	高知县	
	伊予	予州	爱媛县	
	赞岐	赞州	香川县	
畿内	大和	和州	奈良县	关西地区
	山城	山州、城州、雍州	京都府	
	河内	河州	大阪府	
	和泉	泉州		
	摄津	摄州		
山阴道	但马	但州	兵库县	
	丹波	丹州	京都府	
	丹后			
	因幡	因州	鸟取县	中国地区
	伯耆	伯州		
	隐岐	隐州	岛根县	
	出云	云州		
	石见	石州		

五畿七道	令制国名	略称	都道府县	大区名称
山阳道	播磨	播州	兵库县(关西地区)	中国地区
	美作	作州	冈山县	
	备前	备州		
	备中			
	备后		广岛县	
	安芸	芸州		
	周防	防州、周州	山口县	
	长门	长州		
西海道	筑前	筑州	福冈县	九州地区
	筑后			
	丰前	丰州	大分县	
	丰后			
	肥前	肥州	佐贺县	
	壹岐	壹州	长崎县	
	对马	对州		
	肥后	肥州	熊本县	
	日向	日州、向州	宫崎县	
	大隅	隅州	鹿儿岛县	
	萨摩	萨州		

图书在版编目（CIP）数据

桃太郎的诞生／（日）柳田国男著；（日）西村真志
叶译. —北京：北京师范大学出版社，2021.1
　（柳田国男文集）
　ISBN 978-7-303-26390-5

　Ⅰ.①桃… Ⅱ.①柳… ②西… Ⅲ.①民间故事-文
学研究-日本 Ⅳ.①I313.077

中国版本图书馆 CIP 数据核字（2020）第 199344 号

营 销 中 心 电 话　010-58805385
北 京 师 范 大 学 出 版 社　http://xueda.bnup.com
主题出版与重大项目策划部

TAOTAILANG DE DANSHENG
出版发行：北京师范大学出版社　www.bnup.com
　　　　　北京市西城区新街口外大街 12-3 号
　　　　　邮政编码：100088
印　　刷：北京盛通印刷股份有限公司
经　　销：全国新华书店
开　　本：890 mm×1240 mm　1/32
印　　张：18.125
字　　数：305 千字
版　　次：2021 年 1 月第 1 版
印　　次：2021 年 1 月第 1 次印刷
定　　价：109.00 元

策划编辑：宋旭景　　　　　责任编辑：宋旭景　陈 鹏
美术编辑：王齐云　　　　　装帧设计：王齐云
责任校对：段立超　陈 民　　责任印制：陈 涛